集人文社科之思　刊专业学术之声

集 刊 名：民国研究
主办单位：南京大学中华民国史研究中心
主　　编：朱庆葆
执行主编：孙　扬

STUDIES ON REPUBLICAN CHINA

《民国研究》学术委员会

主　任：张宪文

副主任：陈谦平

委　员（以姓氏笔画为序）：

马振犊　吕芳上　朱庆葆　刘金田　江　沛　李　玉

杨冬权　吴景平　汪朝光　张　生　张连红　张宪文

张瑞德　陈红民　陈谦平　金冲及　胡德坤　姜良芹

臧运祜　久保亨　方德万（Hans van de Ven）

罗梅君（M. Leutner）　柯伟林（W. C. Kirby）

高念甫（Andrei N. Karneer）　萨马拉尼（Guido Samarani）

裴京汉

总第41辑

集刊序列号：PIJ-2009-020
中国集刊网：www.jikan.com.cn/ 民国研究
集刊投约稿平台：www.iedol.cn

中国历史研究院
Chinese Academy of History
集刊资助

南京大学人文基金资助集刊

中文社会科学引文索引（CSSCI）来源集刊
社会科学文献出版社CNI名录集刊
中国知网CNKII收录
集刊全文数据库（www.jikan.com.cn）收录

总第**41**辑
2022年春季号

民国研究

STUDIES ON REPUBLICAN CHINA

社会科学文献出版社
SOCIAL SCIENCES ACADEMIC PRESS (CHINA)

民国研究

2022 年春季号　总第 41 辑

目　　录

Studies on Republican China
Spring 2022　No. 41

Contents

民国时期礼堂的兴建、功用和管理*

苏全有 訾明慧**

提　要　民国时期社会思潮激荡，民众参加公共活动日渐频繁，社会空间结构呈现多元化趋向。这一时期礼堂大量出现，体现了社会各界的广泛需求。礼堂兴建目的多为教化，建设经费主要来自政府拨款和社会捐助，多伴有奠基礼、落成礼及开幕礼的举行。礼堂空间按功用类型，主要分为政界人士活动空间、政治仪式举办空间和文化娱乐展演空间。礼堂的良好秩序有赖于相关规章制度的订立和遵行，但也时有社会冲突发生。礼堂作为公共空间存在着矛盾和冲突，这是社会剧烈变迁过程中无法避免的。民国时期的一般性礼堂，既体现了国民政府规范社会秩序的政治意志，也反映了民众日常生活方式的多样性。

关键词　礼堂　民国时期　教化　公共空间

礼堂在现代社会中较为常见，是人们集体生活与政治生活的公共空间，不仅人员集中的学校建有礼堂，而且很多农村地区也建有"文化礼堂"。回望历史可以发现，民国时期的礼堂建筑，在当时已逐渐成为社会交往活动的多元化空间，礼堂的兴建和使用，是民国社会的普遍现象。

目前，学界对民国时期礼堂的研究主要聚焦两个方面，一是关于知名礼堂建筑的设计和建造，二是国家权力与公共空间视角下的礼堂

　　*　本文为国家社科基金项目"清末民初政治体制平稳转型研究"（18BZZ049）成果。

　　**　苏全有，河南师范大学历史文化学院教授；訾明慧，河南师范大学马克思主义学院博士生。

变迁。① 然而，民国时期存在着大量的一般性礼堂，它们的兴建和使用情况未引起学界充分关注。鉴于此，本文以民国时期礼堂的兴建、功用和管理，借以反映民国时期礼堂空间的真实面相，通过论述礼堂在传统与现代之间的调适，对政治、社会与民众的多重需求的满足，体察在政治新旧交替、社会转型的特殊时期，国家和社会、民众之间丰富且复杂的互动关系。

一 礼堂的兴建

法国社会学家列斐伏尔认为："每一个社会都会生产出它自己的空间。"② 民国时期礼堂的兴起，是公共空间与中国近代社会思潮、政治运动发展的产物，下面从礼堂兴建缘由、礼堂经费筹措、礼堂兴建及建成仪式三个方面来阐述。

（一）礼堂兴建缘由

民国时期民众交往活动日渐频繁，社会各界开始在舆论上对礼堂的兴建予以支持，讨论多涉及学校礼堂和城乡礼堂。

1. 学校礼堂

学校礼堂兴建之所以能得到认同，原因在于它是教化学生的重要场所。1918 年黄鉴远为仓圣明智大学礼堂撰文《礼堂记》。"仓圣明智大学"校名中的"仓圣"，是指汉字创造者仓颉，学校主要研究中国古代文字、古董和典章制度。《礼堂记》中写道："校何以名？步仓圣也，趋仓圣也，复患诸生荒若学，忘若尊，为之立堂，以祀之，以周太史史籀、秦太史令胡毋敬……魏太傅钟繇诸先哲左右配，是谓礼堂。……其上启尧舜禹汤文武周公孔孟道统之功，与下开天下万世生民教养之德，使暗者以明，坠者以继，皆发扬而阐明于今日之礼堂也。"③ 可见，礼堂作为学校的重要场所，承担着文化传承的重要使命。

---

① 代表性成果主要有：张晓珍《钟敬之与延安中央大礼堂的设计和建造》，《北京电影学院学报》2012 年第 5 期；杨海勇等《清华大学大礼堂的加固改造》，《工业建筑》2013 年第 8 期；丁贤勇编著《祠堂·学堂·礼堂——20 世纪中国乡土社会公共空间变迁》，中国社会科学出版社，2016；陈蕴茜《国家权力与近代中国城市空间重构》，《武汉大学学报》（人文科学版）2016 年第 3 期；等等。

② 亨利·列斐伏尔：《空间与政治》第 2 版，李春译，上海人民出版社，2015，序言第 9 页。

③ 黄鉴远：《礼堂记》，《仓圣明智大学学生杂志》第 1 卷第 1 号，1918 年，第 117~118 页。

　　礼堂也是高等学校举办学术讲座、培养学生团结精神的教化场所。1931 年，辽宁警官高等学校兴建礼堂，原因在于"原有房舍，不敷应用。……且向无礼堂之设，不惟遇有典礼时，碍于举行，即平常招集学生训话，亦颇感不便。本校系为专门学校，每请名人讲演，启发知识，苦无广大场所，莫克如愿。而训练学生，唯在精神，礼堂既为全体学生集合之地，一校精神，团结所系，实有急宜建筑之必要"。① 培养学生的需要助推了学校礼堂兴建。

　　除作为举办讲座、训话场所外，学校兴建礼堂还有一些其他原因。1929 年辽宁省教育厅在关于辽阳县县立高级中学兴建礼堂申请拨款一事的咨文中提到，该校"每值纪念日举行仪式，或团体训育，或雨天体操，即无相当场所。若在春秋佳日，天气和煦，尚可在露天操场举行，一遇严寒溽暑，则无相当集合地点，势必礼制缺……屡次嘱令筹款建筑，以期完备"。② 交通大学兴建礼堂的原因在 1936 年《由纪念周想到本校大礼堂之需要》一文中有具体阐明，交大"文治堂仅能容三百余人，建筑古老，不能聚音，所以后排坐者只见讲者口动，所言何事，不知究竟。我们唯一的文治堂不特为纪念周所用，如果遇到大考，又为临时试场，遇着校中盛典，兼作聚餐之所。……然而因全体师生所热望及环境之需要的大礼堂，至今仍付缺如，能不令人感慨系之吗？"③ 礼堂作为学校所必需的教化场所，担负着重大任务和使命。

　　由此可见，学校礼堂是促进学生学习交流和举办大型活动的重要场所，发挥教化功能是学校兴建礼堂的动因。

2. 城乡礼堂

　　民国时期，为了改良社会风俗，提倡社会教育，广大城市和乡村也开始出现支持兴建礼堂的舆论。

　　城市地区，1922 年吴兴吾就市镇设立公共礼堂问题时指出："一市镇上居民至少当不下数百家，苟筹合公款建一礼堂，殊非难事，盖礼堂初不必十分壮丽也，地基高爽，屋舍宽大，足以容多人可矣！"至于市镇上应建礼堂之理由如下：第一，"可为行结婚时之礼堂"。"且设此礼堂，苟提倡新式婚礼，必易于实行。"第二，"可为公共讲演厅"。"提倡社会教育，

① 《本校建筑大礼堂》，《辽宁警官高等学校校刊》第 1 期，1931 年，第 334 页。
② 王毓桂：《辽宁省政府教育厅咨　第一二五号（中华民国十八年四月四日）：为据辽阳县县立高级中学建筑礼堂需款拟由十六年度地方余款项下动支由》，《辽宁教育月刊》第 1 卷第 4 号，1929 年，第 195～196 页。
③ 慰：《由纪念周想到本校大礼堂之需要》，《交大学生》第 5 卷第 2 期，1936 年，第 4 页。

端在通俗演讲，此尽人皆知也！……若礼堂中，则设有舒服之座位，必能增听讲者之兴，而欣然来听也！"第三，"可为通俗剧场"。"以改良风俗，感化人民，实社会教育之一助，此又尽人皆知也！苟有此礼堂，可不须造剧场矣！"① 为婚礼、演讲、演剧提供场所，是城市兴建礼堂的主要原因。

1935 年，上海市政府决定筹建闸北大礼堂和南市大礼堂。因两处的民众很多，且"缺乏礼堂的缘故，遇有婚丧喜庆之事，不能不假旅馆酒馆庙堂等来举行。因此礼节方面，弄得很不庄严，同时无谓的靡费也太大"，所以上海市政府要修建两座大礼堂，以供婚丧喜庆等事之用。而且，公共大礼堂还有三个好处：第一是简单，设备一应俱全，十分简便；第二是经济，所有服装等都按照最俭省的规则办理；第三是庄严，一切设备与礼节，均经过周密设计，令人放心。此外，大礼堂也是社会移风易俗、提倡节约、普及民众教育所不可或缺的。② 为了满足上海民众对大礼堂的需要，"市长吴铁城已计划在南市与闸北相当之处，各设集团结婚大礼堂一所，以便南北民众，互相就近举行"。③

乡村地区，在 1928 年中华职业教育社秋季评议员会上，为了满足乡村民众的物质与精神生活需求，王云五等人将修建大礼堂提上日程。他们提出计划筹资 1500 元，在昆山徐公桥改进乡村试验区"建筑朴雅适用大礼堂一所，并附设民众娱乐及借贷合作社医药室等"。④

20 世纪 30 年代，南京国民政府发起新生活运动。1935 年殷士桢认为："在农村里，尤其在实施国民新生活运动的目下这当儿，迫切的需要大礼堂的建造。"紧接着详细分析乡村地区礼堂在六个方面的用处：第一，"婚嫁以及养生送丧之事"；第二，"国家和地方的各种纪念日行礼"；第三，"灌输农业上的新知识"；第四，"各项娱乐设备"；第五，"各种集会"；第六，"消防队和保卫团"。⑤

城市和乡村兴建礼堂的动因有不少相似之处，如为婚丧、讲演与娱乐提供场所，主要目的在于推动社会教育、移风易俗和提倡节俭的生活方式。

学校礼堂和城乡礼堂，不仅作为传授知识和技能的公共空间，还负有教化民众、推动移风易俗和引领社会风气的重要使命。

---

① 吴兴吾：《市镇上宜设公共礼堂》，《申报》1922 年 11 月 3 日，第 22 版。
② 《市府昨日召开各筹建委会成立会》，《申报》1935 年 4 月 12 日，第 9 版。
③ 《集团结婚沪南区礼堂决定在也是园》，《申报》1935 年 5 月 10 日，第 13 版。
④ 《职教社之秋季评议会》，《申报》1928 年 10 月 24 日，第 11 版。
⑤ 殷士桢：《农村大礼堂的建造》，《沪农》第 2 卷第 6 期，1935 年，第 11～13 页。

（二）礼堂经费筹措

民国时期公共空间改造经费相当部分由政府承担，这主要是因为民间资本力量薄弱，同时也与国民政府采取党国一体的集权体制有关。① 因此，兴建礼堂经费，主要由政府拨款，其次依靠社会捐助。

1. 政府拨款

政府拨款主要是向政府申请。1928 年江苏"省政府委员会第五十八次会议讨论事项第三项，张委员乃燕提议江苏大学因建筑大礼堂需款三十万元，除呈请国民政府拨给五万元外，拟请本府拨助二万元，余款自行募集案，当经议决通过，令财政厅照拨"。② 同年针对"筹拨中央大学大礼堂建筑费"问题，江苏省政府呈称，"窃奉训令第五八五四号内开案照省政府委员会第一四八次会议，张委员乃燕提议中央大学大礼堂亟须建筑，省府前议决拨助建筑费二万元拟请即行拨用祈公决案，当经议决令财政厅尽先拨发等因。……库储奇绌，应付实有困难，兹先筹拨银一万元，除交中央大学来员具领并取据存查外，理合具文呈报，仰祈鉴核备考"。③

江苏省拨付的只是中央大学礼堂筹集经费的一部分，该校大礼堂建筑工程费主要依靠 1931 年申请拨给特别补助。"张前校长任内爱有建筑大礼堂之举，计划进行规模甚大，全部材料均以钢骨水泥构筑，计面积为二万五千七百方尺，可容二千七百余座，实为国内完善伟大之建筑物。最初预算为国币十五万元，后复限制不得过三十五万元，至经费来源，则多恃各方捐助……校长曾以此意禀明主座，荷承面允，先行补助国币二十万元，虽综合全数尚有不敷，然于最短期间得此巨额补助，工程进行自属便利不少。……现已日夜加工，以求迅速。"④ 2 月 27 日，朱家骅"召工程委员会，限四月底将礼堂工程全部完竣，推卢树森赴沪，与承建之公和洋行厚新金记厂接洽"。⑤

此外，辽阳县县立高级中学为修建礼堂，于 1929 年呈请省教育厅

---

① 参见陈蕴茜《国家权力与近代中国城市空间重构》，《武汉大学学报》（人文科学版）2016 年第 3 期，第 10 页。

② 《拨二万元助苏大建筑礼堂》，《江苏省政府公报》第 33 期，1928 年，第 17 页。

③ 《江苏省政府为遵令筹拨中央大学大礼堂建筑费报请鉴考文（十一月三日）》，《江苏财政公报》第 11 期，1928 年，第 1～2 页。

④ 《训令：第四一九号（二十年一月二十八日）：令财政部为教育部呈请拨给特别补助国立中央大学大礼堂建筑工程费案由》，《行政院公报》第 224 号，1931 年，第 30～31 页。

⑤ 《国民会议议场决用中大新建礼堂》，《剪报（杭州）》创刊号上册，1931 年，第 117 页。

"由十六年度地方收抵余项拨给现大洋一万八千九百零八元五角"。① 1931
年，辽宁警官高等学校也申请拨款修筑礼堂。② 同年，南京国民政府"中
政会议决定，于前建筑之房屋外，再添建大礼堂一所，作中央党部礼堂之
用，需费约二十二万元，除由该会经费存余项下支拨十二万元外，不敷之
数，已函由国府令行政院转饬财部如数拨发"。③

民国时期，受战乱的影响，礼堂兴建往往在艰难中进行。

2. 社会捐助

社会捐助主要是由机关单位、校友会和个人出资兴建礼堂。政府官员有
捐廉助修礼堂之举。1929 年《热河教育月刊》载称，"本省政府向无大礼
堂，拟将秘书处院内旧有戏楼改修大礼堂，惟以款无所出，曾经各机关公同
决议，自愿各自捐廉，集少成多，以成此举，业将捐廉办法禀奉主席核准，
并由财政厅先行借垫四千元，转付包修商人，于七月二十五日开始工作各在
案，现将各机关自愿认捐廉俸数目核算明白，共计大洋一万三千余元"。④

在礼堂建设经费捐赠方面，校友会是一支不可忽视的力量。1933 年 3
月，国立北洋大学毕业同学会发出募资建筑母校图书馆和礼堂。"因国库
支绌，呈部请款异常艰难，天津北洋大学毕业同学会爰发起由全国毕业同
学合力募捐，续成此举。……使二十万元之大厦，早日实现，是则本会同
人所馨祷祝者也。"⑤ 该校还制定了"募捐委员简章"⑥ 及"赠给纪念奖品
办法"。⑦ 1947 年 12 月，北大校友会"议决响应胡适之扩大庆祝北大五十
周年（明年）计划，为建筑大礼堂而发动募捐共七百亿，平分会负担百
亿，由何思源任募捐总队长，于明年四月底前"完成。⑧ 次年有时闻称，

---

① 王毓桂：《辽宁省政府教育厅咨 第一二五号（中华民国十八年四月四日）：为据辽阳县
   县立高级中学建筑礼堂需款拟由十六年度地方余款项下动支由》，《辽宁教育月刊》第 1
   卷第 4 号，1929 年，第 195～196 页。
② 《本校建筑大礼堂》，《辽宁警官高等学校校刊》第 1 期，1931 年，第 344～345 页。
③ 《中央筹建礼堂》，《申报》1931 年 7 月 21 日，第 4 版。
④ 《本厅命令：训令：热河省政府教育厅训令（十八年八月三十日）：令中学校长张履恒、
   师范校长宣本荣为省府建修大礼堂捐廉办法仰即知照文》，《热河教育月刊》第 3 期，
   1929 年，第 18 页。
⑤ 《国立北洋大学毕业同学会募资建筑母校图书馆礼堂合厦捐启》，《北洋周刊》第 63 期，
   1933 年，第 493～494 页。
⑥ 《国立北洋大学毕业同学会建筑母校图书馆礼堂合厦募捐委员简章》，《北洋周刊》第 63
   期，1933 年，第 494 页。
⑦ 《国立北洋大学毕业同学会募资兴筑母校图书馆礼堂合厦赠给纪念奖品办法》，《北洋周
   刊》第 63 期，1933 年，第 494 页。
⑧ 《北大五十周校庆准备建筑大礼堂 平校友会愿募捐款百亿》，《申报》1947 年 12 月 30
   日，第 6 版。

胡适发起北大校友募款，修建蔡孑民纪念大礼堂，作为北大五十周年庆祝礼物，在京北大校友狄膺、余又荪等纷起响应。①

此外，还有群体或个人捐资修筑礼堂的事例。如 1929 年，广州东山培正学校之美洲堂，即培正大礼堂，"为美洲华侨捐建者"。② 1930 年《南开双周》报道："礼堂即将拆去，由章瑞庭先生捐资重修。"③

总体看来，民国时期礼堂建设经费十分紧张。正如 1934 年 11 月 28 日河南大学大礼堂落成典礼上的"训词"所言："本校大礼堂费了二十余万巨款，始庆落成"，"在我们这样穷的河南，那就算为稀奇了"。④ 乡村则多将别处改为礼堂，如借幼儿园作为礼堂，⑤ 将饭店改为礼堂，⑥ 还有的将寺庙改为礼堂，⑦ 甚至有露天礼堂，⑧ 等等，以节约经费。

（三）举行礼堂兴建及建成仪式

在中国传统伦理文化的熏陶下，礼堂作为重要建筑，在兴建之初及建成之后都要举行仪式，主要有奠基礼、落成礼及开幕礼等。

礼堂在兴建之初，要举行奠基礼。如 1934 年有记载称，光华大学大礼堂"筹划已久，图样现已制就，融中西建筑之特长于一炉，外观壮丽，内部宏大，闻现定于六月三日上午十一时半举行动工礼云"。⑨ 1936 年，"上海沪江大学为庆祝立校三十周纪念，募建大礼堂，以各方之策助，暨校友同学教职员之努力，进行顺利……于本年暑假期内开始兴工，已将两月……校长刘湛恩等，议定九月三十日（星期三）下午四时半，举行思魏堂及大礼堂奠基礼云"。⑩

礼堂建成之后，要举行落成礼。如 1935 年 10 月 27 日《申报》报道："上海沪江大学附属中学，于日昨（校友日）举行新礼堂落成典礼，到者甚众。"⑪

---

① 《北大五十周年纪念　发起募款建造蔡孑民大礼堂》，《申报》1948 年 3 月 26 日，第 6 版。
② 《广州东山培正学校之美洲堂（即培正大礼堂为美洲华侨捐建者）》，《真光杂志》第 28 卷第 12 期，1929 年，第 1 页。
③ 《礼堂改造之先声：大搬家》，《南开双周》第 5 卷第 4 期，1930 年，第 82～83 页。
④ 《主任在河南大学七周纪念暨该校大礼堂落成典礼训词（二十三年十一月二十八日）》，《绥靖旬刊》第 39 期，1934 年，第 13 页。
⑤ 《南楼暂借幼儿园为礼堂》，《益文月刊》第 1 卷第 5 期，1933 年，第 85 页。
⑥ 《呈请改造礼堂》，《交大唐院周刊》第 95～96 期，1935 年，第 9 页。
⑦ 《大礼堂落成》，《农村服务通讯》第 7 期，1936 年，第 57 页。
⑧ 戈霜：《露天礼堂》，《吾友》第 1 卷第 43 期，1941 年，第 18 页。
⑨ 《校闻：一、大礼堂举行动工礼》，《光华大学半月刊》第 2 卷第 9 期，1934 年，第 95 页。
⑩ 《沪大举行大礼堂奠基礼》，《申报》1936 年 9 月 20 日，第 16 版。
⑪ 《沪大校友日　中学新礼堂落成礼》，《申报》1935 年 10 月 27 日，第 13 版。

1946 年 10 月 5 日《申报》报道："赫德路小学礼堂……现已落成，闻该校除呈请教局嘉奖热心人士外，并定于本月五日举行礼堂落成典礼，又表演木偶戏邀请捐款人及学生家长参观，以资庆祝。"① 1948 年 4 月 13 日《申报》报道："上海市立新陆师范学校，昨晨十时，举行新礼堂落成典礼，首由胡叔异校长报告，继由市教育局李熙谋局长训话。"②

此外，礼堂落成后要举行开幕礼。如"国立暨南大学大礼堂，自暑假前即鸠工建造，大兴土木，现内部装置及设备等，已渐次就绪，郑洪年校长拟题名为《求野堂》，并定十九年一月一日举行开幕典礼。该校学生会新年游艺筹备委员会，同时即在该堂举行盛大之游艺会，以申庆祝。华侨子弟，累年不归，视学校如家庭，在校度岁，兴趣异常浓烈"。③

总之，民国时期兴建礼堂，核心目的在于教化。比如礼堂举行总理纪念，有记载称："礼堂中，荡漾着雄壮的演讲声。""总理呀！愿你把你神圣的灵魂，照拂着每个青年的心，使他们热血沸腾；卷起时代的旋涡，继续你的工作，牢记你的遗言，那么和平之神，会降临到我们中国来的！"④ 教化的用意彰显无遗。

二　礼堂的功用类型

列斐伏尔认为："空间是政治性的、意识形态性的。它是一种完全充斥着意识形态的表现。"因为这个似乎是由某个政治集团造成的空间，就像我们所观察到的那样，是一种社会的产物。⑤ 民国时期的礼堂便是为政界人士服务的空间，具备政治属性和文化属性。在意识形态影响下，多元化的礼堂可具体分为政界人士活动空间、政治仪式举办空间和文化娱乐展演空间。

（一）政界人士活动空间

民国时期的礼堂主要为政界服务，乃政界人士开展社会活动的公共空间，他们通常在礼堂举办婚礼、宴会和演讲等活动。

1. 举办婚礼

政界人士往往在礼堂举行婚礼。1913 年 6 月 15 日，章太炎和汤国梨

---

① 《赫德路小学礼堂举行重建落成礼》，《申报》1946 年 10 月 5 日，第 8 版。
② 《新陆新礼堂昨行落成礼》，《申报》1948 年 4 月 13 日，第 6 版。
③ 《暨南大礼堂将行开幕礼》，《申报》1929 年 12 月 12 日，第 9 版。
④ 王佩珍：《三月十二日》，《英华》第 6 期，1936 年，第 85～87 页。
⑤ 亨利·列斐伏尔：《空间与政治》第 2 版，第 37 页。

"在哈同花园行结婚礼，良辰美景，宾从如云，记者亦贺客之"。礼堂布置方面，"结婚礼堂在哈同君住宅后之戏台，台上左置洋琴一，中设方台上覆白幕，陈鲜花，台前左右两阶设坐席约百余。左为女宾席，右为男宾席"。① 礼堂布置较为简约。

袁世凯的四子和五子均在礼堂举办婚礼。1914 年 8 月 24 日，袁世凯的四子举行结婚礼，"设礼堂于怀仁堂，侍从官班立（赞），礼者肃立，请大总统、大总统夫人莅礼堂，奏乐，承宣官入，启礼官导引，大总统、大总统夫人莅礼堂（赞），止乐，女家代表向大总统、大总统夫人行致贺礼，鞠躬，再鞠躬，三鞠躬！……礼毕，请大总统、大总统夫人入休息室，请新人出谢宾客，奏乐"。② 次年 10 月 27 日，袁世凯的五子"克权行结婚佳礼之期"，"设礼堂于怀仁堂，侍从官班立（赞）贺者肃立，请大总统、大总统夫人莅礼堂奏乐"。③ 这时的怀仁堂客串了临时礼堂。

1927 年底，蒋介石与宋美龄在大华饭店礼堂举行婚礼。礼堂布置"颇壮观瞻，亭前安放大红鲜花扎成之双喜字，颇为美丽，亭左为新郎亲属席亭，右为新娘亲属席，前则为来宾席，都三数百席颇为拥挤也"。④ 蔡元培、谭延闿等均前往礼堂参加结婚典礼。可见政界名人在礼堂举办的结婚仪式较为现代化。

值得注意的是，在礼堂举行婚礼仪式经政府推动，逐渐在社会中流行。国民政府推行新生活政策，提倡节俭理念，在礼堂文明结婚或举行集体婚礼已经成为一种新风尚。如 1934 年上海市社会局提出"俭婚实有由政府提倡之必要，使民间易于普及"。⑤ 1935 年，南京市政府提出"南京市新生活集团结婚办法"。"本市为推行新运，提倡俭约起见，举办集团结婚。""本市市民举行结婚，得申请参加集团结婚典礼"，"结婚地点假励志社大礼堂，举行婚礼仪式另定之"。⑥ 随后，上海⑦、南京⑧、广州⑨等地开

---

① 《礼堂布置》，《神州日报》1913 年 6 月 16 日，第 6 版。
② 《总统府之新式结婚》，《申报》1914 年 8 月 22 日，第 7 版。
③ 《袁克权之婚礼》，《时事新报》（上海）1915 年 10 月 30 日，第 3 版。
④ 《蒋宋佳礼之盛况》，《民国日报》1927 年 12 月 2 日，第 1 版。
⑤ 《集团结婚办法》，《申报》1934 年 12 月 13 日，第 6 版。
⑥ 《南京市新生活集团结婚办法（廿四年七月廿七日核准备案）》，《南京市政府公报》第 155 期，1935 年，第 32 页。
⑦ 《今日举行首届集团结婚》，《申报》1935 年 4 月 3 日，第 11 版。
⑧ 《八月十日南京市第一届集团结婚，图为新人入礼堂情形》，《时代》第 8 卷第 5 期，1935 年，第 25 页。
⑨ 《广州市筹备第一届集团结婚》，《中央日报》1935 年 11 月 27 日，第 2 版。

始筹办首届集团婚礼。民国集团婚礼在客观上具有改良社会风俗的功用，但从政治上说，它是国民党为了巩固自身统治而提倡的变革。①

民国时期在礼堂举办婚礼，吸取了西式婚礼的热闹、简便，又摒弃其在教堂举行的宗教习俗，创造了一套中国式的"文明婚礼"，使其成为一种移风易俗的文明新风尚，开启了新式婚礼的先河。②

2. 举办宴会

政界人士还在礼堂举行大型宴会。如 1915 年 1 月 8 日民国北京政府举行新年宴贺，报载"总统府元旦令节，黎副总统首先入贺。总统特延入礼堂内室，叙谈甚欢"。③ 1928 年 8 月 4 日晚国民党中央党部等宴请冯玉祥，"于国府礼堂，到冯、李、戴等百余人，谭致欢迎词，冯答词，一致谦词，二谈自国民军起义来失败情形，三述此次北伐会师情形，四党部责党员应严，五对政府望不但任劳且须任怨，六对总部宜各军有平均办法，末述西北军之苦"。④ 1946 年 1 月 23 日晚，蒋介石"在国府礼堂宴政治协商会议全体会员，到莫德惠、王云五、傅斯年、胡霖、郭沫若……等卅五人，由王秘书长宠惠、吴文官长鼎昌作陪，主席对各会员辛劳表示欣慰"。⑤

宴请之外，另有聚餐会形式。如 1937 年 3 月 13 日青年会征求会"在上海市政府举行，由总队长吴铁城市长柬邀征求会全体人员，在市府大礼堂聚餐，宣布进行方略，并有名人演说，餐后由市府招待参观博物馆、图书馆，凡参加者，该会中午十二时，并特备汽车专送"。⑥

再就是茶会。如 1934 年 5 月 26 日上海市政府在市府礼堂"举行茶会，招待中外来宾，到驻沪各国使领文武官长，暨工商业领袖，二千余人，济济一堂，至晚尽欢而散"。⑦ 1946 年 5 月 5 日，蒋、宋二人在国府礼堂举行招待茶会。"还都盛典中最热闹之节目'五五茶会'，下午四时半在国府礼

---

① 民国时期婚俗仪式的变革，代表了传统婚制向现代转型的新阶段。学者谷秀青通过考察民国时期集团婚礼揭示出这是国民政府一次隐形权力技术的实践。参见谷秀青《集团结婚与国家在场——以民国时期上海的"集团结婚"为中心》，《江苏社会科学》2007 年第 2 期，第 217 页。

② 参见谢世诚、伍野春、华国梁《民国时期的集团结婚》，《民国档案》1996 年第 2 期，第 134 页。

③ 《政界新年宴贺之热闹》，《时事新报》（上海）1915 年 1 月 8 日，第 2 版。

④ 《国府礼堂之盛宴》，《申报》1928 年 8 月 5 日，第 7 版。

⑤ 《蒋主席在国府礼堂宴政协全体会员　对各会员辛劳表示欣慰》，《申报》1946 年 1 月 24 日，第 1 版。

⑥ 《青年会征求会今午行开幕礼　在市府大礼堂聚餐》，《申报》1937 年 3 月 13 日，第 15 版。

⑦ 《市府昨开茶会　吴市长招待中外来宾》，《申报》1934 年 5 月 27 日，第 10 版。

堂举行。各国使节，各部会长官，各中委及参政员等，皆得到主席及夫人联名之请帖，嘉宾每人配一圆形红色来宾证。马歇尔夫妇于四时廿分到会，马帅满面欢喜，对国府之堂皇建筑，极感兴趣，签名前与夫人环顾礼堂前红柱林立之走廊，笑声不断。……直至五时许，此一盛大茶会始尽欢而散。"①

政界宴会多在国府礼堂或市府礼堂举行，为政界人士社会交往提供便利。

3. 举办演讲活动

中外政界人士往往在礼堂发表演讲。1925 年 10 月 27 日，曾任日本文部次官的贵族院议员、日本教育会会长泽柳政太郎在复旦大学礼堂发表题为《日本之新理想》的演讲，"首述日本之历史，谓日本文化自朝鲜传去，而胚胎于中国，日本国民最近之新理想，为东西文化之融贯，另创一世界的新文化，此种责任，为中国与日本所当共负之，而西洋人则无此重大的能力也！日本陶冶于中国文化，亘千余年，在近数十年而尽废弃之，今已渐觉其非矣"。② 1934 年前后，上海青年会"德育演讲……第四次演讲，题为《新生活运动与复兴民族》，特请上海市教育局长潘公展先生主讲，地点仍在八仙桥该会大礼堂，无论是否该会会员，前往听讲，该会均极欢迎"。③

训话作为演讲的另类形式，亦有在礼堂进行者。如 1939 年"四川省政府主席王缵绪，恳请出川抗战，奉令照准，所有省主席职务，由蒋委员长兼理。七日晨九时，蒋委员长亲到省府视事，各厅处长及省府直辖各机关首长，各率所属职员，先已齐集省府，贺国光、王缵绪旋亦到府。九时正，蒋委员长莅止……略为休息，即到大礼堂，向各职员训话，谆谆以奉公守法、负责任守纪律相勖勉。嗣由王简单致词，诰诚各职员，恪遵委座训示，忠于职务，以副殷望"。④

民国时期的礼堂显现出一定的政治属性，成为政界人士举办婚礼、宴会和演讲活动的重要场所。

（二）政治仪式举办空间

由于儒家传统文化的深厚影响，中国向来注重礼仪礼节。民国时期通

---

① 《国府礼堂嘉宾咸集　蒋主席夫妇举行招待茶会》，《申报》1946 年 5 月 6 日，第 1 版。
② 《复旦大学请名人演讲》，《申报》1925 年 10 月 30 日，第 15 版。
③ 《潘公展今日演讲》，《申报》1934 年 5 月 13 日，第 14 版。
④ 《蒋委员长兼理川政　昨亲到省府视事》，《申报》1939 年 10 月 8 日，第 6 版。

过在礼堂举行各种政治仪式，将革命思想与政治认同融入社会之中。中山纪念堂便是为纪念革命领袖孙中山而兴建的纪念性建筑，渗透着强烈的国民党党化意识形态。①

1. 举行纪念仪式

在礼堂举行纪念重大事件的仪式。如 1913 年袁世凯在礼堂举办就职纪念仪式。② 1935 年 12 月 25 日为"云南起义组织护国军、再造共和第二十一周年纪念日"，国民党上海市党部"为纪念诸同志拥护民国之伟绩，特召集各机关、各学校、各团体、各级党部代表，定今日上午十时，举行纪念大会，并推定邢委员琬为大会主席。会场设该部大礼堂，业于昨晚布置就绪……为防不良份子乘隙扰乱治安起见，特分饬所属加岗放哨，检查行人，严密巡逻，加紧戒备。公共租界、法租界两警务处，亦分令各捕房，妥为预防"。③

1936 年 7 月 9 日为国民革命军誓师十周年纪念日，国民党上海市党部定于当日"上午十时，召集各机关、各团体、各学校、各级党部代表，在该部大礼堂举行纪念大会。大会主席，为该部委员胡星耀，纪录杜梦森，司仪张汉云。各界除派代表参加纪念大会外，并一律悬旗一天，以资庆祝"。④

此外，也有将其他建筑作为临时礼堂，用于举办纪念典礼。1913 年 10 月 10 日，北京政府举行国庆典礼，"礼堂设都督府，中悬大总统肖像，各文武百官均于上午九时齐集都督府"。⑤

在礼堂举行纪念重要人物的仪式。如 1934 年 4 月 8 日，伍朝枢的追悼大会在上海市贵州路湖社举行，"礼堂设于二楼，伍氏遗像，四周护以素彩，悬于党国旗之下，两旁为国府林主席之挽对，遗像下为主席团席，旁为记者及家属席，前为来宾席，四壁满悬各院部长等挽词挽对"。⑥ 1934 年 5 月 18 日为陈英士（其美）先生殉国纪念日，上海市党部定于当日"上午九时，在该部大礼堂举行纪念会，并推定潘公展委员为大会主席，

---

① 关于中山纪念堂这一公共空间所发挥的纪念性作用，参见陈蕴茜《建筑中的意识形态与民国中山纪念堂建设运动》，《史林》2007 年第 6 期，第 15 页。

② 《袁大总统就职之纪念》，《东方杂志》第 10 卷第 5 期，1913 年，第 1 页。

③ 《今日云南起义纪念 上午十时在市党部大礼堂开会》，《申报》1935 年 12 月 25 日，第 9 版。

④ 《今日国民革命军誓师纪念 市党部召集纪念大会》，《申报》1936 年 7 月 9 日，第 12 版。

⑤ 《蒸日举行国庆典礼》，《时报》1913 年 10 月 12 日，第 3 版。

⑥ 《伍梯云先生追悼大会昨日下午在湖社举行 中央特派吴铁城致祭》，《申报》1934 年 4 月 9 日，第 9 版。

一面登报通告各机关团体学校党部一律派代表参加。本市军警机关，为防范反动份子捣乱，特加戒备"。①

1936年10月25日"为中常会胡故主席展堂先生在粤国葬之期"，上海市"各界为表示追悼起见，由党政机关会同筹备……为会衔通告事，查本月廿五日为胡故主席举行国葬典礼之期，各界应于是日一律停止娱乐，并下半旗一天，以表哀思，本会府并定于是日上午九时，假市商会大礼堂，召集各界代表举行公祭"。②1941年11月，"国民参政会以陆费伯鸿、张季鸾、罗文干三参政员先后逝世，特于二十七日上午九时"在重庆"新运总会大礼堂举行公祭，以示哀悼……蒋主席亲临主祭，主席团及各参政员陪祭，仪式至为隆重，礼堂四周满悬祭幛挽联，备极哀荣"。③1946年10月，"前中国战区参谋长史迪威将军逝世"，南京国民政府国防部筹备于19日"在该部大礼堂举行追悼大会，闻届时蒋主席将亲临主祭"。④

由上述内容可见，民国时期在礼堂举行重大事件和重要人物的政治纪念仪式已经成为常态。

2. 举行其他仪式

政府方面，1930年葫芦岛开港典礼，"礼堂设于面海背山之海军航警学校楼下"。⑤1934年，上海市教育局"训定本学期办理毕业之市立及已立案私立中学校云，案查本学期举行联合中学毕业典礼……在市政府大礼堂举行"。⑥1935年10月7日，国民党上海市"出席全运代表团，定今日下午二时，在市政府大礼堂举行宣誓授旗典礼，由吴市长亲自训话、潘局长训词"。⑦1937年3月，上海市"党政机关，为举办各级学校优秀学生联谊会，特订定办法，定二十日上午八时假贵州路湖社礼堂举行本市中等学校优秀学生联谊会"。⑧1946年4月20日，南京市卫生运动会议"在陆总部大礼堂举行，由何总司令亲自主持，到各机关代表百四十余人，美军

---

① 《市党部召开陈英士殉国纪念会》，《申报》1934年5月17日，第10版。
② 《本市党政会衔通告明晨公祭胡故主席》，《申报》1936年10月24日，第10版。
③ 《参政会昨公祭罗文干、张季鸾等》，《申报》1941年11月28日，第3版。
④ 《国防部追悼史迪威　主席将亲临主祭》，《申报》1946年10月16日，第1版。
⑤ 冷观：《岛游别录：附葫芦岛开港典礼纪盛》，《国闻周报》第7卷第27期，1930年，第5~6页。
⑥ 《中学联合毕业典礼改在市府大礼堂举行》，《申报》1934年7月6日，第15版。
⑦ 《本市代表团今日行宣誓授旗礼》，《申报》1935年10月7日，第11版。
⑧ 《党政机关举行优秀中学生联谊会》，《申报》1937年3月16日，第10版。

官十余人亦应邀参加"。① 此外，还在礼堂举办就职②、授爵③等仪式。

外交方面，1945 年 8 月 24 日蒋介石签署《联合国宪章》批准书，并在国府大礼堂举行了隆重典礼。"签字之礼堂内，布置甚为壮观，正面墙壁上高悬中美英苏法五国国旗，两旁各有标语一联……室内中央置方形桌一，上置有待署之《联合国宪章》批准书，书之左侧即为装潢美观之《联合国宪章及国际法院规约》及《参加联合国国际组织会议各政府所议定之过渡办法》两巨册，室内四角分置水银灯四座。签字典礼举行之前，被约观礼之中外新闻记者纷纷赶至，计有四十二人，齐集室内静候。"④

（三）文化娱乐展演空间

民国时期，新兴娱乐活动的出现使个人与社会的关系更加密切。这一时期的礼堂不只是单纯的物化空间，它被赋予了多种文化属性和功能。在礼堂举行的音乐会、戏剧演出、电影放映和武术表演等，反映了民众生活方式日益丰富。

音乐方面，大学礼堂经常举办音乐会。1921 年北京大学音乐研究会拟于"阴历正月初旬，假真光影戏院或青年会礼堂开音乐游艺大会"。⑤ 1923 年音乐传习所"定于十月七日（星期日）晚八时在第二院大礼堂开演奏会"。⑥ 1942 年震旦大学"劝募寒衣，承各界热烈捐助，成绩斐然，今该校高中部亦应寒衣捐之需要，特举办慈善音乐大会，节目计有名家歌唱及表演，并有名贵唱片多张，票价分二元、三元及荣誉座三种，日期为本月二十日星期日下午二时半，地点震旦大学礼堂"。⑦ 在社会上，音乐会亦较为流行。如"中国青年提琴家马思聪之弟马思宏，幼年即从其兄研习小提琴，数年于兹，进步神速，曾在香港、汕头各地演奏，听众莫不惊绝"。1936 年 4 月 18 日《申报》报道，马思宏将在 4 月 27 日晚 8 时"假新亚酒

---

① 《京卫生运动会议昨在陆军总部礼堂举行 美军官十余人应邀与会》，《申报》1946 年 4 月 21 日，第 2 版。

② 《中外财政消息》，《福建财政月刊》第 3 期，1927 年，第 166～189 页；《第一特院首席检察官向哲濬昨宣誓就职》，《申报》1933 年 11 月 12 日，第 13 版。

③ 《十二月三十日上午十时 大总统莅大礼堂亲授爵位勋位人员名单》，《政府公报》第 2450 期，1922 年，第 555～556 页。

④ 《联合国宪章批准书蒋主席亲行签署 隆重典礼昨在国府大礼堂举行》，《申报》1945 年 8 月 25 日，第 1 版。

⑤ 《音乐研究会通告》，《北京大学日刊》第 924 期，1921 年，第 4 页。

⑥ 《本校附设音乐传习所启事》，《北京大学日刊》第 1306 期，1923 年，第 4 页。

⑦ 《震旦高中部慈善音乐大会》，《申报》1942 年 12 月 20 日，第 4 版。

店礼堂，举行独奏会，节目有巴赫之《奏鸣曲》、拉罗之《西班牙交响乐》等，票价分五元、二元、一元三种"，现已开始发售，票价收入全部捐给华华中学。①

戏剧方面，1925年燕大剧团在协和医院大礼堂"为年刊筹款演剧，所采用剧本，为陈大悲先生所编制"。② 1927年，"梅兰芳应燕京大学学生自治会之约，在燕大礼堂，演唱《嫦娥奔月》"。③ 1931年，沪江大学戏剧社"在该校礼堂公演《狂风暴雨》"。④

电影方面，1931年杭州电力公司为推广营业，"在西湖大礼堂建设一所富丽堂皇的影戏院"，规定"凡是杭州装着电灯的人家，每月起码可享四张戏券的利益，持券往观，不取分文"。⑤ 1933年，杭州电厂《电气月刊》为该厂大礼堂刊送"电影观映证"，引发用户函询"'大礼堂'今后选片"。该刊"特探志如下：（一）（中片类）王人美、金焰主演《野玫瑰》，阮玲玉、金焰主演《玉堂春》……（二）（西片类）范朋克主演《正续三剑客》，葛雷菲士导演《乱世孤雄》"。⑥

此外，武术表演也会在礼堂举办。如1933年9月30日战区难民救济会为救济难民，在上海"北四川路横浜桥精武体育会中央大礼堂，敦请华侨大力士邓桂芳表演技术，到会参观者，共计五百余人"。⑦

民国时期，在礼堂举办各种社会活动，体现了个体间交往频繁。这不仅是政治性与文化性等在物质与精神层面的丰富，亦是中国近代化转型过程中的一个独特的侧面。

三 礼堂管理

列斐伏尔在《资产阶级与空间》中指出："今天，统治阶级把空间当成了一种工具来使用，用作实现多个目标的工具……组织各种各样的流动，让这些流动服从制度规章，让空间服从权力，控制空间。"⑧ 民国时期，统治阶级利用礼堂来组织各种活动，并颁布一些规章制度进行规范，

① 《十四岁小提琴家马思宏小提琴独奏会》，《申报》1936年4月18日，第15版。
② 蜀狂：《协和医院大礼堂之一夕》，《晨报副刊》1925年5月31日，第6~8页。
③ 周振勇：《照片》，《晨报星期画报》第3卷第111期，1927年，第2页。
④ 琛：《七日短讯》，《中国摄影学会画报》第7卷第317期，1931年，第1页。
⑤ 铁头：《杭州大礼堂的电影》，《影戏生活》第1卷第7期，1931年，第20~21页。
⑥ 避民：《大礼堂电影院今后选片一览》，《电气月刊》第30期，1933年，第4~5页。
⑦ 《大力士邓桂芳昨在精武礼堂试演》，《申报》1933年10月1日，第18版。
⑧ 亨利·列斐伏尔：《空间与政治》第2版，序言第7~8页。

充分体现了国家意志的下沉，但礼堂在举办各种活动中也存在一些问题。

（一）制定礼堂章程

南京国民政府成立后，为巩固政权，便开始颁行一系列新的规章制度来管控社会。"一种这样的空间政治，不会仅仅是通过增加各种限制来发展；它试图通过使用者、个体和团体来统一对时间和空间的占用。"① 民国时期的礼堂，多由政府或学校管理。

1. 政府规定礼堂租借章程

在南京，1929 年之前市政府拟订有《市民借用本府礼堂举行婚礼章程》暨举行婚礼须知，因"殊嫌繁复，且原定章程尚有未尽妥善之处"，特予修订。② 修订章程规定：结婚者须填写申请书，内容包括双方家长姓名、主婚人姓名、介绍人姓名，新郎新娘姓名、年龄、职业、籍贯及住址，借用礼堂举行婚礼得由市长或市长代表证婚，结婚证书由市政府发放，结婚服装以国货为主等。③ 1934 年，南京市政府发布《废止市民借用本府礼堂举行婚礼章程案》，其中规定："为市民借用本府礼堂举行婚礼章程，经议决废止，嗣后准市民借用第一公园逍遥游，或五洲公园大厅举行婚礼，仰遵照并布告周知由。"④ 该章程因由市政府制定，故而政治色彩鲜明。

在浙江，1930 年浙江省立民众教育馆"为提倡改良旧时礼制仪式，特设民众礼堂，各界民众得依本办法借用之"。《浙江省立民众教育馆特设民众礼堂借用办法》规定："甲、依照规定仪式；乙、摒除一切无谓仪仗；丙、款客以茶点为限，不得在本馆排设筵席。""乐师得请本馆职员担任。""借用本礼堂，至多以五小时为限。""举行结婚时，得任人参观。"⑤ 1936年杭州市政府还订立《杭州市市设公墓各葬户借用礼堂办法》，规定"免费借用"，但"借用礼堂之各葬户，如欲焚化锭帛等类，应在本公墓事务所指定处所行之，不得随地焚化""借用礼堂之各葬户，不得有违反警章

---

① 亨利·列斐伏尔：《空间与政治》第 2 版，第 45 页。
② 《修正借用本府礼堂举行婚礼章程案》，《首都市政公报》第 45 期，1929 年，第 86 页。
③ 《南京特别市市民借用市政府礼堂举行婚礼章程（十八年九月十二日修正）》，《首都市政公报》第 45 期，1929 年，第 5～7 页。
④ 《废止市民借用本府礼堂举行婚礼章程案》，《南京市政府公报》第 141 期，1934 年，第 66 页。
⑤ 《浙江省立民众教育馆特设民众礼堂借用办法》，《浙江教育行政周刊》第 29 期，1930 年，第 17～18 页。

之行为"。① 上述两份章程，有改良社会的用意。

在青岛，1936 年青岛市政府发布《青岛市礼堂借用简则》，规定礼堂用途包括学术演讲、高尚娱乐集会（但以无营业性质者为限）、公益集会、市民庆祝婚嫁、公共宴会。② 同年，青岛市政府还制定《青岛市礼堂管理规则》，对礼堂管理处的管理事务规定了范围，包括礼堂公物保管、申请书审查、礼堂布置与整理清洁等事项。③ 青岛市的规定，有明晰的公益意味。

2. 学校规定礼堂租借章程

燕京大学礼堂管理，主要归学校公共娱乐委员会负责。1929 年该校决定："俟后凡欲借用本校大礼堂开会者，仍须先由该委员会认可，并用文字正式通知总务处庶务课，该课当即照备此布。"④ 由此可知，总务处庶务课只是具体办理机构。⑤ 而集美大学大礼堂，因"地址隶属师校范围，且师校应用独多"，在 1929 年由总务处转归师范学校管理，"凡今后各学校、机关、团体如需用大礼堂时，可向该校事务课领取钥匙云"。⑥

1932 年，国立中央大学颁布《大礼堂借用纳费规则》规定："大礼堂为本大学隆重集会地点，非经校务会议审查核准之集会，不得借用。""凡校外借用大礼堂者，以法定机关团体为限。""校内借用大礼堂者，仅以全校教职员或全校学生团体办理之学术等项集会为限。"校外借用"日间应缴纳消耗费八十元，晚间加缴电费八十元"。校内借用大礼堂"得准其缴纳电费之半数"。⑦

当然，也有学校禁止出借礼堂。如 1927 年国立中山大学礼堂自该校"政治训育部成立之后，每日下午，均须应用，并经编列全校学生座次，以备每日听讲时点名，考核各生出席之勤惰，执行至为严厉。因此本校特出通告，嗣后无论何项团体，借用礼堂，暂不允许云"。⑧ 1947 年绍兴七

---

① 周象贤：《法规：本市规程：杭州市市政府令秘字第一六一号：杭州市市设公墓各葬户借用礼堂办法（中华民国二十五年六月九日）》，《杭州市政季刊》第 4 卷第 3 期，1936 年，第 53 页。
② 《青岛市礼堂借用简则》，《青岛市政府市政公报》第 72 期，1936 年，第 13～14 页。
③ 《青岛市礼堂管理规则（中华民国二十四年公布，第三六五次市政会议通过）》，《青岛市政府市政公报》第 73 期，1936 年，第 1 页。
④ 《总务处布告（十月三日）》，《燕京大学校刊》第 2 卷第 4 期，1929 年，第 1 版。
⑤ 《注册部布告三》，《燕京大学校刊》第 2 卷第 6 期，1929 年，第 1 页。
⑥ 《师范学校消息：接管大礼堂》，《集美周刊》第 207 期，1929 年，第 6 页。
⑦ 罗家伦：《大礼堂借用纳费规则》，《国立中央大学日刊》第 877 期，1932 年，第 298 页。
⑧ 《本校礼堂不能借用》，《国立中山大学校报》第 4 期，1927 年，第 12 页。

县旅沪中学礼堂对外出租，亦有学生反对，"礼堂租给外界，常举行结婚、寿庆、丧事等……把楼上的同学们，吵得个个分心，得不到静听的心绪……现在希望校方立即停止出租礼堂，或改于星期日及假日内举行，不要再使喧哗声来烦扰我们，否则，学校的名誉也是有相当损害的，请贤明的校方迅速地改正吧！"①

政府部门和学校针对礼堂制定的相关租借章程，主要为规范社会秩序和保证礼堂良好运行。

（二）存在的问题

由于礼堂面向广大民众，冲突和难以预料的事情时有发生。民国时期礼堂主要存在两大问题：一是存在安全隐患，常发生火灾、坍塌等事故；二是常出现民众纠纷、秩序混乱等情形。

因相关部门对礼堂安全管理工作的缺失，事故时有发生。一是因礼堂着火引发的混乱。1948 年 12 月 22 日《申报》报道，倪锦笙与赵玉英结婚，"讵于下午七时许，正在举行婚礼之时，倪姓之大红灯笼二盏，及'千年运'一盆，同时熄灭破裂，贺客莫不惊奇"。不一会，厨房起火，礼堂秩序顿时大乱。"结果，共计焚去房屋十余间，并厅屋二间，及木行内室'寿器'五具，损失不赀。尤可笑者，竟有部份看客乘火打劫，将新娘之十余条红绿新棉被悉数抢去，致新郎新娘，哭笑皆非。"② 此外还有以礼堂火灾为题赋诗者，如钱宝煜《悼礼堂》③、陈宗枢《礼堂颂》④ 等。

二是因礼堂坍塌引发的悲剧。1947 年 9 月 29 日《申报》报道，一饭馆新建房屋，其中一间被用作礼堂，"举行婚礼之际，礼堂上挤满男女宾客四五十人"。但闻轰的一声，"新建礼堂突然坍塌，当场受伤主婚人杨德泰，新郎杨柏馨，宾客……等三十余人，均送仁济医院施治。据闻尚有十余人，均系轻伤，自行延医诊治。事后老闸警分局，当饬便警多名，赶往调查真相，俾便核办"。⑤ 饭馆改作礼堂存在安全隐患。

也有在礼堂发生的婚姻纠纷事件。如 1935 年 7 月 11 日《申报》报道："爱多亚路第七百三十号杭州饭庄，于昨日下午三时三十分发生姨母与姨

---

① 赵庭娥：《停止出租礼堂，影响学生上课情绪》，《学友（上海 1946）》第 13 期，1947 年，第 4 版。

② 《无锡一幕悲喜剧　火烧结婚礼堂》，《申报》1948 年 12 月 22 日，第 6 版。

③ 钱宝煜：《悼礼堂》，《铃铛》第 1 期，1932 年，第 347 ~ 348 页。

④ 陈宗枢：《礼堂颂》，《铃铛》第 3 期，1934 年，第 334 ~ 335 页。

⑤ 《喜事成悲剧　致美楼礼堂坍塌伤多人》，《申报》1947 年 9 月 29 日，第 4 版。

侄女撚酸吃醋，娘子军大闹礼堂事件，此中情形，离奇莫测。"① 1949 年 3 月 19 日《申报》又载一则因婚外情发生的纠纷，李云章和妻子吴锡姑处于离婚纠纷中，李又与一女性朱瑶珍"定于昨日下午三时，假逸园大饭店举行结婚"。正值婚礼之际，吴女士协同律师一起阻拦婚礼，大闹婚礼现场。经过谈判，"仍无结果，乃由李电告卢家湾分局，出动飞行堡垒，将新郎新娘暨吴女等一并带局，再行调解，直至深晚，尚无结果"。②

除在礼堂发生冲突之外，更多的是礼堂秩序混乱的情形。如 1933 年《星期评论》"学校写真"栏目介绍了大学礼堂的混乱情形："礼堂里真是百货杂陈，无奇不有。帽子一类有小帽、呢帽、打鸟帽、压发帽、没了顶的小帽。鞋子一类，有中国鞋、皮鞋、拖鞋、木屐、橡皮鞋。学生所携带的有小说、画报、自由谈、青光、五香花生米、鸡蛋糕、瓜子大王……""纪念周举行到静默三分钟的节目，十分之四是睁开眼望呆，十分之二是低头看报纸，十分之二打瞌睡……不知所为。"③ 还有对学校每周例会的记载："主任上面训着话，我们底下无聊的挨时候，真听的人恐怕太少！别瞧有人怔怔的望着主任，心里不定想什么哪！"④

民国时期，在现代化的公共空间——礼堂内出现意外和冲突，是社会转型期不可避免的现象。正如美国政治学家塞缪尔·P. 亨廷顿所言："现代性产生稳定，而现代化却产生不稳定。"⑤ 究其原因，既有政府部门管理不善，也有民众素质有待提升，还有学生对国民党统治的消极抵抗等因素。这说明在现代化进程中，虽然政治权力可以对社会进行一定的干预与控制，然而政局混乱削弱了政府稳定公共秩序的能力。

结　语

作为重要的公共空间，礼堂在民国时期为社会各界广泛需求。礼堂不仅为民众提供一个公共交往空间，还有着教化功能。通过举办各种讲座、训话和考试等活动，学校礼堂成为促进学生学习交流和举办重大活动的教化场所。在城乡礼堂开展活动，是为了顺应国家号召，提倡社会教育、节俭理念和推进移风易俗。礼堂为社会各个阶层提供了广阔的公共交往空

---

① 《杭州饭庄内娘子军大闹礼堂》，《申报》1935 年 7 月 11 日，第 12 版。
② 《少妇大闹礼堂》，《申报》1949 年 3 月 19 日，第 4 版。
③ 《大学的轮廓》，《星期评论（上海 1932）》第 1 卷第 39 期，1933 年，第 10～11 页。
④ 大麦：《周会》，《吾友》第 1 卷第 81 期，1941 年，第 18 页。
⑤ 塞缪尔·P. 亨廷顿：《变动社会的政治秩序》，上海译文出版社，1989，第 45 页。

间，并成为近代社会的载体，在一定程度上为民众构建了新的生活方式。一方面，礼堂的兴建、功用和管理，不可避免地受当时国家和地方政治的影响，南京国民政府建立之后，礼堂成为其塑造意识形态和规范社会秩序的重要场所。另一方面，一般性礼堂是集政界人士活动、政治仪式举办和文化娱乐展演于一体的多元化公共空间，其从单一属性到多元化公共空间的转变，涵盖了社会发展与民众日常生活交往的多重面相。

从横向与纵向相比较来看，民国时期的礼堂与其他公共空间具有相似性，亦有差异性。其一，与民国时期新兴的公园、博物馆等公共空间相比，共同点在于具有社会教化的功能。南京国民政府为普及教育理念，借助公共空间来影响民众的日常生活，"潜移默化地对之进行社会教育，对民众的观念进行引导、塑造与调控，成为当时政府采取的重要策略"。① 民国时期的礼堂在国家意志的影响下，成为国民政府进行社会教育的重要场所。其二，与孔庙相比，从国民政府日常行政的角度看，礼堂仍深受政治之影响，"'国家意志'似乎时刻'在场'"。② 但相较孔庙，国家意志对礼堂的影响已然出现明显弱化的趋势，不过仍举足轻重。孔庙根植于传统的政治体系和礼教精神，承载的权力秩序、道德内核，远非民国礼堂所能比拟。不过，近代以来，国家意志逐渐抽离，使孔庙空间的政治性与神圣性被逐渐消解，现代因素悄然增加。这是二者在现代化进程中出现的共同特征。

伴随近代中国社会的转型与剧烈变动，作为民国时期重要的公共空间载体，一般性礼堂在兴建、功用和管理方面，既体现了政府规范社会秩序的政治意志，也反映了民众在日常公共空间使用上的拓展与生活方式的多元化。围绕礼堂出现的矛盾和冲突，恰是新式公共空间难以避免的问题。这种矛盾和冲突对社会内部的整合、新群体与社会的形成、新规范和制度的构建，无疑具有正向的促进作用。"因此冲突并不完全是破坏性的，它也具有建设性的社会功能。"③

---

① 参见黄柏莉《近代广州的公共空间与公共生活（1900～1938）——以公园、茶楼为中心的考察》，《开放时代》2014 年第 6 期，第 117 页。
② 参见郑双《孔庙礼制空间的近代转型》，《史学月刊》2024 年第 7 期，第 133 页。
③ 蔡文辉：《社会学理论》，台北：三民书局股份有限公司，2009，第 209 页。

南京政府役政不良探析

——基于人口统计调查的考察

申冉冉　李常宝[*]

提　要　清末为预备立宪开启中国真正意义上的户口调查，南京政府在其训政初期为推行地方自治亦有清查户口之举，然自1932年起，此项工作渐为保甲编户制所取代。全面抗战爆发之后，正面战场中国军队伤亡甚巨，需源源不断地征补壮丁，征兵制为之全面实行。但是，全面抗战前南京政府对人口调查的理解存在局限性，兼以人口统计学理论的缺失，征兵制所首要之壮丁调查未能完成，因而1938年起国统区实行的壮丁抽签只能套用全面抗战前的保甲编户作为依据，一度引发民众骚乱。为切实掌握壮丁基数，国统区曾整合战时并行的户籍登记与保甲户口编查，并出台法令来规范壮丁统计工作，终因顶层设计者人口统计理论不足，所颁的人口统计法令内容参差扭结，加之壮丁身家调查亦由非专业之保甲人员负责，战时大后方基层政府尽管采取联保连坐、以户制人的方式征兵，却处理不了及龄壮丁的统计变量，依法征兵办成保甲抓丁，役政之乱始终未能解决。

关键词　南京政府役政　保甲编户　人口调查

传统时期之中国不乏人口统计，然现代意义的人口统计至清末"新政"之际始有，即为预备立宪而开始的户口调查；然未竟事功，清政权瓦解。1912年为议会选举有过人口及户数统计，1931年，时人对此数据进行了相关研究。[①]　不过，此际有关人口统计方面的研究尚未引起朝野足够的

---

*　申冉冉，扬州大学社会发展学院博士研究生；李常宝，山西师范大学历史文化学院教授。

①　相关研究有王士达《近代中国人口的估计》，北平社会调查所，1931；刘大钧《中国人口统计》，《统计月报》第11、12期合刊，1931年。

重视。囿于现代人口统计理论形成较晚，南京政府对于人口统计多止步于简单的数据统计和图标指标等，而现代人口统计学还须分析人口数据的分布特征，并在此基础之上实现计量分析，此则意味着人口统计必须有人口普查和经常性的人口统计，适时施行抽样调查和典型调查，且有人口实时性的建模才是人口统计学之要义，任何期望毕其功于一役的户口统计得到的都只是一个暂时的静态数据，反映不了人口变量和发展趋势，也就不足以成为制定基本国策所需的人力资源依据。人口统计是否精确在南京政府实行征兵制之前并未成为社会问题，然而随着全面抗战的爆发，南京当局全面施行征兵制时问题凸显，因为是项制度的实施起点为征集对象（俗称"壮丁"）之调查统计，然后才是征调壮丁服兵役等，而南京政府的壮丁统计一直难有精准数据，致使役政办成了"抓壮丁"，饱受各界诟病。关于南京政府役政之乱或其根源探究，学界的研究甚多，兹不列举。本文认为，由于现代人口统计理论不足，南京政府所出台的人口统计法令指导不了专业性的壮丁统计调查，这是该政权役政不良的根源。本文拟由此加以探析，以求教于方家。

一　清末民初时期的人口调查

现代人口统计学认为，人口调查是人口统计之最基本者，其不仅仅是人口登记，还须具有研究目的和特定的调查方法来搜集整理人口资料，并对此资料进行分析得出科学的结论。常见的人口调查主要有三类：人口登记、人口普查和人口抽样调查。人口调查质量的高低取决于调查对象的合作程度，并且受调查者的综合素养、所调查问题的敏感程度二者的影响。[①]中国历史上人口调查在秦汉两代就曾举行，此后，历代王朝多有全国性的户籍和人口调查。但是直到 18 世纪初，出于赋役征税目的，历代人口调查的范围基本上只限于赋役主体（即"丁"），并且调查与徭役税赋（尤其是人头税）直接关联。因事关切己利益，调查对象合作程度不高，存在人口隐匿现象，因而人口统计数据可信度不足。1712 年，康熙帝施行"摊丁入亩"政策，长期以来户籍登记与赋役征税捆绑的制度松解。乾隆六年（1741），清政府人口调查对象从"丁"扩大到全部人口，但地方政府上报户口数时大多随意编造。1776 年乾隆帝诏令地方须严格人口统计，加强保甲系统，并通过推广循环册的办法实现经常性人口登记。此项人口普查政

---

① 温勇、尹勤主编《人口统计学》，东南大学出版社，2006，第 224、236 页。

策一直持续到 1850 年，所获得的户口统计基本可靠。① 1851 年太平天国战争爆发，长江中下游地区的清王朝统治秩序遭遇冲击，乾隆时代颁行的人口调查制度被迫中断。至 19 世纪 70 年代，清王朝之内乱基本敉平，政令又通行全国，为巩固保甲制度的人口调查亦有恢复；然历经变乱之后，地方政府对调查大多敷衍，各省均存在胡乱编造人口数据现象，自乾隆六年建立起来的一整套人口调查制度宣告终结。②

1905 年之后，清政府为挽救颓势，试图推行立宪来回应时代潮流以赢得国人的支持，因此，为国会选举之人口统计迫在眉睫，清王朝由此开始了中国真正意义上的人口普查。光绪三十四年（1908），内务部专设统计司。是年六月，该司制定了在全国进行人口普查的六年计划并公布了《调查户口章程》，其第二条规定"调查户口分二次办理如下：第一次调查户数；第二次调查口数"，第二十三条规定"人户总数，应自本年起于第二年十月前汇报一次，至第三年十月前一律报齐。人口总数，应自本年起于第三年及第四年十月前各汇报一次，至第五年十月前一律报齐"。③ 在此基础上，即可于第三年计出各省户数，制定《户籍法》，至第五年计出各省人口总数，颁布《户籍法》，第六年执行《户籍法》。其中，第一年由民政部颁布《调查户口章程》以求得人口的确数，此乃实行户籍法之基础，为预备立宪做筹划。④ 此次户口调查自宣统二年（1910）开始，分为两次办理，第一次为调查户数编订门牌，第二次为调查口数填写查口票。在调查户数之际，为每户编订门牌号，有两户以上同住者，以先住之一户为正户，后住者为附户，若同时移住，则以人口较多之户为正户，所有正户、附户均分别编订门牌，其户主为当时主家政者。⑤ 门牌编齐之后，调查员造具各该负责区内户数册两份，一份存调查处，一份报告调查长。其册内载明本区域内共有若干户，编为若干号，各户主姓名等。嗣后，根据此户数册遵照第十六条开始调查口数，"由调查员就编定户数，按照部定查口

---

① 葛剑雄：《中国人口发展史》，福建人民出版社，1991，第 63 页。

② 姜涛：《中国近代人口史》，浙江人民出版社，1993，第 62～72 页。

③ 张庆五辑《旧中国户籍法规史料（清朝末期至中华民国）》，中国人民公安大学、包头市公安局编印，1986，第 91、95 页。

④ 《民政部调查户口章程》，《新闻报》1909 年 1 月 14 日，第 3 版。

⑤ 户在中国旧时代并不是指天然家庭或经济上的家庭，"盖指一宅内所居之人数而已。通常一户有时即属于同一家庭，然亦常有与外人同居者，故或包括亲戚、仆役、学徒、长工等在内。一之内如兼住有寄居之户，应称之曰'附户'"。见刘大钧《中国人口统计》，《统计月报》第 11、12 期合刊，1931 年，第 20 页。另外，1912 年的调查没有严加区别，调查员就将附户列入正户，并为一谈。

票格式，交每户户主限期填报，至迟不得逾十日"。《调查户口章程》第十七条规定调查口数应查明住人口姓名、年龄、职业、籍贯、住所等项，户主上交查口票之后，领回调查证，查口票收齐之后，调查员随时赴各户按照所填各节抽查；并规定户口数"至第三年十月前一律报齐"，人口数"至第五年十月前一律报齐"。① 有关此次调查经费，清廷规定由各地方自筹，或将之前该区域所有的保甲经费一律移作此次调查之用。并饬令调查务必获得人口确数，力除之前保甲虚应故事之积习。为此，是项调查员的选任颇为重视。

《调查户口章程》第六条规定，调查户口事务由下级地方自治董事会或乡长办理，以总董或乡长为调查长，董事或乡董为调查员；自治机构尚未成立的地方，由当地调查户口监督和知县督率所属巡警，并遴派当地公正绅董会同办理。② 并且，清廷本次人口普查之要旨是要求各省政府统计出所有男女老幼的数目，并分别统计出男性及学龄儿童的数目。不过，民众对此心存疑虑，揣度政府此后会依此需索，因此配合程度不高，出现两户合为一户或者多口少报现象。更有甚者，地方民众畏惧调查户口致使风潮迭起，"（江西）丰城县吴忙里地方乡愚，竟以调查户口为灭门毒计，鸣锣聚众，在村傍山崖挖一大洞，将该村调查员某君拥至洞口，推之使下，乡愚即各负土以覆之，某君旋即毙命"。③ 江苏扬州等地"调查户口，时有风潮，故虽将城区之户口一律查齐，其余各乡镇应于今年举办之事只得姑且从缓"。④ 广东省亦有此等情事发生，1910 年 10 月，两广总督袁树勋为之上奏清廷，称"新政目前而论，以调查户口最为有名无实，广东一省自开办调查迄今，屡滋事端，如新安、大埔、连州等州县，尤为剧烈，每一闻报，辄须调兵前往弹压"，该督指明原因在于乡民愚昧无知，不懂调查之意义，以为调查户口乃"将抽丁税"的准备。尽管官府发布文告周知此举目的，然民众不识字者居多，士绅劝解也难释群疑。地方官为此纷纷请停此事以防止激发更大民变。该督因之奏请清廷将调查户口"酌缓至乡镇巡警遍设及识字学塾较多之时，再行补办。目前或先就繁盛城镇风气开通之处先行试办，俾民间耳濡目染，晓然于调查户口之理由，再行逐渐推广"。⑤ 总计，1909 年至 1911 年 10 月，全国因反对户口调查之民变波及

① 《调查户口章程》，《宝山自治杂志》第 1 期，1909 年，第 70 ~ 71 页。
② 《调查户口章程》，《宝山自治杂志》第 1 期，1909 年，第 67 页。
③ 《活埋调查员之骇闻》，《舆论时事报图画》第 7 卷第 21 期，1909 年。
④ 《扬州通信：调查户口暂缓进行》，《时报》1910 年 6 月 9 日，第 3 版。
⑤ 《粤督奏请暂缓调查户口》，《申报》1910 年 10 月 27 日，第 5 版。

10 余省达 69 起。纵观本次人口调查，一方面民众对此调查持抵触态度，另一方面国会请愿运动愈演愈烈。因情势所迫，清廷将本次人口调查计划的六年压缩在四年内完成。1910 年各省先后完成了户数的调查，1911 年各省陆续进行口数调查。至辛亥革命爆发，此项工作中断。此乃 1910 年（宣统二年）的人口统计之事。

关于 1910 年的人口统计之可信度，学界多持谨慎态度。何炳棣指出，1908 年至 1911 年的人口普查数字的可靠性取决于地方普查机构的诚实度和效能，并认为警察本应是此次普查的唯一承担者，但实际上不少省份由于缺乏经费，尚未建立警察部门，"从省到地方的整个普查系统充其量只是拼凑起来的"。① 因此，何氏认为本次普查和民国初期的普查在大多数地方是由县政府和乡绅进行的，或者不如说是由他们随意编制的。② 亦即是说，本次人口调查可信度不足。姜涛认为 1910 年的户口调查质量不高，尤其是口数部分的调查缺失很多。不过，这是清末动乱之后，第一次大规模地较为认真地调查全国的户口。其中户数调查，由于采取了派员调查制先期进行，可信度较高，时点的统一性也较好，这对于了解清末中国人口分布状况及人口发展变化的趋势都具有重要价值。③

二　南京政府的地方自治与编查保甲户口

现代人口统计学认为，人口普查是为了掌握人口总体规模，直接取得反映总体状况的全面性的统计资料，属于全面调查。此举需要按照统一的方法、项目、表式和统一的标准时点，对全国各个地区逐人逐户地进行一次性普遍调查。全面抗战前南京政府有过类似人口调查，不过当局对人口调查的理解较为浮泛，尚未分清人口普查、户口调查、保甲编查、壮丁身家调查四者之间的差异性，尽管四者都属于人口统计，然统计目的不一，因此全面抗战前南京政府主持其事者不一。如人口普查归主计处，户口调查归内政部，保甲编查归各"剿匪"总司令部（后来归军事委员会委员长行营），而后文述及的壮丁身家调查则归军政部，兼以全面抗战前"安内"政策的影响，各归口单位所颁行的相关法规内容参差，所以据此开展的调查未能达到掌握人力资源总量之目的。具体情形如下。

---

① 何炳棣：《明初以降人口及其相关问题（1368～1953）》，葛剑雄译，生活·读书·新知三联书店，2000，第 88 页。

② 何炳棣：《明初以降人口及其相关问题（1368～1953）》，第 87、91 页。

③ 姜涛：《中国近代人口史》，第 85 页。

1912 年以后，地方自治成为王朝统治结束之后的时代话语，20 世纪 20 年代"省自治"或"联省自治"更是风行一时。二次护法运动失败之后，孙中山息影沪上，谋划《建国大纲》，内有地方自治思想，其地方自治是"以一县为充分之区域。如不得一县，则联合数村，而附有纵横二三十里之田野者，亦可为一试办区域"。地方自治以实行民权、民生两主义为目标。孙中山认为地方自治能否试办，"则全视该地人民之思想、智识以为断。若自治之鼓吹已成熟，自治之思想已普遍，则就下列之六事试办之，俟收成效后陆续推及其他。其事之次序如左：（一）清户口；（二）立机关；（三）定地价；（四）修道路；（五）垦荒地；（六）设学校"。在清理户口方面，孙中山设想为"每年清理一次，注明变更，列入年册"。① 南京国民政府成立之后，宣称遵循中山先生《建国大纲》治国理政。1928 年 6 月，北伐完成，中国形式上完成统一，随后国民党二届五中全会召开，宣布进入"训政"时期。自 1929 年起，南京政府开始推行"地方自治"，并颁行《县组织法》。

该组织法规定，各县按户口及地方情形划分为若干区，除因地方习惯或地势限制及有其他特殊情形者外，应以 20～50 乡镇设区，百户以上之村庄（街市）设乡（镇），乡镇居民以 25 户为闾，5 户为邻。其中乡镇长由乡民大会选任，管理该乡镇自治事务；闾邻长由闾邻居民会议选举，掌管闾邻自治事务。② 1928 年，南京政府内政部曾颁定《户口调查统计报告规则》，委托各省市政府按照住户、船户、寺庙和公共住所四类调查常住人口。至 1929 年，江苏、浙江、安徽、河北、辽宁、湖南、陕西、山西、湖北、黑龙江、新疆、绥远、察哈尔等 13 个省以及南京、上海、北平、天津、汉口 5 个特别市进行了是项调查。但是，调查项目仅限于户数和男女人数，其他项目不完整，当局且有在此基础上实行编造户籍予以管理之意。③ 未几，新军阀之间混战不断，时局不稳，地方自治事业多未开展，即便是办有成效者，也仅仅进行了自治区域划分和筹设自治机关两项。④

---

① 《地方自治开始实行法》，《新声月刊》第 3 卷第 3 期，1931 年，"附录"。
② 《县组织法》，《交通公报》第 47 号，1929 年，"法规"。
③ 1933 年南京政府内政部发布《民国十七年各省市户口调查统计报告》，估计 1928 年全国人口为 474787386 人。学界对此统计结果评价不一。严中平认为本次统计数据偏低，见严中平《科学研究方法十讲》，人民出版社，1986，第 92 页；姜涛认为这是带有若干主观随意性的数据，见姜涛《中国近代人口史》，第 87 页；陈达也认为"自十八世纪以迄于现在，都有言过其实虚报总人口的趋势，因此从人口学的角度看，似有很多牵强附会的情形"，见陈达《现代中国人口》，廖宝昀译，天津人民出版社，1981，第 4 页。
④ 黄哲真：《地方自治纲要》，中华书局，1940，第 101 页。

九一八事变之后，此项工作又提上日程。

1931 年 12 月 12 日，南京政府颁布《户籍法》，其第八条规定，"户籍之编造以一家为一户，虽属一家而异居，各为一户"。不过时值日本侵占东三省，时局动荡，该法未即施行，其第一百三十二条载明"本法施行日期以命令定之"。[①] 至 1934 年 3 月 31 日，该法稍有修正。同年 6 月 5 日，内政部公布该法施行细则三十七条，其中第四条规定，家长在户籍法施行后三个月内备具申请书向本籍地或寄籍地户籍主任申请登记，其申请登记之内容有："一、家长之姓名、性别、出生年月日及职业；二、家属之称谓、姓名、性别、出生年月日及职业；三、本籍地或寄籍地该管乡镇坊之名称及其门牌号数；四、其他依户籍法第九十九条规定应行登记之事项。"第九条规定"依户籍法第十四条编造之统计季报或年报"的内容带有人口调查性质。[②] 该细则曾明令于 1934 年 7 月 1 日施行。[③] 然实情并非如此。面对日本侵华，南京政府一边交涉一边抵抗难有成效之后，决定行"安内攘外"政策，加大"剿共"力度，并在"剿匪"区域推行保甲编户。

一般而言，保甲编户势必涉及人口年龄问题，而年龄具有变化发展之特点，须适时整理才能反映出人口的总体特征，乾隆时期的人口循环册即针对此事而设。但南京政府的保甲编户与其稍有区别。1932 年 8 月，豫鄂皖三省"剿匪"总司令部在"剿匪"省份推行保甲制度，停办地方自治，并由"剿总"颁行《剿匪区内各县编查保甲户口条例》，[④] 其第一条阐明该条例颁行之目的："严密民众组织，澈底清查户口，增进自卫能力，完成剿匪清乡工作。"第四条规定由各县县长遴派地方公正人士为保甲户口编查委员，分赴各区协同赶办此事，并用联保连坐方式加大对基层的控制。1934 年南京政府行政院肯定了保甲制度，认为"保甲工作，关系地方警卫，为地方自治之基础"，并于当年"通令各省市政府提前切实办理"，因此，户籍法的实施又被延缓。[⑤] 同年 12 月，依照中政会决议，南京政府

① 《户籍法》，《公安月刊》第 11 期，1931 年，"法规"，第 3 页。
② 《户籍法施行细则及关系书表册簿程式》，《山东省政府公报》第 295 期，1934 年，"专载"，第 45～46 页。《户籍法》第十四条规定统计内容有：(1) 本籍及寄籍户数、人口、性别、年龄；(2) 出生之男女及其父母年龄、职业；(3) 死亡之男女及其年龄、职业与死亡原因；(4) 死产及其性别与死产原因；(5) 结婚与离婚之男女及其年龄、职业；(6) 男女之职业统计；(7) 宣告死亡事件；(8) 户籍变更事件；(9) 同一户籍监督区域之迁居统计；(10) 国籍变更事件；(11) 侨居之外国人及其性别、年龄、职业、国籍。
③ 包惠僧：《户籍法修正之经过及其要旨》，《户政导报》第 2 期，1946 年，第 1 页。
④ 《剿匪区内各县编查保甲户口条例全文》，《中央周报》第 222 期，1932 年，第 13～17 页。
⑤ 包惠僧：《户籍法修正之经过及其要旨》，《户政导报》第 2 期，1946 年，第 1 页。

通令各省市政府提前举办保甲，除"剿匪"省份之外，相继增加了江苏、浙江、广东、绥远、青海等省，以及南京市乡区一级和北平市郊区。其中专办保甲者只有河南、湖北、安徽、江西、福建、四川、贵州、陕西八个省，其他省市是保甲与自治合办。1935 年 7 月，《剿匪区内各县编查保甲户口条例》经军事委员会委员长行营修正，[①] 颁行于河南、湖北、安徽、江西、湖南、福建、四川、贵州、陕西、甘肃等省（调查表见表1）。[②] 嗣后数年内，南京政府辖下多数省市户籍及人事登记全部改行保甲登记，户籍法中规定的家长制改为保甲户口的户长制，实行以户制人具结连坐式的保甲户口编查及户口异动登记，[③] 地方自治也就不了了之。

表 1　住户户口调查表一览（1935 年）

住户户口调查表										
	省　　县第　　区第　　保第　　甲第　　户									
类别＼事别	姓名	性别	已未嫁娶	年龄	是否识字	住居年数	职业	家中有无枪械	他往何处	附记
户长										
亲属称谓										
同居关系										
佣工										
共计	男　　口 现住 女　　口			男　　口 他往 女　　口			男　　口 女　　口			

资料来源：《修正剿匪区内各县编查保甲户口条例》，《绥靖旬刊》第 63 期，1935 年，"法规"，第 19~20 页。

---

① 《修正剿匪区内各县编查保甲户口条例》，《绥靖旬刊》第 63 期，1935 年，"法规"，第 9~19 页。

② 吴德馨：《谈保甲经费》，《行政研究》第 2 卷第 8 期，1937 年，第 815 页。

③ 切结内容统一规定为"为出具切结事，今结得甲内各户所填人口、职业等项均属实在，并无为匪、通匪、窝匪等情，自出结后，互相监察。倘有上开不清行为，凡结内联保之人，应即行报告核办。如有扶同隐匿不为揭报者，甘负连坐之负［责］。所具切结是实"。（《修正剿匪区内各县编查保甲户口条例》，《绥靖旬刊》第 63 期，1935 年，"法规"，第 18 页）值得关注的是，此际山西推行村政自治、山东试办乡建、广西推行三自政策，均未推行保甲，三省建设成效时人颇为称许，省境也未发生多少"匪患"之事。

此后至全面抗战爆发之前，国内大多数省市均推行保甲户口编查和户口异动登记，对于户籍及人事登记均未顾及。且地方基层组织正好处于自治与保甲之掺杂状态，有关户政业务方面也是如此纷杂，既有保甲户口编查，也夹杂户籍人事登记。由此不难发现全面抗战前之南京政府对于地方自治之户籍制度的认识模糊，尽管在所谓的"剿匪"区有户口编查之举，但是此类依托地方人士所建立起来的户口编查反映的只是一个静态的人口数据，并且保甲编户的功能是绥靖地方，尤其是在"安内攘外"政策当中依靠保甲制度已显事功之后，理应回归此前的地方自治，南京当局却将保甲制度作为经验推广至辖区大多省份，地方自治下的户口登记也代之以各县编查保甲户口。而全面抗战爆发之后，这种户长制的人口调查统计的缺陷很快凸显。

三　全面抗战时期户籍法和保甲户口编查之间的纠缠

全面抗战爆发之后，征兵制度在全国开始逐步实行，此举需要有应征及龄壮丁的人口统计底册作为征兵的依据。但是，全面抗战前南京政府推行人口统计是用保甲户口编查而非地方自治时期的人口普查，从上文所述可知保甲户口调查之项目类别简单，而征兵制所要求的"壮丁身家调查"则需要年次、体格、训练、适合役种等方面的调查统计。为改进此种不足，南京当局曾修改户籍法，但是此法又与保甲户口编查纠缠不清，因此抗战急务、专业性更强的壮丁身家调查也就难以完成。

抗战进入相持阶段之后，1939 年 1 月，国民党召开五届五中全会，重新思考抗战背景之下的生存与发展。同年 9 月，国统区开始推行新县制，并为之公布《县各级组织纲要》，地方自治再度被提上日程。该纲要规定县为地方自治单位，"四、县以下为乡（镇），乡（镇）内之编制为保甲。县之面积过大或有特殊情形者，得分区设署。……五、县为法人，乡镇为法人"。[1] 因此，此际的自治是融保甲制度的自治，形式上解决了地方自治有关组织机构问题，但人口调查统计方面的户政业务主管部门则分歧不一。[2] 1941 年颁布的《修正户籍法施行细则》规定，"初次办理户籍登记，应先编整保甲户口"。此前在 1940 年 4 月，内政部与行政院县政计划委员会根据《县各级组织纲要》拟订了《各县保甲编整办法》，呈报行政院于

---

① 《县各级组织纲要》，《浙江自治》第 23、24 期合刊，1939 年，第 20 页。
② 包惠僧：《户籍法修正之经过及其要旨》，《户政导报》第 2 期，1946 年，第 1 页。

同年 8 月 6 日会议通过，再经国防最高委员会核定修正为《县保甲户口编查办法》，于 1941 年 7 月 23 日由国民政府核准备案。由此可见，上述两项规定都是根据《县各级组织纲要》编订，正式把户籍与保甲联系起来，并于同年 9 月 18 日公布。

《县保甲户口编查办法》规定县政府是保甲户口编查的主办机关，在县机关团体中遴选人员协助办理，由县政府开始编查前召集编查人员讲习保甲户口法令及编查手续。不过，该办法核心内容的第五条规定，"凡同一处所同一主管人之下共同生活或共同营业或共同办事者为一户"，与《修正剿匪区内各县编查保甲户口条例》关于"户"的概念没有实质性差异，只不过在户别称谓方面没有将"户长"单列，依照这样的规定实行编户，并按顺序编组发门牌，依照户数编组相应的保甲。①

值得关注的是，该办法所规定并非人口统计学意义上的人口登记，其目的是以户为单位实现保甲之编组，在形式上实现地方自治的第一步"清户口"和第二步"立机关"。在人口登记方面，该办法有一个指导性规定，其第十七条载"编组保甲应同时调查户口，填造户口调查表（见表 2），按表汇定成册，呈缮一份呈送县政府，由县政府编制全县户口统计表呈送省政府，由省政府汇制全省户口统计表咨送内政部"。而关于户口部分，则"由内政部另行规划"。但在原办法之内，其第十八条规定"保甲户口编查完竣后"应"赓续办理户籍与人事登记"，所以户籍及人事登记与保甲户口编查，应同时办理。但是因为同时办理困难重重，并且户籍法规内容比《县保甲户口编查办法》烦琐复杂，"尤不合现时地方情形"，内政部拟请行政院转商立法院酌予修正，各地方行政机关及各方评论亦均认为户籍法缺点甚多，亟待修订。但因为立法程序烦琐，内政部乃拟订《修正户籍法施行细则》二十七条呈请行政院核定，再由内政部与行政院县政计划委员会会同研究，改订为二十四条，经国民政府于 1941 年 7 月 15 日核准，同年 12 月 1 日由内政部公布，并由行政院通令各省，限于 1943 年 7 月 1 日开始办理。至此，公布已逾 12 年之户籍法，始见正式施行。但是此项户籍法施行细则虽经修正，内容与户籍法却多有抵触，为各方所诟病，即便是内政部内部对此也意见不同。且在施行过程中，户籍法烦琐的程序并未减少，户籍法与县保甲户口编查办法的重复冲突也未被消除。而此时，一方面有主计机关主管的户口普查条例公布，另一方面有补充户籍法而制定的《迁徙人口登记办法暨暂居户口登记办法》，法令愈加繁复，各省疲于

---

① 《县保甲户口编查办法》，《云南省政府公报》第 13 卷第 84 期，1941 年，第 3 页。

应付，难以顺利推行。南京当局也意识到若要户政业务顺利进行，则户政法规须通盘整理。

表2　县乡（镇）户口调查表一览（1941年）

县乡（镇）户口调查表												调查员	
户别	保　甲　户								住址			居住年月	
称谓	姓名	别号	性别	年龄	出生年月日	本籍	寄籍	暂居	婚姻状况	教育程度	从业及服务处所	废疾	备考
合计	男　　口 女　　口				现住男　　口 女　　口				他往男　　口 女　　口				
说明	1. 户前栏就编查办法第五条所规之户条别填入。 2. 称谓栏户长以下各行填户内人口，如户长妻即填妻字，余以类推。 3. 婚姻状况栏填未婚、已婚、鳏寡等。 4. 教育程度栏填军〔毕〕业或肄业学校名称及识字不识字或能作书写等。 5. 废疾栏有者应填明废疾名称，无者填一无字。												

中华民国　　年　　月　　日　　户长　　盖章或签押

资料来源：《县保甲户口编查办法》，《云南省政府公报》第13卷第84期，1941年，第5页。

时至1942年12月，有关户口清查之事依然未见起色，为此蒋介石"甚思明年内政之要务为清查户口、清丈土地之完成"。[①] 1944年4月，内政部计划"针对过去缺点，参证实际经验，重订一完善之户政法制"，于4日呈报蒋介石，并由部内负责人员进行研究，着手修订。8月，蒋介石电令"户政法令之整理，应提前办理"。8月9日，行政院也就此事训令内政部"从速拟订户籍法修正草案"，并限定在1944年内公布，迁延多年的户籍法修正问题始确定下来。[②]

据上可见，抗战期间国统区要求完成的是户口调查，而不是人口调查。那么，在此基础上的壮丁调查登记更未完成。如贵州省从1939年开始壮丁调查，并且中间追加了办理经费，至1940年底，"造报□部者，仅青

① 《蒋中正日记》1942年12月29日，斯坦福大学胡佛研究所档案。
② 包惠僧：《户籍法修正之经过及其要旨》，《户政导报》第2期，1946年，第2页。

溪等三十七县，贵阳等四十六县（市）尚未具报"。① 即便如此，然所得到的数据也并不全面，因为本次壮丁调查并非整个国统区统一实行，所规定者是以具体某一县为单位同时举办，此则缺乏人口调查所要求之时点的统一性，往往导致县域毗邻地区或相邻之乡镇的民众为规避服兵役而隐匿户口之事，抗战期间国统区所谓的"越境拉丁"多与此有关。可见，由于缺乏人口统计理论的指导，不懂人口调查的科学分类，国统区的人口调查始终在户籍登记与保甲编户之间纠缠，致使壮丁身家调查难有凭借，"我国壮丁身家调查，虽推行已数载，惟本身机构迄未建立，各级役政机关任意指定一二毫无经验之人员主管其事，国民兵团以编制过小，一人兼办多事，更无专人负责。如此，则中央方面无论如何严励监督，补助多量经费，其业务仍无法推动"。② 1944 年日本发动"一号作战"，国民党在豫湘桂战场溃败，河南、湖南、广西等兵源大省损失严重，国统区面积进一步缩减，人力资源愈发不足，征兵成为大后方普遍的难题。由此，壮丁调查与人口调查合办成为各地政府之急务。1945 年 2 月 19 日，国民政府内政部与兵役部联合发布《户口调查与壮丁身家调查联系办法》，③ 表现出希望一揽子解决人口调查和壮丁身家调查问题。这表明至抗战结束前夕，国统区高层对于人口调查的认识有了一定的进步。当然，调查任务依然由基层保甲来完成，不过，人口调查因其专业性显然是基层保甲人员难以胜任的。

四　保甲人员难堪调查任务

抗战期间，国统区各级地方政府之要务有二，即征兵和征粮。其征兵之第一步即需掌握本管区域内及龄壮丁的年次统计，而此项统计必须基于对壮丁的身家调查。根据上文可知，负责此项调查工作的乃各地保甲人员，但从实情来看，保甲人员难以完成是项任务。即便是已有的调查，其所获的数据亦不堪敷用，因为人口调查的信息来源于调查对象的回答，其调查质量取决于三个方面的因素：调查对象的合作程度，调查人员自身因素，调查问题是否敏感。④ 据此三者而论，以征兵为目的的壮丁身家调查事关千万家庭的各自利益——多征发一名壮丁，田间则少一位精壮，故调查对

---

① 徐国桢：《壮丁调查及名册编造之研究》，《贵州征训月刊》第 3 期，1941 年，第 50 页。
② 蔡炳墀：《改进壮丁身家调查业务刍议》，《役政月刊》第 1 卷第 4 期，1945 年，第 25 页。
③ 《户口调查与壮丁身家调查联系办法》，《四川省政府公报》第 309 期，1945 年，"法规"，第 3 ~ 4 页。
④ 温勇、尹勤主编《人口统计学》，第 222 ~ 223 页。

象对此的合作程度不会太高。因此，调查所得的统计数据之可信度不足。

首先，所谓壮丁身家调查，即调查年满 18 岁至 45 岁之兵役适龄男子的姓名、年龄、出生年月、原籍地、现住地、直系亲属、职业、教育程度、箕斗、军训程度、体格等第、兵种役别及其中签号数等，并将其登记在册，作为国民兵地区编组（区乡镇保队甲班）的依据，再将壮丁名册的全部适龄壮丁从 18 岁至 45 岁分成 27 个年次分别建立国民兵名簿，"年满十八岁至届满三十五岁规定为甲级壮丁，以供常备兵征集之用；三十六岁至四十五岁为乙级壮丁，以供□输兵征集之用"，[①] 此乃壮丁身家调查的年次编组，亦即是南京政府征丁征集、士兵转退役及征属优待的根据。壮丁身家调查自实施征兵之初，亟应举办，但因为基层机构不健全、经费无着、干部缺失等，至 1945 年尚无实效。[②]

其次，壮丁身家调查之工作人员多系保甲人员。揆诸史实，此类人员的素质、学识和能力参差不齐，难以完成此项专业工作。考察《县各级组织纲要》，其第四十七条规定每保设保办公处，置保长、副保长各一人，由保民大会选举。在尚未办理保民大会选举以前，保长、副保长由乡镇长派定，报请县长委任，甲长由各甲之户长会议选举，由保办公处报告乡镇公所备案。[③]《县各级组织纲要》此条款与上文保甲条例相比最大的变化就在于，保、甲长二者之间关系的松解。保甲条例规定保长由甲长公推，此处改为保民大会选举，体现了地方自治精神。而保民大会规定是由每户出一人组成，但并未明定是户长，而甲长是由户长会议选举。保甲长这样选任的结果就是甲长对户长负责，保长对保民代表负责，在此基础上所形成的责任关系在保甲征集壮丁之际，往往出现较为戏剧性的基层征兵实况：抓丁的"主凶"大多是保长，而甲长则对被抓壮丁表示同情，并与保长持抗拒姿态，因而能够得到本甲住民的谅解，有甚者还充任民众控诉保长抓（拉）丁的领头人。

正因为保甲长关系并不合拍，又因在抗战中保甲"事头繁多"，民众多不愿意充任此类职务。早在 1937 年时论即指出："长厚者大率畏事而不

---

① 徐国桢：《壮丁调查及名册编造之研究》，《贵州征训月刊》第 3 期，1941 年 3 月 1 日，第 50 页。

② 蔡炳墀：《改进壮丁身家调查业务刍议》，《兵役月刊》第 1 卷第 4 期，1945 年，第 25 页。

③ 《县各级组织纲要》第五十二条规定，"保民大会每户出席一人"。第四十七条规定，保长选举资格如下：（1）师范学校或初级中学毕业或有同等之学力者；（2）曾任公务人员或在教育文化机关服务一年以上著有成绩者；（3）曾经训练及格者；（4）曾办地方公益事务者。《县各级组织纲要》，《浙江自治》第 23、24 期合刊，1939 年，第 22 页。

肯任事，纵强之出而任事，十之八九又多半不能办事，其不肖者则视摊派为利薮，握款不缴，掯据不给，百弊丛生……保甲长任事稍久，亏欠与日俱增，一旦发觉，多方推诿，牵涉多人，追不胜追，理不胜理，成为悬案，莫由解决。"① 因此，保甲人员辞职也是常有之事，所具辞呈曰："任职以来，战兢自持，汲深绠短，陨越堪虞。办理将近一年余，诸多未合，本非素谙，性非所宜，凿枘不容，敷衍塞责，罪戾滋多。"② 尤其是在新县制推行之后，新旧保、甲长之间如何衔接，新任者能否胜任，时人对此不无焦虑。"我们计算全川约有八万保，八十万甲，这八万保长，八十万甲长，短时间内怎样选举，怎样训练？……假如新人员未能产生前，沿用旧日人员，他们能否有新认识、新技术，如果没有，换汤不换药，新县制能否推行成功？"③ 保甲人员的素质问题，直到 1944 年还是没有改善。1944 年，时人批判重庆办理兵役之基层保甲长："尝见本市之保甲长，非惟开会时，总理遗嘱不能诵读，即寥寥数语之开会理由，亦不能报告。而若干甲长则连签到时本人姓名亦不能签署。至部份副镇长亦往往不知管教养卫为何物，以之推行地方自治，自属无法唤起民众，发动民力，更何能负荷抗战建国之重任？"④

因此，愿意充任保甲长者，实则看中其中潜在的利益。如 1939 年四川三台县奉令举行甲级壮丁调查，其中属于甲级壮丁但现任保甲长者 5079 人，该年三台县依法缓役之甲级壮丁共计 21581 人，则保甲长约占总数的 24%。⑤ 这是一个相当高的比例，因为其他壮丁缓役是按期缓役而不是年年都可以缓役，保甲长则不同，实际上等于每期缓役当中都有保甲长这个群体存在。

而在当时的境遇则是，因地方自治尚未完成，国统区的县市政府只能依托保甲人员来完成粮政和役政，离开保甲基层事务较难推行。而保甲人员虽多，但层次水平千差万别，且非专业人员，其难以胜任征兵的壮丁身家调查之事，经常成为民众呈控的对象。如三台县三区观音场民众举报联保书记傅作新、户籍员王延龄二人，均系三丁之家，借此公职，庇护子弟

① 吴德馨：《谈保甲经费》，《行政研究》第 2 卷第 8 期，1937 年，第 819 页。
② 三台县第一区区公所：《为据心妙寺联保主任恳请辞职并恳调义勇队服务一案》（1937 年 12 月 5 日），三台县档案馆藏民国档案，档案号：10 - 7 - 616，第 33 页。
③ 曹钟瑜：《新县制的干部训练问题》，《现代读物（新县制专辑）》第 5 卷第 1 期，1940 年，第 45 页。
④ 谢昆清：《提高保甲长之素质》，《中央日报》1944 年 10 月 3 日，第 3 版。
⑤ 三台县政府：《役三字第 72 号呈文》（1939 年 9 月 13 日），三台县档案馆藏民国档案，档案号：10 - 7 - 116，第 3 页。

一丁不征。[①]

最后，从事壮丁身家调查之工作人员理应包括普通调查人员、统计人员、医生等。工作人员必须受过调查训练，富有办理调查业务的经验，才能担负壮丁身家调查重任；而调查结果初成后，负责整理分析统计的责任者，则需要由专门的统计人员担任。并且，壮丁体格检查，关于壮丁体格等位的决定、兵种的判定，势必需要医务人员的参与。因此，壮丁身家调查机构应有此三种干部。然则没有壮丁身家调查，没有地区、年次等动态的及龄壮丁统计，那么征兵只能是施用连坐法之下的抓丁，并试办国民兵身份证来限制及龄壮丁规避兵役。[②]

即便是深知保甲人员难堪此任，想越过保甲人员来办理壮丁调查也很难完成，就上文所述试举一例。1938年夏，四川省实行第一次壮丁抽签，一度引发社会骚乱。时任三台县县长郑献征指出："何人应该征调，何人系独丁、单丁，何人虽非独子、单丁，若一被征调，其家庭即不能维持最低生活，及合于《兵役法令施行暂行条例》第廿七、廿九、三十、三十一各条规定，应先缓役等。"[③] 有鉴于此，该县于12月出台《三台县调查壮丁各职员办事规则》，将全县59联保划分为59组，每一组由县政府派员担任督导员，指导由县保训班学员和各小学教员担任的调查员从事壮丁调查。[④] 但在调查过程中遇到的最大问题就是原有保甲制度时期的"户"名下如何界定"单丁"问题，因为兵役法规定"单丁不抽"。如某户长有子三人均为壮丁逾龄，但各子下面又各有一子为壮丁适龄，那么，以某户长各子角度来看，各为独子，但以某户长总领一户看来，则为三丁，自无免缓役可言。此类情形，乡间有不少。[⑤] 而乡间这种情况的出现，是因为全面抗战前四川推行保甲编查，经费按户摊派，因此主干家庭比核心家庭数量增多。针对壮丁调查，民众的对策就是，"尽量将多丁分住，以致各联

---

① 三区观音场不敢具名人：《为请尽先征调公务人员之壮丁，以倡役政而利抗战由》（1940年1月3日），三台县档案馆藏民国档案，档案号：10-7-8，第6~9页。

② 蔡炳墀：《改进壮丁身家调查业务刍议》，《役政月刊》第1卷第4期，1945年，第27页。

③ 三台县政府：《代电：役一六字第四二五号》（1938年12月），三台县档案馆藏民国档案，档案号：10-7-67，第6页。

④ 三台县政府：《三台县调查壮丁各职员办事规则》（1938年12月），三台县档案馆藏民国档案，档案号：10-7-67，第8页。

⑤ 三台县政府：《电复解释马电所示某户长有子三人均为壮丁逾龄但各子名下又各有一子均为壮丁适龄此等住户认为多丁不准缓役》（1938年12月24日），三台县档案馆藏民国档案，档案号：10-7-67，第65~67页。

保保甲附户骤增，大都成为单丁独子之户"。① 三台县此项调查不久被四川省军管区司令部叫停，并出台了该省的调查壮丁办法，其第三条规定调查由保甲长负责，将"适龄壮丁，不问其应否免役、禁役、缓役、异动，一概根据户籍册负责复查一遍"。② 对比可知，后者调查工作量较小，但从人口统计学而言，可信度和征兵有效度肯定不如前者，此乃四川省征兵办成抓壮丁的一个重要原因。

结　语

南京政府实行征兵制之后，其役政通常被表达为保甲抓壮丁，其法理依据是兵役法规定的义务兵役制。保甲抓丁是因为民众拒服兵役；民众之所以拒服兵役，是因为他们认为役政不合理；役政缘何不合理，是因为役政人员未按禁役、免役、缓役区分各该壮丁是否应征。要之，役政不良最根本者就是国统区缺乏精准的及龄壮丁最基本的人口数据——按地区、年次、体格诸方面的壮丁统计数据。其深层原因在于南京政府对人口问题认识不够，尚未认识到人口普查是最基本的国情国力调查，而只能循例选择以户制人的保甲编查方式来进行人口统计。加之时代原因，南京政府也缺乏人口统计学方面的理论指导，因此围绕人口统计不是从专业角度细加研究，而是通过频繁出台法规来解决不断出现的问题，而法的执行主体各异，各种法规之间参差扭结。并且，国统区的人口调查大多由保甲人员完成，这显然是他们所难以胜任的，因此有关人口统计工作迟迟难以完成，即使有统计也未能考虑人口统计学变量，可信度不高，征兵难有可信的壮丁调查底数。此种情况持续到 1949 年犹未解决。

---

① 三台县政府：《代电：役一六字第 35 号》（1939 年 1 月 6 日），三台县档案馆藏民国档案，档案号：10 - 7 - 67，第 135 页。

② 四川省军管区司令部：《四川省二十八年调查壮丁办法》（1938 年 4 月 1 日），三台县档案馆藏民国档案，档案号：10 - 7 - 15（重要），第 9 页。

全面抗战时期鄂西的土地陈报举措

张文博*

提　要　全国抗战时期，鄂西地处对日军事要冲和大后方前沿，战略位置显著，土地问题与财粮紧缺是建设地方、坚持抗战之症结。作为国民政府整理地籍的主要办法，土地陈报旨在整顿税赋、实施土地政策。陈诚主政湖北时对此着力推行。他重订办法原则，指示鄂省当局完善章程与方案，并就执行问题做出强调。鄂省 24 个县陆续办竣，进度不一且存弊漏，清理地籍成效未彰，增溢税地谋求田赋改税征实并征购征借余粮是其主要成果。其间，国民政府虽标榜"平均地权"与农民负担合理，实际是"得粮第一"取代公平原则，财粮增收因此得以达成而民生困乏相形加剧，地权调整收效甚微。

关键词　全面抗战时期　地籍整理　农地改革　鄂西

民初以降，地籍不清与管理失严影响国家财税收入，妨碍土地政策推行。有鉴于整理地籍刻不容缓，各省正式测量、登记多为星星点点试行。"只有计划，没有实绩"，国民政府辅之简易办法。[①] 土地陈报"以土地编查代替土地测量"，"以业户陈报代替业户声请登记"，"以改订科则之地价调查代替地价规定"；执行方式是"户地兼问"，业户陈报田亩与政府编查同步，既"杜业户之隐匿"，也明了其责任。土地陈报具有技术简单、经济迅速的特点，不足是测量精度差，登记"仅有相对权力"，工作"依赖于人事之成份太多"。[②] 为此，地政部门表示其"不能使地籍作科学的正确

---

* 张文博，西南大学马克思主义学院讲师。

① 长野郎：《中国土地制度的研究》，强我译，神州国光社，1932，第 242 页。

② 董中生编著《土地问题与土地行政》，1957，第 241～242、247 页。

的整理"，致"正式整理地籍工作停顿"，声言反对；财政当局则以其可增收赋税，颇为青睐。[①] 全面抗战爆发前，该项工作经江浙数县试点而推行数省。1934 年 1 月，国民党四届四中全会通过《整理田赋先举行土地陈报以除积弊而裕税源案》，要求各省分区施行；5 月，第二次全国财政会议修订《办理土地陈报纲要》并公布施行。至抗战全面爆发，14 个省已办竣297 县，"步调不一，方法互殊"，结果多不确实。[②] 值此之际，国民政府限期完成全国性土地陈报："不特借以整理田赋平均人民负担，即凡土地与粮食政策之实施，亦赖以奠□初基。"[③] 鄂西土地陈报更因其战时环境颇具迫切性，成为陈诚治鄂重要措施。

当前，学术界对土地陈报政策原委与成效有所探讨，个案研究较多关注全面抗战前数省情况，侧重宏观政策过程是其论述取径。[④] 1940～1943年陈诚推行土地陈报，以制定方案详备、完成度较高和主导者积极能动而具有代表性；作为湖北地籍整理的战时延续，虽然总的政策办法与他省少有二致，但行动擘画自成一格。对此，已有研究尚付阙如，而鄂西工作的执行尤其影响更待细致梳理与总结。[⑤] 本文结合全面抗战历史纵深，考述

① 《萧铮回忆录：土地改革五十年》，中国地政研究所，1980，第 96～97 页。
② 丘东旭：《我国租税政策之研究与批判》，1945，第 65～68 页；关吉玉、刘国明编纂《国民政府田赋实况》（上），正中书局，1944，第 715 页。
③ 关吉玉、刘国明编纂《国民政府田赋实况》（下），第 357 页。
④ 近年来，有关国民政府地籍和田赋整理的研究不断深入，为本文参考。参见刘一民《国民政府地籍整理：以抗战时期四川为中心的研究》，上海三联书店，2011；李铁强《南京国民政府时期的乡村地籍整理——一场未完成的变革》，《华中师范大学学报》（人文社会科学版）2019 年第 5 期；李向云《抗战时期田赋征实政策新探——以国民政府高层间的互动为中心》，《近代中国》2020 年第 2 期；柯伟明《民国时期财政分权体制下田赋归属的变动》，《近代史研究》2021 年第 3 期。关于土地陈报，在总体研究方面，郑起东等考察政策演变与实施利弊。参见郑起东《国民政府土地陈报研究》，《古今农业》2008 年第 1 期；徐在斌《抗战时期国民政府土地陈报述评》，硕士学位论文，湘潭大学，2010。个案研究除梳理陕甘两省战时实践，其余仍停留在全面抗战前江苏、湖北等省情况考述。参见苗洁《论 1935～1937 年湖北省土地陈报》，硕士学位论文，华中师范大学，2011；程郁华《江苏省土地整理研究：1928～1936 年》，博士学位论文，华东师范大学，2008；王丰涛《1931～1936 年河南省土地整理考察》，硕士学位论文，河南大学，2011；张兴《抗战时期陕西地政研究（1937～1945）》，硕士学位论文，陕西师范大学，2019；李守礼《民国时期甘肃省土地陈报探析》，《兰州教育学院学报》2010 年第 2 期。
⑤ 现有陈诚主鄂与国民党土地政策研究，对鄂西土地陈报基础史实虽有述及，但欠细致考察。参见徐旭阳《湖北国统区和沦陷区社会研究》，社会科学文献出版社，2007，第 92～94 页；昌文彬《陈诚主政湖北研究（1938～1944）》，湖北人民出版社，2012，第 77～84 页；李铁强《南京国民政府时期湖北地籍整理述评》，《聊城大学学报》（社会科学版）2005 年第 2 期；周彦《抗战时期陈诚与鄂西地区的土地改革》，硕士学位论文，华中师范大学，2007，第 25～27 页。

其来龙去脉，并借此个案分析，呈现陈诚从事农地改革之初步经验，冀以加深对国民政府地籍整理的认识。

一 陈诚出任湖北省主席与决定推行土地陈报

1938 年 6 月，日军逼近湖北。围绕武汉会战，蒋介石以增强鄂省军政能力为核心，陈诚的人事安排是其系列部署重心。军事上，陈诚出掌第九战区，牵制当面之敌；以第九、第五两个战区为主，构筑防线，开展外围消耗战。① 政治上，改组省政府，6 月 14 日免去何成濬的省主席职务，指令陈诚以战区司令长官之职兼任。② 陈诚此时出任，意在配合"军政合一"需要，更因其系蒋心腹，其地位居抗战腹心。他早年即对地方行政多所注目，主鄂施政虽缘临机受命且实际在任短促，确是生平庶政履历重要一瞥。武汉沦陷后，西南后方业已形成；鄂西地处日军威胁后方、进攻重庆通道，地位凸显；防卫并开发鄂西是陈诚在鄂主要活动。1940 年 9 月至 1943 年 2 月，陈诚亲理省政，他致力实施农地改革与一系列"建设新湖北"方案，推行土地陈报是举措之一。

伴随鄂省局势发展，陈诚做出"治一省而计于一域"的政略转变。1938 年 7 月接任鄂政伊始，他指出"一方面要努力抗战，以争取民族的独立；一面要加紧建设，以富裕民众的生活"；③ "凡所措施，必求于国计民生实有裨益"。④ 10 月，持久战形势已成，鄂省一般政务由严立三代为主持，工作虽有推展，但囿于人事环境，政令不能通达，甚至"事事无法推动"。⑤ 在此期间，日军相继发动随枣、宜枣等战役，将占领区自东向西推进。省府两度西迁，省政逐渐局促于鄂西，"尚能行使政权者"，"不过三十一县"，施政更形困难。⑥ 对此，陈诚于 1939 年提出整个的施政方针，"只求针对湖北

① 秦孝仪主编《中华民国重要史料初编——对日抗战时期》第 2 编《作战经过》(2)，中国国民党党史会，1981，第 308~311 页。
② 《昨行政院决议改组鄂陕两省府》，《申报》1938 年 6 月 15 日，第 1 版；《昨行政院决议更迭鄂省各厅长》，《申报》1938 年 6 月 22 日，第 1 版。
③ 严斌：《陈诚在鄂西》，中国人民政治协商会议湖北省委员会文史资料委员会编《湖北文史资料》第 31 辑，1990，第 207 页。
④ 《陈诚昨通令改进鄂省政务》，《申报》1938 年 7 月 2 日，第 1 版。
⑤ 《陈诚回忆录——抗日战争》，东方出版社，2009，第 157~161 页；何智霖编《陈诚先生书信集——与友人书》(上)，台北："国史馆"，2009，第 142~144、153~155 页。
⑥ 黄季陆主编《革命人物志》第 5 集，台北：中央文物供应社，1970，第 236 页。

所处的环境与抗战的需要"，"建设后方，安置难民，提倡生产，准备开发鄂西"。①

1940 年 6 月，宜昌失陷，中日两军沿宜、荆、随、枣一线长期对峙；陈诚饱受国民党内部各方攻讦，获准解除所有兼职。他致电蒋介石陈述整肃鄂政"以专责成""力图自赎"之意。7 月，国民政府重设第六战区，负保障陪都安全之责。9 月，他返省主政，亲领第六战区，"坐镇恩施，重整旗鼓"。② 此时，军公教人员、难民大量涌入，导致民生艰困与社会矛盾愈加突出；而鄂西素来贫瘠，土地问题与财粮危机亟待解决。

首先，土地问题是鄂西贫苦不安的根源。据统计，鄂西、鄂北 22 县耕地面积 6780 千市亩，仅为土地总面积的 6.66%；水田少、旱地多，分别占耕地面积的 34.08% 和 65.92%。③ 各县耕地"依山傍岭，势如倒悬，既不可以牛耕，又多冲剥之患，地质皆石，惟恃锄耨"；农民经岁勤劳恒不足以自给，"食料以包谷、番薯为主"，遇青黄不接则以洋芋度荒；生活状况更有巴东"未见有一人民穿一件完整衣服"等记述。④ 在此情形下，租佃盛行，农民负担更为沉重。1934 年及 1938 年湖北省县政调查报告显示，恩施等 8 县佃农占农户数 35%，实物地租额在 50% 左右，撤佃转租频繁，佃权难获保障。鄂北 9 县佃农占比普遍达 50%，佃租高、承租条件苛刻。（1）租率在 50% 左右，且"顶首钱利息加入计算"，佃农所获"恒不及田亩收获量十分之二三"；（2）租制复杂，半数县份实行包租制，押租和预租有每亩"超过土地原价值三分之一者"，租秾分钱秾、谷秾两种混合缴纳；（3）租约"凭言为定"、租期不定，地主可随时解约，且有"酒肉蔬菜逢节馈送"等额外需索。⑤ 此外，各县匪患甚重，税赋繁苛，农民所得

---

① 《湖北省府工作之近状与今后施政之要领》（1939 年 1 月），第 3 页，台北"国史馆"藏，档案号：008 - 010301 - 00049 - 011。

② 《陈诚回忆录——抗日战争》，第 100~103 页；何智霖编《陈诚先生书信集——与蒋中正先生往来函电》（下），台北："国史馆"，2007，第 459、467~468 页；谈瀛：《回忆在恩施时的陈诚》，《湖北文史资料》第 31 辑，第 177 页。

③ 1937 年 4 月湖北全省土地状况统计：恩施、郧西等 7 县耕地占土地面积的比例在 5%~10%；巴东、房县等 10 县均在 5% 以下；谷城、建始等 5 县占比虽超 10%，仍不及全省平均水平。参见《各县市耕地面积》，湖北省政府秘书处统计室编印《湖北省年鉴·第一回》，1937，第 137~138 页。

④ 湖北省政府民政厅编印《湖北县政概况》第 5 册，1934，第 1423、1442、1461 页；何智霖编《陈诚先生书信集——家书》（下），台北："国史馆"，2006，第 516 页。

⑤ 恩施专员公署档案科编《湖北省第七区年鉴》，1938，恩施州档案馆藏，第 26~27 页；湖北省政府民政厅编印《湖北县政概况》第 4 册，1934，第 1189~1190、1220 页；湖北省政府民政厅编印《湖北县政概况》第 6 册，1934，第 1757 页。

无几，尚须应付摊派并防备抢劫勒索，因而农村怠耕抗捐、围攻保安团、组织神兵同心会起事时有发生。[1]

其次，财粮匮乏是战时省政首要困境。鄂东、鄂南富庶区先后沦陷，"省库愈感空虚"，税收日益短绌，军粮民食因此短缺，勉强倚仗鄂西北各县"增收赋税并举借贷款，以资维持"。[2] 1937～1940年，恩施等8县田赋正税实征解库额虽由47983元逐年递增为201575元，增长3倍有余，[3] 然而，地籍尚乏清理，"田赋积弊非常之深"。地主隐匿短报，农民则"统统缴足"仍"有许多额外负累"；各县"浮收勒索，往往超过应纳税额"，又"因征收人员的明欠暗亏，实际政府收到的不过几成"。[4] 就财政收支言，1940～1941年度"中央补助及协助"款项由1282万元增至2258万元，课税所得并入合计，总岁入仅由2369万元增为2432万元；但"各项紧急经费仍复有增无减"，收支相抵差额甚大，1939年下半年"约差四百五十万元"，1941年上半年差额更达"八百万元左右"且将"超过一千万"，以致地方军队经费困难、省政展布困阻。"鄂省保安队原有十八团……经缩编为'独立营'"，"拨充军训经费外"，"每月约亏二十万元"；省库"无力再垫，非另谋补救"。[5] 从粮食供需看，鄂西农业生产落后，1936年主要农产不及全省1/4；恩施等8县稻谷产量1365千市石，仅占全省产量62765千市石的约2.2%。[6] "平时已感不足，战时增加几十万大军，和几万的公务人员及其眷属"，"更感不足"。[7] 1940年，粮荒日甚。各县连年灾歉，"囤粮毫无而春荒已成"，造成"军民争食"。[8] 民食方面，"收

① 严仲达：《湖北西北的农村》，《东方杂志》第24卷第16期，1927年，第44～45页；李长荣、姚正维主编《第六战区暨湖北省会恩施纪实》，湖北人民出版社，2009，第211页。

② 《赵志垚电陈诚为湖北省保安队经费困难已缩编湖北省东南富庶之地已成战区税收日益短绌》（1939年8月），台北"国史馆"藏，档案号：008－010904－00002－057；《湖北省政资料汇辑第八册：总类一般　湖北省政府施政报告》，第117页，台北"国史馆"藏，档案号：008－010904－00011－005。

③ 湖北省恩施土家族苗族自治州地方志编纂委员会编《恩施州志》，湖北人民出版社，1998，第427页。

④ 湖北省政府编印《湖北省抗战期中民生主义土地政策之实施》第1辑，1943，第7页。

⑤ 《湖北省政资料汇辑第八册：总类一般　湖北省政府施政报告》，第115、117页，台北"国史馆"藏，档案号：008－010904－00011－005；赵志垚：《抗战三年来之湖北财政与金融》，《经济汇报》第2卷第1～2期，1940年，第133页；《赵志垚电陈诚为湖北省保安队经费困难已缩编湖北省东南富庶之地已成战区税收日益短绌》（1939年8月），台北"国史馆"藏，档案号：008－010904－00002－057。

⑥ 《湖北省年鉴·第一回》，第166～169页。

⑦ 刘千俊：《鄂政纪要》（上），正中书局，1945，第109页。

⑧ 《陈诚回忆录——抗日战争》，第304页。

成歉薄，平均仅有五成”，“仅敷七八个月之用”；① 军粮方面，8～9 月
“需八万一千大包”，经“运交三万九千余包”并由本地征购，仍显不敷，
“余多搜购杂粮维持……亦罗掘将穷”。②

　　针对上述情况，陈诚宣称，“愈是落后的地方，愈是需要建设”，“实
行民生主义，必得先求解决农民的生活问题，一切行政设施，也必定要以
安定农村为第一要义”。③ 为此，他将增加生产、整理田赋、征购实物并管
制分配，作为战时经济政策进行了系统阐述。④ 1941 年“车水”事件更加
深他对农地改革必要性的认识：不合理的土地制度“使农业减产”；“农民
的痛苦未除，而负担愈益加重了，这与安定后方争取胜利的要求，实在大
相违背”；“越是在抗战紧要关头，需要解决土地问题越迫切”，“不能不做
也非做不可”。⑤ 据此，他强调“湖北政治把握了这个对象，凡百政策计
划，都集中在这一个大原则下制定出来”；所有行政技术须“注意与这一
大原则来配合实施”。⑥ 1941 年 4 月，他主持制定《新湖北建设计划大
纲》，声言其“‘民生主义土地政策’及‘战时民生主义经济政策’，二者
尤为重要”。⑦

　　在陈诚看来，“平均地权”⑧ 是解决土地问题的根本办法，可使“土地
非因施劳力资本所得的利益，以赋税方式归诸国家”，而“垄断土地图谋
利润的资本”，“逐渐转投于生产事业”；土地投机“无从发生”，政府照
价收买，施以合理分配，公私用地权益“自易趋于普遍”。⑨ 为此，“必先
清理地籍而后可”，以鄂西条件从事正式测量，人财物力均感不济且将旷
日持久；土地陈报既经国民政府严令，有数省经验在前，“经济简捷得
多”；在战时“只有采取这种办法”，没有理由因其“稍欠精确”而“置
诸不闻不问”；对整理税赋也“不失为因时制宜之一策”，“‘做’总比‘不

① 《湖北省政资料汇辑第三册》（1941 年 12 月），第 21 页，台北“国史馆”藏，档案号：
008－010904－00006－003；《陈诚回忆录——抗日战争》，第 105 页。
② 何智霖编《陈诚先生书信集——与蒋中正先生往来函电》（下），第 471 页。
③ 刘千俊：《鄂政纪要》（上），第 15、239 页；《陈诚回忆录——抗日战争》，第 168、226 页。
④ 湖北省政府编印《湖北省抗战期中民生主义经济政策之实施》，1942，第 5～10 页。
⑤ 1941 年春，陈诚组织人员用车运水灌溉农田，以应鄂西苦旱。有见农人袖手旁观，他了
解到佃农仅收杂粮，正粮悉数交租，于是坐视禾苗枯死，以便换种杂粮。这次事件坚定
了其解决土地问题的决心。参见《陈诚回忆录——抗日战争》，第 194～195 页。
⑥ 刘千俊：《鄂政纪要》（上），第 4 页。
⑦ 何智霖编《陈诚先生回忆录——六十自述》，台北：“国史馆”，2012，第 78 页。
⑧ 这里的“平均地权”指的是核定地价、照价征税、照价收买、涨价归公四大政策。
⑨ 《湖北省抗战期中民生主义土地政策之实施》第 1 辑，第 4～6 页。

做'好"。① 他总结工作意义有二：其一，"实现平均地权的初步办法"。办理陈报后，各县耕地面积及地权所属、主佃关系有"精密的根据"，"纠纷均有簿册可资检查"；政府对土地产权"了如指掌"，"虽不能直接为平民取得土地"，"确能扶助小自耕农保全其现有土地，间接防止土地集中"。其二，"增益国库收入"并"减轻人民负担"。各县"清出隐漏田地"，亩额"可有大量的增加"；政府据以课征田赋，"灭绝逃粮逃税现象"，使"田税收入有准确的统计"，法定税收因以增多。同时，征收积弊"剔除净尽"，地主转嫁税负"不复存在"，另经改订科则、减轻税率，"人民负担自可切实减轻"。正是基于此种认识，陈诚决定推行于此。②

二　陈诚与鄂西土地陈报之筹划

在陈诚返省主政之前，湖北两度举办土地陈报。1935 年，鄂城、咸宁等 6 县筹办；至 1937 年 8 月，除咸宁外，其余均未完成。业务推动，倍感困难，全省未办 60 余县"究竟有多少田"，"尚无确数"。③ 这种情况在严立三代行省政期间未见改善。陈诚制定《湖北省二十八年度施政纲要》，要求"继续土地陈报"，"于七、八两区选择数县实施"；财政部亦咨文指示及此，整顿地方财政。④ 1939 年，省政府颁布《第七区土地呈报实施办法》，经恩施、建始两县试点，不久又告缓办。⑤ 1940 年，他亲理省政，鄂西土地陈报再度展开。时值国民政府调整政策，将统制田赋、征管粮食与施行地价税提上议程；配合于此，他对陈报工作进行谋划，指导鄂省当局限期实施。

作为一项行政改革，土地陈报注重技术且倚赖人事，政策制定之初即强调"须任用有专门学验者切实工作"，"非运用地方政府之行政力量不为功"。⑥ 针

---

① 《陈诚回忆录——抗日战争》，第 197～198 页。

② 《湖北省抗战期中民生主义土地政策之实施》第 1 辑，第 6～8 页；陈诚：《地方行政干部训练团第七期开学训词要点》，台北"国史馆"藏，档案号：008－010301－00004－028；《陈诚回忆录——抗日战争》，第 198～199 页。

③ 湖北省土地管理局、《湖北土地志》编辑委员会编印《湖北土地志》，1999，第 70～74 页；《湖北省抗战期中民生主义土地政策之实施》第 1 辑，第 8 页。

④ 《湖北省政府工作之近状与今后之施政要领》（1939 年 1 月），第 80 页，台北"国史馆"藏，档案号：008－010301－00049－011；《湖北省抗战期中民生主义土地政策之实施》第 1 辑，第 403～404 页。

⑤ 徐旭阳：《湖北国统区和沦陷区社会研究》，第 92 页。

⑥ 关吉玉：《田赋·土地陈报·土地税》，中国文化服务社，1943，第 29 页。

对鄂省先期办理或中止或迟缓，陈诚总结弊病有四。第一，认识不清。一般人士对政策"不甚了了"，主办人员"只顾增加税额"，忽视农民减负，不易获得拥护。第二，精神不够。主办人员"不能彻底克服环境困难，全力推动事业"。一则"怕得罪地主"而"妥协敷衍，以求无事"；二则遇阻挠反抗遂"畏首畏尾，一贯姑容，不能断然处理"；三则见业务纷繁即"含糊了事""灰心消极"。第三，计划不周。主办人员对方案"少恳悉心研讨"，"勉强拟订一个计划"，以致"闭门造车"，"应付上级"，由此造成工作不符实际，"先后脱节"，作业"步骤凌乱"，"方法粗疏"；加之"人员劳逸失均"，错误更疏于"排除防范"。第四，人才缺乏。工作人员未备便"降格以求"，人事上的"贸然从事"与"滥竽充数"亦使成果欠佳。①

　　由此分析，他参照 1934 年国民政府颁布《办理土地陈报纲要》（以下简称《纲要》）②关于举办程序、手续等 10 项内容规定，就推行原则做出说明。"从筹备到颁发管业执照，少则八个月，至多不过一年"，业务繁杂，"不是嗟嗟立办的事"，为此，"要建立一个完整的统一政策"且"一切设施均应同条共贯、殊途同归"，使"立法"与"行法"有据可依。③第一，方案设计围绕三点问题。一是统筹工作内容与步骤，二是规划区域和时限，三是规范业务及程序。据此，有四项工作要点，即加强宣传动员、组训人员明定权责、详订计划有序实施、作业技术缜密配合。第二，业务办理遵循五个标准。（1）"手续务求其简单"，使民众愿意来报。（2）杜绝扰民习惯与"保甲借端敛费"，给予业户"同情与便利"，如"解除不识字人民的填单困难，鼓励"保甲人民勘界领丈"，对怀疑事项"随时随地恳切解释"。（3）"以最少的费用，收到最大的效果"，"为民众减少一分一文的负担"。（4）"积极赶办"，"务必彻底改正泄沓懈驰的习性"。（5）办理要确实，"迅速而不确实"则"变成草率"，应力求避免。④

　　1940 年 8 月，省政府依照陈诚所示"要点"和"标准"，颁布《湖北省办理土地陈报章程》（以下简称《章程》），凡 11 类 60 条。《章程》规划总体办理，对"户地兼问"政策办法进行更订，将"册书编造"等 7 项

---

① 《湖北省抗战期中民生主义土地政策之实施》第 1 辑，第 9～12 页。
② 在 1942 年 7 月国民政府颁布《修正办理土地陈报纲要》之前，1934 年《纲要》计 35 条是各省办理陈报的政策参考。参见关吉玉、刘国明编纂《国民政府田赋实况》（上），第 29～32 页。
③ 《陈诚回忆录——抗日战争》，第 184、198 页。
④ 《湖北省抗战期中民生主义土地政策之实施》第 1 辑，第 12～15 页。

业务改为 8 项，并补充部署调查、宣传等事宜。

首先，对执行机构与计划、业务程序和经费做出原则设定。全省分三期举办土地陈报，第一期 6 县，第二期 15～20 县，余归第三期；各县、乡、镇成立陈报处，限 8～12 月内办竣未经测量登记公私田地之 8 项业务；经费由省编预算先行拨给，除向业户收取罚款及执照工本费，其余部分自盈收田赋内扣还；陈报后田赋增溢收入余数，作减赋使用或留充地方建设费；对工作人员勤惰与表现优劣分别奖惩。①

其次，关于工作筹备，做出三项布置。第一，由省考选业务基干人员，施以训练并择地实习。第二，围绕陈报作业事项，分别增订单行章则、预制资料图表。第三，各县预先宣传并整理土地。由县乡干部讲解政策，摸查辖区土地、田赋概况，同时督促业户自行处理亩数不清、疆界不明等不便陈报情况，以备编查。②

最后，拟订作业细则，分为外业、内业两个部分。第一，编查、陈报、复查是基础环节。（1）政府编丈土地由业户查对，以获取初步的地籍资料。各乡镇（联保）划定界址，派员实行土地分段划界、按丘插标，逐一编号绘图、测丈面积，继而将图册交保长通知业户按图逐丘核实，不符者请求更正。（2）编查完成，进行业户陈报。由县印制陈报单分发乡镇（联保），含土地台账、业佃信息等 17 项内容；业户按土地所在区域分单领取自填或请人代填，提交当地陈报处或直接到县陈报；各地设置代写处免费代填，以一个月为限，逾期者收取罚款，另须补报或保长代填。（3）业户陈报完成，政府进行后续处置。各陈报处核查已填报单据、盖讫汇册，将业户附带呈缴之契约粮串等件注明丘号，作缓税呈验处理，经送县备案、发还收据作凭。同时，处理不良情事。例如，继承析产者重行呈报，产权粮赋纠纷协调无果，即报县调解或移讼判决等。（4）编查陈报告竣，各陈报处据丘按段按户开展复查，防止户地误漏，确保外业调查成果。列有奖惩：短报田亩者视公差程度，或予更正，或按亩罚款；重大蒙混舞弊者之土地交保暂管，视为公产，提前更正者免罚；陈报出亩断漏者，业户受罚，连带处分担保人；原编地号图册颠倒错误者，按情节议处更正；复查完竣业户仍有欺隐，随时派员督查，奖励乡邻对其隐匿侵占如实举报。③

---

① 《湖北省抗战期中民生主义土地政策之实施》第 1 辑，第 29～31 页。
② 《湖北省抗战期中民生主义土地政策之实施》第 1 辑，第 31 页。
③ 《湖北省抗战期中民生主义土地政策之实施》第 1 辑，第 32～43 页。

第二，审核统计、公告、造册、改订科则与颁发管业执照，就外业调查施加技术管理。（1）合验图、册、单，汇总全域地籍、户籍情况。各户陈报单按丘号对照地号清册校对，加盖"报讫"，填注"号次"；查验各栏信息与编查结果是否相符，照单更正；同时，核查陈报单、地号清册与丘形图是否一致，有疑义争执则实地复查确认；清册未报空号，即行补报；继而按各户陈报单核算其土地总面积，照册填记户、丘、亩数目，统计辖区总数。（2）各区域地籍状况初审后，缮造公告榜供业户查览无误，随即汇总两类清册。公告办法是，以地为经，以段为单位，示以业户地号、地目与面积，全段丘数、亩数同时公布；限期一个月，与审核统计衔接举行；有不符或错误，业户可申请查明更正。公告完成，根据原始册单编制丘领户册（依地号清册按段编造，含丘号户别等 11 项内容）与户领丘册（照陈报单记录逐户填载丘别信息等 10 项），目的是使行政与征粮区合一。（3）利用两类地籍册据，分别厘定各丘、户之地等与赋率。上述业务办竣，县土地陈报处须于一年内办理业户地权登记，按丘发交执照一张，以确定其权益。①

作为陈诚主持土地陈报的首项法令，1940 年《章程》的颁布使鄂省办法已具雏形。在此期间，国民政府陆续调整战时财税、土地政策。针对抗战财源紧缩与国统区土地兼并问题，时人分析：关、盐、统税迭遭破坏，国家直接税源唯恃整理田赋，田赋"对于中央财政贡献，至为巨大"；② 改征实物，政府"以'量'节'价'"，可消解通胀，巩固币信。③ 同时，地价课税"不愁枯竭"，折收实物"充军糈民粮"亦可稳定物价，"且为平均地权之主要工具"，皆以清理地籍为张本。④ 为此，国民政府系列党政会议出台一揽子政令。综括大意："田赋收归中央"，克期完成土地陈报，利用其成果扩大征实购粮；同步举办地价陈报，启征地价税。⑤ 至 1941 年 6 月，第三次全国财政会议决议土地陈报"由中央接管"，待办"县份共约

① 《湖北省抗战期中民生主义土地政策之实施》第 1 辑，第 43~51 页。
② 杜若兹：《论田赋划归中央后对中央财政之贡献》，《服务月刊》第 5 卷第 1~2 期，1941年，第 76 页。
③ 童镛：《田赋征收实物研究》，《新湖北季刊》第 1 卷第 4 期，1941 年，第 142 页。
④ 万国鼎：《中国土地问题鸟瞰》（续），《人与地》第 1 卷第 9~10 期，1941 年，第 181 页；谭国栋：《整理田赋与战时财政》，《新湖北季刊》第 1 卷第 4 期，1941 年，第 95 页；刘岫青：《〈土地政策战时实施纲要〉的分析》，《人与地》第 2 卷第 1 期，1942 年，第 10~11 页。
⑤ 江苏省中华民国工商税收史编写组、中国第二历史档案馆编《中华民国工商税收史料选编》第 1 辑（上），南京大学出版社，1996，第 213、223、239~240、243~245 页。

五百余"在 1942 年底前"一律办竣"。① 行政院、财政部随即督促各省加紧落实。②

与之配合，陈诚进一步推动"立法"，指示鄂省当局策划实施。1941年 4 月，省政府在"省地方行政干部训练团及鄂北区训班内，分设土地陈报训练班。并召集有关人员，缜密筹划，决先试办于咸丰，以观得失，树立规模"。③ 8 月，省田赋管理处接替筹办，陈诚提示"将中央土地法在恩施城区及咸丰全县试行"。9 月，省政府第 377 次会议根据咸丰县成规，制定《湖北省办理土地陈报实施纲要》（以下简称《实施纲要》），并附订《湖北省各县办理土地陈报业务进度表》（以下简称《进度表》），以兹遵行。

《实施纲要》将陈诚提示的"推行原则"用法令加以确定，强调方针五项："适应地、时、环境区划办理地域"，"恢闳服务效能、选训优良干部"，"贯彻分工合作、划分主要职掌"，"提高技术水准、增订作业规章"，"发动党政全力课验实际事功"。④ 据此，对陈报工作做出具体安排。其一，修改《章程》原拟"全省三期举办"计划，重行分列区域。全面抗战前已办地籍整理之咸宁、武昌等 9 县与因战事暂难举办崇阳等 35 县，被列为"缓办区"。"办理区"含"正办"咸丰 1 县和"待办" 25 县。待办县份分两期四批办理：第一期 5 个县，来凤、宣恩（1941 年 8 月至 1942年 3 月），恩施、利川、建始（1941 年 11 月至 1942 年 4 月）；第二期 20个县，均县、房县等 13 县（1942 年 1 月至 8 月），石首、公安等 7 县（1942 年 2 月至 9 月）。

其二，落实《章程》所订人事筹备与技术管理事项。一是遴选干部并划定其责任分工。各级陈报处主管派充具有经验成绩者担任，县长兼任陈报处长负政治推动全责，工作含动员保甲依限插标、业户遵章陈报，取缔不法行为及查办人员等项；专任副处长从事勘界划段、编丈登绘、厘定标准地价等业务技术督导；兼任副处长负责征收税赋，如编造地价税册收

---

① 关吉玉、刘国明编纂《国民政府田赋实况》（上），第 38～39 页。

② 1941～1942 年，国民政府制颁法令 44 项，其中关于土地陈报有《土地陈报督导计划纲要》（1942 年 1 月）等 15 项，工作接管等事项、复查更正等业务要点均有规定。有关田赋征实征购，以《战时田赋征实通则》（1942 年 7 月 20 日）等 3 个"通则"为主，对折征标准、经征经收原则所示甚详；另有《财政部田赋征收实物验收暂行通则》（1942 年 7月 11 日）等 22 项，就田赋推收、催征以及粮库券办法等逐一说明。关于地价税有《非常时期地价申报条例》（1941 年 12 月 11 日）等 5 项，对程序及其方法做了规定。参见关吉玉等编纂《田赋法令》，正中书局，1943，第 87～154、155～188、189～200 页。

③ 何智霖编《陈诚先生回忆录——六十自述》，第 78 页。

④ 《陈诚回忆录——抗日战争》，第 199～200、311 页。

据、催缴完赋等。二是按区分批组训业务人员。由省组织，分五批在鄂西、鄂北训练编查员、工作组长及测丈登记员等共 2500 余人，45 天训期结束后派赴各县工作：第一批 100 人已至咸丰；第二批 195 人拟派来凤、宣恩两县；剩余批次待 1941 年 9 月、11 月、12 月三个月训毕，再行分派。三是按各业务性质与工作需要，增订单行章则，以提高作业效能和精度；同时，要求各级民意机关编组考察团、队，于开办期间逐保分段分班检查办理情况。①

作为《实施纲要》的具体化，《进度表》将核征田赋、照价收税纳入业务范围，为此，划分各县工作进程为"三个期间"，就其办理内容与进度再加说明。首先，准备期 1 个月。各县先于 10 日内完成陈报处筹设及图表拟制等事项；接着调训乡镇长 7 天，组织业务员实习 6 天；随后开展全县扩大宣传和土地预先整理，限时一周。其次，办理期 7 个月。各县须于筹备结束 100 天内同步完成编查与复查；然后成立地价评议委员会，厘定各地目每亩地价、揭示地价表，用时 20 天；之后，依次进行业户陈报、公告（与审核统计同步）、造册及地价税核定，期限均为一个月。再次，调整期一年。各县内外业完竣一年内开展机构调整、征税发证等工作。内容是："办理期"结束三个月内撤销县陈报处，充实县田赋管理处组织；确立地籍管理制度，县乡镇三级主办土地纠纷、业户补报、安设丘界桩等事宜。同时，各户土地确权，按期开征地价税，即颁给业户土地执照，依征税规则编造税册，田赋改征地价税。②

陈诚在鄂实施行政改革，注重设计、执行与考核三者的联系。③ 他谋划推行土地陈报由"立法""行法""考核"三方面构成。在他看来，方案设计是施行政策的前提，业务详确方可改革尽利，整顿财税与"平均地权"系其题中之义。与订立上述办法章程同时，他督饬鄂省当局增订系列章则。1940～1942 年，省政府颁行人事条例 8 项、宣传大纲 4 项、业务规程 11 项，使土地陈报工作更加有据可循。例如，《湖北省各县办理土地陈报人员奖惩规则》与《湖北省各县土地陈报分级考核要领》采取"行政为主、业务为辅"原则，明确考核对象、要点与办法。④ 此外，为求田赋征

---

① 《湖北省抗战期中民生主义土地政策之实施》第 1 辑，第 17～22 页。
② 《湖北省抗战期中民生主义土地政策之实施》第 1 辑，第 22～27 页。
③ 即陈诚的"行政三联制"认识。参见《陈诚回忆录——抗日战争》，第 178～181 页。
④ 湖北省单行章则涉及三个内容。（1）人事。县陈报处组织规则等 4 项，组训计划 1 项，考核办法 2 项。（2）宣传。含业务布告等 4 项。（3）技术。从编查到发证，共计 7 项。参见《湖北省抗战期中民生主义土地政策之实施》第 1 辑，第 59～269 页。

实改税，《湖北省办理土地陈报厘定标准地价规则》《湖北省战时田赋征收实物办法》等单行条例对举办区域、征收机构、数额种类、折征标准等内容做出规定，这使得开征地价税县份之地价与税率厘定、折算征实等具备规范。①

鄂西方案基本形成，如何使"行法"与"立法"相统一？陈诚强调了四点。第一，精神方面，要"凝注精神集中全力"，"实行总清算"，对业务难题"靳求不断改进"。第二，工作方面，陈报事项及进程"纵横联贯"，须"前后控制"，做"整个的配合"；全面抗战前"不能有很大的成功，就是因为不能争取时间"，战时"时间是不容许我们懈怠"。第三，业务方面，陈报作业"分为各种细部"。就全盘论，"它是整个的"；就程序论，"前后亦互有关联"，"不容割裂支离"；就技术论，"册单上一根线条的错落，一个字排印的脱漏，装订方位的颠倒等等细微末节，都可使全部业务发生重大误差"。为此，各项业务应结合时、地、人、物、费因素，依计划赶办，循序执行；作业"步骤要严密"，对精度随时复查，以保证结果确实。第四，人员方面，"质要精良""量要充足"。因此，服务道德、坚强体魄、科学头脑与耐劳精神四个"要求"，自主管人员至下级干部缺一不可。②

至此，鄂西土地陈报在陈诚指示下完成筹划，经鄂省当局制颁法令，实施计划、业务程序与作业细则粗具规范，制定相应配套措施，突出行政技术配合是其特点。从方案内容来看，政策办法仍不脱自上而下、逐级递进常规，但较1934年《纲要》的设计更为切实，对征实田赋和开征地价税也有部署；执行原则既有强调，较之先期办理更显力度。

三　鄂西土地陈报推行情况

1940～1943年，鄂西土地陈报实际举办24个县，基本遵照陈诚所做谋划推进完成。据他回忆，截至1943年9月，咸丰、来凤等19县办竣土地陈报，房县等5县将至完成阶段，公安等3县尚未举办；各县进度较规定"未能如期做到"，但总的进程与预先策划大体一致。③综合相关文献来

---

① 1941～1942年，湖北省颁行田赋征实征购单行条例，有《湖北省战时田赋征收实物办法草案》等4项；关于启征地价税，有《湖北省办理土地陈报厘定标准地价规则》等4项。参见《湖北省抗战期中民生主义经济政策之实施》，第81～94页；《湖北省抗战期中民生主义土地政策之实施》第1辑，第355～382页。

② 《湖北省抗战期中民生主义土地政策之实施》第1辑，第10～12页。

③ 《陈诚回忆录——抗日战争》，第200页。

看，咸丰县与计划在列第一期 5 县于 1940～1942 年内分别告竣，第二期 20 县截至 1943 年办竣 17 县，新增完成 1 县（见表 1）。

表 1　鄂西土地陈报实际办理进度（1940～1942）

期别	办竣县份	开办时间	完成时间	待办竣县份	开办时间	拟办竣时间
第一期	咸丰	1940 年 11 月	1941 年 9 月			
	来凤、宣恩	1941 年 9 月	1942 年 2 月			
	恩施、建始	1942 年 1 月	1942 年 6 月			
	利川	1942 年 3 月	1942 年 9 月			
第二期	巴东、鹤峰、五峰	1942 年 4 月	1942 年 11 月底前	宜城提前举办	1942 年 10 月	1943 年内
	谷城、郧县、均县	1942 年 5 月		房县、竹山、南漳、保康		
	秭归、长阳、兴山等 7 县	1942 年 6～7 月		公安、石首、松滋	拟 1942 年内	未办
合计	19 县			8 县，已办 5 县		

资料来源：《湖北省抗战期中民生主义土地政策之实施》第 1 辑，第 399～400 页；《湖北省政资料汇辑第八册：总类一般　湖北省政府施政报告》（1940 年 9 月），第 113、377 页，台北"国史馆"藏，档案号：008 - 010904 - 00011 - 005；《财政厅及田赋管理处三十一年度上半年业务检讨报告》（1942 年），《湖北省政资料汇辑第九册》，第 70 页，台北"国史馆"藏，档案号：008 - 010904 - 00012 - 002。

1942 年 5～9 月，陈诚就"办理陈报事"与蒋介石往来函电五则，告以情况"尚称迅确"。一是人事办法"力求精到"。当年续办"约需干部二千人，已先后设班训练"，并将核查成果列为年度工作考绩。二是数县作业完成，正督饬赶办税赋征管。[①] 根据省政资料与地方档案记载，各县工作开展与陈诚的"汇报"大致吻合。

其一，完成筹备。1941 年省田赋管理处《土地陈报人员配备计划表》显示，拟办 26 县按面积广狭、保甲数目、地形繁简与人口密度等标准，共组织作业单位 1794 个。实际安排是，每县编查队与技术班各 1 个，编查分队总计 254 个，另开设业务班 1488 个，已调用及训练人员分别为 1497 名、2038 名。其中，咸丰与利川等 6 县编查队长 6 人，编查分队长 61 人，技术员 5 人，助理员 60 人，测绘查丈员 696 人。业务人员分批调赴在县，编

---

① 《湖北省抗战期中民生主义土地政策之实施》第 1 辑，第 399～402 页。

查队"每分队辖五班至六班，每班作业范围面积约为四十八平方公里"，人员不敷，由实习生补充。① 以五峰县1942年开办为例，5月，县土地陈报处成立，到县作业者85人，在地考选实习生若干；于6月分组编查队，9人为一队，内设两个编查班，各4～5人；同期召集乡镇长开展法令讲习两周，要求返乡招揽稍通文字青年训练测丈；并组织宣传队进行话剧演出，逐乡张贴标语、分发小册，讲解政策。②

其二，依次作业。按《南漳县土地陈报报告书》所示，筹备告竣，紧接赶办业务：各保制成三尺半木质丘标，逐户按丘填插，田亩经业务员测丈，随即查勘地段、编号绘图并登记造册；编查完成一周内，县长会同陈报副处长与技术员提取图册，在乡逐保纠正误差。业务员依据复查结果，挨户辅导填写陈报单编册；继而实地划定地等，由县审议地价、揭示公告榜册。随后，在县编查队分两组，按户、保、乡逐层审核统计，分段编造地籍册，列计全县数字报省备查。该县内、外业均照省颁《章程》与《进度表》要求办理，其余已办、正办各县情况基本相同。③

其三，完善县域行政。各县普遍执行"县级办法"，对基层员役"履责配合"加以规范。如南漳县订有土地陈报业务人员与保甲人员联系办法八条：乡镇长负责召集保甲长、士绅、业户，讲解工作要点，会同业务员勘界测丈，监督各保限期插标；保甲长负责联络业务员，提供食宿，预备丘标，赴田间协助处理疑难，并检查田地编丈遗漏，通知补编；各业户则须协同测丈生拉尺，履行编查手续，由业务员随时随地解答指正。各县均订相应规程，为激励业务人员积极性，另依上级指示办法举行作业竞赛。南漳县对"进度较快"分队与"工作努力而图册整洁并无错误"个人发给奖状或奖品，即是一例。④

诚然，干部与宣传人员下乡使得工作盲目性有所减少。执行弊漏与之相伴，则是各县实践的不足所在。鄂西士绅合作引导民众陈报，"民情荏弱之区"阳奉阴违，"民俗强悍地方"抵抗仍有发生。⑤ 据主管部门考察，人事与技术未尽完善致使工作受阻，基层行政积弊平添困扰和破坏。

---

① 《湖北省政资料汇辑第一册：地政》（1941年9月9日），第214页，台北"国史馆"藏，档案号：008-010904-00004-005。

② 《五峰县土地陈报报告书》，湖北省档案馆藏，档案号：LS24-3-2430。

③ 《南漳县土地陈报报告书》，湖北省档案馆藏，档案号：LS24-3-2424。

④ 《南漳县土地陈报报告书》，湖北省档案馆藏，档案号：LS24-3-2424；《南漳县土地陈报竞赛办法》，湖北省档案馆藏，档案号：LS24-3-2423。

⑤ 帅仲言编《土地陈报之理论与实务》，1937，第67页。

一是经费人才不足，"业务断续无常"。① 鄂省财政厅"考核意见"指出，各县"外勤工作相当艰苦"，"中下级干部每苦名额不易招足"且"智识水准难期划一"，业经训派人员技术优劣不齐，又"因待遇微薄"，"间有工作精神稍形松懈者"。陈报业务"为物力财力所限，错误势所难免"，业户也借此屡表不满。② 以咸丰县为例，编查使用木质界桩经风雨侵蚀，造成疆界混淆；同时，丘图测绘精度不高、评算面积方法繁杂，业户填报姓名有音同字异等错误；而县有公学产土地未及整理，尚难查对侵冒；加之复查人数过少，各段复丈不足 10%，误差更难厘正。此外，该县实施"新县制"，整编保甲，陈报册单所载保别地域及户籍番号不符实情；册籍未做更改，少数业户尚无抄记丘标地号，查对丘起多感困难。③ 类似问题在其他县也不同程度存在，农民因此视"丈田是鬼打架"，"纷以丈量错误，及户亩不符请求更正"；宜城县编查缓慢，有业户拖延不办，"事经 3 年，未得解决"。④

二是"保甲人员协助不力"，"督导力量不够"，徇情匿报等情事不乏案例。⑤（1）土劣作梗，平添阻挠。五峰县胡元卿，指使心腹于公告期间四处造谣，威胁业户不得签章填报。⑥（2）干部渎职，乘机舞弊。南漳县尹与诗率队办理太平乡 18 个保陈报业务，为"苟图安逸"，仅"略往督视"4 个保，其余"疏尽职责"；另以"擅拔界桩毁坏丘标"为由，向保长及干事滥罚索贿共 800 元。尹氏获罪被拘押，此类情形禁而难止。李庙乡土陈人员周叶掩盖丈量遗漏，暗示业户"匿田不报"，敲诈 2000 余元。⑦（3）业户行贿，测丈不实。建始县甲长邓锡荣为减少陈报田亩，贿赂工作人员。⑧ 宜城县"业户纷纷行贿"，给了钱的"把田亩丈少"，不给钱的

① 关吉玉、刘国明编纂《国民政府田赋实况》（下），第 249 页。

② 《湖北省政资料汇辑第九册》（1942 年），第 70 页，台北"国史馆"藏，档案号：008 - 010904 - 00012 - 002；《本省三十五年度办理田赋征实借概述》（1947 年 3 月 1 日），湖北省档案馆藏，档案号：LSE2. 31 - 2。

③ 《湖北省财政厅业务检讨报告目次》（1941 年 1 月至 10 月），湖北省档案馆藏，档案号：LSE2. 11 - 10。

④ 宜城县粮食局编印《宜城县粮食志（1883 ~ 1985）》，1991，第 88 页。

⑤ 关吉玉、刘国明编纂《国民政府田赋实况》（下），第 249 页。

⑥ 《密报：为恶劣胡元卿借击土匪惨杀人民及种种不法情事恳派员密查依法治罪由》（1943 年 1 月），湖北省档案馆藏，档案号：LS3 - 3 - 2888。

⑦ 《南漳等县办理土陈人员违法贪污》（1943 年 5 月），湖北省档案馆藏，档案号：LS24 - 1 - 1028。

⑧ 邓世燕：《呈报甲长邓锡荣贿庇兵役违禁酿酒种种不法情形祈惩办由》（1943 年 5 月），湖北省档案馆藏，档案号：LS3 - 1 - 133。

"把亩数丈多"，有"50亩可以丈成200亩"者，测丈人员因此"都发了大财"。黄恒勤在板桥店乡丈田"弄了很多的钱，票子使挑子往家里挑"，大地主还"送他了一匹马"；该乡农民刘高年则因所购田亩"等级订的高了"，恐"租课还不够交征实粮"，不要退款便将田退还地主；雅口乡刘冯氏也因"田亩数丈多了"，贱卖田产。①

四　鄂西土地陈报之结果与影响

尽管执行打有折扣，政策鼓动与行政指令的逐项落实仍在一定程度上保证了陈报工作进展。1943年9月，已完成土地陈报19县的承粮纳税土地由之前的542万余亩增至1186万余亩，增加了1倍多。② 其中，恩施等8县征税亩额增长情况见表2。截至24县全部办竣，税地均有增溢，共计增长237%。③

表2　恩施等8县办理土地陈报成果比较（1940~1941）

	咸丰	恩施	鹤峰	来凤	宣恩	建始	利川	巴东
土陈前税地（亩）	109152	166714	56008	116728	102723	205715	172508	160424
土陈后税地（亩）	384416	967404	149681	254443	331910	559671	658466	641171
增长（%）	252.2	480.3	167.2	118.0	223.1	172.1	281.7	299.7

注：对比省政资料与文献记录，各县数据与地方志统计略有出入，但整体相当。

资料来源：《恩施州志》，第428页。参见童镳《田赋征收实物研究》，《新湖北季刊》第1卷第4期，1941年，第147页；《湖北省政资料汇辑第八册：总类一般　湖北省政府施政报告》（1940年9月），第172、377页，台北"国史馆"藏，档案号：008-010904-00011-005。

继1941年6月第三次全国财政会议决议"田赋收归中央与改征实物"，同年，国民政府《土地政策战时实施纲要》等更言"整顿地税"不可或缓。④ 蒋介石通令各省依限完成土地陈报，再三说明建立国家财政基础与推行粮食、土地政策的重要性。⑤ 他致电鄂省，声称"土地多为豪强所占"，受压迫人民"确实困苦"，"对政府反抗不纳税"，鄂西田赋"最

① 《宜城县粮食志（1883~1985）》，第88~89页。
② 《陈诚回忆录——抗日战争》，第200页。
③ 《湖北省政府工作报告》（1943年1~6月），湖北省档案馆藏，档案号：LS2-11-46。
④ 金海同：《土地政策战时实施纲要浅释》，《人与地》第2卷第2期，1942年，第5页。
⑤ 关吉玉、刘国明编纂《国民政府田赋实况》（下），第339~351、356页。

为轻微"，若整理得法"于鄂省财政救济，尤必大有裨补"。① 对此，陈诚表示土地陈报系"当前最要之务"；"改征实物、统购军粮办法"，"省府当局自应努力以赴"；战时"工商业游资必须转投于土地"，"将影响粮食之统制"；须借"征收地价税及土地增值税"的"政治力量""防止土地兼并，督导土地使用"。② 由此，各县扩办田赋改税征实成为土地陈报的直接后果。

1941 年 8 月，湖北省财政粮食会议部署田赋征实，全省 70 县分"征实区"与"折币区"办理。征实区由计划土地陈报 26 县扩增其余 8 县，至 1943 年为 34 县；办法是将田赋正附税"法币额征数"按稻谷折实率计算"征实额征数"（办竣土地陈报各县改征地价税折实），附加公粮、积谷"带征实物数"，一并折征正杂粮。随着办理范围扩大和折实率逐年攀升，征起稻谷"预算征实数"显著增长：1941 年 26 县配征 60 万石，实际"超征 12 万余石"，计 72 万余石；1942 年 32 县征起 102 万多石，较预定整个超出 2.7 万余石；1943 年鄂中数县受灾，34 县配征数"奉准减为 85 万余石"，结果超征 21 万石，仍达 106 万余石。③ 各县增收，以襄阳县为代表。该县 1942 年田赋配征稻谷 4.8 万石，征起 58925 石；1943 年实物地价税"征起数 113154 石"，较上年增长 92%；1944 年征实 9 万余石，另有征借约 3.2 万石，合计增长 7.8%；1945 年上半年已征起 13 万多石，与上年总数相当。④

作为政府配征粮食参考指标，征实区预算增收直观反映了征粮力度的强化。"预算征实数"上涨由"征实额征数"与"带征实物数"增量构成，实质决定各县征起稻谷数量增多。其中，改征实物地价税起了举足轻重的作用，办理土地陈报的意义随即体现。以下利用数据分析说明。

首先，田赋折实率尤其地价税"法币额征数"提高是"征实额征数"增长的主要原因。其一，折实率变化是田赋计征各县额征数增幅的重要来源。宜城县 1942 年按田赋折征稻谷 71642.85 石，每元 3 斗折合法币 238809.5 元，较上年田赋正附税 237348.79 元增加 1460.71 元（该县 1941

---

① 《湖北省抗战期中民生主义土地政策之实施》第 1 辑，第 397～398 页。
② 何智霖编《陈诚先生书信集——与蒋中正先生往来函电》（下），第 498、509 页。
③ 刘千俊：《鄂政纪要》（上），第 113～114 页。
④ 湖北省襄阳县粮食局编印《襄阳县粮食志》，1986，第 16 页；杨学端：《襄阳县人民为抗日战争献粮》，中国人民政治协商会议襄阳县委员会文史资料研究委员会编《襄阳文史资料》第 2 辑《纪念"七七"事变 50 周年》，1987，第 79～80 页。

年折币参照"征实额征数"47469.76 石，折实率每元 2 斗）；将此值按
1942 年折实率计算稻谷约 438 石，不及当年实际额征增数 24173 石的 2%，
98% 增幅系折实率较上年多增 1 斗所致。其二，与之相较，改征地价税直
接导致额征数激增。该县 1944 年地价税额 434852.36 元，较 1941 年田赋
额 237348.79 元增加近 1 倍；若按 1941 年每元 2 斗同比折算（86970 石），
两年后仅因改征地价税一项，额征数增长约 39501 石，增长 83.21%。[①] 值
得一提的是，土地陈报各县地价税较田赋每元折实呈不同程度减低，计算
额征也呈普遍提高。

　　同县同年比较。1942 年恩施县地价税额 847974 元，每元 1.5 斗，计
征稻谷 127196 石，较上年田赋折实 32336 石增加近 3 倍；若未改征地价
税，该年田赋正附税额是 161776 元，按每元 3 斗折算征约 48533 石；地
价税折实率为田赋的 50%，其"征实额征数"仍较"假设田赋折征稻谷"
多出 78663 石，增长 162.1%。其余各县情况类似。同年，宣恩、建始两
县地价税额均多于"应征田赋"，每元折实较田赋分别减少 0.5 斗、1 斗，
额征稻谷亦分别增长 21.3%、52.3%。经计算，扣除折实率降低权重，其
同比折收增幅与额征数增长吻合。显然，同期预算增收系税额增加造成。[②]

　　同县不同年比较。宜城县按 1945 年规定"地价税每元征实 2.6 市斗"
比例，将 1944 年地价税额（该年折实率暂无记录）折算稻谷约 113062
石；该年实物地价税在较前两年田赋折实每元 3 斗降低 0.4 斗的情况下，
额征数仍有增加，分别约为 41419 石（较 1942 年额征稻谷 71642.85 增长
57.8%）和 41858 石（较 1943 年额征稻谷 71204 石增长 58.79%）。[③] 襄阳
县 1943 年改征地价税总额 92 万元，按每元 1.4 斗折征稻谷 128800 石，较上
年田赋额征数 208004 石减少 79204 石；但若依上年田赋每元 3 斗折算实物地
价税稻谷 276000 石，则多出 67996 石，增长 32.69%，与该县地价税额较上
年田赋总额 693345.7 元增长 32.69% 的幅度几乎一致。[④]

　　由此观之，在"征实额征数"增长要素中，土地陈报各县"税"的折
实率降低存在一定影响，折算稻谷不减反增，表明其增长区别田赋预算征

---

①　《宜城县粮食志（1883~1985）》，第 87~88 页。以下有关田赋"改税三征"情况系笔者
　　综合档案与地方志等文献记载而来，选取原始数据进行校对、测算，分析其变化和关联。

②　《恩施州志》，第 428 页；《湖北省政资料汇辑第八册：总类一般　湖北省政府施政报告》，
　　第 380、383 页，台北"国史馆"藏，档案号：008－010904－00011－005。

③　《宜城县粮食志（1883~1985）》，第 87~88 页。

④　该县 1942 年预征稻谷 242671 石，田赋及额征数系折实比例计算得出。《襄阳县粮食志》，
　　第 16 页。

实倚赖折实率提升，主要是缘于地价税"法币额征数"攀升。襄阳县以"假设田赋折实率"计算实物地价税获致增加尤可证明。这一因素对"带征实物数"预算同样重要。湖北省自 1942 年实行带征公粮、积谷，占总预算增收较大比重。1942 年宜城县田赋额征稻谷 71642.85 石，带征数按平均折实率每元 0.8 斗折算 19105 石，占合计预征约 90748 石的 21.05%；预征较上年（47469.76 石）增长 91.17%，扣除额征部分增长 51%，40% 增幅为带征造成；1943 年预征稻谷 104433 石，额征数（折实比例测算为 71204 石）与上年持平，新增部分是公粮、积谷约 14125 石。经比较土地陈报完成前后带征数量的增长，排除折实率因素，田赋改税是其基本诱因。

其一，以田赋预计带征，折实率增加较征收基数（田赋额）增减更具影响。宜城县 1942 ～ 1943 年田赋额由 238809.5 元降为 237347.73 元（由"总计征额 104433 市石"与折实率每元 4.4 斗计算得出），减幅 0.61%；按 1942 年每元派募积谷"2 至 4 升"之 4 升标准与 1943 年"积谷 4 市升"相同规定折算，积谷数由 9552 石减为 9494 石，减幅同为 0.61%。1943 年田赋每元折收公粮 5 升增为 1 斗，合计每元带征由 0.8 斗增至 1.4 斗，增长 75%，公粮、积谷 33229 石，也较上年增长 74%。积谷折实率不变，其带征与田赋额同比例下降，总折实率提高，则田赋带征占预征比重随之增至 31.82%。[1]

其二，各县改征地价税带征仅因税额增长即可增多，折实率增数加入计算，公粮、积谷总数占预算比重更见提高。襄阳县 1942 年田赋额征稻谷 242671 石，含公粮 34667 石（每元 5 升），占比约 14.29%。该县核定 1943 年全部预征数 342866 石（含征借 140466 石），其中地价税带征 73600 石（每元 8 升），较上年增长 112.3%，占"预算征实数"202400 石的 36.36%；若扣除每元新增折算"积谷 3 升"，仅公粮一项约 46000 石，同比多出 11333 石，增长 32.69%；其预算征实占比约 22.73%，增长 8.44%。[2]

综合上述分析，各县"预算征实数"随着田赋额与折实率变化有所增减，土地陈报县份地价税"法币额征数"增加则决定其征实、带征数量增长。揆诸其因，在于各该县地价总额及地价税总额的增长。截至 1946 年 24 个土地陈报办竣县的税地地价，襄阳县 9224 万余元为最高

---

① 《宜城粮食志（1883～1985）》，1991，第 87 页。
② 该县两年带征等数据均由额征、全部预征按折实比率计算得出。《襄阳县粮食志》，第 16 页。

者，最低者鹤峰县约 555 万元；以 1% 计税，较原征田赋额均有提高，五峰县增加 8 倍有余为最多，房县增长 41% 为最少。[①] 在核定地价过程中，各县地价税屡有抬升。1942 年仅咸丰、宣恩等 13 个县税额即比田赋多出 1 倍以上。[②] 恩施等 8 县当年数据显示，田赋 995788 元增为地价税 2722927 元，增长 173.4%，与"征实额征数"涨幅基本一致。此外，因山荡地价并入核算，总地价猛增更致税地价格续有增长。该区 1943 年地价计税 294 万余元，同比增长 7.97%；虽经下调且改为既征物又征钱，征实地价税额 160.3 万元与征币税额 29.6 万元合计 189.9 万元，仍比陈报前田赋多了近 90 万元。[③]

毋庸置疑，各县借土地陈报成果改征地价税，这对增税征粮产生连锁效用：陈报后每亩田、地价格分别为 20～120 元、5～80 元，未有明显溢价；[④] 而税地面积扩增导致总的申报地价及税额增多；税额增溢引致增算征实，加之政府进行正杂粮折实控制，直接造成预算征实增长。与之相应，国民政府宣称土地陈报及地价税具有减轻民负作用；以陈报后单位地价计算，亩均税负似有减轻。如咸丰县由陈报前 1.07 元减为 0.43 元，宣恩县由 0.57 元减少为 0.46 元，其余县份"大致都差不了多少"，陈诚也言负担确已平均减轻，实际并非如此。[⑤] 全面抗战期间，襄阳县每亩税负减至 0.8 元，征实稻谷却达 3.5 斗左右，另加纳粮运费、伕科及公购粮、自治经费等需索，"每亩负担在五斗以上"，"每人每年所负担的实物竟达十石以上"。[⑥] 由是观之，财粮部门进行田赋改税征实，土地陈报确发挥不小作用。而国统区地利依旧失均，"田赋三征"构成层层盘剥，农民不堪重负是其持续后果。

在扩办田赋征实之余，鄂省规定"凡县区完整及一部份能行使政权县份，均实行公购余粮"。虽有制定起购点、粮价偿付、业户酌留，标榜

① 《本省三十五年办理田赋征实征借概述》（1947 年 3 月 1 日），湖北省档案馆藏，档案号：LSE2.31-2。

② 《陈诚回忆录——抗日战争》，第 200 页。

③ 数据由综合比对得来。参见《恩施州志》，第 427～428 页；《湖北省政资料汇辑第一册：地政》（1941 年 9 月 9 日），第 238 页，台北"国史馆"藏，档案号：008-010904-00004-005；《湖北省政资料汇辑第八册：总类一般　湖北省政府施政报告》，第 380 页，台北"国史馆"藏，档案号：008-010904-00011-005。

④ 单位地价参照各县情况取平均数。参见《恩施州志》，第 427～428 页；《襄阳县粮食志》，第 15 页。

⑤ 《陈诚回忆录——抗日战争》，第 200 页；《湖北省抗战期中民生主义土地政策之实施》第 1 辑，第 402 页。

⑥ 《襄阳县粮食志》，第 15 页。

"公平征购"，实则借"弥补征实不足"名义在乡间无偿购粮；政府以"现钞不及运送"为由改用"粮库券"替代购粮，与变相田赋征实无异。1941～1943 年全省办理征购由 44 县增至 54 县，配购数额年年加码，累计稻谷 380 万石，小麦与杂粮各 60 万石。① 征实区利用地籍清理、业户存粮可查条件从事派购派借，与征实预算旗鼓相当。恩施等 8 县 1941 年公购稻谷 19.5 万石，占全部预征 39.4 万石近一半；② 襄阳县 1943 年试办征借稻谷 140466 石，占全部预征约 342866 石的 40.97%；③ 1944 年，全省"征实县份增为 39 县"，将征购改为无偿征借，"借粮任务 88 万石"占"征实任务 102 万担"的 86.27%。④ 除此，尚有军粮派征。襄阳县发生"军粮案"5 起，征收米麦 101000 大包（合 2020 万斤）；起初规定粮库券六成、现金四成支付，后因拨款太迟、粮价大涨，交粮户最终落得粮款全无。⑤ 据《湖北省志》统计，1941～1944 年该省征实、征购与征借粮食约 600.55 万石，另加折收法币 8506307 元（粮价变化因素不计，按 1941 年稻谷每石 20 元折合约 425315 石），总计征起粮食约 643 万石；将 1945 年上半年"征实物 1720557 石"与"征借 793638 石"并入合计，5 年间征粮达 894.42 万余石。⑥

土地陈报对"田赋三征"贡献巨大，农民负担繁重则宣告国民政府"减轻民负"承诺的破产。时任襄阳县粮政科长杨学瑞指出，4 年间，该县夏粮亩产"高者不过 200 斤，低者 40 斤"，"向国民党军队、政府提供的粮食约为 6340 万市斤"，"仅在田赋征实这个项目中即向全县人民征收粮食约 40 万石"（每石 106 斤，合 4240 万斤）。⑦ 若折算年均征粮 1585 万斤（征实 1060 万斤），以陈报后全部耕地 2193181 亩摊分，⑧ 每年亩均征粮约 7 斤（征实 4.8 斤）；按夏粮最高亩产 200 斤计，每户亩均剩余 193 斤；排

① 刘千俊：《鄂政纪要》（上），第 112～113、115 页。
② 《恩施州志》，第 427 页。
③ 数字测算同上。《襄阳县粮食志》，第 15 页。
④ 湖北省地方志编纂委员会编《湖北省志·财政》，湖北人民出版社，1995，第 135 页。
⑤ 杨学瑞：《襄阳县人民为抗日战争献粮》，《襄阳文史资料》第 2 辑《纪念"七七"事变 50 周年》，第 80～81 页。
⑥ 《湖北省志·财政》，第 138 页。1941 年"每稻谷一市石按购粮公价折征二十元为标准"。参见《湖北省政资料汇辑第八册：总类一般 湖北省政府施政报告》，第 174 页，台北"国史馆"藏，档案号：008－010904－00011－005。
⑦ 杨学瑞：《襄阳县人民为抗日战争献粮》，《襄阳文史资料》第 2 辑《纪念"七七"事变 50 周年》，第 80～81 页。
⑧ 李铁强：《土地、国家与农民——基于湖北田赋问题的实证研究（1912～1949 年）》，人民出版社，2009，第 472 页。

除租稞等因素，仅充食粮已显不敷。此种现象十分普遍，保康县战时人口11 万人，1942 年粮食总产量 95591 石，人均不足 1 石；当年预算征粮合计34158 石，占粮食总产量的 35.7%，如足额征缴，农家所余粮食人均不到67 斤。①

与政府频繁征粮同时，《修正湖北省各县乡（镇）保正催征田赋暂行办法》虽规定逐级督察经征经收，但保甲催缴与徇私枉法现象严重，导致农民负担深重。具体表现是滥用私册、浮收浮派与大户转嫁。利川县太平乡常用"清醮田亩花名册"（业户私造田亩账本）将"县里摊下来的田粮亩捐、军谷或预借粮款"，"派在有业产的头上"，乡长往往"多派点粮款，整老百姓"。② 湖北省"案情调查"记述各县"用大秤收入小秤发出"，工作人员专事中饱，乡保长浮派窃卖或"吞吃公粮"十数石至数百石，另有"吞没公款"数万元。③ 这些"不法记录"经年在案，加剧粮户不满，大户利用陈报缺失，使小户吃亏。兴山县三阳乡征粮，31 个保的业户均"叫喊田亩过重"，"抗不缴纳"，负担不重者"也一同起哄，要求重丈，否则就不纳税"。④ 宜城县大户测丈田亩时"虚名立户分割田产"，导致随赋配征与征购"大都不能兑现"，中小户多因"土地浮丈，地亩严重不实，负担自是逾重"。⑤

征粮弊政在战时国统区并非个案，其进一步影响是加重农民生活惨状。1942 年苦旱，第五战区所辖数县因灾"收成不足四成"，军粮仍"按丰年所收之半……强征百余万大包"。荆门县"仅存四保，摊派小麦一万大包（合 200 万斤）"，"中产之家多变卖耕牛家产，从远处购麦缴纳。无力者合家逃亡，流为难民"，随意派征已使地方"怨毒充盈"，未

① 湖北省保康县地方志编纂委员会编《保康县志》，中国世界语出版社，1991，第 36、91、309 页。
② 赵学英、邓仪轩口述，赵璧整理《兵伏粮款的点滴回忆》，中国人民政治协商会议利川市委员会文史资料研究委员会编《利川文史资料》第 2 辑，1987，第 82 页。
③ 参见《为劣污勾结颠倒是非恳提案调卷究办以儆贪而雪冤抑由》（1942 年 9 月），湖北省档案馆藏，档案号：LS‑3‑3‑3000；《呈为本乡乡长张韬营私舞弊贪污有据公恳鉴核彻查》（1941 年 10 月 31 日），湖北省档案馆藏，档案号：LS3‑3‑2985；《密呈张疆石违法贪污等情》（1942 年 11 月），湖北省档案馆藏，档案号：LS3‑3‑3003；《为张文轩贪赃枉法请查办由》（1944 年 10 月），湖北省档案馆藏，档案号：LS3‑3‑3047；《清查历年侵亏粮食概况表》（1948 年），湖北省档案馆藏，档案号：LS24‑1‑1042。
④ 《电呈三阳乡三十一保普查成果表一份祈鉴核备查由》（1945 年 8 月），湖北省档案馆藏，档案号：LSE4‑1‑790。
⑤ 《宜城县粮食志（1883~1985）》，第 88 页。

充军食"转而高价售之于民"更形"逼成民变"之势。① 襄阳县受灾耕地占半数以上，"仅收正粮半成、杂粮两成"，驻军"不下两万人"，司令长官部常"火急电报"催缴粮秣，粮政人员"不择一切手段，搜刮群众粮食"，由此导致 15 万灾民嗷嗷待哺，"业户不得不申请捐产归公，甚至弃田逃赋"。埠口乡第六保居民杨成群因此"悬梁自尽"，其弟"迫于生活无着，又要为兄筹备棺木，无奈于次日亦自缢身亡"。而时任县长李朗星却已贪墨田赋粮食两三千石、"仓余粮食八百余石"、"粮款三十余万元"。②

由上述各县"田赋三征"及农民负担状况可见，土地陈报与计税强征交互作用，"得粮第一"取代公平原则。陈诚推行土地陈报原是为解决农民土地和负担不均之问题，经财粮部门和基层行政持续运作，其变为政府增算征粮的工具。尽管他颇表关注，多番声言"最切要之兵食两问题，完全靠诸农民"，土地问题"如再不急起解决"，"非但抗战不会成功，纵侥幸成功，亦毫无意义"，"将来必不免因土地问题，再发生革命"，地籍清理与地价税作为"平均地权"要着，"不可不加注意"。③ 为此，他推动实施减租护佃、"扶植自耕农"等改革计划。然而，不彻底的地籍整理尤其是征粮积弊，致使农村地利不平，农民负担"仍有畸轻畸重之弊"，"豪绅大户之负担，转嫁于贫苦之小民"，继而"田赋三征"沦为愈演愈烈的苛政。④ 虽然鄂省当局曾尝试：（1）征收增值税，厉行减租，预防土地兼并，调整业佃关系；（2）开办农贷，成立专营合作社，由社员自备购地价款二成，八成向银行申贷，佃雇农享有优先承买权，面积以力能自耕为限。1941 年省政府再度颁令"二五减租"，1942 年颁布《湖北省各县土地增值税征收规则》，同年制订《湖北省办理农民购赎耕地贷款实施规则》。⑤ 与中国农民银行土地金融处协商借款"先从恩施、咸丰两县举办"，"逐渐推

① 何智霖编《陈诚先生书信集——与蒋中正先生往来函电》（下），第 498 ~ 499 页。
② 杨学端：《襄阳县人民为抗日战争献粮》，《襄阳文史资料》第 2 辑《纪念"七七"事变 50 周年》，第 79 页；《襄阳县粮食志》，第 15 ~ 16、107 页。
③ 《陈诚回忆录——抗日战争》，第 327 页。
④ 《宜城县粮食志（1883 ~ 1985）》，第 89 页；沈元瀚：《简明中国近代农业经济史》，西南财经大学出版社，1987，第 182 页。
⑤ 陈诚：《地方行政干部训练团第七期开学训词要点》，台北"国史馆"藏，档案号：008 - 010301 - 00004 - 028；《湖北省政资料汇辑第一册：地政》（1941 年 9 月 9 日），第 244 ~ 250 页，台北"国史馆"藏，档案号：008 - 010904 - 00004 - 005；刘千俊：《鄂政纪要》（上），第 229 页。

及于其他各县"，计划第一期 12 月至次年 5 月放款 160 万元，续办数期。①
但是，自 1943 年陈诚离任，数县减租相继停办，土地增值税难见落实，
"扶植自耕农"仅办一期而告终止。

陈诚在鄂实施农地改革一波三折，推行土地陈报是其对国民政府土地政
策的具体执行，以之配合改税征粮，加剧了民生困苦，"平均地权"仍流于
空谈。他离任鄂政，地权调整遂式微，陈报工作因殊欠公平逐渐停办；1946
年各县田赋征实改为"原有赋额征实"，实物地价税也不了了之。他晚年回
忆及此，仍然标榜土地陈报是"立竿见影的善政"，对未能普遍施行表示遗
憾；对于土地问题，则言"所可痛心者，就是在'做'字上太差劲。有的根
本不做，有的做得太少，有的虽做而不彻底，以致等于不做"。② 显然，这
是其鄂西实践真实写照，更是国民政府所谓农地改革的一个缩影。

结　语

整理地籍、开征地价税是国民政府谋求整顿税赋并最终解决土地问题
的重要途径。陈诚对于农民问题有一贯的思考脉络，农地改革在鄂西先推
行，以土地陈报为初步举措。他的土地陈报方法论概括为五个基本点：适
应时地环境、统筹办理进程、明确业务分工、强化宣传考核与注重人事配
合。鄂西农地改革特点有三：一是鄂西方案在国民政府指令下达时已做系
统筹划，具有主动施为因素。二是鄂西业务与他省办法程序基本一致，但
完成度更高；执行地价税征实相较同期陕甘等省仅改订田赋科则，征粮绩
效更明显。③ 三是囿于国统区地政、粮政痼疾未除，鄂西的农地改革初衷
没能实现，增溢税地虽使钱粮增收，但农民生活反而更为艰难，是其间清
理地籍之实际影响。

总体看来，鄂西土地陈报未竟全功，有人事的因素，更有其制度成
因。就政策出发点而言，国民政府的地籍整理侧重财粮管制甚于土地管
理，方案创行之初便面临现实经济、技术制约，始终存在"治标"与"治
本"争论。开办正式测量登记系治本方法，20 世纪 30 年代江、浙等省为

① 潘信中：《扶植自耕农工作在鄂西》，《人与地》第 3 卷第 7、8 期，1943 年，第 54～57 页。
② 《陈诚回忆录——抗日战争》，第 200～201 页。
③ 与鄂西办竣土地陈报各县地价改征实物不同，陕甘两省仍采征币，田赋则重订科则，
办理征实。参见沈芳宁《全面抗战时期甘肃地政研究》，硕士学位论文，西北师范大学，
2021，第 53、69 页；张兴《抗战时期陕西地政研究（1937～1945）》，硕士学位论文，陕
西师范大学，2019，第 64 页。

此"花费很多"，政府为求省时节力、整顿田赋而改办土地陈报，遂将此一再置于主导地位。① 对此，吴尚鹰指称"土地陈报者，随便分发表格，令各县长调查填报"，"表面上是一件很简便的工作，其实一无所用"，"不能得到确实可靠的资料"，"实在是一件最不经济的冒险事情"。② 地政人士如是反对，除却技术层面各执一词，实则土地陈报之弊端已初现。浙江省1929 年首办，历时一年，动员 16 万余人，耗资 300 余万，结果"虎头蛇尾"，"卒鲜效果"。究其缘故，不外技术不良、人事草率、筹划不周与环境阻碍。③ 由此，全面抗战前数省流弊丛生，地主"不惜多方阻挠破坏"，干部"借故阻挠者亦迭见不鲜"，"竟有谓县处纵容工作人员向业户勒索颠倒亩分荒熟者"，农民因之"视作大劫"。④ 1936 年财政部委员帅仲言针对湖北 6 县办理陈报有言："人事与方法之不能深切契应"，"不能得良好之环境"，"终属事倍功半"，"工作之推动尤须注意于行政技术之呼应一体"。⑤ 及至陈诚主持推行，汲求人事技术改良，但"徇私舞弊卖贿顶冒"问题依旧严重。⑥ 相同情况在战时数省也存在，甚而造成"杀死编查员""攻打古丈县政府"等流血事件。⑦ 显然，国民政府整理地籍存在顶层设计矛盾，土地陈报依托逐级指令、逐保挨项作业是难以见效的。此种自上而下的执行机制虽经陈诚竭力改进，却因地方政治弊端、豪绅地主作梗而大打折扣。各县地籍积弊尾大不掉，"平均地权"无从谈起，农民的耕地未因清丈而增加，增加的是其纳税负担。

从国家与社会互动角度看，国民政府基层事权扩张、低效运转，对乡村社会的控制能力低于其榨取能力。⑧ 清理地籍意味着强制性土地产权调

① 《萧铮回忆录：土地改革五十年》，第 91～92、100～103 页；吴景超：《第四种国家的出路》，商务印书馆，2017，第 61 页。
② 吴尚鹰：《土地之分配与生产问题》，《中国商报》1941 年 10 月 19 日，第 4 版。
③ 《萧铮回忆录：土地改革五十年》，第 98～99 页；纪辛编《方显廷文存》，南开大学出版社，2019，第 348～350 页。
④ 欧学芳：《四川省土地陈报之研究》，萧铮主编《民国二十年代中国大陆土地问题资料》，台北成文出版社有限公司、（美国）中文资料中心，1977，第 13152、13272、13369～13370 页；费孝通、张之毅：《云南三村》，天津人民出版社，1990，第 67 页。
⑤ 帅仲言编述《湖北土地陈报概况暨改进方案》，椿华楼印刷所，1936，第 59～60 页。
⑥ 徐振铎：《改进役政刍议》，《新湖北季刊》第 1 卷第 1 期，1941 年，第 212 页。
⑦ 各地文史资料对战时土地陈报执行问题有颇多描述，湖南地方有少数民族反抗起事记载。参见宋有周《永绥县土地陈报与反陈报斗争情况》，中国人民政治协商会议湖南省花垣县委员会文史资料研究委员会编《花垣文史资料》第 2 辑，1987，第 274～279 页。
⑧ 杜赞奇：《文化、权力与国家——1900～1942 年的华北农村》，王福明译，江苏人民出版社，1996，第 66 页。

整，实际是"平均地权"束之高阁，增加课税成其鹄的。这种倾向在抗战期间尤为凸显，对土地陈报产生直接影响。其一，"财政中央化"为扩办陈报提供契机，"庶政地方化"则多加牵制。时任鄂省政府秘书长刘千俊感慨："自从民国三十年中央改订财政收支系统和田赋由中央接管"，"湖北在这样一个环境之下，既没有钱，又没有权，办事极感困难"，难免"一筹莫展"。[1] 同时，"隶属三个战区"使"行政系统上名为统一于省"，"却要多方迁就当地军事长官的意旨"，由此引发"党政组织轻重失宜"、"社会组织多欠完备"与县级机构"奉行无力"。[2] 这是陈报工作推行不力的原因之一。其二，由土地陈报衍生征粮弊政，造成农民权益受损、官民矛盾激化。时人评价田赋征实"事权未能集中，配合颇失机宜"，业务"既感迟缓……在人民则纳粮手续繁复，往返辗转为苦"。[3] 鄂西各县农民生活困苦与业佃经年纠纷，即是例证。值得注意的是，同处华中地区的中共抗日根据地征收公粮与之形成鲜明对比，其运用拓展缴粮对象和种类、累进量化征粮与灾荒减免等办法，巧妙达成财政增收与民生安定的双重效用。[4] 诚然，在农业经济作基石的社会历史条件下，国民政府实施农地改革日趋功利化；战时的财粮紧缺所引发的土地政策调整和赋税体制强化，及至催生出民生危害，恰恰反映其制度缺陷。此一因素之存续，进而决定其地籍整理的最终命运。鄂西农地改革戛然而止，战后湖北土地行政又走上"测量、登记……平时做的事"的老路，且因费钱费时而逐渐停顿。对此，相关人士不无感叹"中央似乎亦没有坚定推行土地政策的决心"，触及了问题的本质。[5]

综上所述，实施土地调查与管理是国家治理的重要内容。鄂西土地陈报纵然不失制度探索意义，但结果田赋沉疴尚难祛除，更于土地问题隔靴搔痒。国民政府的战时地籍整理配合了"田赋三征"，在一定程度上支持了战时粮食供应。据何应钦统计，1941～1944 年 4 年间补给参战人数由 425 万余人递增为 581 万余人。[6] 对于农地改革，国民政府的决心缺失与行动疲软因陈诚的主张有所改变，但鄂西实践总归只是在战争环境下的"非常态"。

---

① 刘千俊：《鄂政纪要》（上），第 240～242 页。

② 《陈诚回忆录——抗日战争》，第 162、182 页。

③ 王冠吾：《两年来本省的粮政》，《新湖北季刊》第 3 卷第 1、2 期合刊，1943 年，第 123 页。

④ 曾凡云：《华中抗日根据地公粮征收的历史考察》，《军事历史》2021 年第 2 期。

⑤ 董中生：《万耀煌主政湖北省主席幕中记》（1989 年 1 月 10 日），《湖北文献》总第 90 期，第 30～31 页，转引自刘乔乔《抗战时期湖北"二五减租"研究》，硕士学位论文，华中师范大学，2018，第 64 页。

⑥ 附录《抗战期间历年军粮筹备及补给数量统计表》，何应钦编《八年抗战之经过》，南京政府陆军司令部，1946。

纪念日：全面抗战时期工合运动中的宣传动员研究

袁 航[*]

提　要　根植于抗战大后方的工合运动，通过纪念日的宣传动员模式获得各界的支持。鉴于工合运动的本质是合作运动在工业层面的尝试，因此合作宗旨就成为工合组织宣传动员的重点，而作为合作运动工作者专属节日的"国际合作节"自然就成了工合组织的首选。在纪念日活动中，工合组织凸显"救亡图存"的时代主题，传递出凝聚民心、动员生产、争取援助的理念。在纪念话语的表述中，工合组织建构合作与抗战、和平间的逻辑关联，强调合作之于抗战的重要性，挖掘合作运动中和平、反战的因素。工合运动通过纪念日这一载体将国内外各阶层人士联系起来，成为战时一支重要的经济力量。

关键词　全面抗战时期　工合运动　宣传动员　"国际合作节"

全面抗战爆发之后，为了建立健全反抗日本侵略的经济基础，由国际友人倡议，经国共两党以及社会各界人士共同推动，全国开展了一场以工业合作社形式带动生产的经济救亡运动——中国工业合作运动（以下简称"工合运动"）。作为抗日民族统一战线经济基础的重要组成部分，被誉为"经济国防线"的工合运动在发展后方经济、维护社会稳定、争取外界援助、支援长期抗战等方面都发挥了至关重要的作用。[①] 目前，学界既有研究已取得丰硕的成果，但大多是基于传统史学的研究方法，且主要集中在

---

*　袁航，南京大学历史学院暨中华民国史研究中心博士研究生，江苏省社会科学院历史研究所助理研究员。
① 袁航：《抗战时期宝鸡工业合作运动研究》，硕士学位论文，苏州科技大学，2016，第1页。

梳理工合运动发展的历程，[①] 探究具体人物对工合运动的贡献，[②] 以及工合运动对战时社会、教育、经济、思想等方面的影响，[③] 而对于工合组织如何开展宣传动员以求发展鲜有涉及。近年来，随着新文化史研究的兴起，"一切历史现象均可从文化的角度加以审视，都可以用文化分析方法加以解释。意义、话语、叙述、表象、文本、语境等，成为新文化史研究的工具"，[④] 而节日纪念又是新文化史特别关注的领域。有鉴于此，本文拟利用工合组织出版的各类纪念刊物，辅以相关档案，以纪念国际合作节为例，从节日与动员的视角来探究工合组织通过纪念日这一载体在全面抗战时期展开宣传动员的主观动因和客观功用，展现合作层面的"抗战建国"，以期为工合运动研究打开一个新视窗。

一　纪念日由来：工合组织溯源

现代合作运动起源于西方，传入中国则始于晚清时期。清末，京师大学堂设有"产业组合"课程，"组合"一词来源于日本，实际上是由英文单词"Co-operation"转译而来。[⑤] 五四时期，合作思想开始在中国广泛传播，在薛仙舟、马君武等人的宣传下，一些知识分子在城市进行

---

① 朱敏彦：《抗战时期的"工合"运动》，《近代史研究》1989 年第 4 期；侯德础：《中国工合运动研究——小型合作企业与落后地区经济开发》，四川大学出版社，1996；朱健：《工合历程》，金城出版社，1997；齐福霖：《试论抗战时期中国工业合作运动》，《民国档案》1998 年第 2 期；菊池一隆：《中国工业合作運動史の研究》，汲古书院，2002；高海萍：《抗战时期中国工合运动研究》，博士学位论文，南开大学，2008；游海华：《抗战时期中国东南地区的工业合作》，《抗日战争研究》2015 年第 1 期；李蕉、任梦磊：《中共与工合在延安的经济共建与价值认同》，《中共党史研究》2018 年第 4 期。

② 黄民：《路易·艾黎与皖南"工合"运动浅述》，《安徽史学》1989 年第 1 期；朱敏彦：《宋庆龄与抗战时期的"工合"运动》，《上海师范大学学报》1991 年第 3 期；陈龙娟：《斯诺夫妇与中国工业合作化运动》，《党史研究与教学》1999 年第 5 期；菊池一隆：《抗日战争时期的华侨和中国工业合作运动》，《抗日战争研究》2003 年第 2 期；吴青：《何明华与抗战时期中国工合运动述论》，《民国档案》2012 年第 1 期。

③ 郭微香：《抗战时期中国"工合"教育初探》，硕士学位论文，武汉大学，2005；尚季芳、张春航：《经济与思想之改进：战时工合运动与西北社会变迁》，《历史教学》2013 年第 2 期；许贺葆：《理论与实践的互动：全面抗战时期国统区工业合作思想研究——以〈工业合作〉月刊为中心》，硕士学位论文，天津师范大学，2017；赵紫玉：《齐心合力：抗日战争时期工合组织对中国社会动向的观察——基于乔治·何克视角的分析》，《高校马克思主义理论研究》2018 年第 1 期。

④ 左玉河：《改革开放 40 年来的中国近代文化史研究》，《广东社会科学》2018 年第 6 期，第 120 页。

⑤ 侯德础：《中国工合运动研究——小型合作企业与落后地区经济开发》，第 2 页。

了合作社试验。20 世纪 20 年代，华洋义赈会（China International Famine Relief Commission）在河北进行的农村信用合作社试验开大规模合作运动先河。[①] 中国民主革命的先行者孙中山先生在晚年很重视发展合作事业，他在"民生主义"第一讲中以极其通俗的语言向世人介绍了工人消费合作社，接着在第二讲中又把合作社作为和平解决经济问题的四种方法之一。此外，他还在《地方自治开始实行法》一文中阐述了将农业合作、工业合作、交易合作、银行合作、保险合作等合作事业作为构建新社会重要途径的设想。[②] 孙中山逝世后，中国国民党人在形式上恪守了其发展合作社的思想。1926 年 1 月，中国国民党第二次全国代表大会上通过了"从速设立农民银行提倡农民合作事业"以及"切实赞助工人生产的消费的合作事业"的议案，[③] 是中国国民党正式提倡合作运动的肇始。南京国民政府成立之后，为了大力推广合作事业，不仅将合作列为训政时期开展的七项运动之一，而且还颁布相关法律，成立主管部门。

虽然合作理念在中国的推广和实践已经积累了一定时间，但如果不是因为日本全面侵华战争对中国民族工业造成了毁灭性的破坏，以及随后出现的后方军需和生活物资的严重短缺，还有大量难民和失业工人流离失所，那么，旨在组织分散的小手工业者进行工业生产的工合运动，想要在短期内迅速发展并满足战争和民众的基本需求，这一目标恐怕也是难以达成的。全面抗战前中国的合作运动多以信用合作、消费合作的形式发展，工业合作则较为少见，诸如湖南大同生产合作社、长沙笔业合作社等少数工业合作社均因成员缺乏合作知识而昙花一现。为此，伦敦大学经济学教授戴纳（R. H. Tawney）和合作专家施德兰（C. F. Strickland）皆指明中国需要工业合作的经济组织。[④] 全面抗战爆发后，工合运动迅速发展。经济上，由于沿海、沿江各省先后沦陷，工业设备 80% 以上被破坏，重要的交通线被切断，各地货物的流通大受阻碍，[⑤] 内迁厂矿受战争影响，生产力大大下降，军需民用物资极度匮乏，这一系列的问题为工合运动的发展提

① 许永峰：《近 30 年来的民国合作运动史研究综述》，《民国研究》2012 年春季号（总第 21 辑），社会科学文献出版社，2012，第 212 页。

② 胡汉民编《总理全集》上，民国丛书编辑委员会编《民国丛书》第 2 编 90，上海书店出版社，1990，第 225~227、864 页。

③ 中国国民党中执会训练委员会编印《中国国民党历次会议宣言及重要决议案汇编》第 1 册，1941，第 84、87 页。

④ 袁航：《抗战时期宝鸡工业合作运动研究》，硕士学位论文，苏州科技大学，2016，第 25 页。

⑤ 彭泽益：《中国近代手工业史资料（1840~1949）》第 4 卷，生活·读书·新知三联书店，1957，第 370 页。

供了特殊的经济环境；政治上，国民政府积极推进合作运动的态度，加上抗日民族统一战线的形成，为工合运动的发展提供了较为宽松的环境。在国民政府的支持与中国共产党、民主人士、国际友人的协助下，1938 年 8 月 5 日，中国工业合作协会（以下简称"工合总会"）在汉口挂牌成立（同年底迁往重庆），孔祥熙任理事长，艾黎（Rewi Alley）任行政院技术顾问，利用合作方式推动小规模工业发展的设想成为现实。工合运动的兴起，填补了近代中国合作运动在工业领域的空白，被国民政府视为"中国的新的经济基础，中国的新的生产战线"。[①] 不同于家庭小作坊和传统手工业，也不同于国内先前已有的其他形式合作社，更不同于国外发展成熟的工业合作社，工合运动自发起，就以生产军需民用物资、救助难民及失业工人、建立一种新的经济基础为己任。为了实现"尽快组织 3 万个合作社，以建立一条纵贯'蒙古内陆到东部沿海'的小型工业的生产链条"的目标，[②] 工合组织在运作之初面临的主要挑战就是要快速聚集足够的资金、人员并进行生产。为了获得足够的支援、发展空间、发展速度，以达到"抗战建国"之目的，工合运动的设计者意识到寻求各方支援的重要性，诸如流亡大后方的失业工人、伤残士兵、难民等能提供劳动力的群体，以及国共两党和金融机构、民主人士、海外侨胞、国际友人这些能够提供资金、设备、技术、场地的党派、机构和群体，就成为工合组织积极动员、争取的对象。

那么，如何在特定的时间、空间场景下集中各方力量，摒弃政党派别、阶级阶层、性别年龄、城乡区域的限制，开展广泛的、深入的、有效的宣传动员，既能宣传时下所需，又能传播自身理念、表达诉求，从而快速累积共识，是工合组织需要解决的问题。

从西方传入中国的纪念日活动，集国家党政的倡导性[③]、文化理念的渗透性、国民精神的鼓动性、普通民众的参与性、新闻媒体的传播性于一

[①] 沈雷春、陈禾章：《中国战时经济建设》，世界书局，1940，第 27 页。

[②] 李蕉、任梦磊：《中共与工合在延安的经济共建与价值认同》，《中共党史研究》2018 年第 4 期，第 66 页。

[③] 北京政府将辛亥革命武昌起义日设置为国庆纪念日，以举行国庆纪念日活动的方式将"共和"塑造为主流思想，通过宣扬"共和"来论证其合法性；国民党和南京国民政府在纪念日设置上紧紧围绕"革命"事业，1927 年至 1930 年，编印了《革命史上的重要纪念日》一书，审议通过了《革命纪念日及其仪式和宣传要点案》，并公布了《革命纪念日纪念式》和《革命纪念日简明表》，将革命纪念日条理化、体系化和类型化，分为"国定纪念日"和"本党纪念日"。参见许江、彭宗峰《政治现代化进程中政治纪念的建构逻辑——以近代中国革命纪念制度化为例》，《天府新论》2017 年第 4 期。

体，是可将各种社会资源整合优化的宣传的平台和载体。与编辑出版刊物、编印散发传单宣传方式等相比，选择合适的纪念日作为工合运动宣传的突破口，影响潜移默化，集群效果显著。

　　纪念日是指发生过重大事情且值得纪念的日子。与民俗节日秉承的无意识和自然惯性原则不同，纪念日则更多地强调文化性、现实性、仪式性。此前所谓的"万寿节"等，虽然具有一定的仪式性和操演性，但基本上属于古代的"仪礼"范畴，并不具备纪念日之性质与特征。① 纪念日在西方属于文化范畴，是社会现代化过程中形成的关于事件或人物记忆的时间符号，自生成起便与政治力量紧密关联，具有服务政治的性质。基于工业文明的推动，各种纪念活动充满现代性的文化技术手段，具有现代文明的特征。纪念日属于舶来品，民国时期传入中国后，纪念日体系在国内开枝散叶，各种域外的和本土的纪念日相继出现在中国社会的舞台上，受到官方和民众普遍的关注，各级政府和各类社会组织纷纷挖掘纪念日所蕴藏的政治、经济、文化内涵，并赋予其新的意义以服务现实。

　　工合运动从本质上来说就是在工业层面进行合作的一种尝试，而当时中华民族正处在生死存亡的关头，需要社会各个阶层在各个领域通力合作，团结御侮，因此，"合作"这一宗旨是工合组织进行宣传动员的重点，而作为合作运动从业者专属节日的"国际合作节"自然就成了工合组织的首选。国际合作联盟（International Cooperative Alliance）在其组织章程中对合作的目的有明确的阐述，即"发扬人类互助及自助之天性，用特有之合作方式谋全社会福利，以代替个人主义之横行"。② 而这个组织为了扩大合作运动在世界范围内的影响力，更是直接创设了国际合作节，旨在"统一各国对合作运动的基本认识，加强合作事业之国际联系，建立国际经济之合作关系"，在推进合作事业、推动世界和平、促进世界大同、提升人类理想之企求等方面有着深远的意义。合作的上述要义恰好与抗日民族统一战线的经济政策殊途同归，遂成为工合组织进行宣传动员的"初心"。

　　国际合作节是由比利时代表于 1921 年在国际合作联盟第十次大会上提出的，并在次年举行的国际合作联盟中央委员会、执行委员会联席会议上通过，同时规定将每年 7 月第一个星期六定为国际合作节。中国引入国际合作节则源于 1930 年江苏省合作事业会议通过的一项关于"通令各级党

---

①　郭辉：《国家纪念日与现代中国》，社会科学文献出版社，2019，第 1 页。
②　《国际合作节的由来》，《民力周报》1945 年 7 月 7 日，第 4 版。

部各级政府会同实行合作运动宣传周"的决议案。该议案由江苏省农矿厅提出，后经国民政府行政院转函中央秘书处交中央执行委员会宣传部酌办。[①] 国民政府发布通令，将1930年7月的第一个星期六定为"合作日"，从事宣传合作。[②] 国民党中央宣传部规定1930年自国际合作节那天起的一星期内为合作运动宣传周。[③] 翌年又通令全国各级党部、各级政府于每年国际合作节当天举行合作宣传。此后，在国际合作联盟和南京国民政府的倡导下，每逢国际合作节以及合作运动宣传周期间，各级合作组织需对合作运动的历史、功能、目的等面向进行宣传。全面抗战爆发后，新兴的工合组织在"国际合作节"叙事中，一方面延续全面抗战前已有的关于合作的起源、传入、意义、使命、前景等问题，另一方面则挖掘其蕴藏的和平、反战、民主等要素进行更深层次的社会民众动员，以期形成中国合作者奋斗、日本合作者觉醒、国际合作者援助的有利局面。[④]

二　纪念日活动：凸显"救亡图存"的时代主题

宣传动员的形式与方法直接决定宣传的效果。因此，为动员广大"工合"从业者努力奋斗，流落大后方的产业工人、小作坊和传统手工业从业者等群体参加工合组织，世界爱好和平的国家、合作组织支援工合，工合组织积极响应《抗战建国纲领》[⑤] 的号召，并凸显"救亡图存"的时代主题，对国际合作节纪念日活动的筹划非常重视，在组建筹备机构、开展调查研究、起草庆祝方案、设计庆祝环节、安排工作人员等环节进行了一系列精心细致的准备和操作。

（一）纪念日活动筹划阶段

工合总会专门成立了筹备委员会负责庆祝方案的起草。鉴于其"洋

---

① 丁肯堂：《国际合作纪念日及我国合作运动宣传周的由来》，《合作通讯》第2、3期合刊，1937年，第19页。
② 陈果夫：《十年来的中国合作运动》，中国文化建设协会编《十年来的中国》，商务印书馆，1937，第454页。
③ 《国际合作节的由来》，《民力周报》1945年7月7日，第4版。
④ 沙千里：《在抗战中庆祝国际合作节》，《工业合作》第1卷第2期，1939年，第9页。
⑤ 《抗战建国纲领》于1938年3月在武汉召开的国民党临时全国代表大会上通过，除前言外，分为总则、外交、军事、政治、经济、民众运动、教育等7项32条，提出了"以抗战促进国家建设，以加强国家建设来支持抗战"的主张。

节"的性质，筹委会要求各大区①办事处派人走访各个合作社以及城乡的大街小巷，展开调研，了解基层社员和普通民众对国际合作节的认知程度。根据各区的反馈结果，筹委会制定了一套详细的方案。

集团庆祝

（1）大集团庆祝：由各事务所召集所属各合作社社员及其眷属，并邀请所在地政府机关共同举行。

（2）小集团庆祝：各合作社单独举行，事务所派指导员前往指导。

文字书画宣传

（1）传单：须简单明了、浅显通俗。

（2）标语：须简明生动、有鼓动性。

（3）照片：须包含抗战照片、生产照片、工合活动照片。

（4）画报：须包含有关抗战、生产之画报。

讲演

（1）集团讲演：除各所职员讲演外，并可邀请当地政要或合作专家讲演。

（2）组织宣传队：各事务所可将小学或训练班学员分成数组到各村镇讲演。

成品展览：集合各社成品，举行成品展览会。

游艺表演：为引起观众兴趣，可表演戏剧、话剧或歌咏等。②

此外，筹委会还提出"国际合作节的由来与纪念的意义"、"合作社的意义和合作社员的责任"、"本区工合社运进展状况"、"合作社员在抗战建国中所处地位"、"最近杭〔抗〕战情形"以及其他有关合作及"抗战建国"事项的若干宣传大纲，③ 要求相关机构以此为蓝本，撰写具体的宣传方案。

考虑到标语作为一种简明、生动的文字符号，具有号召、鼓舞民众的功效，并且能直观体现出工合运动的纲领、思想与文化，筹委会特意设计了诸如"纪念合作节要普遍推进工合运动""纪念合作节要努力增加生产""纪念合作节要加强抗战力量""纪念合作节要坚定抗战到底信念"等鲜明展现出工合理念的标语，以供各地工合组织参考。

总体来说，这份庆祝方案涵盖了文字宣传、口头宣传、形象宣传等形

---

① 从 1938 年 8 月至 1939 年 2 月，工合总会相继在全国建立起西北、东南、西南、川康、云南五个大区办事处。

② 《怎样纪念国际合作节》，《西北工合》第 3 卷第 6 期，1940 年，第 24~25 页。

③ 《怎样纪念国际合作节》，《西北工合》第 3 卷第 6 期，1940 年，第 25 页。

式与方法，并对纪念日活动期间的装饰与布置也做了一些安排，可谓相当周全。此后，在各地工合组织的具体运作中，上述三种宣传形式紧密联系、相互依托，共同展示出工合运动在宣传动员中的特有场景。

（二）各地开展实施阶段

庆祝方案公布后，各地的工合组织在国际合作节来临之际，纷纷开展了纪念活动，在内容上凸显了救亡的时代主题，彰显出对内凝聚民心、动员生产，对外传播理念、争取援助的用意，在形式上针对庆祝方案总体要求，凸显出热烈、隆重的现场氛围。

1939 年，在工合总会成立后的第一个国际合作节前夕，西北区办事处根据庆祝方案制定出一份相对简略的筹备办法，会同筹委会颁发的宣传要点，通知各事务所就近召集合作社社员、民众以及当地政府机关、社会团体，联合开会庆祝。在陕西宝鸡，事务所在宝鸡县城、十里铺、罗家陵三处分别发动附近各合作社社员及其眷属举行扩大纪念会，"各处情况至为热烈，拍有照片多幅"。[①] 在甘肃天水，事务所邀请当地政府共商具体的时间、选址、发行专栏等事宜，包括事务所全体职员、各合作社社员及其家属在内的近万人参加了纪念会，会场的"热烈情况，为空前所未有云"，[②]当天的《陇南日报》还开辟了相应专栏以示宣传。

与宝鸡和天水相比，西安作为陕西省的政治、经济、文化中心，在纪念大会的筹备上，在组织、执行、效果等方面都更胜一筹。西安事务所事先成立了筹备会，就经费募集、会场布置、纪念仪式、出席人选、物资采购等方面展开商讨。经过几天紧张的筹备，第十七届国际合作节庆祝大会于 1939 年 7 月 1 日在西安事务所小礼堂隆重召开。大会当天，会务人员在入口处布置悬挂了工合标志，主席台正上方悬挂国际合作联盟会旗，青天白日旗和青天白日满地红旗分别作为国民党和国民政府的象征符号分挂两侧。会场内外贴满了各式的宣传标语，整体上显得肃穆，颇具政治意味。党、政、军、学、金融、媒体等社会各界人士作为嘉宾应邀出席，其他与会人员还包括沦陷区印刷工人、东北籍女工、工合事务所职员以及社员和普通民众等，人数多至数百。

纪念大会的第一项活动是全体成员向党旗、国旗行三鞠躬礼的仪式。

---

① 《各地工作拾零：宝鸡事务所——庆祝国际合作节》，《西北工合》第 2 卷第 3 期，1939 年，第 49 页。

② 《扩大举行庆祝国际合作节》，《西北工合》第 2 卷第 3 期，1939 年，第 51 页。

待到政府要员致辞完毕，大会进入主旨演讲环节，主要涉及国际合作节与工合运动之间的关系、工合运动发展情形及今后发展动向、合作社原则、经营合作社的经验教训、对合作社员的建议、妇女在生产和抗战中之使命等议题。演讲者通过激情高昂的发言直接起到动员的效果。

演讲结束后，纪念大会还举行了联欢、游艺等文娱活动。其中，歌曲作为一种政治教育和宣传素材，因具有易于记忆、便于理解且传播速度快、鼓动性强等优点，最为人们热衷。西安事务所的筹备会事先找专人将抗击日本侵略、发展后方经济、救助难民、合作社社员工作等反映工合理念、合作社社员日常的内容进行填词，在大会上通过《打东洋》《难民曲》《救亡进行曲》《缝衣曲》《保卫大西北》等曲目呈现。在传唱过程中，歌者慷慨激昂，听者仿佛进入了特定的时空场景，时而因激情澎湃而热情鼓掌，时而因陷入沉思而默不作声。作为大会主席的西安事务所李主任在节目结束后对各社员工进行了勉励，大会最后在全体与会者高呼口号的高潮中落下帷幕。①

上述这些紧凑、连贯的环节由于处于特定的场所，又预设了图像、声音、文字等元素，仪式感十足，给参与的民众留下深刻的印象，加之合作、救亡的主题在大会上多次呈现，这种具有重复性、权威性的主旨引导民众吸收、消化活动所传达的信息，最终产生认同。工合组织正是利用了纪念仪式的控制力和影响力，于无形中增强了组织的凝聚力，同时也提高了组织在民众中的声望。

除了演讲、歌舞、话剧等"常规操作"外，献金运动、成品展销会、游行宣讲等一些更贴近民众、强调民众参与的活动也应运而生。

献金运动不仅贴合"救亡图存"主题，而且还提供最直接的经济支持。1939 年合作运动宣传周期间，西北区办事处举行献金运动，"计区办事处同仁，全体各献一日所得计共洋一百二十五元六角八分；妇女工作部全体同仁共计洋十二元六角九分；宝鸡事务所全体同仁计二十五元五角八分；宝鸡各合作社共计三百二十五元六角八分；第二届合作指导人员训练班，全体学员共计十三元。……其中以宝鸡振亚合作社独献壹百元为数最多"。② 此外，献金还以"义卖"的形式呈现，"供销处同仁及义卖三天提献百分之五，计洋五十七元八角"。③ 在此次献金运动中，工合组织的捐款

---

① 适平：《合作节在西安》，《西北工合》第 2 卷第 3 期，1939 年，第 30～31 页。
② 《七七献金》，《西北工合》第 2 卷第 3 期，1939 年，第 49 页。
③ 《七七献金》，《西北工合》第 2 卷第 3 期，1939 年，第 49 页。

总额名列前茅，因此还受到了嘉奖。在四川三台，当地事务所组织献金运动，各社参与热情高涨，慷慨解囊者亦复不少。

成品展销会是工合组织对外宣传的一个窗口，可以让民众直观了解工业合作社的产品。1940 年，工合总会在重庆嘉陵江宾馆陈列纺织、服装、机器、食品、化学、文化、交通、土木、矿冶、杂项等 10 类共计 340 多种展品，① 邀请驻渝官员代表及外宾参观，工合总会理事长孔祥熙亲自招待。在陕西南郑，各个工业合作社在纪念日当天举行"开放日"活动，产品进行 1~3 天的降价促销，售货台前人头攒动，展览室内人山人海，买货的人争先恐后，参观的人赞不绝口，其间虽然遭遇敌机警报的干扰，但观众平均每日不下万人，极一时之热闹。② 在湖南邵阳，工合社举行的成品展览，皮件、机器、文具、日用品等应有尽有，且摆放得整齐雅致。

游行宣讲是工合组织延伸宣传空间、扩大影响的另一种方式。由于宣讲队所到区域民众的文化水平普遍不高，散发传单、张贴标语等方式可能达不到预想的效果，故宣讲队常常要在路途中绘制反映"工合社员协力劳作"等主题的生动的漫画、墙画呈现给普通民众。在宝鸡，社员自发组成宣传队，深入大街小巷做普遍宣传，揭露日本帝国主义的野心和罪行，达到了"有力者出力杀敌，有钱者出钱抗战之地步"，③ 宣传队所到之处，民众反响较为热烈。在陕西沔县（今汉中勉县），当地组织了一支流动宣讲队，在大街小巷、公共场所贴满各种彩色标语"以资宣传"。④

值得注意的是，由于"国际合作节"与"抗战建国纪念日"⑤ 的日期临近，工合组织利用民众心理，在"国际合作节"的庆祝活动期间通过植入"抗战建国纪念日"来加强对抗日救亡的宣传力度。具体方式则是通过举办公祭大会让"合作"与"抗战建国"这两大主题实现无缝对接，使民众在潜意识中形成工合运动是抵抗日本经济侵略有效方式的认知。公祭大会不仅能增强人们对于国家遭受战争灾难的记忆，也是激发民族主义、凝聚民心的重要方式。在西北某县，县政府组织了"七七抗战建国追悼阵亡

① 《全国工合产品在渝公开展览》，《川康工合》第 1 卷第 5 期，1940 年，第 35 页。
② 《南郑简讯》，《西北工合》第 11 期，1943 年，第 51 页。
③ 《纪念"七七"扩大宣传》，《西北工合》第 2 卷第 3 期，1939 年，第 50 页。
④ 《各地热烈纪念合作节》，《西北工合》第 3 卷第 9 期，1940 年，第 37 页。
⑤ 1938 年 7 月 4 日，国民政府发布"渝字第三五四号"训令，将 7 月 7 日定为"抗战建国纪念日"。

将士暨死难同胞大会"，工合组织的参与度相当高，大家"无不沉痛哀悼国殇，悲奋热烈纪念"为国家民族牺牲的英勇中华儿女、因敌寇横暴而伤亡的同胞。①

综上所述，工合组织利用国际合作节组织了上述丰富多样的纪念活动进行宣传和动员，让民众在广泛参与活动的同时对其产生认同感，进而积极参与其中，为抗战贡献出自己的力量。工合组织虽然是一个民间经济团体，但仍在其能力范围内通过举行庆祝活动来寻求规模、效益、声望的最大化，此举既彰显了工合组织对待合作的态度，同时也增加了社会各界对工合运动以及国际合作节的认知。

三　纪念日话语：建构合作与抗战、和平间的逻辑关联

纪念日若要产生效用，需要特定的话语进行诠释。英国哲学家奥斯丁（John Langshaw Austin）认为，"人在言语行为过程中不仅描述或呈示了什么，而且还以言行事"，"任何言语行为在表述什么的同时，本身也就作出某种承诺，提出某种主张，或给出某种告诫"。② 尽管奥斯丁分析的是关于"人"的话语的作用，但移植到作为经济社团的工合组织上，结论同样适用。诚如福柯（Michel Foucault）所言："'话语'意味着一个社会团体依据某些成规将其意义传播于社会之中，以此确立其社会地位，并为其他团体所认识的过程。"③ 因此，"特定的话语"因其背后所蕴藏的价值，常常被工合组织在纪念日活动中所用。

抗战时期，处在生死存亡关口的中华民族谋求救亡图存。实际上，在纪念"国际合作节"的过程中，工合组织除了举行纪念活动之外，还借助报纸、杂志等传播媒介，刊发特刊、社论、时评等纪念文本，以通俗的语言在意识形态领域构建其合法性、重要性。如时任工合总会推进组组长沙千里，时任工合总会组织组组长、西北区办事处主任卢广绵，以及笔名为青申、白河等人，将国际合作节中强调的合作要义与当下要务紧密联系在一起，强调并建构合作之于抗战、和平之间的逻辑关联，挖掘合作运动中

---

① 《七七抗战建国纪念盛大举行》，《西北工合》第 2 卷第 3 期，1939 年，第 48 页。
② 周宪：《超越文学——文学的文化哲学思考》，上海三联书店，1997，第 136～137 页。
③ 王治河：《福柯》，湖南教育出版社，1999，第 159 页。

和平、反战因素，赋予合作强烈的现实意义。① 卢广绵曾明确提到纪念国际合作节对于抗战的意义，他表示"这是全世界从事工合运动者的一个光辉无比的纪念日，特别在抗战建国的现阶段，在生产救国声浪澎湃着的中国……来纪念这个节日更有她特殊的意义"。② 东南区办事处主任王毓麟、西北区办事处视察员侯雨民等人也在国际合作节前后发表的文章中表达出类似的观点。这些抱定"抗战必胜，建国必成"信念的工合人在纪念国际合作节之际对工合运动自诞生以来的艰辛发展历程抒发感慨。

（一）合作与抗战

工合组织的领导人既是抗战的见证者与参与者，同时又多是中国合作事业的先驱，他们对于合作与抗战之间的关系有着独到的认知与定位。当时的中国正面临着前所未有的民族存亡危机，工合组织利用纪念"国际合作节"这个契机着力宣传合作以及工业合作事业对抗战救亡的意义，以让民众明白工合运动的重要性，促使民众形成工业合作的理念。

关于合作与抗战之间的关系，沙千里在 1939 年第十七届"国际合作节"纪念中撰文表示，合作运动本是改善人类生活、发扬民主精神、保障和平的一项国际性运动，在当下却遭受着日本法西斯巨大的打击和威胁，无数合作社毁于战火，无数合作社社员惨遭杀戮，但中国站在抗争的最前线，同日本侵略者做英勇战斗，以实际行动践行了合作运动所赋予的使命。这固然是为着中华民族的生存，但它的胜利和失败，同样决定着合作运动的走向。法西斯侵略者不消灭，合作运动的崇高理想是无从实现的，合作事业是无从发展的。③ 在沙千里的表述中，他将抗战胜利与否视为合作运动能否继续发展的前提，论证了抗战与合作之间的内在关系。卢广绵进一步界定了工业合作与抗战的关系，他将工合运动能够在大后方迅速开展归因于抗战全面爆发后的形势和局势，并从经济层面进行深刻阐释。

因战而兴的工合运动之于抗战又有什么意义？时任工合总会理事长孔祥熙认为"有了工业合作运动，不但中国经济财源可以动员起来，抵消沦

---

① 参见沙千里《在抗战中庆祝国际合作节》，《工合之友》第 1 卷第 5~6 期，1939 年，第 156~157 页；卢广绵《合作运动与世界和平——纪念国际合作节讲词》，《西北工合》第 11 期，1943 年；青申《国际合作节谈合作——政治合作经济合作》，《东南工合·国际合作节特刊》，1941 年；白河《纪念国际合作节应有之认识》，《西北工合》第 4 卷第 13~14 期，1941 年，第 3~4 页。

② 卢广绵：《纪念国际合作节》，《西北工合》第 3 卷第 7 期，1940 年，第 4 页。

③ 沙千里：《在抗战中庆祝国际合作节》，《工合之友》第 1 卷第 5~6 期，1939 年，第 156 页。

陷区域的损失，而将来新的经济秩序，亦于此奠定基础"。① 此说虽有夸大成分，但也反映出工业合作在"经济国防线"所起到的一定作用。相比而言，青申在《国际合作节谈合作——政治合作经济合作》中的论断则更为务实，他从经济、政治、社会三个层面进行了概括：经济意义上，工业合作能增加生产，节制物价，调剂金融；政治意义上，工业合作是训练民权的工具，是促进民生的组织，是传播民族思想的阵地，已成为"抗战建国"工作中的一环；社会意义上，工业合作可以救济民众，提供就业，维护社会稳定，为工业化奠定一定基础。②

虽然工合运动是抵抗日本侵略的有效经济方式之一，但是工合组织并没有安于现状，仍在纪念国际合作节的专栏中检讨当前工作中存在的不足，分析其原因，力求改进。沙千里指出工业合作社在数量和质量上还有待提高，因为后方的工业合作社数量虽已日渐增长，但对于战时需要，还远远不够，与世界上其他各国相比，在数量上、质量上，仍有较大的差距。③ 青申着重强调资金和教育是今后工合组织亟待解决的问题，因为"资金是合作社的血液，没有血液只有死亡了，……工合的问题，不是不能生产，不是货品不佳，更不是没有市场，……惟一的困难是资金不够周转……有许多地方合作社因为没有资金一年只能做半年工，甚致〔至〕不到半年"。至于教育层面，他认为"不仅指社员教育，干部教育也应并重，因为干部是推动这种工作的负责人，有健全的干部，才能有健全的成绩表现"。④ 工合兰州事务所指导员李庆云则在《合作节感言》一文中认为工合组织与其他形式的合作组织之间缺乏互动。⑤ 上述诸人对工合运动存在问题的论述，指出了今后工作需完善和努力的方向。

（二）合作与和平

工合组织对合作的强调，还体现在挖掘合作运动中的和平、反战因素。相比于革命的激进，合作则相对温和，其主要目的是以和平的手段来废除当时社会存在的"人压迫人，人剥削人"的经济制度，从而建立起理

---

① 《节录孔副院长谈工业合作与抗战》，《云南工合》第 1 卷第 1 期，1940 年，第 85 页。
② 青申：《国际合作节谈合作——政治合作经济合作》，《东南工合·国际合作节特刊》，1941 年，第 7 页。
③ 沙千里：《在抗战中庆祝国际合作节》，《工合之友》第 1 卷第 5～6 期，1939 年，第 15 页。
④ 青申：《国际合作节谈合作——政治合作经济合作》，《东南工合·国际合作节特刊》，1941 年，第 7 页。
⑤ 李庆云：《合作节感言》，《工合之友》第 1 卷第 5～6 期，1939 年，第 159 页。

想的合作经济制度。西北区办事处视察员侯雨民曾在纪念文章中揭示出合作运动的本质是和平的、正义的、反侵略的、反强暴的，他将日本帝国主义比作世界上一切破坏和平、毁灭正义的强暴势力，将工合组织视为维护和平、伸张正义、反对侵略的正义之师，主张凡是"强暴的势力，都是合作者所坚决反对……反对强暴的势力，都是合作者所同情与拥护的"，① 借此向全世界的合作者发出救援的请求。基于双方共同的"信仰"，工合组织常常以国际合作为抓手，呼吁全世界从事合作事业的人们摒除国籍、性别、阶层的差异，站在人类平等、互助、公允、和平的基础上，本着合作运动的反侵略原则，在精神层面充分表示深切的关怀与同情，在物质层面要尽力设法供给与协助，促进中国工合运动及合作事业的发展，"辅助军事政治以争取抗战的最终胜利，奠定建国的基础，同时更要和各国合作运动者搀［联］手，共同致力于合作事业的发展，及为保卫民主、保卫和平，反对侵略战争而努力"。② 对于国际社会的其他人士，工合组织通过暗示全面抗战初期中国在政治上缺乏可靠盟友，在经济上缺乏持续援助，一直处于孤军奋战的状态，试图博得国际社会的同情，继而表明中国在面对日本的经济侵略时并未屈服，中国的经济组织尤其是工合组织依然在有条不紊地供给军需民用，通过畅谈工业合作的经济、政治及社会价值的方式以争取国外尽可能多的物资、技术援助。

此外，工合组织在纪念过程中也适时地将工合理念与"三民主义"联系起来，意在获取更多的政治、经济发展空间。时任工合国际委员会③名誉主席宋庆龄积极宣传"中国工业合作运动是实践孙总理的三民主义最大的动力"。④ 工合运动发起人之一埃德加·斯诺（Edgar Snow）曾对宋庆龄的上述言论做过精辟的评价，他表示"孙夫人凭借了她的聪明的智慧及无误的直觉，看到工业合作可以补充国父孙中山三民主义中最重要及最被忽略的部分"。⑤ 上述言论无疑向外界传达了一个明确的信号，即旨在完成"抗战建国"使命的工合运动是实现"三民主义"的重要一环。

总之，合作是一个意义丰富、拥有多元面向的政治符号。工合组织以通俗化的语言将合作的现实意义放大、凸显，以求获得政府、政党、社

---

① 侯雨民：《纪念国际合作节》，《西北工合》第 4 卷第 13～14 期，1941 年，第 2 页。

② 白琳：《国际合作联盟会》，《战地工合》第 1 卷第 6～7 期，1941 年，第 122 页。

③ 1939 年在香港成立，其宗旨在于争取海外援助，支援抗日战争。

④ 《孙夫人来函：工合运动是实现三民主义的动力》，《西北工合》第 3 卷第 6 期，1940 年，第 3 页。

⑤ 埃德加·斯诺：《斯诺文集 3：为亚洲而战》，新华出版社，1984，第 69 页。

会、民众的认同，而这一方式又能适时地传播工合的理念，也能为自身争取到更多的政治、经济资源。

四　纪念日功效：传播合作理念与提高工合声望

任何的纪念活动都有一个重要作用，那就是能够将参加纪念活动的个人凝聚到一起，使之关系更加密切，从而增强整体的凝聚力。[①] 全面抗战的爆发激起了中国人民空前的抗战热情，工合组织通过国际合作节纪念大会这样一种程式化、固定化的仪式，不仅让仪式现场的民众能够直观感受到合作的力量，形成共同的情感体验，同时也让没有直接参与纪念活动的民众通过看到宣传队张贴的标语和漫画、阅读合作节特刊、购买供销社出售的工合产品等方式间接感受到纪念的影响。在合作精神的感召下，民众被动员起来，有的选择上战场杀敌报国，有的选择参加合作社生产救国，不管哪种方式，民众终归被凝聚成一根绳，形成一股巨大的力量。

另外，工合组织通过对"国际合作节"的纪念也提高了自身的地位和声誉，增强了社会认同感。纪念"国际合作节"不仅是出于对这个节日本身的认同，也是表达自身实际诉求的一种途径。工合组织不论是对合作本体的强调，还是将合作要义接引当下，建立起合作与抗战、合作与和平之间的逻辑关系，目的都是增强人们对合作尤其是工业合作的信心，并让广大民众深切地感受到合作需要大家齐心协力、共同奋斗才能完成。

此外，正是在战时的特殊环境下，除了重点纪念"国际合作节"，诸如"九一八"纪念日、"抗战建国纪念日"，以及"五一"劳动节、"三八"妇女节、元旦、春节等一些通行的纪念日也被工合组织赋予了丰富的政治、文化意涵，成为工合纪念日宣传动员序列中不可或缺的一部分。"九一八"纪念日、"抗战建国纪念日"属于"国耻"性质的纪念日，工合组织十分注重对"国耻"的宣传，一方面会向民众解释"什么是国耻"，另一方面则会向民众讲明"如何消除国耻"，其宣传内容不只停留在"雪耻"层面，更侧重于对生产的动员。而在纪念"三八"妇女节和"五一"劳动节时，工合组织则将节日纪念与招募产业工人、妇女有机结合，以让那些转移至大后方的失业工人以及广大农村妇女产生认同感。当然，工合组织没有脱离传统，作为中国传统节日的中秋节、春节也因极高的参与度和极大的影响力进入纪念的范畴。

① 郭辉：《国家纪念日与现代中国》，第 167 页。

工合组织开展的纪念日宣传动员实践，对于获得资金和人才的支持、扩大组织规模、拓展经营业务、提升社会影响力都起到了至关重要的作用。

在资金筹措层面，工合组织的经费愈发稳定。行政院在 1939 年拨付给工合总会 500 万元组社基金"专供贷放各地工合社之用"，1940 年的基金则直接发放给各大区。另外有数据显示，1939 年至 1944 年，国民政府先后拨了 8400 万元，其中 1943 年改组前拨入 4400 万元，1943 年 12 月 7 日拨入 2000 万元，1944 年 1 月 29 日拨入 2000 万元。[①] 工合运动日渐增加的影响力同样引起了金融机构的关注，四联总处和中国银行相继主动与工合总会签订了 4000 万元、2000 万元的工贷合同，地方银行也陆续同各区工合组织商洽贷款事宜，如陕西省银行、金城银行对工业合作社的贷款最高时达 50 万元，这对工合运动在西北初期的发展起了很大的作用。[②] 此外，"渝中国银行贷四川之 200 万元……最近广东省行贷粤省工合之贷款，已决定 200 万元"。[③] 鉴于抗战进入相持阶段，工合组织于 1939 年开始谋求海外募捐，这部分资金主要由以寻求国际社会认同与援助为使命的各国工合推进委员会组织募捐，并由设立在香港的工合国际委员会进行分配。与国内工合组织的宣传方式类似，其工作范围主要在香港、马尼拉、纽约、旧金山、伦敦等地，当地的工合推进委员会不仅宣传工合运动民主、平等、自由等理念，而且还强调工合运动对于中国抗战乃至世界人民反法西斯战争的意义，此举得到了华侨、国际社团、友好人士的积极响应。据卢广绵统计，截止到 1946 年底，工合国际委员会从美国促进会（American Committee in Aid of Chinese Industrial Cooperatives，Indusco）、英中合作发展公司（The Anglo-Chinese Cooperative Development Society，Limited）连同中国港澳地区，以及菲律宾、新西兰、澳大利亚、加拿大等国的工合促进会得到的捐助共计约 500 万美元。[④] 此外，诸如国际联盟（League of Nations）、国际合作联盟、国际贸易联合会巴黎分会（Paris Branch of the International Federation of Trade Unions）等国际组织在资金和技术上同样给予

---

① 《中国工业合作协会 1944 年度工作报告》，中国第二历史档案馆编《中华民国史档案资料汇编》第 5 辑第 2 编《财政经济》（7），江苏古籍出版社，1991，第 520 页。

② 卢广绵：《抗日战争时期的中国工业合作运动》，卢广绵、寿祝衡、齐福霖编《回忆中国工合运动》，中国文史出版社，1997，第 88 页。

③ 《二年来工合成绩》，《中央日报》（重庆）1940 年 7 月 12 日，第 3 版。

④ 卢广绵：《抗日战争时期的中国工业合作运动》，卢广绵、寿祝衡、齐福霖编《回忆中国工合运动》，第 100 页。

了工合运动有力的支持。①

在人才引进方面，国民党方面派出了党、政、军等各部门的合作、技术专家驰援。以西北区办事处为例，国民政府军事委员会农产调整委员会技术专员兼棉业处副主任卢广绵担任工合西北区办事处主任一职，国民政府军事委员会战时干部训练团政治教官刘大作任工合西北区办事处视察室主任一职，国民政府军政部秘书科长侯雨民担任视察员一职，国民政府陆军少校军械官万永昌任工合西北区办事处文书股长，以及国民政府陕西省民政厅视察员担任工合西北区办事处人事股长。② 中共方面则派出一些干部到工合的中层、基层组织协助生产。在西北区，1940年，毛泽东派刘鼎、陈康伯、黎雪、赵一峰等从延安前往双石铺，帮助艾黎研究西北工合发展计划，推进工合运动的发展；③ 中共陕西省委则在 1938~1941 年派遣方纪、郑长家、李华春、申健等人分别前往西北区的各个事务所工作。在东南区，孟受曾受党委指派协助艾黎创办东南区办事处；中共江西省委在 1938~1940 年派遣薛扬、李奕文、黎雪明、笪移今等人直接参与了东南区各个事务所的日常工作。值得一提的是，有"红色工合"之称的东南区和平工合事务所在中共和平县委领导下发展壮大。为了吸引更多的知识人才加入工合组织，艾黎还选择特定的纪念日到中山大学、厦门大学等高等学府演讲，通过宣传工合运动的性质、任务以及它对抗战的意义和作用，选拔了一批学有专长的同学到工合东南区工作。而流亡大后方的燕京、金陵、东北大学也有大批师生投身各级工合组织。④ 此外，一些同情中国抗战的国际友人也来华参加工合事业，例如由艾黎领衔的 31 名外籍专家选择扎根在甘肃山丹的培黎工艺学校为中国的合作事业培养人才。

在组织规模方面，经过数年的惨淡经营，三角形、黄底红字的工合标帜从西北、西南等大后方延伸到游击区和敌占区，由最初斯诺形容的"那个协会没有一家工厂，一架车床，或甚至一个凿子——而艾黎本人就是它唯一的

---

① Nym Wales, *China Builds for Democracy: A Story of Cooperative Industry*, Beijing: Foreign Languages Press, 2004, p. 197；《中国工业合作协会拟请由国际联盟会补助工作计划及预算案》（1939 年 5 月），中国第二历史档案馆藏，档案号：四/16208；COPY, August 11, 1938，中国社会科学院近代史研究所档案馆藏，档案号：Koo_Box0034_009_0004。

② 袁航：《抗战时期宝鸡工业合作运动研究》，硕士学位论文，苏州科技大学，2016，第78 页。

③ 中共陕西省委党史研究室、中共宝鸡市委党史研究室编《西北工合运动史》，陕西人民出版社，2018，第 101 页。

④ 高海萍：《抗战时期中国工合运动研究》，博士学位论文，南开大学，2008，第 179 页。

职员"，① 发展为一个"工作区域广及 17 省，社数最多时曾达 1700 余社，社员 25000 余人，连同雇工与参加各部工作的人员，直接、间接赖以维持生活者，合计不下 20 多万人"的经济团体。② 斯诺对此曾感叹"延安的工合机构成了全国最大的地区总分会，拥有的工人相当于中国其他地区工合工人的总和"。③ 在产品种类方面，工合运动的业务范围也从最初所设定 7 个门类近 60 种发展到 10 个门类 101 项，涵盖纺织、电机、矿冶、食品、化学、服装、文化、土木石、交通制造等业务，产业门类涉及军需民用的各个方面，真可谓"举凡国计民生，无所不包"。

在社会影响力方面，工合组织通过举办包括纪念活动等在内的宣传动员改变了初创时期无人知晓、无人问津的局面，逐渐闯出名声，获得了国内外社会各界反战民主人士的声援，国共政要、社会组织及国际友人纷纷前往参观、视察。如孔祥熙、"宋氏三姐妹"、华侨领袖陈嘉庚、作家林语堂等分别参观过西北、川康、云南等区域的工合组织，询问各区工作情形并表示出对工合不错的印象。④ 国民政府经济部合作事业管理局全国合作人员训练所二期受训学员、国立中央大学农学院农艺系农业经济组师生为了学习、借鉴工合事业经营方式，选择去重庆市内一处工业合作社进行短期实习。⑤ 藏族同胞也曾派出代表赴重庆参观工合总会，并请求派人指导成立掘金、淘金合作社，以便增加当地的金矿开采量。⑥ 中美技术合作专家和马来亚合作局局长为了向工合组织取经，分别参观了宝鸡工合金库、工合供销社以及重庆市内的各个工业合作社，均表示出对工合事业的赞扬之情，⑦ 英国的批发合作社甚至表达出与工合总会建立业务往来的意愿。⑧ 拥有 800 万社员的英国工合机关报《工合周报》（*Co-operative News*）和美国合作协会分别采用出版特刊和通电的形式，对于在战时开展工合运动之

① 埃德加·斯诺：《斯诺文集 3：为亚洲而战》，第 152 页。
② 《中国工业合作协会一年来工作报告及本年度工作计划》（1947 年 12 月 31 日），中国第二历史档案馆藏，档案号：十一/11104。
③ 埃德加·斯诺：《斯诺文集 1：复始之旅》，宋久等译，新华出版社，1984，第 286 页。
④ 《陈嘉庚等及三夫人先后参观成渝工合》，《川康工合》第 1 卷第 3 期，1940 年，第 28 页；《林语堂来宝，参观工合社》，《西北工合》第 20 期，1943 年，第 142 页。
⑤ 《全国合训所学员参观渝市工合社》，《川康工合》第 1 卷第 2 期，1940 年，第 36 页；《中大农学院师生冒雨参观工合社》，《川康工合》第 1 卷第 1 期，1940 年，第 25 页。
⑥ 《藏边人士请求设立工合社》，《工合简讯》第 1 期，1939 年。
⑦ 《中美技术合作专家参观宝鸡工合事业》，《西北工合》第 15 期，1943 年，第 99~100 页；《马来亚合作局局长，参观渝市各工合社》，《工业合作》第 1 卷第 5~6 期，1941 年，第 81 页。
⑧ 《英国批发合作社愿与工合建立业务关系》，《工业合作》第 1 期，1944 年，第 10 页。

举以及所取得的成就表示敬佩、称道。① 除此之外，罗斯福总统夫人、菲律宾总督夫人、美国海军将领卡尔逊（Evans Fordyce Carlson）、英国驻华大使卡尔（A. C. Kerr）等国际友人分别在不同场合向民众推介工合运动。

结　语

本文以"国际合作节"为例，对工合组织所举办纪念日活动及其所取得成效进行了论述和总结，不仅可以看出工合组织对事业发展成功的渴望，而且还展现出了工合运动在宣传动员过程中的艰难。

为了解决工合运动在发展过程中的资源问题，工合组织主动顺应当时的纪念文化潮流，积极响应政府的倡导号召，选择特定的重要纪念日组织开展了一系列纪念活动，不仅表达了对历史的尊重与缅怀，更重要的是将国内外各界人士紧密联系起来，传播了民主合作、和平反战的理念。尽管在抗战中后期乃至战后，受到资金短缺、内部经营管理不善、人才流失、社会经济环境不佳、政治局势不稳等因素的影响，工合运动举步维艰，并逐渐衰落，但这不能抹杀工合运动在战时所做出的贡献，更不能掩盖工合组织在宣传动员过程中所付出的艰辛努力。纪念日活动经过各级工合组织的策划，往往能达到甚至超过预期效果。从短期、显性效果来看，工合组织能够广泛动员民众参与其中，而从长期、隐性效果进行分析，经费来源日益稳定，组织规模日益壮大，产品种类日益丰富，社会影响力日益提高，而这反过来又增强了组织者举办类似活动的热情和信心。

从更深层次和更广阔视野进行分析，工合组织举办纪念日活动并不是自娱自乐，而是在当时国内外政治、经济、军事、文化的大环境下敏锐地发现、迅速地发掘、充分地利用纪念日中所蕴藏的资源，从顺势而为到主动作为，扩大了其在国内外的影响力，获取了急需的社会资源，推进了组织的发展，体现出一种新的政治希望与经济活力，最终形成全面抗战时期一支重要的经济力量。

---

① 《英国杂志中之工合》，《工合简讯》第 3 期，1939 年；《美合作协会电贺中国社友　对我工合成绩表示钦仰》，《湘桂工合》第 2 卷第 4 期，1942 年，第 40 页。

集权与分权：清末民国时期的
"缩省"争议与政局变迁*

敬淼春**

提 要 清末民国时期的"缩省"争议在政治地理学层面寄寓着集权与分权之争，缩省的兴衰反映了政局的变化。康有为的缩省论是传统王朝统驭地方的策略，为解决清末中枢式微的难题。北洋政府强弱变化不定，改定省区的操作前后出现反复。南京国民政府以缩省来加强弱势的中央集权，先以缩省为手段将权收归中央，后以缩省来改革地方政治。对缩省的支持与反驳都是为了强化中央集权，地方政治的改革任重道远。

关键词 缩省 中央集权 地方分权

清末民国时期政局迭变，缩省、废省之议甚嚣，主张缩省者大都认同中央钳制地方的合理性，认为缩省属中国数千年中央集权制下行政区划演进史中的一环，忽视"省"本身在行政区划调整中应有的权力以及地位。缩省是集权支持者的政治理念，目的在于强化中央的威权统治，是为强国而非强省。缩省运动的兴衰随中央政府控制力的强弱而起伏，中央政府强势时，有行政层级改革需求，缩省运动高涨，反之则低沉。缩省体现的是中央对地方的威权态势。目前学界对民国时期缩省运动的研究集中在对省制改革或省区划定方案的探讨，对缩省运动的因果、过程做了较清晰的复原，时间段以民国初年为主，亦

---

* 国家资助博士后研究人员计划（GZC20231906）、苏州市社会科学院"苏州学"研究青年学者专项课题（SZXQN2024LX001）阶段性成果。

** 敬淼春，苏州大学社会学院历史学系讲师。

有从"央地关系"博弈视角探讨国民政府省权模式的变革过程，然聚焦于全面抗战前夕，[①] 未能从政治地理学视角厘清缩省所折射的长时期的集权与分权之争。

本文认为清末民国时期的缩省争议以及实践集中地体现了中央集权与地方分权之间此消彼长的博弈过程。若不变更中央政府与地方政府之间的权力授受关系而欲纯粹通过"众建诸侯"来驾驭地方，很难突破中国历史上二级制到三级制循环不已的怪圈。

一　清末政局与缩省论

废省、缩省，名称相异但实质一致。清末，外省督抚大员在朝廷决议中的影响日益扩大，"在吾国官吏中，论其权限，最大者莫如各省督抚，其品位与其直接奏事之权尽与京部尚侍相同，而其宰制一方、威福由己，则又大异"。[②] 一改清前中期"礼乐征伐自朝廷出"的局面，地方督抚拥有铸币、放债、军事等大权，朝廷难再拥有对各省政策的绝对处置权，遇事反而要与外省督抚商量。在当时，国家结构无论是中央集权还是地方分权的世界各国都认为外交、军事、财政应集中于中央政府，但"惟中国不然，西人讥为十数国固亦宜也"。[③] 为传统王朝所忌惮的"外重内轻"局面逐渐形成，这与汉族官僚在太平天国战争中逐渐崛起并成为晚清政局不可轻视的政治力量有关。咸丰朝以前，总督中满人多于汉人，巡抚满汉相当，咸丰朝以后，汉人督抚比例远远超过满人督抚。[④] 这无疑对清廷的"满汉有别""重满轻汉"体制造成了冲击。

清廷专制权力结构式微还反映在中央与地方权力的关系上，虽以慈禧

---

① 参见周生春、孔祥来《民国初年的省制改革》，《华东师范大学学报》（哲学社会科学版）2007 年第 5 期；关晓红《辛亥革命时期的省制纠结》，《近代史研究》2012 年第 1 期；黄昊《国民政府时期关于缩小省区的探讨与实践》，《内蒙古大学学报》（哲学社会科学版）2013 年第 2 期；陈明：《熊希龄内阁时期的废省筹议》，《历史研究》2017 年第 2 期；徐杨《废省与缩省：民国时期省制改革的探讨与实践》，《浙江社会科学》2017 年第 4 期；翁有为《全面抗战前央地关系视域下的南京国民政府省制变革》，《史学月刊》2020 年第 4 期。

② 杨度：《宪政实行宜定宗旨敬陈管见折》，庄建平主编《近代史资料文库》第 1 卷，上海书店出版社，2009，第 385 页。

③ 杨度：《宪政实行宜定宗旨敬陈管见折》，庄建平主编《近代史资料文库》第 1 卷，第 385 页。

④ 同治三年至九年，满汉督抚比例一直是 2:10 左右，巡抚则是 1:15 左右，同治三年，满巡抚天下无一人。参见李曙光《晚清职官法研究》，中国政法大学出版社，2000，第 19 页。

为首的统治集团仍能通过威权来维持朝廷的影响力，但以"省"为主的地方政治单位与中央政府之间的利害冲突增多，势力强大的督抚时时自行其是。一贯的"省"无条件服从于"中央"的秩序有所松动，地方要求分权的呼声以及实践愈演愈烈。

19 世纪末的戊戌变法以建立"现代式之国家"为目的，在发动之际康有为即有缩省之决心，在变法之中更受触动，认为"现代式之国家绝不能容忍行省荒陋之制之存在也"。① 戊戌政变之后，康有为将变法失败归咎于光绪无权，这一方面是慈禧擅权所致，另一方面则是出于地方督抚不服从中央。他在流亡海外期间以无官之身鼓吹"废省"，撰有《官制议》《裁行省议》，实质上是在反思行省制度与清廷中央权力式微之间的关系。

康有为将矛头直指督抚代表的尾大不掉且已严重威胁清廷中央权力的省制，主张通过裁督抚来剥夺省一级地方行政单位失控的权力来源，将权重新收归中央，缩省、分省只是重组中央与地方之间权力授受关系的一种手段。但康有为的主张流于纸面，清廷固有削藩之心却无削藩之力，在立宪运动中丧失机宜。清末的央地关系不仅寄寓着集权与分权之争，还有浓郁的满汉关系色彩，满人想通过立宪来分化各省汉人督抚的权力，将汉人控制于权力核心之外，从而重建满人的集权体制，满汉关系进一步紧张。

清廷下诏实行预备立宪后，其首要在于中央、地方关系之厘定，具体而言在于"省制"与"督抚制"之存废改革。至于如何改，议论又有不同。康有为在《裁督抚议》一文中列举裁撤总督、巡抚的五大理由，民国时人洪绂进一步整理为："一、在从前闭关自守时代，治理粗辣，但求不乱，督抚可以胜任，今日万国往还，互相竞争，治尚织密，以督抚一人，总管相当于欧土一大国之一行省，虽有绝世之才，万夫之禀，亦难以胜任。二、不革督抚，兵权不能统一，因督抚总管文武，有地方兵权。三、省自为政，无国家之政，尾大不掉，政令不行。四、督抚在治内，宛若神圣，操生杀之权，督抚有失，全省默不敢言。五、督抚制为一殖民地制度，为对待被征服民族之道，今以之对待国人，野蛮荒谬，且又不能延用人才。"② 康有为更着眼于裁撤督抚的必要性而忽视现实国情的差异性，流于宣传而无具体方案。晚清的地方政治势力根深蒂固，盘根错节，已有军阀雏形，通过任免一两个督抚官吏不能从根本上解决中央与地方的离

① 张秩素：《缩省运动之回顾与展望——国立清华大学地方政府研究班研究报告》，《民族》第 5 卷第 1 期，1937 年，第 3 页。
② 洪绂：《中国政治地理与省制问题》，《正气杂志》第 2 期，1946 年，第 6 页。

心问题。

至于省制的调整，康有为力倡缩省正值清季中央权力式微，他更强调"省"作为中央统辖的地方最高行政区域应尽的一系列义务。缩省是"众建诸侯"以强中央，缩省而治属于君主时代的"治理"模式，而非近代民主政治的"服务"模式。1912 年冬，他在《存府议》中主张以"道"作为地方最高行政组织，进而改道存府："若政府议院皆知省之为害，而立废之，则都督之自立，即随之而消除，永绝割据之大患，深得一统之良规。"① 张溥生亦言："督抚直领州县，兼兵财之权，中央不能集权。行省不废，督抚不除，多党将起而危乱中国。"② 不难发现康有为有中央集权情结，废省而不触及中央的威权，试图弱地方以强中央，但并未计划地方政治应当如何发展，这种理念与其失败的变法经历有关。康有为的缩省论是其君主立宪思想的组成部分，他在《中华帝国宪政会联合海外二百埠侨民公上请愿书》中列大政方针十二事，③ 其以唐代武后归政中宗为例，核心诉求是慈禧归政于光绪，此名托宪政，实为保皇。

梁启超的缩省与督抚之议不同于康有为，这与二人的政治理念差异有关。梁主张将督抚体制纳入议会政治的责任内阁体制中，他认为立宪派所陈说的责任内阁制在我国已有数千年之传统，"夫无责任内阁，则今后之督抚将一事不能办，此事势之既显著者也；而无国会则责任内阁无从成立，又学理之不可易者也"，所以为国家安全以及为官职考量，督抚要"竭全力以速国会之成，悠悠万事，惟此为大"。④ 梁启超其实更主张保留督抚制并借督抚之权推动宪政之进展，开国会是其主要目的。

梁启超不同于康有为强化中央政府权力的保皇理念，他的政治取向比较务实，他曾依附于张之洞、袁世凯以推行其政治理念，他们各取所需，正是"借力打力"的体现，此举可极大地减少来自当权者的阻力。1910年，他在《外官制私议》中谈到省区问题："现制各省督抚，与中央各部尚侍，立于同等之地位，非有部属之关系，彼此同对于君上而负责任，督抚曾无服从部臣之义务。倘他日责任内阁成立后，而仍沿此制，则内阁政纲，将徒托空言。"⑤ 保留督抚符合晚清时期地方实力派坐大的现实形势，倡议宪政又符合近代有识之士革新官制的政治期许，这种"妥协"之举并

① 《存府议》，汤志钧编《康有为政论集》下册，中华书局，1998，第 758 页。
② 张溥生：《省区缩小问题》，《服务月刊》第 1 期，1942 年，第 61 页。
③ 刘望龄编著《辛亥首义与时论思潮详录》上册，华中师范大学出版社，2011，第 270 页。
④ 《敬告各督抚》，《梁启超全集》第 4 册，第 2045 页。
⑤ 《外官制私议·省区问题》，《梁启超全集》第 4 册，第 2076 页。

非由资产阶级先天的软弱性决定，而是顺应政局变化的可行之策。

梁启超列举了晚清时期缩省的支持、反对与中立三派的主张，他更关注省区问题背后的督抚权责问题，将督抚的职权范围定在行政、政治内，即督抚兼具行政与立法两大权，"行政于法律范围内行之，故行政渎职，则生出违法责任问题。政治可以产出法律"。他在与云南地方势力讨论时，"谓督抚权责，在秉承内阁计划，主决本省行政事务，对于内阁完全负责"。① 但对内阁完全负责则要将督抚变成内阁的下属，此举又正蕴含强化中央政府权力之意，地方势力的本意在主导本省行政而非真要受内阁控制，但 1910 年的中国政局处于分崩离析之前夕，地方各省尚不敢彻底与中央闹翻。梁启超从晚清立宪运动层面谈省区、督抚，可以察觉出他内心对中央集权与地方分权的疑惑。

其一，他认为督抚只需对君主负责，兼具行政、政治之权，但"督抚为一省长官，则以谘议局为监督督抚责任之机关最宜"。但谘议局为地方立法团体，只能议决本团体的事务，而督抚既是地方长官又是国家大臣，兼行国家事务与团体事务，"恐非谘议局所能监督耳"。② 如此则督抚权势会日渐过重。

其二，梁启超又以美国州权为例，认为如果同时加重督抚与谘议局之权，即谘议局对督抚有完全的监督权，如此则权力核心在下层而不在中央，中央会逐渐失去对地方的控制，则又会"导一国政治上之分裂，且使中央政府无事可办，而责任内阁与国会，将尽成虚器"。③

其三，梁颇不认可日本人贺长雄氏的奇论，欲将督抚纳入内阁之中并使其成为国务大臣，使之与内阁大臣负同等责任。④

梁的疑惑正是当时清廷面临的出路抉择，中央与地方的实际当权者、不同阶层与不同派别的文人知识分子都自有其考量且有实践。

杨度所处时期，地方权势渐重，他曾上书朝廷表示应仿德、美、日三国的宪政体制，但德、美的联邦体制"各自有其宪法议会，断非中国二千年郡县之制所仿拟"，中国若要仿照，"则必先撤督抚而如前明十三布政司之制，使为省长，且使省为地方自治区域，皆直辖于民政部"。⑤ 其论要义

① 《外官制私议·督抚权责问题》，《梁启超全集》第 4 册，第 2079 页。
② 《外官制私议·督抚权责问题》，《梁启超全集》第 4 册，第 2080 页。
③ 《外官制私议·督抚权责问题》，《梁启超全集》第 4 册，第 2080～2081 页。
④ 《外官制私议·督抚权责问题》，《梁启超全集》第 4 册，第 2081 页。
⑤ 杨度：《宪政实行宜定宗旨敬陈管见折》，庄建平主编《近代史资料文库》第 1 卷，第 386 页。

有二，一是裁撤督抚，二是改定省制。杨度明白纯粹废省裁督抚并不能解决央地矛盾，他认为明确地裁撤督抚还牵涉诸多利害，操作也十分困难，需要变通处理，况且以一省为地方自治区域则范围过大，流弊亦多。他的缩省议较康有为全面，是针对晚清政局之论，既采纳宪政体制，又兼顾晚清国情，但因触及核心权力的调整显得更加困难。"臣愚以为地方自治仅可至厅州县而止，决不可以省为范围。"① 杨度不主张废省，但主张在中央政府与地方厅州县之间不再设行政层级，省县之间的道府层级要全部裁撤，中央内阁直领州县，恢复郡县制结构，虚化省的作用。

另外，杨度主张废督抚而以布政使为首长，不过"督抚亦宜择地而裁，出之以渐，不宜同时尽撤，流于操切"。② 杨度早年留学日本，接触过较完备的近代政治文明，他的主张内含地方事应由地方决定的色彩，"其下分设各司，以集合制治事，不隶于民政部而隶于内阁，为内阁之委任机关"。③ 省权虚化的核心是在省一级设议会，另外再设谘议局为议会的委任机关，督抚已裁的各省的立法权、预算权等皆收归中央，但并非一味弱化地方，而是中央与地方的行政、立法之权都要削减，地方谘议局的权限包括部分行政权、省议会的部分立法权、预算权。杨度的缩省之议不以调整施政空间的范围为主，而是主张调整中央与地方之间的权限。他说道："朝廷若能采臣渐裁督抚之议，则既可削督抚之权以集于内阁，何不可削谘议局之权以集于议会，是乃中央、地方权限问题，而非君民权限问题，且非行政、立法权限问题也。"④ 杨度的缩省本意是实现政府体系自上而下的行政效率，民众自下而上监督，他意识到清廷的颓势无可挽回，力图为清政府注入西方宪政血液以延续其生命，"何如有一监督机关之为愈乎。此事关系重大，应请皇上明定宗旨将来各省督抚或拟渐裁，或拟永存，以定中央集权之程度，以为筹备宪政之标准，庶几方针以定，浮议以息"。⑤然而因时移事异，最终付诸东流。

① 杨度：《宪政实行宜定宗旨敬陈管见折》，庄建平主编《近代史资料文库》第 1 卷，第 386 页。

② 杨度：《宪政实行宜定宗旨敬陈管见折》，庄建平主编《近代史资料文库》第 1 卷，第 386 页。

③ 杨度：《宪政实行宜定宗旨敬陈管见折》，庄建平主编《近代史资料文库》第 1 卷，第 386 页。

④ 杨度：《宪政实行宜定宗旨敬陈管见折》，庄建平主编《近代史资料文库》第 1 卷，第 387 页。

⑤ 杨度：《宪政实行宜定宗旨敬陈管见折》，庄建平主编《近代史资料文库》第 1 卷，第 387 页。

以上三人之论各有异同，与其身临之政局密切相关。康有为是传统的中央王朝集权派，受戊戌政变影响而希望废省废督抚来强化皇权。梁启超则在新、旧两种政治理念之间，在倡行立宪与革命的洪流之中试图依附成主要的政治力量来实现政治之改良。预备立宪时期，康、梁作为"乱党"流亡海外，而参与立宪筹备的杨度的理念明显较康、梁更深刻，已触及权力关系调整的核心层面。

二　缩省、联省与北洋政局

（一）缩省是强化中央集权的需要

清季缩省流于纸面。民初，地方权力过重导致缩省、废省更陷困境之中。革命强化了"省"的政治地位，辛亥革命爆发后各地以"省"的名义举义、光复、独立，革命以"省"为根据，以"省"为号召，以"省"为集中点。由于革命的不彻底，各省督抚摇身一变为各省都督，有江苏巡抚程德全、广西巡抚沈秉堃、山东巡抚孙宝琦、广东巡抚张鸣岐等；另有民军官佐摇身一变为都督，有山西都督阎锡山等十余人。各省都督拥兵自重，权力不在晚清督抚之下，各省都督甚至有推选中华民国临时大总统之权，"然则各省都督者，是直天帝之骄子，民国之主人矣"。[①] 这种都督坐大的局面较晚清更甚，清廷虽然式微但仍是"天下共主"，仍然拥有各省督抚的任免权，民国初年的地方都督则完全不受中央的控制。海外学者认为，民国早期的中国，首先是实际上的各省联盟，可是列强对中国政府不断施加压力，使这种松散的安排受到严峻的考验。[②] 1911 年 11 月 14 日，广西都督沈秉堃就明发通告："联合各省军政府，警告各省督抚，促令同时独立，共谋组织联邦政府以对外人。"[③] 江苏都督程德全、浙江都督汤寿潜等更是言"美利坚合众国之制，当为吾国他日之模范"。[④] 其实质是民初各省的都督试图用"联邦主义"来粉饰"割据"，逃避中央政令以维护既得利益。到 1912 年底，各省都督在辖区内普遍已具有财政权和人事任免权，这种状况部分是由革命环境促成的，因为革命的目标是分权，反对中

---

①　张秩素：《缩省运动之回顾与展望——国立清华大学地方政府研究班研究报告》，《民族》第 5 卷第 1 期，1937 年，第 14 页。

②　费正清、费维恺编《剑桥中华民国史》上册，中国社会科学出版社，1994，第 237 页。

③　引自郭剑林主编《北洋政府简史》下册，天津古籍出版社，2000，第 721 页。

④　《苏州程都督杭州汤都督致沪都督电》，孙曜编《中华民国史料》第 1 期，上海文明书局，1929，第 24 页。

央集权。面对僵化的中央集权，特别是清朝最后数年的统治特征，各省坚持自治，被认为最符合国家的利益。① 康有为不认同这种已经突破了中央集权制藩篱的地方分权，"当革命用兵之后，一时难于平复，亦事势之然；惟今各省之自立，乃援美联邦之例，以为义之宜然，则不可不明辨之，大声而疾呼之矣"。② 显然是"省"权力过大开始成为地方割据的不安因素触动了部分有识之士。

这种地方"割据"之势并不长久，随着革命的发展，袁世凯集团攫取了中华民国的合法统治权，袁竭力主张实行中央集权制，对割据的地方势力进行打压。缩省运动由此进入了民国的第一个"黄金期"。缩省必须在中央政府的强力统领下进行，因这一时期的缩省是出于行政层级改革的需求并糅合了一定程度的自治理念，并非要成立一个松散的邦联或联省共和国，根本目标是试图建立一个强大的国家，《中华民国临时约法》规定政体为责任内阁制，这使缩省方案有了在全国实现的可能。同时，中央集权制也是许多党派政纲的要点，梁启超领导的民主党是革命后出现的政党，不久就主张实际取消省的行政单位，作为统一全国行政、建立单一的强大政府的一个步骤。③ 民初国内各政党主要负责人皆主张缩小省区，统一党政纲第一条为："团结全国领土，厘正行政区域。"④ 统一共和党政纲第一条为："厘定行政区域，以期中央统一。"⑤ 这里所说的"厘正行政区域"或"厘定行政区域"，实际上就是"缩省"的别称。国民党创始人之一宋教仁也说："中国今日宜缩小省域，实行二级制，省下即直承以县。"⑥ 但在民国肇建的早期，这些呼声湮没在推动以省自治的地方自治运动中。

1913 年 3 月，"宋案"发生，中国刚起步的政党政治重心由国民党转向梁启超为首的进步党。当年 7 月，进步党党员熊希龄充任"前场角色"，受命组阁，宣称要"组织第一流人才与第一流经验之内阁"，即所谓"第一流内阁"。熊希龄到任后即与梁启超频频商谈，不久便发表了《大政方针宣言》。此方针要点有三：其一，军民分治；其二，废省改道；其三，统一财政。文中引人注目之处就是"缩小省区"，其文曰："次则行政区域

---

① 费正清、费维恺编《剑桥中华民国史》上册，第 239 页。
② 张秩素：《缩省运动之回顾与展望——国立清华大学地方政府研究班研究报告》，《民族》第 5 卷第 1 期，1937 年，第 15 页。
③ 费正清、费维恺编《剑桥中华民国史》上册，第 246 页。
④ 张光宇主编《中国社团党派辞典》，陕西人民出版社，1992，第 403 页。
⑤ 中国史学会主编《辛亥革命》，上海人民出版社，1957，第 583 页。
⑥ 文明国编《宋教仁自述》下册，深圳报业集团出版社，2011，第 439 页。

太大，政难下逮，且监督官层级太多，则亲民之官愈无从举其职。元、明、清之治所以不及前代，职此之由。今拟略仿汉、宋之制，改定地方行政为两级，以道为第一级，以县为第二级。"① 缩省的主要理由还是省区太大，三级制下的行政层级过多导致中央对县监察不足，有纯粹地方行政制度改革的意味。

熊希龄提出此案时正值"二次革命"，缩省方案一反之前不具"反军阀割据"的特点。在内阁看来，南方各省纷纷独立反袁，几近"军阀割据"，所以特别注重军民分治。袁世凯并不反对方针中的"军民分治"与"统一财政"两项，毕竟有利于中央权力的强化，但就"废省改道"则以问题太大须召集各省长官代表从长计议为由，推延不决。1914 年，各省都督在表面上已全部表示"臣服"中央，在闻中央有废省之议后，纷纷电告中央陈诉不可废省之理由：

> 废省问题，于国家前途极有关系，但行之不善，易生激变。此问题发生后，边省都督如唐继尧等相率来电反对，略以边省民情蔽塞，交通阻碍，骤然废省，恐有变端，拟请缓行等语。政府筹议此事，本无实行之必要，今既据各该省都督联袂阻止，故欲咨询政治会议再行核办。又闻广东龙都督日昨来电，对于废省一说亦表反对，其理由以由道直接中央，易滋纵肆，无省统辖，总觉过散，宜取三级制，省界决不可废除云云。闻总统以该都督亦有所见，拟与废省案一并提交政治会议讨论云。②

与地方都督反对废省不谋而合的是，此时的中央政府对是否继续推行省制改革也犹豫不决。袁世凯支持"缩省"的本意就是想通过改定地方行政区域攫取对南方诸省的控制权，但袁在"二次革命"期间将北洋势力打入南方长江流域，基本击溃了革命党势力，本来想通过"缩省"解决的问题竟然用武力解决了，南方的大部分省已握于袁世凯心腹之手。通过废国会而改行政治会议，废《中华民国临时约法》而行《中华民国约法》，袁世凯在事实上以及法律上成为中国的独裁者，袁深信可永操北洋军权，自以为其建立的中央集权体制能够有效地掌控各省。基于维护心腹、亲信的利益，所以不再执行既定的缩省方案，北洋政府陷入踯躅之中。由此可以看出缩省只是袁世凯加强中央集权的手段之一，倘若有其他途径可实现集

---

① 林增平、周秋光编《熊希龄集》上册，湖南人民出版社，1985，第557页。
② 《废省案之反对者》，《申报》1914 年 3 月 14 日，第 3 版。

权目的，缩省随时可弃。

在段祺瑞执政初期，北洋军权尚未分裂，中央政府仍有一定威信，政党政治与国会政治又得以抬头。1916 年 12 月 8 日，国会中以梁启超为首的研究系"缩省派"与国民党宪政商榷会组织的"反缩省派"就"省制入宪问题"发生了有名的"机关案"，缩省之议又兴。1917 年内务部提出了理论与规划皆很周详的《改划全国行政区域意见书》，声明此系拟定的缩小省区的草案，略为：

> 第一，该意见书主张将本部十八省及新疆一省，分割为四十七省；东三省密迩强邻，其疆域仍旧贯，惟划出辽洮等地，成立一特别行政区域；若夫热察绥及川边、阿尔泰、青海等处，或以国际有关，或以边防注重，均各仍建为特别行政区域。……
>
> 第二，该意见书以为改划之宗旨，端在于缩小省之区域；至于缩小后之区域，则为"暂惯之便"，仍称为"省"。……
>
> 第三，该意见书于四十七新省及七特别行政区之区域，详细规定；并于每一单位下，附带说明所以如此划分之"理由"。……①

该意见书看似面面俱到，但实则顾虑太多，反响平平。同年 11 月，直系军阀首领冯国璋就任大总统，罢免段祺瑞的总理之职，中国政局进入梁启超所谓的"神奸既伏，人欲横流，而进于演水帘洞、演恶虎村"时期。② 北洋内部分裂，南北陷入对立，维持表面上的统一尚不可能，强力的中央政府陷入崩溃，这成了北洋政府时代缩省运动的尾声，缩省运动在整体上也随之陷入衰落。

总之，袁世凯时期的北洋政府势力炽热，中央政府拥有超越地方势力的优越性，故而在缩省问题上踟蹰不前。一是担心大刀阔斧的改革造成政局动荡，得不偿失；二是袁世凯集团内部各势力难以均衡利益，所以未对省一级行政区域进行改革。历史的诡谲之处正体现于此，缩省需要强力的中央集权政府做支撑，然而强力的中央集权政府建成后又深以为可钳制地方，故而放弃缩省改革。

（二）分权的联省与集权的缩省

简而言之，缩省是集权派的主张，联省是深度分权派的主张，二者的

---

① 张秩素：《缩省运动之回顾与展望——国立清华大学地方政府研究班研究报告》，《民族》第 5 卷第 1 期，1937 年，第 30~31 页。

② 李剑农：《中国近百年政治史》，商务印书馆，2011，第 454 页。

“势不两立”实是集权与分权之争。早在袁世凯统治时期已有一种反袁专权的“联邦救国论”渐渐滋生，1914～1916年是袁世凯独裁时期，亦是“联邦运动”的兴盛期与“缩省运动”的低潮期。在动荡的政局影响下，各党各派人士将解决问题之策都转向了地方制度变革上。谷钟秀在其创办的《正谊》杂志上谈到尤以张东荪的联邦制乃地方制之终极论最具代表性，并言当时“必有所以长治久安之道，乃群注意于地方制度，尤紫紫于联邦精神之所在”。① 谷称另有章士钊之论与张大同小异，但在旁人眼中视联邦制为地方制之终极的张东荪本人，在当时却讳言“联邦”而说“分权”。章秋桐以及高一涵在《联邦建国论》中论及张东荪与当时的专制舆论，称“舆论专制之势已成，自由讨论之风莫起，强顽者有所惮，自好者亦默尔而息”。② 但张东荪不认同扣给他的这顶“帽子”，在1925年对高一涵的答复中谈到在1914年时他已发现“中国的‘省’确不是纯粹的行政区域的‘地方’”，③“然却同时也发见‘省’又非联邦中的‘邦’”。④ 按照他的政治理念，联邦制与单一制两种国家结构方式皆为统一国家之方式，但在地方都督坐大的当时，贸然用联邦之名可能起到加速分裂的催化剂作用，所以他“不愿意公然即用联邦二字，就是怕有一个联邦党出来恰与美国的‘联邦党’相反，主张扩张邦权而减削国权，这是当时的心理”。⑤ 由此可见张东荪的地方制度主张乃是为完成统一之策，属于为中央集权而施行“缩省”的范畴。只不过受袁世凯倒行逆施造成的动荡政局以及频繁政潮影响，这种流行的联邦论竟然发展为一种恐惧集权政府的“变态心理”，由反对袁世凯而至否定强力的中央政府。1922年，国是会议通过的宪法草案竟明定“中华民国为联省共和国”。⑥ 自清末以来就流行“各省自治较之中央集权制，更有利于中国的民族主义”的观点，在地方主义者心目中，统一和自治的两项要求可以融合在联邦制中。张东荪指出联邦与单一为国家结构的两种形式，二者不过是统一之手段，“主张联邦与统一并非对待，联邦的对待是单一，而单一与联邦同为求统一的手段，或采单一以得统一，或采联邦以得统一”。⑦ 于是将联邦制定为民国长治久安之

① 谷钟秀：《地方制度答客难》，《正谊》第1卷第6期，1914年，第1页。
② 张东荪：《联邦论辩》，《东方杂志》第22卷第6期，1925年，第16页。
③ 张东荪：《联邦论辩》，《东方杂志》第22卷第6期，1925年，第15页。
④ 张东荪：《联邦论辩》，《东方杂志》第22卷第6期，1925年，第16页。
⑤ 张东荪：《联邦论辩》，《东方杂志》第22卷第6期，1925年，第16页。
⑥ 陈旭麓主编《五四后三十年》，上海人民出版社，2019，第31页。
⑦ 张东荪：《联邦论辩》，《东方杂志》第22卷第6期，1925年，第16页。

道，平心而论，强力的中央政府并非必然会产生袁世凯式的专制人物，在联邦制下也不一定能杜绝独裁者的出现。本来"联邦"与"缩省"并非根本不相容，但在鼓吹联邦论的人看来则完全不是，当时的"联邦"与"联省"等同，他们主张保留"省"的固有区域，赞成"联邦"即反对"缩省"。联省自治竟成为中央权力式微时地方分权主义的最大主张。

联省自治达到高潮时正值中国统一无望之时，联省逐渐由反抗强势的中央政府发展为调和南北冲突以寻求国家统一。1920 年夏秋之际，南方的护法军政府宣告解体，国人期许的依靠孙中山领导护法军政府进行北伐实现中国统一的理想也宣告破灭，不得不另寻解决时局之法，乃退而倡导"省自为政"之议。

联省运动最早始于湖南省宣布自治，近代教育学家李剑农认为制定联邦宪法是解决中国问题的起点，裁撤督军则是解决中国问题的终点，"欲废督必先裁兵，欲裁兵必先统一，欲统一必先确定联邦制"。[①] 按李氏之论，联省运动的精髓是在完成统一之后实行省长民选，换言之，就是将中国的政治基础由中央转移到地方。早在 1912 年时，上海《民权报》记者戴季陶说道："省之地位，对于地方，则为最高之行政区域；对于中央，则为最大之自治范围。盖欲达共和之目的，非求民权之发达不可；而民权之发达，则非扩充自治之范围不可也。……由此言之，中国之所以不发达者，正以中央集权思想过深，地方自治观念甚微。"[②] 他认为省自治与民选省长为国家政治进步与安定之关键，这种倡议因规避现实而过于空想，后世之人亦谓李剑农是与"军阀谋'联治'，其论调虽'响'而不'亮'"。[③] 1922 年，北京大学教授王世杰等人发表《分治与统一商榷书》，认为"国民方面，既尚无自主之能力，即不得不采用一种政制，能使南北政党、政客、军阀间之猜疑，逐渐融化"。[④] 以"省"为单位实行"联省自治"有"地盘主义"之嫌，这种倡议牺牲了理论上的"严格统一"，但保证了事实上的"严格分立"，不过是一批学者文人以分裂的中国国情为依据，进而寻求的改造现实的可能办法罢了。

---

① 魏宏运主编《民国史纪事本末》第 2 册，辽宁人民出版社，1999，第 21 页。
② 戴季陶：《戴传贤选集》，"中华民国"各界纪念"国父"百年诞辰筹备委员会学术论著编纂委员会编印《革命先烈先进诗文选集》第 4 册，1965，第 117 页。
③ 张秩素：《缩省运动之回顾与展望——国立清华大学地方政府研究班研究报告》，《民族》第 5 卷第 1 期，1937 年，第 38 页。
④ 赖骏楠编著《宪制道路与中国命运——中国近代宪法文献选编（1840～1949）》上卷，中央编译出版社，2017，第 680 页。

在联省自治运动中，各地军阀出于利害考量或反对或支持，赞成的军阀则假"联省自治"以维持现有局面，反对"联省自治"的军阀则多是盘踞中央，自以为可以武力统一全国。毕竟无论是联邦论、联省论还是缩省论，皆是民国前期中央集权与地方分权的口舌之争罢了，并非真正要在全国施行地方行政制度改革，所以一旦有能够解决时局之策，三者皆可随时抛弃。正如 1922 年朱希祖所言：

> 以今日之现状而论，在中央主张统一者为军阀，在各省主张联省自治者亦为军阀。甲以割据地方相抵，乙以窃据中央相诋，其实易地以居，则皆然矣。张作霖统兵入关，主张统一，兵败出关，则主张自治，且联合三省自治，其显而易见者也。故谈联邦自治者，欲与军阀谋，无异与虎谋皮。不特中央之军阀不足与谋，即各省之军阀亦岂足与谋？彼南方各省之军阀，不特统驻防兵之军阀不足与谋，即统土著兵之军阀亦岂足与谋？①

赞成"联省自治"的军阀主要有广东陈炯明、浙江卢永祥、湖南赵恒惕，以及其余各省不属北洋直系军阀或非直系军阀势力范围所及者，他们皆先后表示拥护"联省自治"，将"省宪"与"联省自治"操控于股掌之间，其根本目的是假借"联省"以保住地盘，主张以本省钱解决本省事，私心甚重。反对"联省自治"者首推曹锟、吴佩孚，在接到赵恒惕的电请联治后，曹、吴二人随即回电道："我国本属单一国家，数千年来行之已久，不'集'而筹所以'分'之法，因无以定民治之基础，然果由'合'而强趋于'分'之势，恐遂陷邦家于割据！酌情度势，要在扩充自治之精神，不宜采取联邦之形势。"② 曹、吴反对联省自治极为自然，因北洋政府倡导的武力统一其实是袁世凯时期政治理念的遗留，意图重建中央政府集权制国家，这决定了须反对各地军阀的巧取割据，但同时也留给了地方"自治"的窗口。当时，北洋政府作为中国合法的中央政府，要通过打统一牌来保证政治资源的不流失，否则将失去民心，而南方则想通过联省方案抗拒北方的武力统一，实质上是双方都试图在新组建的统一国家里掌握话语权。

不能否认的是，虽然缩省牵扯到中央集权与地方分权，但缺乏一个全

---

① 朱希祖：《联省自治商榷书》，《太平洋（上海）》第 3 卷第 7 期，1922 年，第 3~4 页。

② 张秩素：《缩省运动之回顾与展望——国立清华大学地方政府研究班研究报告》，《民族》第 5 卷第 1 期，1937 年，第 43 页。

国性的中央政府支持时，缩省之议则归沉寂。缩省是为中央争权而非搞独立，只有在中央政府的通盘主导之下才能有序进行。在这一时期政争以及军阀割据局面中，经过多方多次的博弈，"缩省论"亦被注入了新的内容，从四个理由可以看出更多的是要在中央集权体制下来谈缩省，突出地方对中央的服从："一、缩小省区可避免地方割据；二、缩小省区可贯澈底政令；三、缩小省区可适自然情况；四、缩小省区可减少行政阶层。"① 此种缩省即张东荪所批评有国权而无邦权的"新联邦说"："联邦的标准旧说以为在二重主权，新说则以为主权之下不容再有一个次等的主权，于是新说是只主张联邦国的'国'有主权，而其中各'邦'无主权。然则邦又何以区别于单一国的'地方'呢？"② 之所以会如此，与国家分裂日久，整个社会心向统一而非地方割据的人心走向有关，"至于后说的自立法权，更是不错，以为联邦国一天进化一天，中央权力增大，自然二重主权说不适用，当然只可用一个主权说来解释了。既不能在主权上求出分别，则不得已降一步，只好在立法上求分别，于是乃有自立法权说"。③ 中央政府利用人们恐惧联邦会导致地方割据的心理大力贬斥联邦论，但又缺乏对地方说一不二的威权，所以不得不适当兼顾地方上的分权诉求。

　　整体看来，缩省分省与联省自治截然不同，二者可谓势不两立，理念不同、方式不同、目的不同，前者是为建立单一制国家，后者则是为建立复合制国家，前者认同中央绝对主导下的地方自治，后者则认同在联省自治的基础上建立邦联式国家。首先，联省自治即"联邦"，十分笃定地确认行省制度的历史根基与不可废弃，与缩省之议截然不同；其次，缩省是为积极地求治，而联省自治在于消极地求不乱；最后，缩省运动的兴衰与中央势力的盛衰成正相关，而联省自治运动的兴衰则与中央势力之盛衰成反比。总之，1918～1926 年是缩省运动的消沉时期，中央政府的权力不实，内战频仍，国人对时局的看法比较悲观，缩省改革以强中央无望而不得已退而求其次，联省自治领一时风气。缩省与联省的此消彼长，正反映了当时中国政局的变化。

三　缩省与南京国民政府时期的"弱势"集权

　　南京国民政府时期的缩省运动已经不单单停留在"该不该缩"的理论

① 参见张溥生《省区缩小问题》，《服务月刊》第 1 期，1942 年，第 62～63 页。
② 张东荪：《联邦论辩》，《东方杂志》第 22 卷第 6 期，1925 年，第 17 页。
③ 张东荪：《联邦论辩》，《东方杂志》第 22 卷第 6 期，1925 年，第 18 页。

商议阶段，开始进入"该如何缩"的方案制定阶段，各种缩省的草案以及细节被制定出来，不能不说是缩省运动的一大前进。缩省已到准实施阶段，适应了南京国民政府加强中央集权的需要。亦不能忽视这一时期的反缩省议论，不得不思考实现集权的中央政府是否都需要通过"缩省"来加强呢？值得注意的是，抗战期间及之后南京政府比较强势，缩省运动不低沉反而高涨，各种方案与实践层出，这与不同时期"中央集权"强化的需求不同有关。南京政府比较弱的时候，需要通过缩省来分化地方势力，集权的目的是"收权"归于中央，让中央能够驾驭地方。抗战期间以及之后，地方派系势力衰微，中央足够强势，集权的目的由"收权"变为"巩固既得权力"，"缩省"的兴起更多是稳固地方政治，缩省实质上反映了南京政府要加强中央集权。

（一）缩省以强化中央集权

1927 年，南京国民政府成立并开始实施"训政"，欲借党权以及党治来削弱日益膨胀的军权和结束军人分治的局面。但国民政府的统一是形式上的统一，"革命的军事阶段获得成功，在很大程度上不是因为许多省的军阀在战场上战败，而是因为他们归顺了革命运动"。[①] 其内部派系林立，纷争不断。奠都南京后不久，曾任国会参议员的宋渊源等即发起"改变省区"运动，然蒋介石集团正在进行"二次北伐"以谋取北方旧势力的归顺，囿于时机不成熟，对此议无暇考虑。

国民党是一个"弱势"独裁政党，[②] 蒋被迫允许地方军阀拥有自主权力，"国民政府实际上只控制了几个省。……中国实际上被分割得支离破碎，差不多可以算得上是诸侯割据……蒋介石只在长江下游的五个省里享有无可争议的权力"。[③] 蒋满足于对手们形式上的屈服和毫无意义的效忠，迫于权宜，允许他们设立政治分会以取得地位合法化。冯玉祥控制甘肃、陕西、河南三省，在开封主持政治分会；阎锡山长期统治山西，拥兵数十万，在太原主持政治分会以控制全省；桂系集团则控制着汉口、北平、广州的政治分会；张学良在沈阳控制政治分会。

政治分会的设立表明"省"的"分裂"是无可奈何的现实，1927～1929 年是地方派系势力盘踞各"省"对抗南京的关键时期。新桂系先是

---

① 费正清、费维恺编《剑桥中华民国史》下册，第 142 页。

② 王奇生：《党员、党权与党争（1924～1949 年中国国民党的组织形态)》，华文出版社，2010，第 409 页。

③ 布赖恩·克罗泽：《蒋介石传》，封长虹译，国际文化出版公司，2010，第 99～100 页。

占据两湖，进而将势力延伸至广东，白崇禧盘踞华北企图操纵华北军政，李宗仁坐镇武汉大有进军中央之势，李济深身兼广东省主席坐镇华南，黄绍竑占据广西经营大后方。此外还有四川的"二刘"、西北的"三马"、云南的龙云、贵州的王家烈、湖南的何键等地方军阀，一贯不服中央政令。南京方面希望通过党治整军攫取地方势力的权力从而实现中央集权的强化。

地方派系以省而立，南京国民政府要实现中央集权就必须将行政、军事大权收归中央。首先就要废除"省"分裂的法理基础，1929 年 3 月，各地政治分会被撤销。其次，国民政府将"裁兵"作为"整军理财之第一要务"，[①] 军队是各省军阀政治权力的根源，编遣涉及蒋介石、冯玉祥、阎锡山、李济深、李宗仁、张学良等较大的军事集团。在 1928 年，"裁兵运动近已成为全国一致之主张，蒋介石于此颇有决心"，[②] 因编遣计划难以调和各方利益终究陷于流产。蒋介石决心建立中央政府对各省的统制最终激起了"省"的反抗，1929 年的蒋桂战争就因"省"问题而爆发。

尽管国民党中央曾规定各地政治分会不得罢免各自区域内的行政人员，但在 1929 年 3 月，桂系突然罢免湖南省主席鲁涤平的职务，史称"湘案"，鲁本就是中央钳制桂系的一枚"棋子"，却被桂系控制的政治分会下令罢免。此案在蒋介石看来实属地方目无中央之举，乃是"地方军人目无中央，骄恣成习，积而有此种重大违法之举，公然违背中央之决议，破坏国家之统一。此风一开，则各地军事首领均可随一己之喜怒，任意轻启战端"。[③] 一时间中央与桂系剑拔弩张，全国皆瞩目两广、沪宁以及北方的局势变化，一旦国民政府对于此案处置失措，不光是中央威权扫地，蒋介石个人地位亦将不保。蒋介石在随即发表的声明中也是突出强硬姿态："全国更谣传有人欲出任调停，亦属全无根据之事实，余深信稍明革命意义，注重国家统一者，决不致提出调停二字，亦决不作调停之想。盖中央对于地方不法事件，只有执行法纪，绝无所谓调停之可能。地方之对于中央，只有服从命令，亦绝无调停之余地。如有人以为此等事件可付之调停，是不啻置中央与地方于同等地位。"[④] 围绕着中央政府与桂系对湖南省的争

① 荣孟源主编《中国国民党历次代表大会及中央全会资料》上册，光明日报出版社，1985，第 538 页。

② 《一周间国内外大事述评：裁兵运动之进展》，《国闻周报》第 5 卷第 28 期，1928 年，第 5 页。

③ 《湘局破裂后之大波澜》，《国闻周报》第 6 卷第 12 期，1929 年，第 7 页。

④ 《湘局破裂后之大波澜》，《国闻周报》第 6 卷第 12 期，1929 年，第 8 页。

夺，国民政府 3 月发布对武汉的讨伐令后就已在酝酿通过军事手段消灭桂系的方案，次年的中原大战之后，阎锡山、冯玉祥通电下野，阎退守山西一隅，冯的地盘全部丧失。南京国民政府虽统治全国，但地方军阀盘踞诸省的局面并未得到彻底改变，华北依然处于南京国民政府的行政统治之外，武力割据相互对抗仍然存在，欲以党权来消灭军权及改变现有军事局面殊非易事。

缩省所寄寓的"集权"渐为中央看重，"缩省"成为 1930 年 11 月 12 日至 18 日召开的国民党三届四中全会上的重要议题之一，在会议的十项决议案里，也只有"召集国民会议"与"缩小全国省区"为人注意，时人有论："缩小全国省区，虽则不过为政治地理之变异，然与推行自治，实施训政之关系上，也不能不认为重要。"[1] 政府要员伍朝枢提出"缩小省区案"，陈立夫、陈铭枢则提出"改定省行政区域原则案"，既有巩固战争成果的意图，也有地方行政改革的计划，二案经过讨论合并后议决如下："省区重行划定，并酌量缩小。其如何划分及其实施办法，交由中央政治会议组织专门委员会，详细研究，拟其（具）方案送中常会，以番（备）提交全国代表大会或国民会议决定之。"[2] 此案在国民党党治之下，完成省县行政组织改革，逐步推进省治、县治、设治局、市以及特殊行政区之增设，实现全国行政区域的整理，可谓兼采集权与自治之长。

中国国民党援引《建国方略》第十八条"县为自治单位，省立于中央与县之间，以收联络之效"，明确反对联省自治，其目标就是要建立一个中央集权政府，但孙中山的主张减轻"省权"以实现自治而非重划省区，陈铭枢、陈立夫则认为要实现孙中山的削减"省权"必须通过缩小省区。二陈此举将缩省原则与国民党的党义相糅合，将属于康有为、梁启超等人的传统缩省论修正引入《建国纲领》，自此，"国民党政府对待地方行政的政策演变，表现出一种偏离孙逸仙的地方自治概念，并向着更有力的官府控制发展的总趋向"。[3] 缩省失了"自治"意味，多了几分"集权"色彩，符合蒋介石集党政军大权于一身的政治追求。

中央政府一直在加强对地方的控制。从地缘政治来考虑设省，国民政府遵循孙中山《建国大纲》将特别区改设为省是既定的政区调整方略，从政治上看，是与国民政府自军政进入训政的统一，亦具有浓厚的中央管控

---

① 马予：《时评：论缩小省区》，《政治月刊》第 2 卷第 5 期，1930 年，第 5 页。
② 张文范主编《中国省制》，中国大百科全书出版社，1995，第 392 页。
③ 费正清、费维恺编《剑桥中华民国史》下册，第 393 页。

地方的地缘政治色彩。1928 年 9 月 17 日，国民政府下令裁绥远、热河、察哈尔、西康等特别区域，分别设绥远省、热河省、察哈尔省、青海省、西康省（直到 1938 年正式成立）。五省设立有中央控制边疆以及藩部之目的，中央发布设省令时，绥远、热河、察哈尔、青海四省仍属于西北军的势力范围，中央有瓦解冯玉祥独立行政体系之目的。中原大战爆发后，蒋介石和阎、冯等都竭力争取东北的张学良，但张一直持观望态度，由于蒋介石许诺给张学良北平、天津、河北和胶东的统治大权，委他为全国陆海空军副总司令，后期蒋在军事上又处于有利的主动地位，因此张学良于 1930 年 9 月 18 日发出通电，随即派东北军 12 万人入关助蒋。[①] 冯、阎集团崩溃但仍有影响力，阎锡山还把持着山西，冯的西北军被收编进张学良的东北军，中央政府为了防止战端重开，着手加强对地方的控制。

自唐中期以来幽燕地区的战略地位就十分突出，"枢纽地区"即"心脏地带"，"中国不止一次地屈从于从北方来的征服者"。[②] 热河属于关外东北四省之一，地理环境十分复杂，中西部是蒙古高原的一部分，东部是平坦宽阔的台地，主要位于辽河流域，以西辽河为主，南方还有滦河，东南方有大凌河、小凌河。热河与辽宁相连，是中央政府钳制张学良奉系集团的前沿。自东北易帜以后中央政府始终对热河省有直接管辖权，[③] 其用心就是将热河打造为一枚北控东北、南制华北的棋子，扼守华北平原与内蒙古高原交界一线，随时可以制约张学良与阎锡山，不致再酿大规模的军事冲突。因此中原大战后缩省有着绝佳时机，然而随着蒋介石、胡汉民因约法之争发展到宁粤对峙，继而九一八事变发生后东北沦丧，蒋介石被迫宣告下野，不久即又出任军职，国民政府陷入实行改组之中。缩省在动荡的政局中又陷入空中楼阁的境遇。高层的派系纷争分散中央政府的心力，全局性的缩省运动在"外患燃眉，中枢改组"的不利局面中陷入低潮。1932 年夏以后，国民政府逐渐将原本设立于"剿匪"区内的行政督察专员制度推行全国，省—督察区—县序列的虚三级行政层级得以形成，故而有部分人将行政督察专员制度视作缩省运动的变相发展。

但须明确南京国民政府时期中央政府考量的缩省并非以"省"为出发点，而是以实现"集权"为目的，缩省只是形式之一。行政督察专员制度与缩省运动的产生出于同一个原因，为了同一个目的，蒋介石在呈报给国

---

① 王淑珍主编《中华民国实录》上册，东北师范大学出版社，1997，第 432 页。

② 哈·麦金德：《历史的地理枢纽》，林尔蔚、陈江译，商务印书馆，2010，第 62 页。

③ 傅林祥、郑宝恒：《中国行政区划通史·中华民国卷》，复旦大学出版社，2007，第 66 页。

民政府的公文中谈到了要设立督察区的缘由，他认为“我国省区大都地域辽阔，交通不便，所辖县治，多则逾百，少亦六十以上，遂使省与县之间上下远隔，秉承督察，两俱难周”。^①设立督察区即保证了中央对地方的有效钳制，在纠正大省区行政流弊之余建立起现代的政治机构，此意正符缩省。此外，行政督察专员的设置是缩省方案无法推行的善后措施，设置的理由与缩省的理由如出一辙，设区的标准无一不是面积、地形、户口、交通、经济、民俗。行政督察专员制度的出路只有两条，或重蹈民初北洋政府“道”制的覆辙，或将专区扩大进而取代省成为地方最高行政区。据统计，专区所辖县为 4~14 个，负有治民、督察、领导、统筹、军管等职责，如果扩大公署职责，则还需要省级政府将部分权限移交公署。

（二）缩省以图稳固内政

随着抗战的进行，国民政府的中央集权强化进入另一阶段。中央政府不再通过缩省收地方之权，缩省是为了完善国家内政以巩固既得的集权成果。在南京国民政府可采取的缩省操作之外，缩省议论以及各种划定省区草案层出不穷，各大报纸均留出版面以报道、商榷缩省运动，这是清季以及民国北洋政府时期所未有过的，频繁的报道更印证了当时缩省的迫切性。

1939 年，国民政府行政院在军委会要求下，设立“省制问题研究委员会”。次年，著名地理学家胡焕庸制定出缩省方案，是一种比较保守的“析省”案，他基于简化行政系统的目的，根据缩省原则对各省进行了详细划分，将内地十八省划为四十八省，全国共分六十六省，^②其中就将江苏省一分为江苏、淮扬、徐海三省。^③ 1948 年张其昀提出的缩省方案与胡焕庸的立场以及方案相差无几。^④胡缩省方案是为维持“省县两级制”，减少行政层级，所以他主张“缩小省区，面积亦不宜使其过小，否则省区数目过多，将来为统辖便利计，又将于国省之间，增一行政层级，如此实非

①　林森：《国民政府为准蒋介石普遍推行行政督察专员制度意见备案事致行政院训令（1932年 10 月 10 日）》，屈武主编《国民党政府政治制度档案史料选编》下册，安徽教育出版社，1994，第 471 页。

②　胡焕庸：《缩小省区特辑：缩小省区方案之一》，《社会公论》第 3 卷第 2~3 期，1948 年，第 8 页。

③　胡焕庸：《缩小省区特辑：缩小省区方案之一》，《社会公论》第 3 卷第 2~3 期，1948年，第 4~5 页。

④　张其昀：《缩小省区特辑：缩小省区方案之二》，《社会公论》第 3 卷第 2~3 期，1948 年，第 9~10 页。

提倡缩小省区之本意"。① 毕竟三级制（中央—省—县，即省县两级制）"为今日世界各国所通用，总理对此点虽未详细阐发，但依民权主义与《建国大纲》亦主张采用此制，是自民国以来，地方行政原则，采择并无错误，惟省区过于庞大，不能与之协调"。② 这一时期的缩省有着真正回归地方行政制度整理轨道上的节奏，属于国民政府内政建设的一部分，究其根源还是中央政府能够强有力地钳制地方，此时的缩省也非基于"省"的立场，而是出于中央便于管辖之目的，说到底此时的缩省依然是中央集权的产物。

在中央授权之下得以热议缩省之时，为讨论缩省草案所设置的红线也十分明显，"省"只能作为辅助中央而存在，缩省将"省政"纳入中央事权的一部分，"省"不能脱离中央而独立存在，这是底线。缩省要根据地理区域进行划分，有六大原则可供参考：其一，根据历史的变化，参照过去州、府、道的历史行政区划与现行政督察专员管辖区域；其二，保存现有的省界，保留各省人民浓厚的乡土观念与地域团结；其三，注重经济区域的异同点；其四，依据国防交通缩划省区；其五，注意以税收之多寡作为区分之标准，注重调节省与省之间的财赋；其六，注重语言的迥异对于后期施政的影响。③ 当进入缩省的实施程序时，首重分区实行，根据各省的特殊情况，区别其轻重缓急及内地边远；次要在缩省过程中实施新省制，要将省政府委员制改行为省政府省长负责制，明确省长责任，新省改定之后要及时废除行政专员督察制度，将原公署的经费拨归新省；最后要扩充县政府组织以适应新省的事务要求。这一缩省议论足以代表南京国民政府时期缩省运动支持派的理念，不难发现其中仍然是强干弱枝的地方行政制度改革，既能强化中央权威，也可适应国民政府"抗战建国"的需求，"缩小省区为中央既定之政策，亦为战后实施之大好机会，如能实行：一可以杜绝割据称雄，保障国家之统一；二可以便利指挥监督，增加行政效率；三可以便利统筹并办，促进地方自治"。④

抗战期间南京国民政府的中央权力得到空前强化，抗战之后也就形成了缩省的最佳时机，郑开泰曾说："际兹抗战建国之秋，吾民族意志之凝

---

① 胡焕庸：《缩小省区特辑：缩小省区方案之一》，《社会公论》第 3 卷第 2～3 期，1948年，第 4 页。

② 殷祖英：《缩小省区之理论与方案的检讨》（上），《时代精神》第 4 卷第 2 期，1941 年，第 10～11 页。

③ 黄伦：《缩小省区的研究》，《民族文化》第 5 期，1941 年，第 22～23 页。

④ 郑开泰：《缩小省区问题》，《闽政月刊》第 9 卷第 5 期，1941 年，第 30 页。

结，力量之集中，中央政府地位之崇高，权力之广大，与夫国家领袖威望之隆，民间信仰拥护之切，千百年来未有逾于今日者。省区缩小之实行，不仅有其可能，而且有其必要。盖此举乃政治建设之一重要部门，而抗战之结果，复大有助于新划省区之实现。"① 但由于大部分省已经受到中央的有效钳制，地方的派系势力受战争影响被打散而渐趋弱化，中央政府得以在全国发号施令，已不用通过缩省来集权。但地方行政区域调整仍旧是南京方面亟待解决的难题，其内政改革的需求迫在眉睫。可见，当地方的分裂倾向不严重危及中央集权时，"缩省"渐渐转变为地方行政区域整理的手段，而不是作为加强集权的一种权术。

（三）反缩省的声音

一批反缩省的声音与缩省倡议同时出现，在抗战期间以及战争结束后最明显，随着中央政府的逐渐强势，其实质是一种以改定不合理省区为名试图均衡中央集权与地方自治的政治理念。反缩省者称那些高唱"缩小省区"者是把缩省"当做一种时髦的'进步'的理论，虽然那些人对于问题的本质，并没有充分的认识和澈底的了解"。② 施养成就以中国秦汉以来两千年的地方行政区域变迁史来说明"省区不但不必缩小，实在不能缩小"，③ 力主绝不能凭空地创造一个"标准省行政"，正如陈柏心所言："中国地方制度的根本改造，并不在省区的缩小，但省区的重划，以期便利地方行政的发展，也为事实上所需要。"④ 他认为不应该通过引征中国古代以及国外政区的省区例子以证明缩省的必要性，对缩省论者主张的省区大难治理、省区大不易监察县政、省区大易造成地方割据这三个理由一一进行了驳斥。⑤ 这批人与倡导"缩省"者的根本性主张——强化中央权力——是一致的，但反对者更注重在加强中央集权的同时实现地方自治的发展，要摆脱"中央"治"省"，试图均衡中央集权与地方分权的关系。他们认为是地域决定行政而非行政决定地域，中国省区存在的问题不是大小问题，而是省区不符合自然条件的问题，应该根据自然环境对省区进行调整

---

① 郑开泰：《缩小省区问题》，《闽政月刊》第 9 卷第 5 期，1941 年，第 26 页。

② 施养成：《论缩小省区与调整省县区域》，《东方杂志》第 42 卷第 14 期，1946 年，第 10 页。

③ 施养成：《论缩小省区与调整省县区域》，《东方杂志》第 42 卷第 14 期，1946 年，第 11 页。

④ 陈柏心：《论缩小省区》，《世纪评论》第 3 卷第 5 期，1948 年，第 9 页。

⑤ 施养成：《论缩小省区与调整省县区域》，《东方杂志》第 42 卷第 14 期，1946 年，第 10 ~ 11 页。

而非单纯地缩分，从地理条件与人文条件两方面着手，重点发展区域经济，或者通过改善交通来解决省政问题。

反对"缩省"者以为，缩省是传统王朝"众建诸侯少其力"的举措，并不符合现代政治文明的演进，若照旧例而缩省，中央强势时尚可控制，一旦中央式微，则必然陷入"三级制—二级制"的历史周期循环。他们深恐"最高政区缩小后，必然又自行扩大，而常欲达到全国二十左右的数目"，① 全国一级地方行政区域的数目维持在 20 个左右是一种代表中央监督全国政府的"监司"体制产物，缩省违背了中国数千年来地方行政制度的发展原理。

反对者也效仿缩省者引用国外例子说明缩省为世界潮流所不容，"英国的英格兰和威尔士共分为六十二郡，也不得不在那些郡之上设五个审计区，每区有一个审计视察官，也就是英国的地方监司"。② 这些监司有变成最高级地方政区的趋向，英国政治学者穆尔在《英国政府及政治》一书中就主张把六十二郡地方分成七部，每部设一议会，为部政府最高机关。反对缩省者担心一旦缩省实现，政区必然陷入反复。

至于对最关键的大省区易导致"割据"的忧虑，反对缩省者指出"割据"的根源不是省区的大小问题，而是省区的军民体制问题，省政府组织法虽有"现任军职者不得兼任省政府委员或主席"的规定，③ 可现实里却是各省省主席"无不由现役军人兼任，这实在是一件公开违法的事"。④ 将军区与省区分离能暂时有效制止地方分裂，但根本上的地方政府与中央政府二者间的权力让渡问题却未得到解决。反对缩省者认为纯粹地缩小省区而不变更省区的权力来源，对于加强中央集权来说只是隔靴搔痒，这批人的主张已经突破了传统中国政治"以上驭下"治理式的强权模式，强化中央权力不一定非要收天下精兵、制天下钱粮、聚天下人才，应从中央与地方权限的调整或划分上设法，地方自治或许能实现内部的有效制衡，如此亦便于中央统辖，能够一石二鸟地解决中央与地方面临的难题。在南京国民政府的军政、训政时期要达成上述目标则十分困难，行政院院长张群曾

① 施养成：《论缩小省区与调整省县区域》，《东方杂志》第 42 卷第 14 期，1946 年，第 12 页。

② 施养成：《论缩小省区与调整省县区域》，《东方杂志》第 42 卷第 14 期，1946 年，第 12 页。

③ 施养成：《论缩小省区与调整省县区域》，《东方杂志》第 42 卷第 14 期，1946 年，第 11 页。

④ 施养成：《论缩小省区与调整省县区域》，《东方杂志》第 42 卷第 14 期，1946 年，第 11 页。

说："我国行宪后第一件大事，应为缩小省区。"① 无形中将缩省置于中央、地方的权力调整之中，"行宪"本就是对权力的一种限制与调整，反对缩省者寄寓了更深远的政治理念。

值得注意的是，反缩省的声音并不完全是基于集权，《大公报》就曾打着反中央集权的旗号发表反对缩小省区的评论，引起缩省支持者胡焕庸的商榷答复，他说："缩省所以简化行政系统，与中央集权原无多大关系，《大公报》社评，反对缩省，反对中央集权，咀骂秦始皇的废封建，行郡县，难道《大公报》诸公，主张立诸侯，复封建，恢复周代的旧制，才算地方分权吗？"② 胡焕庸认为省制直接源于元代的行省制，间接肇始于汉代的刺史制，是大一统时代的政治制度。而《大公报》说省脱胎于封建制度，为大一统观念所不容。质言之，《大公报》的这种"省"观念还是"联省自治"时代的遗留，反对缩省是为保留省的固有区域，维持省与中央的半独立；集权主张者的反缩省不是从省的权力考虑而是从中央的权力考量，强调自上而下的控制。这里有一个变化值得我们注意，中央政府基于集权的目的着手缩省，但部分缩省方案制定者则不是以"集权"作为唯一的目的，更多地承载了整理地方行政区域的使命。表面上看，是不同立场的人基于不同的目的而迫不得已地办同一件事，实质上是抗战以后集权的中央获得了一个统制地方的时机。

总之，南京国民政府只算得上一个不太强势的中央政府，"缩省"是长期要用的"集权"牌，1938 年西康设省就对尾大不掉的四川军阀进行有效分化，进而平息了四川政潮。但"弱势"集权又决定国民政府难以进行全局性的地方行政区域整理。关于支持与反对缩省，其建立强力中央政府的目的是一致的，但支持者的手段比较保守，希望通过削弱地方割据以强中干，实现自下而上的一种稳定与服从，而反对者则要求直接建立强力的中央政府，自上而下地进行有效控制。

结　语

中央集权与地方分权这一痼疾是缩省争议产生的根源，缩省运动的兴衰正谙中央政府权势的盛衰变化。清季中央政府失去对各省督抚的有效钳

---

① 陈柏心：《论缩小省区》，《世纪评论》第 3 卷第 5 期，1948 年，第 8 页。
② 胡焕庸：《缩省裁区原因在减少行政层级——兼答大公报反对缩小省区论评》，《社会公论》第 3 卷第 1 期，1948 年，第 5 页。

制，康有为为强化中枢权力而开缩省之先河，缩省未考虑"省"在近代地方政治体制中应该扮演的角色，是典型的强干弱枝手法。梁启超与杨度的主张则代表了各自政治派别的立场。新旧之间的理念并无明确的是非评判标准。民国初年，袁世凯依靠北洋武力建立独裁中央集权政府，暂时性地解决了地方坐大的问题。袁世凯死后，北洋分裂，南北对立，缩省运动因失去中央集权政府的支持而陷入沉寂。地方分权主义抬头，联省自治风靡一时，原本属于地方行政制度范畴的议题被赋予了过多政争色彩，遂成为集权与分权之争，常被冠以统一与分裂之名，缩省亦成为各政治派别宣扬其政治理念的载体，或宣扬民权，或主张自治。至南京国民政府重建起中央集权政府，缩省运动再次兴起，一系列缩省草案相继被制定出来，中央政府亦根据自身实力在可操作层面进行地方行政制度改革。但清末民国时期缩省运动更多承载的是"集权"而非"自治"，一旦中央政府能够通过其他手段加强集权，缩省则随时可弃。因此，从缩省运动的"集权"目的来看，不难发现以下规律：当中央政府式微难以统驭地方时，缩省运动归于沉寂；当中央政府权力足够集中但地方处于游离时，缩省运动再次蓬勃兴起；当中央政府可统驭地方时，缩省运动的集权目的则失去存在的意义，这一时期对省一级行政区进行调整更多是对地方行政区域的整理，是为了稳固地方政治以及实现更深层次的中央集权。缩省运动与中央权势的强弱变化、政局变迁息息相关。

辛亥革命时期扬州政权的更迭[*]

吴莉莉^{**}

提　要　1911 年 11 月，扬州地区先后上演了两次光复，一是以游民孙天生为首的首次光复扬州，但其行为与地方士绅利益集团相悖；后又上演了以大盐枭、会党首领徐宝山为首的二次光复，与当地士绅集团达成利益共识，一定程度上推动了江苏辛亥革命的发展，维护了扬州乃至江淮社会的稳定。但是由于徐宝山带有明显的游民属性，首鼠两端，后投靠袁世凯，终被国民党暗杀。此后，并未出现一个强有力的政治势力执掌扬州的政权，扬州政坛里各类人物纷纷登场，上演出了一幕又一幕政治活剧。

关键词　辛亥革命　扬州地方政权　徐宝山

　　1911 年的辛亥革命是 20 世纪中国最伟大的事件之一。从此中国社会发生了一系列巨大变化，这种种变化逐步地影响和渗透到中国社会的方方面面，从衣食住行到婚丧嫁娶，从言谈举止到典章制度，总之可谓天翻地覆。① 身处 19 世纪后半期与 20 世纪前半期的官员、地方乡绅、革命党人、秘密会党等形形色色的人物也就被时代潮流所挟裹，主动地、被动地投入辛亥革命当中。以扬州地方政府为例，从辛亥前的清军统治集团政治虚空，到辛亥光复时，孙天生首次光复扬州，再到徐宝山二次光复扬州，之

---

　* 本文为江苏省哲学社会科学基金项目"清代两淮盐义仓与江苏社会救助"（项目编号：21LSD002）、江苏省高校哲学社会科学重大项目"两淮盐义仓研究"（项目编号：2021SJZDA118）阶段性成果，受江苏省高校"青蓝工程学术带头人"项目资助。

　** 吴莉莉，扬州工业职业技术学院马克思主义学院副教授。

　① 周新国：《序言》，周新国、陆和健主编《辛亥革命前后的江苏社会研究》，甘肃人民出版社，2011，第 1 页。

后扬州长时间未出现稳定政权。这些势力集团中，有的纯是阿 Q 式的游民躁动；有的曾是革命的功臣，又成为革命的障碍；有的表面是芸芸众生的一分子，却成为社会的稳定力量。他们向世人展现了革命参与者的多种面相。

一　辛亥革命前扬州政权的失范

在清末，扬州府领泰州、高邮两州，辖江都（附郭、城东南）、甘泉（附郭、城西北）、扬子、宝应、兴化、东台六县。^① 作为江北最富庶的府城，扬州城内行政机构密布，官吏众多，主要分盐务、政务及军务三大系统。各系统的主要负责人有两淮盐运使增厚、淮南盐运总局局办汪铭恩、扬州知府嵩峋、扬州营参将刘永兴、扬州城守营守备夏松年等。

辛亥前，各地反清活动此起彼伏，不仅有下层民众自发的民变，也有资产阶级革命党人领导的武装起义。1906 年扬州就多次发生过抢米风潮，社会已经动荡不安。小东门内汪裕丰米店、北门外凤凰桥米行等均被抢。虽经弹压，"城内外，仍谣啄纷纷，遍贴揭贴"。抢米风潮后期，镇江缉私管带徐宝山等带兵来到扬州，"人心遂为之稍定，地方亦安堵如常"。^② 徐宝山作为曾经的"匪首"、会党人物，在扬州境内有一定的势力和威望。同年冬天，遭受水灾的宝应饥民千余人为抗议粮商富户的囤积居奇，发生了"打米市"的斗争，捣毁 13 家巨绅、豪商的公馆门楼，迫使他们开仓平粜；次年 3 月，高邮发生聚众抢米事件；光绪三十四年（1909 年 1 月 21 日），扬州城内一名理发师，鼓动居民"剃头剪辫过新年"，犯了清廷忌讳，警察关押了剪去辫子的几个人，引起全城几百名理发师包围警察局，要求释放被拘禁的无辜者。这些接踵而来的事件，充分说明清廷在扬州的统治已经风雨飘摇。

但扬州地方官员却粉饰太平，竭力隐讳"山雨欲来风满楼"的形势，营造歌舞升平、百姓乐业的虚幻景象。1910 年 9 月，扬州举行过提灯游行活动，《申报》载："连日各区民团渐次成立，各区各段自日落后，即排队提灯巡行街市，灯笼店及烛肆利市三倍，各区又互相巡行，约至九句〔点〕钟后，分途散队，其巡行时，妇女儿童随途争观如赛会，然亦可谓

---

① 牛平汉主编《清代政区沿革综表》，中国地图出版社，1990，第 121 页。
② 《纪扬州乱民抢米后情形（扬州）》，《申报》1906 年 7 月 22 日。

苦中作乐矣。"① 提灯游行无非是营造和平安宁的社会氛围。在苏浙皖三省，扬州是唯一举行提灯游行的城市。1911 年 5 月 8 日，清政府迫于形势，决定组织"责任内阁"，内阁名单甫一公布，舆论为之哗然。扬州是清末立宪派张謇等人的势力范围，清廷的种种作为，把自己推到了民意的对立面，就连一些鼓吹立宪的绅商人士也甚绝望，进而转向革命的一边。

辛亥前夜，清朝的统治机构几近瘫痪，两淮盐运使旗人增厚已打点金银，准备逃命；扬州府、江都、甘泉两县都在安排后路；"缉私""城防"等驻军，腐朽虚枵。② 1911 年前后，相关的革命活动已经陆续展开。但民主革命思想尚未在扬州形成声势浩大的潮流，扬州的革命党尚未成为一个强有力的政治派别。他们中一是以杜召棠为首的本地青年组织的革命派。上海光复，扬州人巴也民任沪军司令部军需长。杜召棠和十多个扬州知识青年联络巴也民，要巴运送军械来攻打扬州衙门，但在军械运到前，扬州已经光复。另一革命派是外地读书的学生，他们中有后来成为国民党中执委的叶秀峰、南通农学院院长的唐启宇、内政部部长的洪兰友、省扬中校校长的周厚枢等，此时他们都是热血青年，满怀豪情地回到家乡，组织"旅外学生队"，响应革命号召。但这些学生缺乏必要的武器装备，无法进行军事斗争，他们便以维持地方治安为名向两淮师范学校商借步枪。身为两淮师范学堂堂长的叶惟善，洞悉他们的意图，不想发生流血冲突，便劝告这些学生，他们的父兄、师长已做好一切新政权降生的准备，不需要动武。学生们听从劝告，未做进一步军事行动。不过，在扬州光复前一日，学生队仍获两淮师范学校同意，借得步枪 20 支。③

1911 年 11 月 4 日，位于扬州北面的清江浦驻军十三协营官龚振鹏、赵云鹏率部起义；江苏巡抚程德全也于同日宣布和平光复。11 月 7 日镇江光复，一江之隔的扬州也喧嚣沸腾了。绅商上层人士，一片惴惴不安，担心乱军抢劫，有人打发妻子儿女逃匿上海租界，同时窥探时局变化。这时扬州士绅集团代表人物方尔咸、周谷人等闻此，感觉形势日益吃紧，便召集各界于商会大楼开会，商讨对策。

扬州两淮盐运使增厚与知府嵩崶都是旗人，当时城内有传言称革命党

① 《民团提灯游行》，《申报》1911 年 11 月 7 日。
② 祁龙威：《辛亥扬州孙天生起义》，扬州市编史修志办公室等编《扬州史志资料》第 1 辑（内部资料），1981，第 13 页。
③ 吴佩江：《扬州光复事略》，扬州师范学院历史系编《辛亥革命江苏地区史料》，江苏人民出版社，1962，第 293 页。

专杀旗人，故增厚在衙门内架起大炮以自卫，居民为此惶惶不安。盐商周扶九、萧云谱和士绅方尔咸、周树年等人，加紧活动，积极策划，想让扬州走"和平光复"的道路，使绅商的利益不受损害。方尔咸努力劝说增厚将大炮撤去，以安定民心。方尔咸又劝知府嵩崎以出巡为名暂避风头，嵩崎不予接受。方尔咸等一面继续向官员们游说，劝他们和平交出政权；一面与已经光复的镇江联系，请求派人帮助。

综上所述，武昌起义之后，扬州出现了政治真空，传统的地方统治机器运转不灵，绅商、平民、士兵你方唱罢我登场，纷纷亮相政治舞台。在这种背景下，首次发革命财的孙天生和二次光复扬州的徐宝山先后登场。

二 辛亥年间扬州两次光复

武昌起义爆发后不久，扬州城出现了一支队伍，队伍的首领孙天生身披白绸，手握枪。他原本只是农业社会里一个小混混，唱过戏，也在湖北、上海等地流浪过，在此过程中接触过革命党人，算是扬州城较早见识到革命的平民。武昌起义后不久，革命浪潮席卷而来，孙天生乘势回到家乡扬州。他利用与会党的特殊关系，自称革命党，煽动当时清政府驻防扬州的绿营军"定子营"中的部分士兵起事。[①]

孙天生在扬州起事时，其追随者除了少部分是清军定字营士兵，还有些许衙门的公差，更多的则是中下层平民。"孙之党羽有甘泉快头袁德彪、毛坤与教场口卖拳之刘癞子、小东门塑佛之夏菩萨、东关削竹筷之谢大瓜、卖膏药之夏恩培、业古董之尹祺祥及厨师陈长林等。"[②] 其中袁德彪是起事的重要人物，他原是甘泉县快头、青帮小头目，在教场开设客栈，孙天生起事前就住在他开的客栈里。警局文牍人员黄石岩据说懂得黄帝纪元，所以是这支队伍的军师。

1911 年 11 月 7 日，在这些人的支持下，孙天生骑马闯入南静慧寺的定字营驻地，率领一纵队伍起事，孙天生等人的活动一开始时得到了扬州一些民众的欢迎。时人许幼樵记载："午后五时余，原驻城南静慧寺定子营王有宏部一部士兵，突然入城，鸣枪示威，冲入运署，破库洗劫，元

---

① 祁龙威：《辛亥扬州孙天生起义》，《扬州史志资料》第 1 辑，第 14 页。

② 许幼樵：《扬州辛亥吟》，吴善中整理，中国社会科学院近代史研究所近代史资料编辑部编《近代史资料》总 117 号，中国社会科学出版社，2008，第 64 页。

宝、散银满地，册籍零乱。事后知为冒充革命党人之孙天生所嗾使……晚九时许，江、甘两县狱囚，破狱门呼啸而出，镣声震动全城。"① 起事时，孙天生的队伍里散兵游勇有手持"光复大汉"的旗帜的，也有手持"还我河山"的旗帜的，他们拥护着孙天生，以旗帜作为引导。扬州本地市民却不知所以然，"市民不知底蕴，群出欢迎，士绅亦有趋往周旋者"。②

孙天生一进城，带领士兵们冲入衙署，打开盐运使署的库房，将银钱分给军人和贫民；大清银行也被打开，散银满地，人们争相抢取。同时，孙天生又下令打开江都、甘泉两县监狱，释放囚犯。军警机关不敢过问，扬州城顿时处于无政府状态。知府嵩峋躲入天宁寺，把官印扔进瘦西湖，随后又逃往高邮。盐运使增厚听说革命党人进了扬州，慌忙换上便服，越墙逃走。而未及时逃走的江都、甘泉两县知县则只有骑马跟随孙天生，奔走侍候。就这样仅仅几个小时，清朝在扬州的地方政权就土崩瓦解。第二天，扬州全城悬白旗，孙天生宣布扬州光复，并自封"扬州军政府都督"。

孙天生光复扬州后，政治目标不明确，拿不出具体的施政纲领，队伍纪律涣散，更谈不上现代化治理，没有一点近代民主革命的意识，他只关心府衙还有多少库银。孙天生当众宣称："署内家具什物，尔等随便搬取。我发大财，尔等发小财。"③ 附近的居民听了纷纷去衙署参与抢夺，士兵们大肆抢劫，甚至出现士兵雇用了车辆运输抢劫财物的情况。史料载："风流云散走天涯，乌合真同向暮鸦。怀宝方知身负重，相将扶上独轮车。""惟以负重难行，遂命独轮车代步，二人合乘，驱往郊外，经行街市，为平时罕见之奇景。"④ 孙天生进城后，扬州士绅方尔咸等赶赴盐运使衙门，试探性地向孙天生示好以表欢迎。并向孙天生"陈述舆情，请布政纲之际"，孙天生只问了："库存盐课究有若干？"当大家告知他"昨晚已经定子营士兵劫成空库"时，孙天生很愕然："是将奈何？我正欲以此库银发军饷。"⑤ 孙天生的这些行动严重触犯了扬州绅商的利益，方尔咸等与孙天生周旋了片刻就离开了，立即齐集商会，通宵密议，商量对策。

11月8日，扬州街上的武装士兵，每两人合乘一独轮车，往返游行，满街小车络绎不绝。盐运使衙门的照壁上贴着军令布告，布告上使用黄帝纪元，并盖有"扬州都督孙天生之印"。孙天生当日以扬州军政府都督的

①　许幼樵：《扬州辛亥吟》，吴善中整理，《近代史资料》总117号，第63页。
②　许幼樵：《扬州辛亥吟》，吴善中整理，《近代史资料》总117号，第64页。
③　许幼樵：《扬州辛亥吟》，吴善中整理，《近代史资料》总117号，第63页。
④　许幼樵：《扬州辛亥吟》，吴善中整理，《近代史资料》总117号，第63页。
⑤　许幼樵：《扬州辛亥吟》，吴善中整理，《近代史资料》总117号，第65页。

名义宣布扬州光复，虽然当时没有发生激烈的流血冲突，也采取了一些有利于社会稳定的措施，"通令人民安居乐业，三年不完粮，诸捐杂税全免"。同时，又严禁商人哄抬价格，限定"米每石不得超过三元，猪肉每斤规定为二百文"。① 但终究只是昙花一现，未能产生长远的影响。

从扬州的首次光复可以看出，扬州人民对当时的革命和政局的复杂情况，认识得很不清晰。当时时局动荡、人心惶惶，清政府的统治已经完全不得人心，扬州地处两淮重地，距离上海近，与江南接触多，社会经济、思想等的近代化形式已经萌生。一些开明人士也新办了学堂，传播新文化，但是与革命相关的消息，士绅、市民都闻之甚少。当时人们以为的革命党就是反清复明式的红帮，从孙天生用一匹白绸裹身进城可以看出，士绅、市民阶层显然没有将以孙中山为代表的革命党人，跟秘密会党区分开来。

孙天生的游民本性在光复扬州后不久就显示出来，他在开会时不直接出席，代表其出席者又语言含糊。他虽是扬州"都督"，有时却随意行事，造成人心浮动、社会秩序失范。《扬州辛亥革命事迹调查报告》中有这样的记载：1911 年 11 月的扬州光复，是辛亥革命江苏光复中重要一环，对整个苏北光复有着重要影响。当时扬州城里传唱着一首歌谣："扬州城，新旧十二门。九月十八日，来了一个孙天生。鼓三更，进衙门，库银元宝四下分，放走监牢众犯人，宣统江山坐不成。"后来孙天生被捕时还在大街上大呼："要学我孙天生的为人，我在扬州做了三天皇帝，谁敢说个不字！"②

孙天生起事后，扬州城内十分混乱。虽然清末扬州的盐商已经日薄西山，实力大不如从前，但在扬州的政治、经济、社会生活和文化中依然占主导地位，并发挥作用。扬州盐业巨头周扶九、肖云谱等都非常关注形势的发展，盐商肖云谱家甚至大门紧闭，害怕孙天生队伍冲进他的屋子。商会副会长王通臣主管的源裕当铺，更为惊恐，已经准备散伙。士绅们对孙天生感到失望和恐惧，也认识到了孙天生的真面目——他不是真正的革命党。因此这时的扬州士绅们为了保护自己的生命财产达成共识，急切需要能够建立新政府、维护正常社会秩序、维护他们利益的人出现。

孙天生在扬州三天，没有得到上海同盟会中部总会认可，也没有组建

---

①　汤杰：《扬州光复始末》，中国人民政治协商会议江苏省扬州市委员会文史资料委员会编《扬州文史资料》总第 11 辑，扬州市政协文史资料委员会，1992，第 67 页。

②　张羽屏：《孙天生起事见闻录》，《辛亥革命江苏地区史料》，第 303 页。

政权班子、颁布施政纲领，最重要的是没有能力维护社会秩序，由是"忽闻报城外匪警而散，众皆失望"。① 民众逐渐感觉孙天生等与真正的革命党人相去甚远，人心厌乱，渴望有新的力量来结束这种混乱局面。方尔咸、周扶九等人以维护自身利益为首要目的，他们并不希望扬州社会出现剧烈的革命，同时他们也看到清政府的统治大势已去，只能寄希望于革命党人到扬州"和平光复"，恢复正常的社会秩序。

11 月 7 日镇江光复前，扬州绅商们派阮老五（清代著名学者阮元的曾孙，扬州青帮头目）和戴友士等人为代表，到镇江去和林述庆、徐宝山联系。同时扬州又向镇江发急电称"有巨匪孙天生骚扰地方，民心惶恐万分"。② "慕伯（阮老五）、友士（戴友士）等在镇江三益栈获见林述庆"，林述庆听闻后，"立派江北支队司令李竟成会同徐宝山光复扬州"，林述庆"指派宝山组军政分府，以边振新为敢死队指挥，星夜北渡"，方尔咸等之所以迎徐宝山回扬，"因方（方尔咸）等以扬州为盐务重心，八大盐商群集于此，是食盐供运销之枢纽。里下河为产盐之区，十二圩又为食盐转运集散之地。认徐足可左右盐务之安危，遂有迎徐之举"。③

这时徐宝山成为扬州绅商心中的希望，因为徐宝山被两江总督刘坤一招安后一直负责缉私任务，对于两淮盐务的稳定有功劳。绅商们认为徐宝山来扬，可以稳定扬州混乱的形势。④ 11 月 9 日上午，徐宝山在扬州南门钞关登岸，当晚在扬州南门外点燃柴篷，以与城内联络。城内百姓以为是驻于清江的十三协营溃兵南下作乱，因而人心惶惶，形势更趋混乱。徐宝山率部进入扬州，方尔咸、周树年等发动绅商在教场口摆筵接风，驱迫群众列队欢迎。林述庆在《江左用兵记》中记载："时深夜四更矣，余略小睡，徐君宝山至，云扬州匪首孙某在扬作乱，渠欲往扑灭，要余多与空白示谕，余许其携已印告示数十张往。"⑤ 11 月 10 日，徐宝山关闭扬州城门开展搜索，捉拿孙天生。隐蔽在多宝巷一家姓唐的人经营的妓院里的孙天生被捕，同时被捕杀的孙部共 70 余人。徐宝山派部下押着孙天生起获了运库藏银，又想利用他去搜集泰州一带定字营散兵的武器，孙天生坚决拒

---

① 许幼樵：《扬州辛亥吟》，吴善中整理，《近代史资料》总 117 号，第 65 页。

② 李竟成：《光复镇江始末记》，中国人民政治协商会议江苏省委员会文史资料委员会编《辛亥江苏光复》（《江苏文史资料》第 40 辑），《江苏文史资料》编辑部，1991，第 110 页。

③ 吴佩江：《扬州光复事略》，《辛亥革命江苏地区史料》，第 297 页

④ 吴佩江：《扬州光复事略》，《辛亥革命江苏地区史料》，第 293 页。

⑤ 林述庆：《江左用兵记》，《辛亥革命江苏地区史料》，第 256 页。

绝。在从泰州回来的路上，徐宝山偷偷地把他杀掉了。①

这样，徐宝山与扬州地方士绅合作，二次光复了扬州，并光复了江都、甘泉二县。11 月 9 日午后 2 时，徐宝山召集各界开会于淮南总局，决议事项如下。

（1）军事方面：设军政分府于淮南总局，徐为军政长。以原虎字营为基础扩编部队，由徐自行主持之，并改编定字营。以李甹为司令，成立北伐先锋队。以边振新为支队司令，成立一个支队。以方柳江为司令，成立宪兵部队。改编城防营，以原扬州营参将刘永兴为管带，原城守营守备夏松年为帮带。成立军政分府卫队营，以朱葆元为管带。

（2）民政方面：成立江北民政署，由地方人士推举里人李石泉为民政长，与军政长并立。

（3）盐务方面：成立淮盐科，设于四岸公所，以方尔咸任之。

（4）财政方面：由方、周召集各银号钱庄负责人，清查分存附加捐税各款，悉数提出，以备军政费用。发行军用票，由原大清银行负出纳之责。整理关卡并增设湾头、邵伯厘金，以增税收。

（5）军队装备方面：整理旧有枪支。收集散藏泰州小海各地枪支，由徐自行办理。向上海购置枪支，以充实装备。②

徐宝山二次光复扬州后，很快扬州城纲纪肃然，秩序恢复，盐业、典当、钱庄、米行等各业，在方尔咸、周树年等绅商的经营下，开始恢复正常营业。

三 辛亥革命初期扬州政权的变化

1912 年 1 月 1 日，孙中山正式宣布徐宝山"反正"有功，徐宝山被授上将衔兼扬州军政长，其部队被正式编成"国民革命军第二军"。这样徐宝山势力坐大，控制扬州，统辖苏北地区。徐宝山的第二军各级军官以至士兵均是由帮会徒众所编成的。③ 徐宝山军队的第十一师师长华士龙回忆：徐宝山将他贩私盐的一些帮会兄弟和清朝老营中无处藏身者凑成四个旅。旅长有张仁奎、杨瑞文、米占元、方更生，团长有马玉仁、顾翰屏、张国威等人。④

① 林述庆：《江左用兵记》，《辛亥革命江苏地区史料》，第 318~319 页。
② 吴佩江：《扬州光复事略》，《辛亥革命江苏地区史料》，第 298~299 页。
③ 吴佩江：《扬州光复事略》，《辛亥革命江苏地区史料》，第 300 页。
④ 华士龙：《从太湖秋操到中山先生的几次会面》，中国人民政治协商会议江苏省委员会文史资料研究委员会编《在中山先生身边的日子里》，江苏古籍出版社，1986，第 18 页。

这说明徐宝山集团基本是他的私兵，依靠帮会纽带联系。第二军虽编制规整，但是徐军仅有一团或二营为新式服装，余皆上扎包头，身穿棉袄，足踏芒鞋，"纯然为水浒传之军队也"。[①] 1911 年 11 月到 1912 年 3 月，徐宝山从一个清军水师营管带，一跃成为中华民国临时政府的军长。1912 年 3 月底，徐宝山通过收编土匪和游杂武装，其部队从不到 1000 人急剧膨胀到 20000 人，成为主宰江淮、影响全国的一股军事、政治、社会力量。徐宝山枭匪头目出身，被清廷招安后，由于出身不正，一直不被重用，在辛亥革命时期"反正"有功，一时声名大振。

徐宝山并不像孙天生那样在扬州抢劫，对其军队采取帮会式统治，以帮会的规矩，行层层结拜，保证了其绝对的领导权，形成一个强有力的武装集团。因为其部队亦邪亦正，因此社会上一些无路可走的江湖人士和散兵游勇加入他的部队，有了可靠的归属，也增强了徐宝山军队的战斗力。他还大量网罗名人雅士充当幕僚，以实现军政一体的地方统治。

徐宝山光复扬州以后，经济上听取了扬州地方士绅的建议，采取了一系列有利于经济稳定的政策。清廷的财政支柱之一就是扬州的盐税，趁南北政局不一，盐税的收入全部被徐宝山控制。徐宝山贩运私盐的势力范围一直在长江中下游，这样参加辛亥光复后，徐宝山集官私为一体，得以供养他的帮会军队。他废除原有的繁杂严苛的税收政策，一定程度上减轻了民众赋税和商人经济负担。他的这一政策受到了扬州各界的普遍欢迎，而被扬州民众视为坚强的靠山。

徐宝山统治扬州时期，在扬州设平粜局，以定民心。报载："扬州近日以来米价飞涨，现在售米一石须价七元以外。贫苦居民颇为惊慌，徐君宝山慨发仁慈，特指廉设立平粜局，减价售卖。业于六号会同民政长派员照料，定七月八号为始设局开市。共设局二所，一在贯巷琼花观，一在城外石塔寺，每人只准购米一斗。闻此次共发米有一万石之多，一半为出口充公之米，一半由邵伯镇等处购买入城，诚善政也。"[②] 由此看出，徐宝山对于民间疾苦十分关注。设平粜局，低价出售大米，这在当时动乱的社会环境下，有一定积极作用。

扬州地处两淮重地，战略地位重要，历来是各方必争之地。革命党方面当然也必须取得扬州，这样可以使得沪宁并举连成一线，进可攻占徐州，退可夺回长江。南北议和时，袁世凯为了巩固自己的政权，想方设法

---

① 《新闻界之舆论》，叶恒编《徐宝山》，上海普及书局，1913，第 4 页。
② 《徐宝山设立平粜局》，《申报》1912 年 7 月 10 日。

笼络人心，不断派他的爪牙四处活动，并携带巨款到全国各地对革命党人和地方实力派人士进行收买。安徽都督柏文蔚、江苏都督程德全等人均拒绝了袁世凯的贿赂。而袁世凯的代表到了扬州，徐宝山却接受了袁世凯派人送来的 25 万元巨款和扬州镇守使的任命。①

袁世凯成为临时大总统后，在临时政府定都问题上，徐宝山原本力挺在南京，但这时为了附和袁世凯，则支持定都北京。说什么"现在亦无舍北就南之理"。② 他误认张勋与袁世凯为一派，当谣言四起之时，徐宝山欲讨好袁世凯，公开通电称："百万男儿不难立呼即至，紧要时当与张勋联为一气。"后发现张勋实为袁世凯眼中钉，徐宝山又通电："愿率江淮健儿追随大总统之后。"③

为了表示效忠袁世凯政权，徐宝山又以"军人挟功，动辄干议国政，众口嚣嚣，淆惑国是"为借口，要求全国各地"服从中央命令"，"全国视听一致"，"专候统一政府之命令"。④ 袁世凯任大总统后，企图恢复帝制的野心逐渐暴露，反袁之声四起。孙中山、黄兴等组织二次北伐。黄兴为劝徐宝山迷途知返，派王芝祥来扬州劝徐宝山加入同盟会，当即遭到徐宝山的拒绝。时隔不久，为使北伐军顺利北上，黄兴等人又派人劝说徐宝山认清形势，改弦更张，参与二次北伐，徐宝山只是"笑而遣之，若无其事"，⑤ 实际上这时徐宝山已经与革命党分道扬镳。

1913 年 3 月，国民党在国会选举中取得多数席位，曾参加南北议和的国民党代理事长宋教仁，准备成立政府内阁制约袁世凯，不久被刺杀于上海。革命党立刻声讨袁世凯，再次派人游说徐宝山起来反袁。徐宝山根本不理睬，并告诫部下说："吾为求共和而革命，不必随声附和，妄分南北。但有破坏共和者，我即与汝曹共击之。"⑥ 同时还致电袁，表示愿效犬马之劳。这样徐宝山背离了革命党，选择了袁世凯。3 月 12 日，英国驻扬州领事对本国报告："徐将军和他的士兵大部分都是旧式'地方部队'约一万人公开哗变。"⑦ 1912 年 4 月，徐宝山更是公开通电称："怀时局，忧心如捣，谨先自请取销扬州分府，以为中央统一先从省治统一之倡。溯扬州军

---

① 蒋顺兴：《徐宝山生平》，《扬州文史资料》总第 11 辑，第 43 页。
② 冯叔鸾：《徐宝山将军传略》，叶恒编《徐宝山》，第 13 页。
③ 周无方：《记扬州军政分府成立》，《辛亥革命江苏地区史料》，第 307 页。
④ 冯叔鸾：《徐宝山将军传略》，叶恒编《徐宝山》，第 13 页。
⑤ 冯叔鸾：《徐宝山将军传略》，叶恒编《徐宝山》，第 13 页。
⑥ 徐凤仪：《再谈徐宝山》，扬州市地方志办公室编印《扬州史志》总第 7 期，1988。
⑦ 《驻北京英国武官之 1912 年 4 月 6 日报告》，《英国蓝皮书有关辛亥革命资料选译》（下），胡滨译，中华书局，1984，第 552 页。

政分府于上年九月间，经商会自治会公举宝山担任，嗣以预备北伐，复由商民公推宝山之弟宝珍接充。及和议告成，而两师一旅需食甚亟，腾挪接济端赖分府，□□是以遽难裁撤，现值大局渐定，全国统一，已将此意明白晓谕，内外均无间言，自应电请取消，以资划一。此后一切行政事宜，应如何分交掌办，统俟。宝山与苏都督协商，妥筹办理，是否有当，伏乞大总统命令，俾便遵行。"①

袁世凯立即给予回应："扬州司令徐宝山电请取消扬州军政分府，该司令深明大局，殊堪嘉许，应准将扬州军政分府即行取销，所有嗣后一切行政事宜，即由该司令将分交办法，协商江苏都督妥筹办理，仍报明查核此令。"② 随后袁世凯派张绍曾来扬州考察，徐宝山发动全城之力热烈欢迎并隆重接待。"是日在徐凝门外恭迓，各校学生亦均排队出城，炮营兵丁则出炮十二尊，出城燃放礼炮，张君旋即入城，至运署司令部午餐。"③ 这与他对待革命党派来的人"不予理睬"形成鲜明对比。徐宝山要求取消军政分府，根源在于这一时期各地多有兵变现象，军饷不足，士兵们食不果腹。当时驻扎洋河的兵团属于临时召集，其中大部分属于无业游民，入编后"仅发饷一次，军装亦参差不齐，兵士每日啜粥一餐，故已久有叛志"。1912 年 3 月 31 日，士兵们"果大肆鼓噪，土匪应之，将洋河镇抢掠一空，并毁烧民房数十座，直至四月一号，火始熄灭"。洋河兵变之后，附近的窑湾镇亦大受影响，"洋河游勇勾串土匪，将窑湾抢掠一空，居民纷纷逃窜"。④ 这里列举的洋河、窑湾地区兵变，就是由军饷不足引起的。袁世凯派人带来的 25 万元可以解徐宝山的燃眉之急。

扬州军政分府取消后，"扬州军政分府之筹饷局已与分府同时取消，改设清理财政处。所有坐办、徐宝珍及文案吴次皋，筹饷局主任张鹤第、朱德恒等均各解职他去。大约一俟前清裕宁官银钱局各属官款追到后，即由徐宝珍将交代事宜理楚，财政处亦即裁撤。扬州军政分府虽已取消，而军司令部各员仍各饱食暖衣无所事事，兹闻黄留守自南京电致徐宝山责令酌量裁减，少苏民困。现徐已允将司书生酌减十八名，以为塞责之地云。"⑤

总体来看，辛亥革命前后扬州的政权更迭相对温和，由于清政府统治

---

① 《扬州徐宝山电》，《申报》1912 年 4 月 18 日。

② 《大总统命令》，《申报》1912 年 4 月 20 日。

③ 《扬州欢迎张绍曾》，《申报》1912 年 4 月 9 日。

④ 《洋河兵变之警耗》，《申报》1912 年 4 月 8 日。

⑤ 《扬州取销分府后近况》，《申报》1912 年 5 月 16 日。

的真空，游民孙天生、徐宝山等相继登台，政权更迭。徐宝山被炸身亡
后，没有稳定的政治力量执掌扬州的政权，社会发展也就不会稳定。据叶
美兰考察，扬州地方政府领导班子在民国初年是很不稳定的。就县长这一
职务，有的只任职了一个月。1927 年县长竟换了 8 次，其中曾东甫仅任了
一周就离任，任期自 1927 年 4 月 3 日到 4 月 9 日。《江都县新志》记载：
"入民国后才逾二十年而官凡二十七易，在任满三年者仅一人，满二年者
仅二人。"①

结　语

　　历史发展总是在各种矛盾的运动中螺旋式向前推进的，不同的历史时
段都有相应的时代任务。清末民初时期扬州并没有出现一个有远大施政目
标和致力于构建近代治理体系的政治力量，也没有一个强有力的政治力量
来推动扬州近代化。政权更迭，传统统治势力削弱，已无法满足政治、经
济、民生、文化等建设的需要，也无力组织、号召各种社会力量投入扬州
的近代化，其最终将为时代的潮流所淘汰。因此，旧时代的统治观念和陈
腐的施政体系，再也压控不住新生力量的发展。孙天生也好，徐宝山也
好，一旦掌握了扬州的地方权力，均凸显了从草头王到土皇帝的本色。他
们的经历和所接受的零碎教育，多少使他们接受了义气、仁政之类的传统
理念，这使他们多少做了一些施小惠于民之事，但他们身上没有展示任何
近代政治中应有的共和精神；他们建立的扬州政权不是近代意义的政府，
而是聚义厅的翻版而已。从扬州地方政权的变动，可见近代共和制施行的
困境。

---

　　①　转引自叶美兰《封闭：中国近代城市现代化困境的症结——以扬州为个案》，《社会科学
　　辑刊》2001 年第 6 期。

湖北省惩治汉奸的制度建置（1932～1949）[*]

提　要　惩治汉奸活动须预先有制度建置，这种制度建置具体指向检审规则。湖北省惩治汉奸的制度建置经历了三个不同时期，在全面抗战前，汉奸罪未正式汇入军法审判法轨，其检察审判权同时属于军队和政府两方，复核权在各省最高军事机关或军委会指定机关甚至是军委会本身。在全面抗战时期，以《特种刑事案件诉讼条例》公布实施为节点，在前一阶段，汉奸罪单一属于军法审判序列，比较简单；在后一阶段，汉奸罪作为特种刑事犯罪，复归司法审判序列，但此时战争并未结束，汉奸审判处于军法审判、巡回审判和司法审判的多元局面之下，显得异常复杂。抗战胜利后，以司法复员为契机，汉奸罪完全划归司法审判，但国共战事又起，汉奸罪复有滑向军法审判的趋势。

关键词　湖北省　汉奸罪　军法审判　巡回审判　司法审判

　　就学术界的研究现状来看，无论是战时或战后的惩奸活动，还是战后审奸的个案问题，都已有比较成熟的案例。[①]但从制度建置角度，对各地方在全面抗战前后不同时期的惩治汉奸进行系统梳理的案例，似未见有。有鉴于此，本文拟运用档案和报刊等材料，对湖北省在全面抗战前、全面

---

　*　本文为南昌航空大学专任教师科研启动金项目（EA202413176）和国家社科基金抗日战争研究专项工程项目"世界反法西斯战争史（含中国抗日战争）档案资料收集整理与研究"（16KZD020）的阶段性成果。

　**　段振华，南昌航空大学马克思主义学院讲师。

　①　如王侃《抗战时期附敌各阶层分析与国共两党的肃奸政策》，博士学位论文，浙江大学，2002；王春英《战后"经济汉奸"审判：以上海新新公司李泽案为例》，《历史研究》2008年第2期；等等。

抗战时期和抗战胜利后三个阶段的惩奸制度进行梳理，以揭示其基本脉络，以及地方惩奸的某些制度特征，敬祈方家指正。

一 全面抗战前军法审判制度的演变

九一八事变爆发后，日伪分子纷纷前往内地从事反动宣传和进行情报刺探，甚或勾结地痞帮派等恶势力引发骚乱，关内各省即有惩治汉奸的需要。此时，并不存在针对汉奸行为的专一法例，仅有《刑法》和《危害民国紧急治罪法》两部法律对此有所涉及。揆诸二者的具体内容，《刑法》外患罪一章与汉奸罪类似，《危害民国紧急治罪法》通篇与汉奸罪密切相关。特别是后者，其第一条共九款行为均与敌国相联系，立法上将内乱、外患二罪并论的思想特征十分明显。在程序法上，《刑事诉讼法》虽将内乱罪、外患罪和妨害国交罪第一审管辖权划归高等法院，[①] 但汉奸罪的实施情况（大多指向反动宣传和情报刺探）和立法旨趣（危害民国行为系军法审判，反动宣传和情报刺探均列其中）与民事审判格格不入，再加上民事审判秩序迟迟未能树立，至少在全面抗战前，汉奸罪仍处在军法审判之下。湖北省即是如此。因此，不能不首先回顾军法审判制度的演变过程。

军法审判除天然隶属于部队外，也由地方行政长官兼领。湖北省地方行政长官兼理军法事务开始于国民党"剿匪"时期，其目的在于"整顿军纪""清查匪患"。1932 年 8 月 13 日，豫鄂皖三省"剿匪"总司令部发布训令："查剿匪期内各县地方往往有假冒或来历不明之军人逗留县境滋生事端，甚或有地方奸宄造谣惑众，赤匪盗匪潜滋暗长，酝酿事变，扰乱治安。各该县长拘于权限，无法直接处理，殊与整顿军纪、清查匪患两有妨碍，兹本部为厉行清剿起见，特制定本部加委各县县长兼本部军法官暂行条例公布施行。"该条例第五条规定县长兼军法官拘捕审理军法案件范围是："一、赤匪盗匪；二、非军人犯军事上法令之规定者；三、地方奸宄扰乱治安者。"其中第二、第三两项与汉奸罪罪行指向比较接近。该类案件的审理及复核办法是，"审理案件应受本部军法处之指导，案件之判决及执行均须呈报本总司令部核准后定之"。还规定，县长兼军法官得于县署中酌设承审员及书记助理审判事务。[②] 不久，为配合所谓"剿匪清乡"

---

① 《国民政府公报》第 88 册（1935 年 1 月 4 日，第 1630 号），台北：成文出版社有限公司，1972。
② 《湖北省政府关于抄发豫鄂皖三省剿匪总司令部加委各县县长兼本部军法官暂行条例的训令》（1932 年 8 月 13 日），湖北省档案馆藏，档案号：LS003 - 001 - 0865（1）- 0002。

等行动，该司令部还推出行政督察专员制度，规定："行政督察专员由省政府加委，兼任驻在地之县长，专员公署之职员亦分别兼理县政府事务，不另支薪。"① 据此，专员兼县长亦兼理军法官职权。

1935 年 3 月 1 日，军委会委员长武昌行营成立，② 豫鄂皖三省"剿匪"总司令部并入行营，县长兼任军法官制度存废成疑。为此，湖北地方当局向军委会呈文，以"鄂省余匪未全肃清，剿匪部队分驻各县，军法案件所在多有"为由，希望军委会继续加委各县县长兼军法官名义。③ 1935 年 5 月 9 日，军委会武昌行营回文同意湖北方面意见，照案加委"匪"区各县县长暨政治局（政治局，地方行政层级，类似县）局长兼任军法官职务。④ 5 月 14 日，军委会武昌行营修正通过《国民政府军事委员会委员长行营修正加委各省行政督察专员及县长兼任本行营军法官暂行条例》，规定："本行营为整顿军纪清除匪患及处理特种案件起见，得加委各省行政督察专员及县长兼任本行营军法官。未经委兼本行营军法官之行政督察专员或县长，如有必要情形，各该省政府得声叙理由呈请本行营加委。已经委兼本行营军法官之行政督察专员或县长，本行营得随时撤销委任。未兼军法官之行政督察专员及县长管辖区域遇有特种案件发生，本行营得临时委托该管专员或县长办理。"该条例罗列兼军法官有权拘捕审理判决之案件类型多种，⑤ 特别是在最后增加"依法令规定应归审判者"一条，为汉奸案件预留下了位置。其案件复核办法是，"各兼军法官所为之判决本行营得委任各该省最高军政长官代为审核，其办法另定之"。考虑到兼任军法官事务繁重，还列有"各兼军法官得设置承审员及书记助理军法事务"条款。⑥

---

① 《行政院致湖北省政府训令》（1932 年 10 月 29 日），湖北省档案馆藏，档案号：LS001 - 003 - 0974 - 0005。

② 《湖北省政府财政厅关于军委会委员长武昌行营成立日期的训令》（1935 年 3 月 16 日），湖北省档案馆藏，档案号：LS020 - 005 - 1826（3）- 0014。

③ 《湖北省政府致国民政府军委会呈文》（1935 年 3 月 22 日），湖北省档案馆藏，档案号：LS001 - 001 - 0664 - 0001。

④ 《国民政府军事委员会行营关于各行营照案加委检发各县县长暨政治局局长兼行营军法官任命状的训令》（1935 年 5 月 10 日），湖北省档案馆藏，档案号：LS001 - 001 - 0664 - 0005。

⑤ 该兼任军法官拘捕审理判决案件范围为：（1）现役军人犯罪或违反军风纪者，（2）非军人违反军事法令者，（3）"赤匪"或盗匪，（4）地方奸宄扰乱治安者，（5）"剿匪"部队阵擒俘匪就近送交审理者，（6）依法令规定应归审判者。前项第一款情形以报经行营特别授权为限。

⑥ 《湖北省政府关于委员长行营修正加委各省行政督察专员及县长兼任军法官条例的训令》（1935 年 5 月 20 日），湖北省档案馆藏，档案号：LS003 - 001 - 0865（2）- 0001。

　　1936年3月17日，军委会发布训令，公布《各省行政督察专员及县长兼办军法事务暂行办法》和《各省最高军事机关代核军法案件暂行办法》两项。前项暂行办法规定："凡归军法机关审判之案件，得由军事委员会加委下列地方政府长官兼任行营军法官办理：一、剿匪区域之行政督察专员及县长；二、剿匪区域以外各省之行政督察专员，但以前已经行营委兼军法官之县长仍准执行兼军法官职务；三、未经军事委员会委兼军法官之县长如有特种案件特饬办理者，得委派临时兼任。军事委员会对于前项委任得随时撤销。川康黔三省之军法案件划归行营另订单行办法办理。"① 该办法除强调"兼军法官区域内设有其他军法机关者，由最先受理之机关审判，管辖权有争执时呈由军事委员会核定"，② 检察审判案件范围有所调整外③，案件复核办法和设置军法事务助理等内容，与上述5月14日《国民政府军事委员会委员长行营修正加委各省行政督察专员及县长兼任本行营军法官暂行条例》基本相同。④ 与此同时，行政院新颁发的《行政督察专员公署组织暂行条例》第五条规定，"行政督察专员，除有特殊情形者外，应兼任驻在地之县长，其公署与县政府合署办公"，⑤ 专员继续兼理军法官职权。后项暂行办法规定：各省行政督察专员及县长兼办军法事务审判案件由军事委员会委任各省最高军事机关代为审核⑥，这些委任

---

① 《湖北省政府关于各省行政督察专员及县长兼办军法事务暂行办法的训令》（1936年4月6日），湖北省档案馆藏档案，档案号：LS003-001-0865（2）-0003。

② 《湖北省政府关于各省行政督察专员及县长兼办军法事务暂行办法的训令》（1936年4月6日），湖北省档案馆藏档案，档案号：LS003-001-0865（2）-0003。

③ 该兼任军法官拘捕审理判决案件范围为：（1）现役军人犯刑事或惩罚法令者；（2）非军人在"剿匪"区域犯军事法令者；（3）犯《危害民国紧急治罪法》者；（4）犯《剿匪期内处理盗匪案件暂行办法》者；（5）犯《惩治土豪劣绅暂行条例》者；（6）犯禁烟禁毒各种法令者；（7）其他依法令规定应归军法机关审判者。前项第一款案件以报经授权者为限。

④ 《湖北省政府关于各省行政督察专员及县长兼办军法事务暂行办法的训令》（1936年4月6日），湖北省档案馆藏，档案号：LS003-001-0865（2）-0003。

⑤ 《湖北省政府关于行政院令发行政督察专员公署组织暂行条例的报告案》（1936年4月23日），湖北省档案馆藏，档案号：LS001-003-0974-0011。

⑥ 代核案件范围为：（1）现役军人犯罪，士兵处五年以下、尉官处二年以下之有期徒刑，或违反军风纪依法应予拘役或撤职降级以下之处分，而犯人属于该管直接部队者；（2）非军人犯军事法令判处五年以下有期徒刑者；（3）犯《危害民国紧急治罪法》判处七年以下有期徒刑者；（4）犯《剿匪期内处理盗匪案件暂行办法》判处七年以下有期徒刑者；（5）犯禁毒禁烟法令系初犯吸食者；（6）犯《惩治土豪劣绅暂行条例》或其他法令判处三年以下有期徒刑或监禁者；（7）谕知无罪或保安处分者；（8）前项规定之刑期以初判宣告刑为准，其经各省最高军事机关核驳改判者不在此限。由此可知，各省行政督察专员及县长兼办军法事务审判案件虽规定由军事委员会委任各省最高军事机关代为审核，但在刑罚意义上已有所限制。

代核机关如下："一、已设绥靖主任公署各省，由绥靖主任公署代核；二、不设绥靖主任公署各省，由全省保安司令代核；三、未设前二项军事机关各省，由常设之最高军事机关代核。绥靖主任公署兼辖两省或与全省保安司令分驻两处，或因其他情形依照前项办法确有窒碍者，其代核机关由军事委员会指定之。"①

与前述《各省行政督察专员及县长兼办军法事务暂行办法》允许县长兼任军法官内容有所矛盾的是，军事委员会发送电文表示"查加委县长兼任行营军法官一案，现经本会修改，除前已经委之县长仍旧准予暂兼外，嗣后则专限由行政专员兼任，由本会直接给委"，② 准备修例使县长与军法官兼职脱离。这在法理和事实上均不能成立，原因有三：第一，县长仍有紧急处分之权。据《各省行政督察专员及县长兼办军法事务暂行办法》第四条规定："未兼军法官之县长，于辖境内发觉应归军法机关审判之案件得为紧急处分，并应即时以最迅捷方法详报该管行政督察专员兼军法官核办。"③ 第二，在既有军法审判案件单行条例中，县长仍保有审判权。"依照《剿匪期内审理盗匪案件暂行办法》第五条及《禁烟治罪暂行条例》第二十一条第一项，《禁毒治罪暂行条例》第二十二条第一项各规定，未兼军法官之县长，均有审理之权。"④ 第三，各地均认为无兼理军法官职权对于清理军法案件有极大困难。如 1936 年 10 月 19 日，湖北省第三区行政督察专署呈文湖北省政府："案据孝感县县长杨凤祥呈称，……再本县军事犯原驻军又多已离防，县长接印之后，亦未奉令兼任军法官职权，代为审结，似有难能。再四思维，惟有一面尽力清结，一面呈请钧署准予展限，并转呈军事委员会委员长行营（辖）给予兼军法官衔名，俾便代审，以利清结。"⑤ 基于此，军委会不得不突破已有规定，训令各地"希将该省剿匪区内各专员各县长应兼军法官衔先行查取呈请加委，仍于奉委就职后补送

---

① 《湖北省政府关于各省行政督察专员及县长兼办军法事务暂行办法的训令》（1936 年 4 月 6 日），湖北省档案馆藏，档案号：LS003－001－0865（2）－0003。

② 《湖北省政府关于加委县长兼任行营军法官的训令》（1936 年 3 月 7 日），湖北省档案馆藏，档案号：LS003－001－0865（2）－0002。

③ 《湖北省政府关于各省行政督察专员及县长兼办军法事务暂行办法的训令》（1936 年 4 月 6 日），湖北省档案馆藏档案，档案号：LS003－001－0865（2）－0003。

④ 《湖北省政府关于请兴山县县长王师曾代电未奉委兼军法官若有军法案件应如何处理的指令》（1936 年 8 月 1 日），湖北省档案馆藏，档案号：LS001－001－0666－0018。

⑤ 《湖北省第三区行政督察专署关于专员及所属安孝天汉四县县长未奉合兼任军法官检察审判军法案件实感困难的呈文》（1936 年 10 月 19 日），湖北省档案馆藏，档案号：LS001－001－0666－0022。

履历备查"。①

通观上述历程，不难看出，在全面抗战以前，湖北省内军法案件的检察审判权归于兼任军法官职权之专员和县长，各兼军法官得设置承审员及书记助理军法事务，其复核权归于该省最高军事机关或军委会指定之代核机关，军委会亦可以审核并掌握最高裁量权（前期还指向"剿匪"总部、军委会行营）。自然地，作为军法审判的一种罪行种类，汉奸罪亦适用相同的检审规则。

二　全面抗战时期军法审判、巡回审判和司法审判制度的并行

1937 年 7 月 7 日，全面抗战爆发，汉奸案件正式列入军法审判序列，军法审判亦进入新的阶段。9 月 17 日，汉川县县长高志超呈文湖北省政府，认为汉奸及反动分子等案件极为影响后方治安，要求省政府转请批准各县县长一律加委军法官，并准其添设承审专员以应付繁重事务。② 9 月 24 日，湖北省政府向军委会武汉行营转呈汉川县意见，并附带提出"本省未兼军法官之县长，计有崇阳、通城、阳新、浠水、蕲春、罗田、黄安、黄陂、孝感、汉川、安陆、钟祥、天门、潜江、石首、公安、枝江、荆门、保康、远安、宜都、兴山、秭归、鹤峰、来凤、竹山二十六县"，要求武汉行营进行批准。③ 10 月，军委会武汉行营一一照准，并随令颁发任命状。④ 1937 年 12 月 9 日，军委会专门指示湖北省政府："现值抗战期间，各县地方往往有奸人混迹或刺探军政消息供给敌寇，或受敌方指使阴谋扰乱治安，实有随时按照军法加以惩处之必要，此外，更有不肖军人假借部队名义擅在各县地方拉兵拉夫、借端敲诈，鱼肉民众而散兵伤兵违背纪律、横行不法、扰乱闾阎者，亦复触处皆是，恐足破坏地方之秩序，影响抗战之力量，胥应切实约束，严加制裁，兹为肃清奸宄维持治安起见，特

---

① 《湖北省政府关于省内剿匪区内各专员、县长应兼军法官衔名先行上报加委后补履历的指令》（1937 年 4 月 23 日），湖北省档案馆藏，档案号：LS001 - 001 - 0666 - 0035。

② 《汉川县政府致湖北省政府呈》（1937 年 9 月 17 日），湖北省档案馆藏，档案号：LS001 - 001 - 0668 - 0013。

③ 《湖北省政府致武汉行营呈文》（1937 年 9 月 24 日），湖北省档案馆藏，档案号：LS001 - 001 - 0668 - 0014。

④ 《国民政府军委会委员长行营致湖北省政府指令》（1937 年 10 月），湖北省档案馆藏，档案号：LS001 - 001 - 0668 - 0020。

由本会加委各县县长兼本会军法官。"①

1938年1月29日，为适应抗战维持治安起见，国防最高会议根据军事委员会提议，修正前颁《各省行政督察专员及县长兼办军法事务暂行办法》及《各省最高军事机关代核军法案件暂行办法》两项法案，分别将名称改为《各省行政督察专员及县长兼理军法暂行办法》及《各省军事机关代核军法案件暂行办法》。《各省行政督察专员及县长兼理军法暂行办法》规定："凡依法令应归军法审判之案件，得由各省行政督察专员（以下简称专员）或县长兼理，其同一区域内专员及县长并设者，由专员兼理，但军人犯刑事或惩罚法令之案，以报经中央最高军事机关授权者为限。前项案件中央最高军事机关得随时提审、派员莅审或移转管辖。"除不再罗列受理军法案件类型及复核机关明确表述为"中央最高军事机关得予呈核之军法案件中指定一部由各省军事机关代核，其办法另定之"外，其管辖权优先次序和设置军法事务助理等内容，与修改前无异。②《各省最高军事机关代核军法案件暂行办法》规定代核机关如下："一、已设绥靖主任公署各省，由绥靖主任公署代核；二、不设绥靖主任公署各省，由全省保安司令代核；三、未设前二项军事机关各省，由常设之最高军事机关代核。绥靖主任公署兼辖两省或与全省保安司令分驻两处，或因其他情形依照前项办法确有窒碍时，由中央最高军事机关指定代核机关。"③ 其亦与修改前无甚差别。相比而言，其代核案件范围表述较为简洁："一、军人犯罪，士兵处有期徒刑五年以下、尉官处有期徒刑二年以下，或违反军风纪依法应予撤职以下之处分而该军人属于该管直辖部队或机关者；二、犯禁烟法令判处有期徒刑三年以下或犯《修正剿匪区内惩治土豪劣绅条例》判处有期徒刑五年以下者；三、犯其他法令判处有期徒刑十年以下者。前项刑期以初判宣告刑为准，但经各省军事机关核驳改判或初判原情酌减至前项刑期二分之一（'二分之一'在之后修正时删除。④——引者注）者不在此限。"⑤

---

① 《国民政府军委会委员长武汉行营致湖北省政府代电》（1937年12月9日），湖北省档案馆藏，档案号：LS001-001-0668-0046。

② 《司法行政部训令》（1938年2月26日），湖北省档案馆藏档案，档案号：LS007-001-0145-0001。

③ 《司法行政部训令》（1938年2月26日），湖北省档案馆藏档案，档案号：LS007-001-0145-0001。

④ 《司法行政部致湖北高等法院训令》（1938年5月13日），湖北省档案馆藏档案，档案号：LS007-001-0137-0001。

⑤ 《司法行政部训令》（1938年2月26日），湖北省档案馆藏，档案号：LS007-001-0145-0001。

1938 年 5 月 15 日，军委会继续发布命令，将前述《各省行政督察专员及县长兼理军法暂行办法》及《各省军事机关代核军法案件暂行办法》，分别改称为《县长及地方行政长官兼理军法暂行办法》及《各省高级军事机关代核军法案件暂行办法》。《县长及地方行政长官兼理军法暂行办法》规定："凡依法令应归军法审判之案件，得由县长或地方行政长官兼理。前项之地方行政长官以直接施政者为限。"① 据此，专员如不兼任县长，则显然无法兼理军法案件。而在 1937 年 11 月，行政院曾通令各省："在抗战期间，所有兼任团管区司令之行政督察专员，一律免兼县长，其余各区行政督察专员亦以不兼县长为原则。"② 兵役管区体制也有规定，"团管区划分以与行政督察区及保安区域一致为原则，俾可利用督察专员，或保安司令办理兵役事务"。③ 因此，在法理上专员已无兼理军法案件的可能。可事实上怎么样呢？湖北地方呈报特种刑事案件收结情形调查表显示，行政督察专员兼保安司令公署并未停止受理军法案件，如第五区和第六区等专署不断有上报汉奸案件审理数字，④ 这说明专员们在全面抗战时仍旧可以行使军法官职务。该项暂行办法在内容上有不少变动，其管辖权优先次序调整为："县长或地方行政长官之辖境内设有其他军法机关者，由最先受理案件之机关审判，但设有卫戍警备或戒严司令部之区域，凡与军事或治安有关之军法案件，不问受理先后均送由该卫戍警备或戒严司令部审判。"其复核办法调整为，"县长或地方行政长官判决之军法案件，应呈由各省高级军事机关核转中央最高军事机关核定"。⑤

《各省高级军事机关代核军法案件暂行办法》则较之前，有变动也有沿袭。关于代核之机关变动较大，该项内容调整为："一、已设中央军事最高长官行营各省由行营代核；二、未设行营各省由绥靖主任公署代核；三、未设前二款军事机关各省由全省保安司令代核；四、未设前

① 《国民政府军事委员会关于修正各省行政督察专员及县长兼理军法暂行办法的公布令》（1938 年 5 月 15 日），湖北省档案馆藏，档案号：LS067 - 001 - 0876（2）- 0015。

② 转引自翁有为等《行政督察专员区公署制研究》，社会科学文献出版社，2012，第 106 页。

③ 申帅：《抗战期间国民政府兵役管区制度研究》，硕士学位论文，山西师范大学，2019，第 35 页。

④ 如《湖北襄阳地方法院关于报送襄樊军法机关受理特种刑事案件收结情形调查表及监所实有人数调查表的呈》（1943 年 10 月 5 日），湖北省档案馆藏，档案号：LS007 - 001 - 0100 - 0017；《湖北宜昌地方法院关于报送军事机关受理特种刑事案件收结情形调查表及监所收容人数调查表的呈》（1943 年 10 月 22 日），湖北省档案馆藏，档案号：LS007 - 001 - 0100 - 0019。

⑤ 《国民政府军事委员会关于修正各省行政督察专员及县长兼理军法暂行办法的公布令》（1938 年 5 月 15 日），湖北省档案馆藏档案，档案号：LS067 - 001 - 0876（2）- 0015。

三款军事机关各省由常设之高级军事机关代核。如在战区或因其他情形依前项规定确有窒碍时，由中央最高军事机关指定代核机关。"关于代核案件范围则基本保持不变，该项内容是："一、军人犯罪，士兵处有期徒刑五年以下、尉官处有期徒刑二年以下，或违反军风纪依法应予撤职以下之处分而该军人属于该管直辖部队或机关者；二、犯禁烟法令判处有期徒刑三年以下或犯《修正剿匪区内惩治土豪劣绅条例》判处有期徒刑五年以下者；三、犯其他法令判处有期徒刑十年以下者。前项刑期以初判宣告刑为准，其经各省军事机关驳回改判或初判原情酌减至前项刑期者不在此限。"①

全面抗战期间，国民政府先后颁布两个惩奸条例。1937年8月27日，《惩治汉奸条例》第三条规定："犯本案条例之罪者概归有军法权之军事机关审判。"第四条规定："依本条例审判之案件应将卷判呈送最高军事机关核定，应紧急处置者得电请核示，或先行处决补报。在作战期内，前项案件授权与戒严司令部、战区司令长官部或集团军总司令部代核呈报备案。"② 1938年8月15日《修正惩治汉奸条例》第十四条规定："犯本条例之罪者，由有军法审判权之机关或部队审判之，其管辖权有争执时，呈由中央最高军事机关核定。"第十五条规定，依本条例判决之案件"呈送中央最高军事机关核定，但有紧急处置必要者，得叙明犯罪事实、适用法条及必须紧急处置理由电请核示。在接战地域，前项案件授权于战区司令官代核补报备案"。③ 因此，可以确定，在战时，湖北省内军法案件（包括汉奸案）的检察审判权概归有军法权之机关和部队，其中专员（事实上）和县长兼任军法官职权，并得设置承审员及书记助理军法事务，作战期内各执行军法单位有紧急处置之权，但须事后上报备核。其复核权则较为复杂，分为两类：非作战期或非紧急状况下，案件呈由中央最高军事机关（指军委会）审核并受委任机关代核，优先顺序依次为行营、绥靖主任公署、省保安司令部或其他委任机关；在作战期或紧急状况下，案件复核则表现为事后补报备案，其处置机关前期为戒严司令部、战区司令长官部或集团军总司令部，后期为战区司令官。最高军事机关始终保有审核和最高

---

① 《国民政府军事委员会关于修正各省行政督察专员及县长兼理军法暂行办法的公布令》（1938年5月15日），湖北省档案馆藏，档案号：LS067-001-0876（2）-0015。

② 《湖北省政府关于抄发惩治汉奸条例的训令》（1937年9月），湖北省档案馆藏，档案号：LS001-004-0607-0001。

③ 《湖北省政府关于抄发修正惩治汉奸条例的训令》（1938年9月16日），湖北省档案馆藏，档案号：LS001-004-0607-0002。

裁量权。

1944 年 11 月 12 日，《特种刑事案件诉讼条例》公布施行，汉奸等四项案件除被告为军人外，均移交各省高等法院及其分院审理。而此时战争仍在进行之中，司法复员尚未开始，因此在高等法院及其分院完成复员之前，湖北省内的汉奸案件处于巡回审判和司法审判并存阶段。其时司法辖域情况见表 1。

表 1　湖北高等法院巡回审判各区及各分院管辖区域一览（1945 年 4 月）

机关名称	管辖区域	备考
湖北高等法院巡回审判第一区	武昌、汉口、汉阳、阳新、咸宁、嘉鱼、通山、通城、崇阳、大冶、蒲圻、鄂城、沔阳	本院巡回审判推事系轮流赴所辖各县巡审，并无固定驻地，遇有案件应由当地司法机关或县政府代收，通知巡审推事办理
湖北高等法院巡回审判第二区	随县、钟祥、黄陂、孝感、应山、安陆、云梦、汉川、京山、潜江、天门、应城	同上
湖北高等法院巡回审判第三区	黄冈、浠水、蕲春、黄安、麻城、罗田、黄梅、广济、应山、礼山	同上
湖北高等法院第一分院	巴东、秭归、宜昌、当阳、远安、兴山	驻巴东田家坪
湖北高等法院第二分院	南漳、襄阳、光化、谷城、宜城、荆门、枣阳、保康	驻南漳石门镇
湖北高等法院第三分院	恩施、建始、利川、宣恩、来凤、咸丰、鹤峰	驻恩施火歇厂
湖北高等法院第四分院	长阳、五峰、松滋、枝江、宜都、公安、石首、江陵、监利	驻长阳资丘
湖北高等法院第五分院	郧县、均县、郧西、房县、竹山、竹溪	驻郧县县城

资料来源：《湖北高等法院致第五、六、九战区司令长官司令部、湖北省政府、湖北省军管区司令部代电》（1945 年 4 月 13 日），湖北省档案馆藏，档案号：LS007 - 001 - 0208 - 0001。

由表 1 可知，除三个巡回审判区的审判主体为巡审法庭外，其他五个司法辖域均由原高等法院分院负责，性质上仍大体属于司法审判范畴。由于战时尚存在紧急处置等特殊情况，部分案件自不能完全摆脱军法审判法轨，因此这一过渡时期汉奸案件的审理显得有些复杂。在检察权归属方面，《县司法处组织条例》（1944 年 9 月 23 日国民政府修正公布施行）规定："县司法处检察职务由县长兼理之。"① 所以，除高等法院、高等分院及各地方法院检察官以外，各县县长依"检察一体原则"，② 享有对汉奸案件的检察权。

然而巡回审判毕竟和一般司法审判有所不同，随着汉奸案件的逐渐增多，司法当局必须采取相应的措施来适应实际情况。1945 年 5 月 19 日，司法行政部指出："查高等法院或分院管辖第一审之特种刑事案件由巡回审判推事单独审理一节，核与《战区巡回审判办法》之规定尚无不合，惟据称巡回审判经年一至，处理紧急案件不免困难一节，自应设法补救。"③ 对此，湖北高等法院提出"加强巡回区域迅速处理特种刑事案件意见"三条："一、训令各巡审推事对于特种刑案应切实执行，勤加巡审，不得怠忽。二、呈请法部增加巡回推事员额。三、制定补充办法呈请备案施行。"该补充办法的主要内容是："司法警察官署遇有应移送巡回审判推事审理之特种刑事案件而巡回审判推事未在该地时，得应移送该地之县司法机关或兼理司法县政府代为收受，并即通知巡回审判推事，候其处理。县司法机关或兼理司法县政府接受前项案件后，应即日用最迅速之方法报告巡回审判推事具因、告诉告发自首或其他情事，知有应由巡回审判推事审理之特种刑事案件时亦同"；"巡回审判推事对于特种刑事案件得径行审判"；"县司法机关或兼理司法县政府或其他司法警察官署对于应由巡回审判推事审理之特种刑事案件，于巡回审判推事未到达前应实施紧急处分，并调查证据或为其他之准备程序，巡回审判推事亦得嘱托为之。依前项规定讯问之证人或鉴定人，其陈述明确别无讯问之必要者，巡回审判推事得不再行传唤"。④ 由此可见，在特殊情况下，司法审判仍不能绕过地方政府而行事。

三　抗战胜利后的司法审判制度及其转变趋势

1945 年 12 月 14 日《战区巡回审判办法》被明令废止，⑤ 自 1946 年 1

---

①　司法行政部编《司法法令汇编》第 5 册《行政法令》，上海法学编译社，1946，第 7 页。

②　《湖北高等法院检察处致随县地检处代电》（1946 年 4 月 6 日），湖北省档案馆藏，档案号：LS007 - 005 - 0184 - 0001。

③　《司法行政部关于战区县份办理特种刑事案件相关事项的训令》（1945 年 5 月 19 日），湖北省档案馆藏，档案号：LS007 - 010 - 3008 - 0003。

④　《湖北高等法院关于拟具湖北省巡回审判特种刑事案件补充办法的呈及湖北高等法院刑事庭的意见》（1945 年 6 月 16 日），湖北省档案馆藏，档案号：LS007 - 010 - 3008 - 0004。

⑤　《司法行政部致所属训令》（1946 年 3 月），湖北省档案馆藏，档案号：LS007 - 001 - 0013 - 0047。

月 8 日湖北高等法院第六分院恢复成立起，湖北省各地汉奸案件完全进入司法审判阶段。据《处理汉奸案件条例》，其审判权和检察权归属情况分别是：汉奸案件除被告原属军人复任伪军职，应受军事审判者外，均依《特种刑事案件诉讼条例》之规定，由高等法院或某分院审理之；关于汉奸案件，各级检察官均应先行使侦查职权，移送该管检察官办理。① 在司法复员完成后，湖北省司法辖域也不断发生变动，其情况如表 2 所示。

表 2　湖北高等法院及各分院管辖区域一览

机关名称	管辖区域		
	1935 年	1947 年 3 月	1948 年 11 月
湖北高等法院	武昌、汉口、汉阳、黄陂、孝感、汉川、沔阳、应城、应山、京山、云梦、钟祥、潜江、天门、安陆、随县、礼山、嘉鱼、蒲圻、通山、通城、崇阳、咸宁、黄安（24 县）	武昌、汉口、汉阳、黄陂、孝感、应城、天门、随县、汉川、沔阳、应山、京山、黄安、云梦、安陆、咸宁、崇阳、通城、通山、礼山、蒲圻、嘉鱼（22 县）	武昌、汉阳、汉口、黄陂、孝感、天门、应城、随县、蒲圻、咸宁、汉川、沔阳、嘉鱼、通山、应山、安陆、黄安、云梦、通城、崇阳、礼山、京山（22 县）
湖北高等法院第一分院（宜昌分院）	宜昌、秭归、兴山、巴东、长阳、远安、五峰、宜都、当阳、枝江（10 县）	宜昌、巴东、秭归、当阳、远安、兴山、五峰、长阳（8 县）	宜昌、巴东、长阳、兴山、远安、当阳、五峰、秭归、宜都（9 县）
湖北高等法院第二分院（襄阳分院）	襄阳、枣阳、宜城、光化、谷城、南漳、保康（7 县）	襄阳、光化、自忠、谷城、南漳、枣阳、保康、钟祥（8 县）	襄阳、光化、自忠、南漳、枣阳、谷城、保康、钟祥（8 县）
湖北高等法院第三分院（恩施分院）	恩施、建始、来凤、利川、宣恩、咸丰、鹤峰（7 县）	恩施、建始、宣恩、利川、咸丰、鹤峰、来凤（7 县）	恩施、建始、宣恩、咸丰、利川、鹤峰、来凤（7 县）
湖北高等法院第四分院（沙市分院）	江陵、公安、石首、松滋、监利、荆门（6 县）	江陵、荆门、枝江、潜江、公安、石首、监利、松滋、宜都（9 县）	江陵、枝江、荆门、松滋、石首、公安、监利、潜江（8 县）

---

① 中国第二历史档案馆编《中华民国史档案资料汇编》第 5 辑第 3 编《政治》（1），江苏古籍出版社，1999，第 337～338 页。

续表

机关名称	管辖区域		
	1935 年	1947 年 3 月	1948 年 11 月
湖北高等法院第五分院（郧县分院）	郧县、房县、均县、竹山、竹溪（5 县）	郧县、均县、郧西、竹山、房县、竹溪（6 县）	郧县、均县、房县、郧西、竹山、竹溪（6 县）
湖北高等法院第六分院（黄冈分院）	黄冈、大冶、鄂城、罗田、蕲春、麻城、浠水、阳新、广济、黄梅、英山（11 县）	黄冈、浠水、广济、大冶、鄂城、罗田、麻城、阳新、黄梅、蕲春、英山（11 县）	黄冈、广济、大冶、麻城、浠水、鄂城、阳新、蕲春、罗田、黄梅、英山（11 县）

说明：抗战胜利后，湖北省于 1946 年 6 月 1 日完成司法复员，即至变动前（如 1947 年 3 月和 1948 年 11 月两个时间点），其各院司法辖域和 1935 年相同。

资料来源：（1）1947 年 12 月 10 日，司法行政部训令各省高等法院分院改以所在地为院名，参见《司法行政部关于实行将湖北省各高等法院分院改以所在地为院名并附发改订名称一览表的训令及湖北高等法院的训令等相关材料》（1947 年 12 月 10 日），湖北省档案馆藏，档案号：LS007－001－0042－0001。

（2）1935 年司法辖域情况，参见付海晏《变动社会中的法律秩序——1929～1949 年鄂东民事诉讼案例研究》，华中师范大学出版社，2010，第 44 页。按，原表似有两处问题：①第二分院"宜城"应为"宜昌"之误，本表已修正；②第五分院似遗漏郧西县，因国民政府时期，湖北省共辖有 71 县市（仅汉口为市建制）。

（3）1947 年 3 月司法辖域情况，参见《湖北高等法院及第一、三、五分院管辖区域诉讼当事人在途期间表》（1947 年 3 月），湖北省档案馆藏，档案号：LS007－005－0053－0001。

（4）1948 年 11 月司法辖域情况，参见《湖北高等法院所属机关及二审诉讼管辖区域清单》（1948 年 11 月），湖北省档案馆藏，档案号：LS007－008－0396－0003。

　　在此期间，湖北省汉奸案件的审判主体仍有一些因素值得注意。（1）最高法院湖北分庭。《最高法院设置分庭条例》，1943 年 7 月 20 日公布，第四条规定："最高法院分庭受理各该区域内不服高等法院或分院之裁判而上诉或抗告之事件。"[1] 最高法院湖北分庭在战时成立，于 1947 年 2 月 15 日撤销，[2] 汉奸审判开始后，该庭在存在期间仍有受理案件的法律依据，然而实践层面，上诉或抗告事件基本都转往南京最高法院，几乎未见该庭的踪影。原因可能在于最高法院分庭与各省高等法院关系密切，不仅同院办公，而且共享检察官和印信，这与汉奸审判的敏感性有关。（2）汉口改

---

[1] 《湖北高等法院关于抄发最高法院设置分庭条例的训令》（1945 年 1 月 8 日），湖北省档案馆藏，档案号：LS007－001－0009－0059。

[2] 《最高法院鄂分庭结束》，《和平日报》（汉口版）1947 年 2 月 16 日，第 5 版。

制院辖市。根据国民政府时期司法制度，"首都及院辖市，亦得设高等法院"。① 1947 年 8 月 1 日，汉口归行政院直辖后，并未按照规定设立高等法院。这可能出于两方面考虑：（1）国共内战期间，政府财政预算紧张，如汉口市改隶后，市府各局并未同时成立，而是先期成立财政局，后次成立工务局，"其余教育、社会等局，暂不设置，仍以原科管属"，② 更遑论建立编制庞大的高等法院；（2）汉口市原属湖北高等法院司法辖域，其院址就在一江之隔的武昌，诉讼管辖便利，并无叠床架屋之必要。

国共内战开始后，汉奸罪又有重归军法审判之迹象。1946 年 11 月 21 日，湖北高等法院转发司法行政部训令，要求将前颁《冀热察绥鲁及东北各省临时紧急军政措施办法》扩大适用于晋陕豫鄂苏皖各省，其第二项有两款规定如下："……（5）军法机关仍适用《惩治盗匪条例》、《妨害兵役治罪条例》、《禁烟禁毒治罪条例》、《陆海空军刑法》、《战时交通器材防护条例》。（6）行政督察专员及县长得兼军法官。"③ 湖北高等法院对该办法"并无限制司法机关不得管理该项案件之意"以及"所谓军法机关仍适用惩治盗匪等条例是否专指军人犯各该条例之罪而言"均有疑义。④ 1947 年 2 月，湖北省政府转发行政院训令，将《冀热察绥鲁及东北各省临时紧急军政措施办法》修正为《绥靖区及东北九省临时紧急军政措施办法》，其第二项第五、第六两款规定对应修改如下："（5）军法机关仍适用《惩治盗匪条例》、《妨害兵役治罪条例》、《禁烟禁毒治罪条例》、《陆海空军刑法》、《战时交通器材防护条例》，其受理案件应不限于被告为军人。（6）行政督察专员及县长得兼军法官，其职权依《县长及地方行政长官兼理军法暂行办法》之规定。"⑤ 湖北高等法院继续对该修正办法之施行区域产生疑问，认为其对绥靖区以外之县份没有提出明确说法。⑥ 在收到国民政府主席武汉行辕回复后，湖北方面确认，"临时紧急军政措施办法业经

---

① 中华年鉴社编印《中央政制》，1948，第 84 页。

② 《汉市府昨正式改隶》，《华中日报》（汉口版）1947 年 8 月 2 日，第 2 版。

③ 《湖北高等法院关于抄发冀热察绥鲁及东北各省临时紧急军政措施办法的训令》（1946 年 11 月 21 日），湖北省档案馆藏，档案号：LS007 - 001 - 0016 - 0020。

④ 《湖北高等法院关于冀热各省紧急军政措施办法在未奉令示前由司法机关仍旧办理的训令》（1946 年 11 月 30 日），湖北省档案馆藏，档案号：LS007 - 001 - 0016 - 0037。

⑤ 《湖北省政府关于转绥靖区及东北九省临时紧急措施办法的代电》（1947 年 2 月），湖北省档案馆藏，档案号：LS003 - 001 - 0489 - 0011。

⑥ 《湖北高等法院关于绥靖区各项案件仍应照旧及司法机关受理案件不用转请解释的指令及湖北高等法院第四分院的呈》（1947 年 4 月 30 日），湖北省档案馆藏，档案号：LS007 - 001 - 0151 - 0010。

国防部签准扩大适用，不以原划定绥靖区县份为限，其在本办法规定范围内以军法受理之案件，被告应不限于军人"。[1]

不久，事情发生了新的变化。1947年6月，司法行政部对行政院绥靖区政务委员会所提备案之《绥靖区及东北九省临时紧急军政措施办法》表示质疑，认为该办法第二项第五款与《中华民国宪法》第九条规定不无抵触，即"人民除现役军人外，不受军事审判"。[2] 对此，行政院方面商拟如下办法："（1）战地及戒严地区分别依《陆海空军刑法》第二条及《戒严法》适用军法审判，其被告不以军人为限。（2）军事尚未结束地域，由司法行政部特设巡回法庭密切配合部队行动，受理非军人为被告之案件。（3）巡回法庭人员得尽由国防部遴选合格军法官提请司法行政部派充之，以资熟手。（4）巡回法庭及其他各司法机关办理盗匪烟毒等特种刑事案件应由司法行政部严定考核标准，督饬切实遵照《特种刑事案件诉讼条例》办理，并将《绥靖区及东北九省临时紧急军政措施办法》第二项第五款条文修正为：战地及戒严地域适用军法审判，军事尚未结束地域由司法行政部特设巡回法庭密切配合部队行动，行使审判职权。"司法行政部回复称："查原指示第一点关于战地及戒严地域不问被告是否军人，概依《陆海军刑法》第二条及《戒严法》适用军法审判一节，按非军人犯《陆海空军刑法》第二条所揭之罪，虽应依该法论处，但依《陆海空军审判法》第一条第二款之规定，仍应由司法机关受理。至戒严时期接战地域内关于刑法上之罪得由军事机关审判者，《戒严法》第九条有列举之规定，警戒地域内司法机关之审判权，同法更无得变更之规定，是院令所称适用军法审判一语，尚不无斟酌余地。除呈请行政院声明备查并请暂缓设置巡回法庭，所有应由巡回法庭受理之案件暂由原有司法机关受理。"此后，司法行政部指示湖北高院："部令复以巡回法庭暂缓设置，所有应由巡回法庭受理案件暂由原有司法机关受理。至战地及戒严地域适用军法审判一节，并经部令释明自应遵照办理。"[3]

针对司法行政部的意见，国防部方面认为"尚难适应前方军事需要"，由部长陈诚签呈提出两项办法："（1）行政院发布之《修正临时紧急军政措施办法》第二项第五款暂缓实施，原办法有效期间延长至行宪前截止；

---

① 《湖北省关于废止临时紧急军政措施办法实施细则的代电》（1947年4月），湖北省档案馆藏，档案号：LS003-001-0489-0012。

② 《中华民国宪法》，陆军军官学校印，1947，第2页。

③ 以上往来公文均见《湖北高等法院关于抄发修正之绥靖区及东北九省临时紧急军政措施办法的训令》（1947年7月），湖北省档案馆藏，档案号：LS007-001-0029-0071。

（2）军法机关仍适用原办法第二项第五款所列《惩治盗匪条例》及《战时交通器材防护条例》，其余《妨害兵役治罪条例》、《禁烟禁毒治罪条例》归由司法机关办理。"1947 年 7 月 25 日，行政院第三次临时会议决议采用第一项办法，7 月 31 日国民政府最终决定以第二项办法进行备案，"该办法（指《修正绥靖区及东北九省临时紧急军政措施办法》。——引者注）第二项第五款之盗匪及战时交通器材防护条例两种案件仍归军法审判，其余烟毒等案件除战地或戒严地域外，由司法机关照旧办理"。① 鉴于《特种刑事案件诉讼条例》仍然有效，如果说前述临时紧急军政措施办法并未明确将汉奸案件列举在内，此时汉奸案件在战地或戒严地域实行军法审判已经是确定无疑的了。对特种案件实行军法审判虽与宪法条文不符，但国民党政权治下十年九乱，故不得不常有此自相矛盾之举。

结　语

以上对湖北省不同时期惩治汉奸的制度建置进行了系统梳理，这种制度建置主要指向的是检审规则，其基本情况是：在全面抗战前，汉奸罪名义上（法理上理解）归于司法审判体系，却由于自身的特点实际上作为一种军法审判类型在实践，因此其适用于一切军法审判规则，即检察审判权归于兼任军法官职权之专员和县长，各兼军法官得设置承审员及书记助理军法事务，其复核权归于该省最高军事机关或军委会指定之代核机关，军委会亦可以审核并掌握最高裁量权（前期还指向"剿匪"总部、军委会行营）；全面抗战时期，汉奸罪正式成立单一法例犯罪，明确划归军法审判序列，罪名和检审规则均无可争议，并随着抗战大局的好转，经历了由单一的军法审判向军法审判、巡回审判（司法审判的一种特殊类型）和司法审判多元并存的混合局面转变的复杂过程；抗战胜利后，在国民政府实施宪政和厉行法治的大背景下，汉奸罪虽名列特种刑事犯罪，但终于完全划归司法审判体系，然而不久，受国共战局的影响，汉奸罪的检审规则有重新回归军法审判的趋势——尽管这一变动违背法律原则。湖北省有关惩治汉奸的制度建置实践，折射出国民政府在试图推进司法近代化和应对重大危机挑战中的困境和其本身存在的缺陷。

---

① 《湖北高等法院关于修正绥靖区及东北九省临时紧急军政措施办法第二项第五款的训令》
（1947 年 9 月 20 日），湖北省档案馆藏，档案号：LS007 - 001 - 0029 - 0070。

中法西沙交涉与国民政府对法照会的
形成（1931～1932）[*]

郭　渊^{**}

提　要　20世纪30年代初法国趁中国国难之际，编造所谓"历史依据"，向中国提出所谓的西沙"主权"声称，挑起领土争议。为了维护西沙主权，国民政府外交部协同各部门，多方搜集和整理西沙文献，形成对法抗议照会，阐释中国拥有西沙主权的历史依据。然而终因国力有限，国民政府未能有效地制止法国的侵略，这为后来解决此问题留下了隐患。为驳斥法方谬说，国民政府整理的西沙主权历史证据和阐释的某些观点，奠定了以后对法交涉的基础。通过对中法照会的比较研究，可以看出中方对西沙拥有主权有坚实的历史依据。

关键词　西沙群岛　中法交涉　南海历史

西沙群岛地处南海航线要冲，与海南岛和岘港距离基本相等，掌控着北部湾（旧称"东京湾"）的门户，法国侵占越南后对此颇为注意。在中越历史上，双方对西沙群岛归属并无争执，法国在相当长的历史时间内对此无异议。迨九一八事变发生后，东亚局势动荡，中国倾耗国力应付时局，法国见有机可乘，挑起西沙主权之争。为了维护西沙主权，国民政府外交部协调海军部、参谋本部、内政部以及驻外机构和地方政府等部门，搜集西沙属我历史材料，并与法国展开交涉，法方一时理屈词穷。在驳斥

＊　本文系2022年国家社科基金重点项目"近代列强南海立场的演变与中国维权研究"（22AZD152）阶段性成果。

＊＊　郭渊，暨南大学中外关系研究所教授。

法方过程中，国民政府整理的西沙主权历史证据和阐释的观点，为以后进一步批驳法国的无理主张奠定了基础。然而国民政府海上力量未能有效地制止法国的侵略，这为后来解决此问题留下了隐患。目前国内外学者研究中法西沙交涉时虽涉及上述问题，但篇幅较小，① 本文拟在国内外档案基础上对上述问题进行探讨。

一　法国挑起西沙争议及国民政府搜集历史依据

20 世纪 20 年代末随着南海航运业的发展、西沙战略价值的凸显，法国担心英国、日本因战略原因占领西沙群岛，故着手搜集越南文献，编造所谓的"历史依据"，然而因时机不成熟而未采取实际行动。与此同时，中国地方政府虽多次批准商人开发西沙，但因中国军事力量在西沙少有存在，给法国采取行动留下了空隙。九一八事变后仅两个月，法国向中国挑起西沙主权之争。1931 年 12 月 4 日，法国外交部撰写了一份声索西沙群岛的照会，后因故搁置，至 1932 年 1 月 4 日始向国民政府驻法公使馆递交外交节略（照会内容之缩写）。② 法之照会列举了所谓"历史依据"，声称越南对西沙拥有"主权"，这标志中法西沙交涉的开始。该照会的主要内容有：（1）《大南一统志》记载阮朝曾创立由安永社 78 人组成的黄沙队，每年 3 月到西沙群岛（其称帕拉塞尔）采海物、打鱼，8 月返回；1816 年嘉隆皇帝在该群岛竖起国旗，以示正式占领；1835 年明命皇帝派了一个团

---

① 国内学者对国民政府外交部对决照会的形成过程进行了叙述，涉及外交部与内政部、海军部和两广政府的互动，主要进行了历史叙述，且内容简略。如李金明《抗战前后中国政府维护西沙、南沙群岛主权的斗争》，《中国边疆史地研究》1998 年第 3 期；黄俊凌《20 世纪 30 年代国民政府维护西沙群岛主权的对法交涉——基于国民政府外交档案所列史实和法理的探讨》，《边界与海洋研究》2020 年第 3 期。有的学者从法国档案的视角阐释中法之间的交涉，内容也较简略。如任雯婧《20 世纪初法国西沙群岛政策的演变——基于法国外交部 20 世纪 30 年代西沙群岛档案的考察》，《海南大学学报》（人文社会科学版）2018 年第 6 期；陈梁芊《20 世纪 30 年代初法国西沙群岛政策考论》，《边界与海洋研究》2024 年第 1 期；Monique Chemillier-Gendreau, *La Souverainete Sur Les Archipels Paracels Et Spratleys*, Panis: L'Huarmattan, 1996；浦野起央《南海诸岛国际纷争史》，杨翠柏等译，南京大学出版社，2017。

② 参见陈梁芊《20 世纪 30 年代初法国西沙群岛政策考论》，《边界与海洋研究》2024 年第 1 期，第 60 页。笔者查阅国民政府外交部欧洲司档案，1932 年 4 月 29 日，法驻上海总领事向国民政府外交部部长罗文干递交节略，亦提交 1931 年 12 月 4 日法国外交给国民政府驻法公使馆的照会副本。Legation de La Republique Francaise en Chine, Changhai, à Monsieur Lo Wen Kan, Ministre des Affaires Etrangerès, Nankin, le 29 avril 1932, 西沙群岛（一），国民政府外交部欧洲司档案，台北"国史馆"藏，档案号：020 – 049904 – 001。

体到某岛建塔、竖碑。（2）1898年"贝洛纳"（Bellona）号和"哈内吉·马鲁"（Unoji Maru）号两艘货轮在该岛失事，中国渔民偷窃船上铜块，英国驻海口领事向中国政府交涉，被告知西沙群岛不属于中国管辖范围。（3）1899年由于这些暗礁危及航行，印度支那总督有关部门曾为在西沙群岛修建一座灯塔而进行了全面的讨论。① 法国发出的这一照会，标志着中法西沙争议的开始。

九一八事变后，中国外交事务处理的重心是应付时局，故交涉西沙之事居于次要地位。中国驻法使馆接到法国照会1个多月后，使馆一等秘书暂代馆务谢维麟才将其呈报外交部。又1个多月后，外交部才与各部及地方政府沟通信息，研究应对办法，5个多月后才提出对法照会。可见，无论是驻法使馆还是外交部，处理该事的时间不可谓不长，从中亦可窥见政府平时疏忽于南海疆域的治理。此事发生后，外交部动员了各部门之力，多方搜集和整理国内外西沙文献，阐释其属我证据。

首先，与内政部沟通信息。应对西沙问题，首要之事为查清它的地理方位，及有关国际条约。1932年2月25日，外交部咨询内政部提出两条证据：（1）法国Guerin所著百科字典，七洲岛法文名为Iles Paracels，在北部湾入口之处，距离越南（旧称"安南"）海岸150英里，岛上产燕窝及鱼鳖，中国近海居民常往该岛采捕。（2）1887年中法越南《续议界务专条》第三款所载内容，"广东界务现经两国勘界大臣勘定边界之外芒街以东及东北一带所有商论未定之处均归中国管辖，至于海中各岛，照两国勘界大臣所画红线向南接画此线正过茶古社东边山头即以该线为界该线以东海中各岛归中国该线以西海中九头山及各小岛归越南"。外交部询问，法方所称七洲岛是否在中国管辖线之内，抑或即指两国勘界大臣所画红线以西海中九头山及各小岛而言，内政部如有史乘或图籍可稽，希望对此"抄示"研究。② 外交部所说载有西沙群岛的法国百科字典，为保尔·奥吉主编《插图本新拉劳斯百科辞典》第6卷，1898～1904年由巴黎拉劳斯书店出版，内中记载："帕拉塞尔（群岛），中国海的礁岛群，在海南岛东

---

① 《关于七洲岛问题事》（1932年4月29日），驻华法使馆照会，陈鸿瑜、俞宽锡主编《"外交部"南海诸岛档案汇编》上册，台北："外交部研究设计委员会"，1995，第162～165页。

② 《请抄示七洲岛问题之史乘或图籍以资研究由》（1932年1月25日，欧字第九八五号），外交部咨内政部，陈鸿瑜、俞宽锡主编《"外交部"南海诸岛档案汇编》上册，第146～147页。

南。中国渔民来该处寻找燕窝和龟壳。"① 3 月 8 日，内政部回复说，该部有一些图书资料，检送外交部有万国地图 7 张、广东省志 4 本，参考之处分别标签。但具体名称为何，未得其详。

其次，致函两广政府查核资料。两广地处南疆，对南海诸事管辖颇多，其中广东省政府负责西沙群岛的开发事务，在 20 世纪 20 年代西沙开发时曾请示过中央内务部。法方在照会中说"中国的一些当局一个时期以来却似乎否认安南的主权"，② 此处"一些当局"所指为广东省政府，即广东省政府曾明确宣示过西沙主权，反对越南主权声称。2 月 26 日，外交部咨询两广政府，除陈述上述内容外，又指出七洲岛系 6 个小岛组成，唯中国地图上并无七洲岛其名。对于法照会中所说近来中国对越南在七洲岛之主权有所怀疑，并以该岛为中国所辖一语，外交部询问："我国方面与越南政府对于该岛管辖问题似有争议之处，如果当地官厅向法方有所表示，所持理由有何根据。"③ 3 月 14 日，外交部再次致函两广，告之查洪懋熙所著的《最新中华形势一览图》，称该岛华名即是西沙群岛，亦称七洲洋，远悬海南，为我国最南之疆土，似已证明该岛为我国所管辖，"惟法方所称法律上之解释，查阅图籍，尚付阙如"。为此外交部询问道，两省对于该岛向来有何关系，"行政方面有无何种设施，或其他事实上充分之根据，足以反证法外交部节略所称各说之无当"。④

自 20 年代中期起，西沙群岛划归军事管辖区域，地方政府对群岛事务的管理，主要是进行经济开发活动。但从外交部询问地方政府的内容来看，它似乎不熟悉西沙的管理分工，而地方政府的答复一时也不得要领。3 月 21 日，广东省政府回复说，已令民政厅、建设厅，以及广州市政府查核此事。4 月 13 日，广东省政府将民政厅呈报的 1928 年沈鹏飞所编《调查西沙群岛报告书》一册寄送外交部；4 月 15 日，将建设厅呈报的 1928 年《西沙岛成案汇编》寄送外交部。广西省的回复较迟，基本未提供有价值的信息。4 月 16 日，广西省政府称接到外交部函后，责令"全边对泛督办"查报，后该办呈复称广西边境非近海，而广西与越南分界线又不完全

---

① 韩振华主编《我国南海诸岛史料汇编》，东方出版社，1988，第 561 页。
② 《关于七洲岛问题事》（1932 年 4 月 29 日），驻华法使馆照会，《"外交部"南海诸岛档案汇编》（上册），第 165 页。
③ 《关于七洲岛问题咨请查明见复》（1932 年 1 月 26 日，欧字第九九一号），外交部咨广东及广西省政府，陈鸿瑜、俞宽锡主编《"外交部"南海诸岛档案汇编》上册，第 148 页。
④ 《为七洲岛问题案事》（1932 年 3 月 14 日，欧字第一三三四号），外交部咨广东及广西省政府，陈鸿瑜、俞宽锡主编《"外交部"南海诸岛档案汇编》上册，第 150 页。

以河为界，查阅图籍，均无反证材料。① 由此可见，两广政府尤其是广东省政府在南海诸岛的调查、开发方面，承担主要责任，然而因掌握的西沙群岛资料不多，故未能立即提供有价值的信息。

最后，与琼崖地方政府联系。外交部因此前所搜集的《调查西沙群岛报告书》《西沙岛成案汇编》记载群岛出产、地形，但仍需对该群岛管辖事务有更多了解，故于 4 月 16 日致函琼崖特区长官公署，简略介绍法国照会内容，以及参谋本部、海军部所搜集的情报和反映的情况，指出该署经营东西沙群岛，有无该岛情形、史乘和图籍，以证明该岛为我管辖。② 琼崖特别区行政长官公署，管辖之地包括西沙群岛，然而接到外交部信函后近 1 个月未有回复。主要原因是，此时（4 月）该公署在海口始设办事处办公，各相关机构陆续建立，琼崖特别区行政长官伍朝枢曾呈请西南政务委员会委派公署秘书长、民政司长、教育司长、行政司长、建设司长等，各项事业才得以陆续开展。5 月初，法国公使因见 4 月初广东报纸载广东政治会议议决将西沙积存鸟粪招商投标开采，向外交部提出异议。外交部再次致函该署，指出该问题所在为该岛主权问题，故该岛管辖权问题不解决，我国经营该岛实业必遭法国阻难，责成该署详查地方政府管辖西沙之事。在此期间该公署着手办理此事，伍朝枢派人对西沙资料进行了整理和研究，6 月 6 日致电外交部，指出据档案记载，政府批商承办鸟粪开采之事已 10 余年，并列举 5 次商办岛务事实，请求外交部据此驳诘法使照会。不久公署又函送原广东省建设厅编辑股主任方观编写的《西沙群岛述要》和《西沙群岛招商承垦经过》给外交部，证明西沙群岛确为我管辖，属我版图。这些历史事实深刻说明中国政府对西沙的权源，并成为外交部对法照会的重要内容之一。

二 海军部对策建议及主权论政

西沙群岛为海军部管辖区域，在 20 世纪 20 年代中期筹议建气象台时，海军部就对该群岛进行过查勘，并警告盗采资源的日本人离开该群岛。1932 年 3 月 14 日，外交部协商参谋本部、海军部详查史乘、图籍，并希

---

① 《咨一件准咨饬查七洲岛问题一案经饬对汛督办查覆现据呈报桂越边界无七洲岛等情咨请转咨广东另饬东兴县查勘办理由》（1932 年 4 月 16 日，第一八六号），广西省政府咨外交部，陈鸿瑜、俞宽锡主编《"外交部"南海诸岛档案汇编》上册，第 160 页。

② 《为七洲岛问题一案事》（1932 年 4 月 16 日，欧字第二〇三七号），外交部致琼崖特别区长官公署函，陈鸿瑜、俞宽锡主编《"外交部"南海诸岛档案汇编》上册，第 161 页。

望提出西沙属我证据。海军部半个月后回复外交部（3 月 29 日），陈述中国管辖西沙的历史以及琼崖渔民生息于该群岛的事实，并剖析相关国际条约、英美航海文献进行论证，主要内容如下。

首先，海图记载西沙群岛为中国领土。海军部指出，西沙群岛范围在北纬 15°46′~17°07′，东经 110°13′~112°47′，为平沙不毛之地，按海图记载滩、堤、礁 10 处，岛屿 8 处，统名西沙群岛，在琼崖之东，相距 150 海里，距越南较远，计程 180 海里，"所在之海又系中国海 China Sea，览图便知其为中国领土"。① 海军部未说海图究系何图，应为业内周知之海图。根据该部提及 China Sea 来判断，似乎与英美航海文献所载之图有些关系，因"中国海"或"南中国海"（South China Sea）为英美航海图标绘南海的常用之名。

其次，按中法《续议界务专条》相关条款的记载，西沙应为中国领土。海军部指出，越南与广东交界之处，以竹山地方为址，约在北纬 21°30′，东经 108°02′，由此画线向南接画延伸，按照《续议界务专条》第三款所载，该线经过茶古社东边山头，海图上无此地名，虽不可查，但画线起点必由竹山交界处，"由此遵海而南，无论如何接画，而西沙远在该线之东，中隔琼崖大岛，决不为之圈入也"。② 外交部在致海军部信函之中，曾提及该条约（致其他机构的信函之中，亦提及此条约），但未对该条约与西沙关系进行法理上的说明；而海军部在信函中对《续议界务专条》解释得很明确，即西沙群岛在该线之东，应为中国管辖领土。这成为驻法使馆对法提出抗议照会的重要内容之一。

最后，西沙群岛为琼崖渔民捕捞之地。海军部指出，西沙群岛系珊瑚沙质，除永兴岛（茂林岛）堆积鸟粪可制肥料外，无移民价值，仅有琼崖人在此采捕海产为业，相沿至今，以此孤荒之地远距越南，从未闻有越南人在此居留，"安南各王凭何利益关系来此树碑建塔，况百年以前安南系我藩属，在此接近我国之境，私谋自由独立管领又系必无之事"。③ 海军部

---

① 《复西沙群岛为我国领土情形附同抄件请查照酌核办理》（1932 年 3 月 29 日，第一六三九号），海军部咨外交部，陈鸿瑜、俞宽锡主编《"外交部"南海诸岛档案汇编》上册，第 154 页。

② 《复西沙群岛为我国领土情形附同抄件请查照酌核办理》（1932 年 3 月 29 日，第一六三九号），海军部咨外交部，陈鸿瑜、俞宽锡主编《"外交部"南海诸岛档案汇编》上册，第 154~155 页。

③ 《复西沙群岛为我国领土情形附同抄件请查照酌核办理》（1932 年 3 月 29 日，第一六三九号），海军部咨外交部，陈鸿瑜、俞宽锡主编《"外交部"南海诸岛档案汇编》上册，第 155 页。

还指出西沙岛礁多处，法方所称树碑、建塔不能指明在哪一岛上。这就从经济利益、隶属关系（越南历史上为中国藩属国）等角度，阐述了越南不存在向西沙扩张的理由，而中国琼崖渔民利用舟楫之便，到西沙和南沙群岛谋取经济利益以安其生，其历史性所有权由此产生。海军部深刻指出："查远距大陆之岛，以何国人民住居其地，即为何国之领土。琼崖之人散处西沙海滨，筑庐而居，置舟而渔有悠久之历史。"①

海军部在复函中还提供如下史实，进一步充实外交部掌握的文献内容：（1）晚清时期两广总督派舰查勘西沙、宣示主权。1909 年，广东水师提督李准率同琼崖地方官王仁棠等，"乘广海军舰至西沙之茂林 Wooding Island（永兴岛——引者注）、林康 Lincoln Island（东岛——引者注）各地，竖旗鸣炮，公示布告中外"。②（该处有误，"广海"舰应为"伏波"舰和"琛航"舰）（2）英、美测量局所著航海指南，称中国政府于 1909 年已将西沙列入管辖范围。海军部还列出具体书名，并将有关内容作为附件寄给外交部，即英国海军部的《中国海志书》第 3 卷第 60 页（*China Sea Pilot*, Vol. III, Page 60），美国海军部的《亚洲航海指南》第 5 卷第 119 页（*Asiatic Pilot*, Vol. IV, Page 119）（两部书未说明具体年代）。③ 英美之指南的上述说法有误，因西沙自古为中国领土，但是肯定了西沙为中国所有。（3）晚清时期国际社会请求中国在西沙建灯塔，当为承认中国主权之证据。1908 年，西沙建设灯塔"以保航海安全一案成为国际问题，经由海关转据航业关系者之请求，呈请我政府建设灯塔，是国际间已认西沙属我领土"。④ 海军部未指明 1908 年究竟发生何事，是何组织推动海关总税务司，向中国政府提出建西沙灯塔的请求。（4）国际气象会议对西沙属于中国的承认。1930 年 4 月，远东气象会议在香港召开时，越南观象台台长法人勃鲁逊（E. Brugon）以及徐家汇法国天文台主任劳积勋（L. Troc），共同

---

① 《复西沙群岛为我国领土情形附同抄件请查照酌核办理》（1932 年 3 月 29 日，第一六三九号），海军部咨外交部，陈鸿瑜、俞宽锡主编《"外交部"南海诸岛档案汇编》上册，第 155 页。

② 《复西沙群岛为我国领土情形附同抄件请查照酌核办理》（1932 年 3 月 29 日，第一六三九号），海军部咨外交部，陈鸿瑜、俞宽锡主编《"外交部"南海诸岛档案汇编》上册，第 155 页。

③ 《复西沙群岛为我国领土情形附同抄件请查照酌核办理》（1932 年 3 月 29 日，第一六三九号），海军部咨外交部，陈鸿瑜、俞宽锡主编《"外交部"南海诸岛档案汇编》上册，第 155 页。

④ 《复西沙群岛为我国领土情形附同抄件请查照酌核办理》（1932 年 3 月 29 日，第一六三九号），海军部咨外交部，陈鸿瑜、俞宽锡主编《"外交部"南海诸岛档案汇编》上册，第 156 页。

请求我国代表，由中国建筑西沙观象台。另外，海军部对于法国外交部照会中所述 1898 年沉船被抢一事，指出该部无案可稽，其中与中国管辖无关之语，或为地方官吏误会地点所致。

上述之事多为近代以来确凿发生之事，均有案可查，除晚清时期两广总督西沙查勘宣示主权为中国政府行为外，其他例证均与他国政府关系甚大，均从不同角度肯定了中国西沙主权，这在一定意义上反映该国政府的意愿，因此具有浓重的官方色彩，并成为中国政府西沙主权论证的重要证据材料。海军部在信函中最后强调了琼崖渔民生息于西沙群岛的法理意义："总之，西沙仅有华人久居其间，即此一端，依法律上之解释，已属我国领土，他国不得主张权利。"① 海军部还认为广东省政府多年经营东沙、西沙岛务开发，其史乘、图籍可资补充证明。对于海军部回复外交部询问的主要内容，当时《中央日报》《益世报》《新天津》等报刊予以刊登，有的报刊还绘制舆图予以说明。

参谋本部掌理国防及用兵事宜，该部秘书室负有随时搜集与我国防上有关系之资料，以供国防建设之参考之责，亦掌握一些西沙地图和文献资料。1932 年 3 月 23 日，参谋本部回复外交部说，该部陆地测量总局查该局所存"广东十万分一图"，已将该岛编入，其余图籍无确切记载以供参考，电致广东省政府及测量局就近搜集有关系该岛史乘、图籍等资料。"广东十万分一图"似乎就是 1927 年 5 月广东陆军测量局绘制的《广东省十万分之一图幅联合表》，该图绘有西沙群岛。1932 年 4 月 6 日，参谋本部再致函外交部称，西沙群岛永兴岛（林岛）上有轻便铁道、码头、仓库等，"是否本国所建极待再行详查，俾作将来交涉之根据"，② 同时检附西沙群岛一万分之一地图两幅，又海图两幅以资参考。因这是部际信函往来，故参谋本部未说明这幅西沙地图的制图者及年代。

参谋本部向外交部提供的资料，与广东省政府、琼崖特别区行政长官公署提供的资料相比没有新的内容，但从外交部动员各部门广泛搜集文献资料的行为来说，参谋本部所做的工作有一定的积极作用。而在搜集文献资料过程中，各部门或机构向外交部提供的资料重复也属正常之事。1932 年 4 月 15 日，参谋本部致函外交部，将陆地测量总局提供的《调查西沙群

---

① 《复西沙群岛为我国领土情形附同抄件请查照酌核办理》（1932 年 3 月 29 日，第一六三九号），海军部咨外交部，陈鸿瑜、俞宽锡主编《"外交部"南海诸岛档案汇编》上册，第156 页。

② 《西沙群岛图四张请查照以备交涉由》（1932 年 4 月 6 日，贰字第七八号），参谋本部咨外交部，陈鸿瑜、俞宽锡主编《"外交部"南海诸岛档案汇编》上册，第157～158 页。

岛报告书》寄送该部，该信函由蒋中正署名。4月20日，外交部因查《调
查西沙群岛报告书》内关于西沙历史一章，系由编者摘自陈天锡所编的
《西沙岛成案汇编》，故函参谋本部予以查找。次日，参谋本部将该书一本
送至外交部。

总的来说，内政部、参谋本部以及广东省政府等机构所提供的资料，
虽然能从不同侧面说明西沙群岛属于中国，但是主要局限于资料本身，未
能在这些资料基础上对西沙问题进行历史和法理依据的分析。这反映出上
述部门对西沙历史与现状的把握不够深入。与此同时，无论是海军部还是
参谋本部都认为广东省政府应在西沙资料（历史文献、地图等）方面有所
储备，这亦是事理所当然（因该省组织的西沙开发持续进行，并对西沙进
行治理），然而广东省政府在这方面表现得不如人意。在这些部门之中，
海军部表现尤为突出。它在很短时间内，将中国拥有西沙的某些关键依据
整理出来，如条约、国外航海文献、国际会议等，使之成为国民政府对法
照会的主要内容，形成了民国乃至后来学者研究西沙乃至于南海问题的基
本思路和范式，从这一角度来说，海军部的历史贡献值得肯定。然而通过
对国内外航海文献或档案记载进行研究可知，海军部的某些说法存在不
足，甚至有错漏之处。

首先，英美等国在勘测基础上，出版多种航海指南之书，亦承认中国
对西沙等南海诸岛的主权，海军部在搜集、编译资料过程中，对此有遗
漏。陈寿彭海军部海道测量局1894年《中国海航行指南》（*The China Sea
Directory*）第3版第3卷，译出有关中国滨海的内容（节译本），题为《新
译中国江海险要图志》，该书对"中国南海之界"有记载："中国南海之
界，由赤道起循纬平行，迄于香港，其西界于马来地角（即新加坡、息
力、马刺加等处——原注）、暹罗滨海、东蒲塞、姑程支那、安南等处，
其东则介于婆罗洲之西北滨及非力屏群岛（菲律宾群岛——引者注）。"[①]
此介绍虽稍显笼统，但大体上指明了中国管辖之范围。它是英国长期实测
的结果，有对中国南海主权的明确承认。此外，美国海军海图官局1915
年、1925年出版的《亚洲航海指南》认为，西沙群岛"由两组主要的群
岛组成，即宣德群岛（Amphitrite）和永乐群岛（Crescent），以及一些暗礁
和小岛。它们在1909年已经被中国政府并入了版图"。[②] 这反映了国际社
会对西沙主权属于中国的共识，而这种共识亦是对中国渔民长期开发、经

① 陈寿彭：《新译中国江海险要图志》（七），台北：广文书局，1969，第1297页。
② 转引自王崇敏主编《南海海洋文化研究》，海洋出版社，2016，第119页。

营南海诸岛的一种承认。

其次，西沙建设灯塔以保护航海安全之事，有一历史发展过程，海军部说"经由海关转据航业关系者之请求"，为笼统之说。英国外交部 1925 年 12 月档案记述说，1912 年 10 月 29 日，香港"帝国商人服务协会"（The Imperial Merchant Service Guild）认为在西沙群岛一处岛礁竖立灯塔对海上运输很有必要，该建议后被提交给海关总税务司，然而江海关巡工司戴里尔（W. F. Tyler）执笔回复，反对在西沙岛礁上设立灯塔，故此事未果。然而在此历史时期，英国对中国西沙主权是承认和支持的。1920 年 2 月 23 日，英国驻东京大使馆电告英国外交部说，日本媒体传闻西沙群岛为日本占据。同日，英国外交部回复说，日本这种占领是不受欢迎的，并建议鼓励中国行使主权。① 1922～1923 年，英国怀疑日本伺机攫取西沙群岛，故通过海关总税务司再次提醒中国，竖立灯塔以彰显主权。英国担心其他列强在该地区的存在，会威胁到它在南海利益，故希望中国采取某种措施巩固西沙主权，以消除其他竞争者的野心。英国这一立场一直持续到 30 年代初。

对于海军部回复外交部询问的主要内容，《中央日报》认为外交部即将根据这些证据，"向法使逐条驳斥"。② 在中方酝酿法方照会之际，1932 年 3 月法国公然派兵占领西沙永兴岛，建坟墓一座，并向国民政府外交部和广东地方政府提出，西沙群岛"系安南领土一部分"。③ 为与法国外交部行为相呼应，4 月 29 日，法驻华使馆致函中国外交部，对于 3 月初广东政治会议决定将西沙群岛积存之鸟粪招商投标开采表示异议，声称自古以来西沙群岛主权属于越南。6 月 15 日，印支总督通过"第 156/SC 号"法令，把西沙群岛变成了承天省（中圻）的一个行政单位。④ 法国在与中国交涉之时，采取行政和军事手段兼并西沙群岛，并公然制造"历史证据"，企图按照当时国际法规定的领土占有步骤，渐次完成各种所谓的法律程序。这说明中方无论在外交还是在军事行动上都应有所表示，以彰显捍卫主权的决心，然而海军部未有西沙军事巡弋部署，其多次恳恳提出西沙建气象

① 郭渊：《英国政府对于在西沙建塔台的关注及主权立场（1910～1930）》，《军事历史研究》2019 年第 6 期，第 93、95 页。

② 《粤琼崖附近西沙群岛为我领土 法政府竟谓隶属安南 外部将对法严予驳斥》，《中央日报》1932 年 5 月 18 日，第 2 版。

③ 《西沙群岛 仍在法人觊觎中》，《益世报》1932 年 8 月 3 日，第 3 版。

④ 王静、郭渊：《中法西沙争议及西沙气象台的筹设》，《中国边疆史地研究》2013 年第 4 期，第 28 页。

台计划，亦因国家财政拮据而搁浅。

三　对法照会提出及双方立场

　　面对法国人咄咄逼人的态势，国民政府外交部于 1932 年 7 月 26 日，就西沙法律事实各点，拟详细驳复，指示驻法使馆向法外交部提出抗议照会，拒绝法对西沙群岛的主张。驻法使馆于 9 月 29 日，将上述训令主要点进行整理，向法提出照会，驳斥谬论。主要有以下内容。

　　（1）广东省政府在 1928 年对西沙群岛进行的勘查，为彰显主权之有力证据，而《调查西沙群岛报告书》对此有翔实记载。此外，《西沙岛成案汇编》亦对西沙历史、地理、国人开发等内容有记载。

　　（2）中法《续议界务专条》第三款对中越海上划界规定得很明确，"查安南与广东交界之处，系以竹山地方为起点，约在北纬二十一度三十分，东经一百零八度零二分，安南海岸且在竹山迤西，按照上述专条所载，由此遵海而南，无论如何接画，西沙远在该线之东，中间尚隔琼崖大岛，应归何国一览便知"。①

　　（3）广东省政府在 1921 年 12 月至 1932 年 3 月曾五次批准中国人勘探、开发这些岛屿资源的申请，法国政府从未提出异议。中国人长期利用这些岛屿，"历来仅有琼崖人在此采矿捕鱼为业，从未闻有安南人来此居留"。②

　　（4）香港远东气象会议（1930 年 4 月）建议中国在西沙建设观象台，这是国际社会早已认为西沙属我的确证，即法国自身亦有同样的表示。至于法所称的 1898 年沉没轮船及英国领事抗议一事是否属实，中国政府无案可稽。

　　（5）关于法国照会中引证的越南控制这些岛屿的证据，中国要求法方确定被（越南人）指称建造有塔和立有石碑的具体岛屿。外交部指出："法人摭拾安南一二遗史，牵强附会，据为口实，殊不知百年前安南系我藩属，于宗主国之领土境内，私谋独立占据之行为，当为事理所必无。"③

---

①　《令向法外部驳覆关于西沙群岛问题案》（1932 年 7 月 26 日，第四一八二号），外交部训令驻法使馆，陈鸿瑜、俞宽锡主编《"外交部"南海诸岛档案汇编》上册，第 187 页。

②　《令向法外部驳覆关于西沙群岛问题案》（1932 年 7 月 26 日，第四一八二号），外交部训令驻法使馆，陈鸿瑜、俞宽锡主编《"外交部"南海诸岛档案汇编》上册，第 187～188 页。

③　《令向法外部驳覆关于西沙群岛问题案》（1932 年 7 月 26 日，第四一八二号），外交部训令驻法使馆，陈鸿瑜、俞宽锡主编《"外交部"南海诸岛档案汇编》上册，第 188 页。

中国对法抗议照会的提出，距离法方发出的照会约半年之久，所提出中国拥有西沙群岛的主权的历史和法理依据颇为充分，法国照会约 600 字（译文），而中国照会约 1500 字，对法国提出的所谓西沙为越南所有的"历史依据"一一进行了驳斥。在接到中方照会后，法方自知理亏，岁内无答复中方之语（其间中方曾多次敦促）。

此次对法西沙照会的提出，是由南京国民政府外交部组织协调，内政部、海军部等部门以及两广省政府参与，并从不同方面收集历史文献、地图，提出对问题的看法或对策（海军部贡献尤多），这在南海历史上还是首次。这些政府部门的合作，对外交部对法照会的形成，起到了重要的铺垫作用，其所采取的范式和内容，成为以后对法交涉的基础。外交部等部门此后又不断查找资料，对某些内容进行补充和加强，这使对法交涉的历史依据颇为充分和客观，并为后来政府和学者研究南海历史奠定了基础。

在对法照会的形成过程中，琼崖渔民在南海诸岛的生产生活引起官方的高度关注，并赋予渔民活动在维权方面重要的法理意义。无论是晚清对西沙的勘查，还是进入民国后广东省政府对西沙的几次调查，对海南渔民虽有记载，但并未将之与领土的建设和巩固直接联系起来。在此次对法照会中，国民政府外交部指出："何国人民首先占领与继续不断的居住其地，即为何国之领土。琼人散处西沙，筑庐而居，置舟而渔，有悠久之历史。"①

与之相比，法国照会虽提及 19 世纪越南的"黄沙队"奉命在西沙海域活动，但并未有越南人在西沙群岛上的确凿证据，甚至 20 世纪初越南人在西沙海域活动也鲜见记载。法国人所举的"详远略近"之例证颇令人费解。按照事物发展规律，某一地域应是越到近代，活动人群越多，记述亦越详细和准确。更何况自晚清起中国政局动荡，对海洋事务的管理相对薄弱，这无疑为他方在中国海域进行某种活动提供了条件，但鲜见越南人在群岛活动的记载，当然就更谈不到留下什么痕迹。再从第三方的角度来看，自 18 世纪以后英、美等航海国家对西沙、南沙群岛持续进行水文测量，有对海南渔民活动及痕迹的记述，但未有对他国之人的记载。由上述内容可得出如下结论。

一是法国人举出阮朝时期的事例，应是发生在越南近海之处的海上捕捞活动。韩振华、李金明、戴可来等专家从南海史地、南海船运等角度，深刻而全面地论证了法国及越南人所说的"黄沙岛"是越南的近海岛屿，与中国

---

① 《令向法外部驳覆关于西沙群岛问题案》（1932 年 7 月 26 日，第四一八二号），外交部训令驻法使馆，陈鸿瑜、俞宽锡主编《"外交部"南海诸岛档案汇编》上册，第 188 页。

西沙群岛没有关系。从发生学和现象学角度看，当时越南近海的人口数量和生存状况，还不足以促使其到充满风险的几百海里之外的西沙海域进行捕捞作业。英国人指出，在19世纪越南近海很多资源丰富的大岛屿尚未开发、人口稀少，更遑论去开发几百海里之外的荒凉的西沙、南沙群岛了。

二是在古代东方国家对海洋领土的取得不同于西方，一般是民众的自发探险、开发在前，迨其生息相当长历史时期后再得到统治者的确认，因为这涉及人口的管理、税收政策的推行等因素，尤其是边疆秩序的稳固，在此过程中国人自然而然地将其视为本国领土；在近代西方人东来之前，中国人民平和、持续地在群岛生产生活，并未有其他外来因素的干扰。这种长久以来形成的南海历史性权利，也得到了中国政府的确认和肯定。例如，晚清政府派舰船查勘西沙、宣示主权；进入民国后广东省政府对民众开发岛务进行规范管理，并多次制定开发西沙资源的规则或简章。上述举动是对中国西沙主权的巩固。

自18世纪起，西方国家一般是按照国际法的程序——发现、先占和时效占领来确定土地的归属。中国政府在巩固对西沙治理之时，无论是法国殖民者还是越南均未对中国西沙主权提出异议，这实际上等同于默认。对于越南人自近代以来少有西沙活动的现象，越南人辩解说，法国对越南的侵略，致使"黄沙队"停止了在西沙群岛的活动。[1] 然而，他们未拿出确凿证据来证明此事的存在，如法国人颁布何种政策、法令或者行动使"黄沙队"停止活动。实际上，自近代以来法国人不断对越南、中国南部进行侵略，中法战争之后两广就成为法国势力范围，不过琼崖之人依然到两群岛进行捕捞作业，其活动基本上未受影响。由此或可见越南上述托词的虚伪，这亦可证明越南人根本对两群岛不感兴趣，未有远行的动力存在，所以法驻越南高级专员在1929年调查西沙历史时说："现在安南和帕拉塞尔似乎没有什么关系，沿海渔民和船主大都不知道这些岛屿的存在，更没有任何人到那里去。"[2]

国民政府对法照会之内容可谓是有理有据，然而与法对中国照会的形成时间相比（1929～1931），中国照会的提出还是略显仓促（半年），所收集的资料主要是近30年来中国对西沙的勘查和开发。因受所收集资料内容的影响，且未进行疆域实际调查，故对法照会中说西沙群岛为"中国最南

---

① 阮雅等：《黄沙和长沙特考》，戴可来译，商务印书馆，1978，第48～49页。
② 郭渊：《20世纪10～20年代法国对西沙群岛的认知及政策》，《暨南学报》（哲学社会科学版）2017年第7期，第74页。

之疆土"一语，就成为后来法方攻击中国捍卫南沙主权的一个由头。同时，在对法照会提出之时，国民政府未深入分析西沙局势，对法国殖民者在西沙群岛的活动未有掌握，致使其对法交涉仅限于外交辞令，对西沙局势的走向缺乏预判。

国民政府海军部在搜集西沙属我的历史依据及对策方面贡献颇多，然而在法国不断向西沙渗透的形势下，其所提出的西沙气象台因资金问题一筹莫展，亦未为吓阻对手侵扰西沙而采取应对措施（如巡海、建西沙气象台和灯塔、明确边界等），实际上在相当长时间处于无所作为状态。广东省政府依然按照惯例招商承办西沙岛务，虽有不准承办公司招收外股的规定，但未有应对他国侵扰的办法。广东地方军队虽有海上远航力量，即在当时情况下有巡弋两群岛之力，但因内部争斗徒然损失国防力量，而无暇顾及民族长远利益。在某种程度上可以说，中央和地方未形成捍卫南海权益的合力。

通过对国民政府外交部对驻法公使馆的指示、公使馆对法照会的文本分析，可看出中国的思维主要局限于对法交涉，未对法方的外交动向、法国及殖民机构的意图、法对中国交涉的目的和底线进行分析。驻法公使馆未对上述内容收集信息、预判，不得不说在对法照会的形成过程中，公使馆的作用表现并不明显，在某种程度上处于一种被动状态（此时外交部和驻法公使馆对西沙交涉之事沟通不多，自 1932 年 1 月 7 日驻法公使馆将法之照会致电国内，至该馆 9 月 29 日向法提出抗议照会，其间仅有 7 月 26 日外交部对该馆的对法照会的指示，而再无其他交流）。这不排除其受下述外交环境的影响：此时中国面对日本侵略的困扰，驻法公使馆需要展开对法外交攻势以寻求援助，似乎未将西沙交涉之事放置在重要位置上。然而西沙主权争议和寻求外援支持中国抗日，在性质上完全不同，更不能相互替代，故所采取的对策和手段也应不同，驻法公使馆未认清此问题，故其对西沙局势的把握表现出一定的历史局限性。

20 世纪 30 年代，法国向中国提出的西沙主权声称，以及编造的所谓"历史依据"，在一定程度上唤醒了中国的西沙主权意识。国民政府海军、交通、财政各部协商筹建西沙气象台，以及地方政府鼓励商人开采西沙资源，正是在上述背景下发生的。尽管由于国力衰弱，国民政府与法之交涉亦无果而终，但是由此而阐释西沙主权论证的思路启迪了后人。

第一，法国所持西沙属越南的"历史依据"的行为，促使国内各界对西沙属我历史资料的整理和搜集。为论证西沙主权属我论据，以外交部为核心，沟通和反馈国内外各方面信息，在此过程中无论是中央政府、军事各部门，还是驻外机构和地方政府都积极配合。海军部部长陈绍宽、广东省政府主席林云陔、外交部两广调查员甘乃光、琼崖特别区长官公署伍朝枢等人忧国于时，动员所属部门人员，征集材料。甘介侯在1934年8月29日致外交部的电文中说，搜集西沙主权证据一事，已与广东省政府、广东省建设厅、琼崖绥靖委员会、国立中山大学联系，并将搜集资料邮寄过去。① 另外，海军部将英国航海文献《中国海志书》第3卷中西沙群岛英文部分查阅出来，提供了外文翔实资料，揭开了国内研究国外南海文献的序幕。国内各界对资料的搜集，主要侧重于近代以来的条约、地图、书籍、国际会议等，如《西沙岛成案汇编》《调查西沙群岛报告书》，成为当时研究西沙历史的基本书籍，也成为论证主权的关键材料。由于以中央和地方政府作为后盾，从参加调查的组织机构以及人员来看，这是此前西沙调查活动所无法比拟的，所取得的历史资料成为后来研究的基础。

第二，主权论证应与捍卫行动紧密地结合起来，只有后者才能更好地体现主权的存在。国民政府一些官员和有识之士已经意识到这个问题，提出筹建西沙气象台的计划。1934年5月24日，海军部呈文行政院指出，应利用有利时机加快西沙台的建设，"在此设台，且足慰外国航船安全之希望，是又于国防主权之外，兼符国际信用"。② 然而因为国民政府财政捉襟见肘，最终建台计划被搁置了。自民国建立后，广东地方政府多次批准商人承办西沙岛务，为此制定了西沙开采章程，并且明令禁止外国商人投资入股。这种通过经济方式以巩固主权的政策收到一定成效，他国商人牟利行为受到阻止，20年代广东商人何瑞年因勾结日本人开采西沙资源被勒令停止就是一个例证。然而面对他国在南海的武装行为，中国商人不仅无法阻止而且成为对方威胁的对象，无论东沙岛还是西沙群岛都出现此类事件，中央和地方政府虽然诉求外交手段进行交涉，但往往无果而终。由此可见，只有加强军事力量才能有效地保证海洋国土安全，海洋开发之业才能平稳进行。

在中法主权论辩时，法方所持的所谓"历史依据"自始至终未有大的变化，这在一定程度上体现出法方所持"依据"的有限，以及交涉中的被

---

① 《密（检送东西沙岛成案汇编及调查西沙群岛报告书二册）》（1934年8月29日），外交部五省视察专员甘介侯呈外交部，陈鸿瑜、俞宽锡主编《"外交部"南海诸岛档案汇编》上册，第231页。

② 《呈行政院　呈陈西沙设台应行赶办各缘由乞鉴核示遵由》，《海军公报》第60期，1934年，第349～350页。

动。反观中国方面，随着资料搜集工作的不断进行，对法方的驳斥逐渐深入，可以说是切中要害，致使法方一时理屈词穷。虽然法国挑起的西沙主权之争，促使国民政府着手搜集和整理西沙文献、地图，阐释西沙主权属我的历史依据，但是仍应看到，中方对法的驳斥主要是针对法方所提的"依据"，至于法理上的论证，虽有涉及但不深入。同时，国民政府对西沙资料的搜集主要侧重于近现代，而对中国古代文献、舆图中的丰富资料基本上未着手梳理。这或许是因为这些资料散布于各处，需要专门人才进行整理和考辨，这绝非短时间内可以完成的，何况当时急迫的交涉情况也不允许做这方面的工作。然而毕竟国民政府此时做的工作，为后来南海舆图绘制、命名地名等工作做了一些铺垫，其在这方面起到了一定的历史积极作用。

太平洋战争前夕英国对日本争夺上海公共租界权力的因应

李泽晖 *

提　要　随着侵华战争陷入僵局，日本与英美在中国的矛盾逐渐加深，上海公共租界先前的权力平衡开始被打破。1940 年工部局选举中，基于租界内英日宿怨，日本侨民向主宰租界秩序的英国势力发出挑战，双方围绕董事会选举展开竞逐。英方在选举中所采取的不名誉的竞争手段，使得日本侨民加剧了自 1936 年工部局选举惨败所形成的悲情心态，而由于在欧战战场上陷入不利，英国在帝国利益的权衡下最终选择撤离驻沪军队。在日侨日益增长的反英情绪之下，缺少母国支持的英侨逐渐陷入了进退失据的局面。随着标志着日侨反英情绪达到危险阈值的林雄吉事件的爆发，英侨只能在董事会席位问题上对日妥协。英国在公共租界权力争夺中的妥协，是其欧战受挫下权衡帝国利益的无奈之举，也是其对日侨民族情绪不当因应所酿成的恶果。

关键词　上海公共租界　英日关系　太平洋战争　工部局

1937 年日本全面侵华，加速了华盛顿体系的崩解，上海公共租界中的西方在华势力还在竭力维持着与日本之间脆弱的权力平衡。随着对华战争陷入僵局，日本参谋本部作战部部长田中新一认为，在当时的情况下，只有将中日战争置于"综合欧亚的国际大变局"中才能够破局。[①] 1940 年，欧战战场上英法的节节败退为日本提供了改变远东格局的机遇，其决定

---

　*　李泽晖，南京大学历史学院硕士研究生。

①　川田稔：《日本陆军的轨迹（1931～1945）——永田铁山的构想及其支脉》，韦平和译，社会科学文献出版社，2015，第 242 页。

"抓住这次千载难逢的机遇",① 迅速夺取英国在远东取得的现有利益，从而为"东亚新秩序"的设立扫清障碍。

日本此种对英竞争的政策转向，大大加剧了其在远东地区与英美等列强的紧张态势，并进而鼓励了上海公共租界中本与英国积怨已久的日本侨民，权力平衡开始被打破。由此，围绕着公共租界工部局董事会选举活动，英日双方在"孤岛时期"②的公共租界展开了激烈的权力争夺。就太平洋战争爆发前的上海公共租界而言，由于英美等列强在租界内所拥有的巨大利益，日本对于租界的侵夺便具有了侵略中国与挑战英美的双重属性，从而深刻影响着抗日战争乃至远东形势的发展。

目前，学界聚焦全面抗战时期英日争夺公共租界权力的论著并不多见，③ 少数涉及这一问题的著作也由于缺乏对于日本侵略行为背后海外日侨心态及其所处社会权力结构的认知，加之对英美等国档案材料利用不足，未能将英日公共租界之争这一"战场之外"的重要外交纠纷置于远东秩序更替的大背景之下进行综合性的考量。因此，本文拟综合运用英日美等多方材料，将英日公共租界权力争夺重新置于远东大背景之下进行分析。

一　公共租界权力结构与英日宿怨

经过长时间的发展，在太平洋战争爆发前夕，上海公共租界已经形成了一种相对稳定的权力结构。这一权力结构主要由两个机构组成：其一是租界最高权力机构纳税人会议，其二则是负责租界具体行政管理事务的工

---

① 伊恩·克肖：《命运攸关的抉择：1940～1941 年间改变世界的十个决策》，顾剑译，浙江人民出版社，2017，第 98 页。

② 用"孤岛"一词来形容上海（特别是公共租界），一般认为始自淞沪会战上海沦陷后，上海民众用其表达身处敌围之中"艰苦备尝"的凄惨心境。关于"孤岛""孤与不孤"，从民众心态与人员、物资流动等方面，时人与后世学者都存在争论，如 1938 年第 6 期的香港《大风》旬刊上，就刊登有从国家认同角度来论述的《孤岛不孤》一文；有后世学者认为，淞沪会战后物资、人口、资金大量涌入"孤岛"，使其成为连接重庆国民政府的抗日据点，因此上海"非孤岛"。此处使用"孤岛时期"一词，并无意加入此类争论，仅沿用学界对于这一时期的惯常称呼，描述这一时期公共租界遭到日占区包围的严峻形势。详见高纲博文主编《战时上海（1937～1945）》，陈祖恩等译，上海远东出版社，2016，第 5 页。

③ 相关研究有甘慧杰《论孤岛时期日本对上海公共租界行政权的争夺》，《档案与史学》2001 年第 6 期；房建昌《太平洋战争爆发前夕日本对来沪德国犹太难民的利用——1940 年上海公共租界工部局董事会选举记》，《德国研究》1997 年第 4 期；等等。

部局。由于日本试图在尽可能维持租界现状的前提下夺得权力，① 公共租界中的英日权力争夺便围绕纳税人会议与工部局构成的租界权力体系展开，外在表现为两种主要形式：工部局董事会年度选举中的董事席位之争和纳税人大会中的议案与修正案之争。两者之中，最为激烈与重要的无疑是工部局董事会的席位之争。

工部局董事会的席位之争源自日本对现行"君子协定"② 的不满。董事会初设时，租地人会议选举出了 7 名租地人组成了第一届工部局董事会，③ 随后，董事的人数不断增多，逐渐从 7 人、9 人增至 12 人、14 人。到了 1930 年，各国就董事名额的分配形成了不成文的协定，即董事会中华籍董事与英籍董事同为 5 人，美籍与日籍董事则各占两席。④ 20 世纪 30 年代，随着在沪日侨人数的不断增加，以"土著派"⑤ 日侨为首的在沪日侨日益不满于英国方面对于工部局的控制，认为逐渐崛起的日侨已经拥有了占据董事会三席的实力。⑥ 基于此种认知，在"土著派"日侨组织日本人各路联合会的领导下，日侨于 1936 年的工部局选举中公然挑战现行协定，推选出了三位候选人——卜部卓江（T. Urabe）、山本武夫（T. Yamamoto）与乡敏（T. Go）来争夺工部局的董事席位。⑦

然而，日侨公然打破现行协定的行为引发了英美侨民的广泛不满，在英美联合阵线的抵抗之下，1936 年的工部局董事会选举以日方的惨败

① 在太平洋战争爆发、日军接管公共租界时，日本提出将"原封不动地保持租界的繁荣"及"保持上海国际都市的特性"作为公共租界接管的原则之一。详见高纲博文《战时上海的"租界问题"》，陈祖恩译，《史林》2007 年第 1 期；兼见 JACAR（アジア歴史資料センター）Ref. C04122349100「陸支密大日記第 35 号　2/2 昭和 15 年」（防衛省防衛研究所）。

② "君子协定"一词译自档案原文，并不代表本文观点。工部局董事会的席位之争本质上是列强瓜分侵华利益的行为，与"君子"一词形成鲜明讽刺。

③ 马长林：《上海的租界》，天津教育出版社，2009，第 23 页。

④ Robert Bickers, "Shanghailanders: The Formation and Identity of the British Settler Community in Shanghai 1843 – 1937," *Past & Present*, No. 159, 1998, p. 168.

⑤ "土著派"日侨指居住在虹口、闸北等地，经营中小企业的一般民众，其特征为相信日侨群体在工部局董事选举中的竞争力，偏向于采取激进做法来与英方争夺席位。"土著派"的名称是相对于在沪日侨中的精英阶层"会社派"而言的，后者往往居住在旧英国租界中，为大银行与大企业的主要经营者。详见高纲博文《上海日本侨民社会的形成、组织及其经济"权益"》，末武美佐译，《台湾师大历史学报》（台北）第 51 期，2014 年，第 270 页。

⑥ 石射猪太郎『外交官の一生』読売新聞社、1950、207 – 250 页。

⑦ 《第四六七四号（西历一九三六年三月十四日）：为选举本局董事及地产委员事》，《上海公共租界工部局公报》第 7 卷第 13 期，1936 年。

告终。① 选举结束日（3 月 24 日）晚上，日侨选举委员会会长林雄吉（Hayashi Yukichi）与 120 多名日本官员和社区领袖按照惯例②在日本人俱乐部聚会。在聚会上，林雄吉用刀刺破手指，在手绢上写下了"深感责任"的血书，③ 表示自己对此次选举的失败负有全部责任。据日方媒体《上海每日新闻》（Shanghai Mainichi）报道，在林雄吉做出这一举动后，"一时之间，整个俱乐部陷入了寂静"。④

此番选举中英日双方前所未有的竞争态势，使得长久以来原有协定在二者间维持的平衡状态被彻底打破。⑤ 正如董事候选人之一的山本武夫在 24 日的日侨宴会上所言，"选举结果表明，在沪日侨是孤立无援的，因此，我们必须增强自身的力量"。⑥ 日本侨民将自身的失败部分归咎于英国等国侨民的压迫，认为其基于歧视的敌视态度使得日侨群体无法达成自身的合理诉求。公共租界工部局选举中的英日宿怨由此产生。

二　1940 年工部局董事会选举竞争

遭受了 1936 年工部局选举的失利后，在沪日侨进入了一段时间的蛰伏期，以"会社派"为主导方的谈判成为日侨增强自身话语权的主

---

① 本次选举中，七位英美候选人均以超过 1800 票的高得票数当选董事，三位日籍候选人则分别获 880 票、875 票、874 票。详见 "Status Quo Maintained by S. M. C. Elections," *The North-China Herald and Supreme Court & Consular Gazette*（1870－1941），Mar. 25，1936，p. 527；《沪工部局西董选举揭晓》，《中央日报》1936 年 3 月 25 日，第 3 版。

② 在选举最后一天的晚上，日侨候选人与竞选的主要工作人员会围坐在日本人俱乐部楼上的中餐桌前，宣布并庆祝选举结果，这是在沪日侨的惯例，详见石射猪太郎『外交官の一生』207－250 页。

③ 石射猪太郎『外交官の一生』207－250 页。

④ "New Election Ordered by the Consuls," *The North-China Herald and Supreme Court & Consular Gazette*（1870－1941），Apr. 1，1936，p. 15.

⑤ 在此之前，由于各方对于董事会席位原有协定的遵守，选举产生的各国董事比例得以维持。在这种情况下，由于日侨总是推选等于自身名额的候选人，选举自然成为英美各自侨民内部的竞争，不会涉及国与国之间的竞争，从而激化各国侨民之间的矛盾。而由于日侨对于原有不成文协定的遵守，英美侨民出于礼貌方面的考虑，往往会将自己的选票投给日方的候选人，再加上日侨自身群体的凝聚力，日方候选人往往能够在候选人中得到最多的票数。因此在过往的选举中，英日之间能够基于原有协定形成相对和平稳定的选举模式。详见石射猪太郎『外交官の一生』207－250 页。

⑥ "Nipponese Formally Ask Invalidation of Settlement Elections," *The China Press*，Mar. 26，1936，p. 2.

要方式。^① 因此，在 1937 年至 1939 年的三年间，日方并未在工部局选举中向英方发起贸然进攻，^② 这使得公共租界内的紧张气氛稍稍缓解。然而，同一时间，英国与日本的冲突正随着中日战争及欧战局势的发展而不断变化：1937 年淞沪会战后，虽然日本并未直接接管公共租界，市区的日本驻军还是大大加剧了英日之间的紧张态势；随后，在整个中国的范围内，日本不断挑战着英国在华的既得利益，英日关系也在 1939 年天津事件爆发后达到了空前紧张的态势。受到此种大环境的影响，公共租界中的英日侨民虽未在工部局选举中再次发生直接冲突，二者间的宿怨却又因母国间的冲突而加深。

当时间来到 1940 年，由于 1937 年以来的谈判方式并未能够取得预想中的成效，加之在沪日侨人数逐年激增，^③ 日侨重新产生了通过赢得工部局选举来夺取公共租界权力的想法。为此，他们除了在提高现有选民参与度^④与拉拢他国侨民^⑤方面采取行动，还通过利用《土地章程》规则漏洞的方式大量增加了自身群体所拥有的选票权：《土地章程》规定，一个人可以同时代表公司与所租土地投票，因此，通过将大产业细分为众多小产业的方式，日侨群体可以快速增加拥有投票资格的日籍纳税人的数量。据估计，通过补缴过期税款和细分产业的方式，日侨将自身的选票从 800 张左右增加到了超过 3000 张。^⑥

而对于公共租界中的英侨而言，早在 1939 年，在沪日侨人数的不断增加就已经引起了几位英侨领袖的警觉。因此，在 1939 年 12 月召开的会议上，与会英侨代表商议决定，通过转让与分割土地的方式增加英侨的选

---

① 藤田拓之「『国際都市』上海における日本人居留民の位置―租界行政との関係を中心に」『立命館言語文化研究』21 巻 4 号、2010 年 3 月、129 頁。

② 出于上述考虑，1937～1939 年日侨并没有再度增加候选人的数量，这三年的董事会选举也都因为候选人没有超过董事限额而取消。详见《要闻简报》，《大公报》1937 年 4 月 1 日，第 7 版；"S. M. C. Election Not Necessary," *The North-China Daily News*，Mar. 27, 1938，p. 10；《工部局发表本年度西董日董候选人仅有九名无须投票定廿日与五华董同时就职》，《申报》1939 年 4 月 5 日，第 9 版。

③ 1937 年，上海日本居留民的人数仅为 23672 人。而随着七七事变的爆发，这一数字迎来了爆炸式的增长：1938 年在沪日侨人数达到了 34676 人，1939 年达到了 51093 人，1940 年达到了 65621 人，1941 年甚至达到了 87277 人。详见藤田拓之「『国際都市』上海における日本人居留民の位置―租界行政との関係を中心に」『立命館言語文化研究』21 巻 4 号、2010 年 3 月、122 頁。

④ 「選挙当日注意事項」『大陸新報』1940 年 4 月 9 日、（一）。

⑤ 《工部局董事竞选英美阵线极巩固》，《申报》1940 年 4 月 4 日，第 9 版。

⑥ "Japanese Packed Voting List Failed to Win," *The China Weekly Review*，Apr. 13，1940，p. 1.

票，从而对抗日侨在来年选举中的威胁。① 对于这一策略，英国政府也通过授予总领事免收转让手续费用的权力，② 表达了自身的支持。在得到了英侨社区与英国政府的支持后，英侨选举委员会和由《土地章程》问题专家组成的执行委员会就开始了 1940 年选举的准备活动，其活动主要包括两个方面：一是通过各种方式（主要是上文所述的转让与分割战略）增加英侨选票，二是提高现有选民的参与度。③ 经过委员会的辛勤工作，英侨增加选票的策略很快就显示出成效：1940 年 2 月 23 日的投票名单显示，英侨所拥有的选票数量从 1939 年 12 月 22 日统计时的 1325 张增加到了 2190 张，这一增加量远远超过同期日侨 272 张的增加量。④

　　临近选举的 1940 年 3 月 8 日，为了了解现有工作的开展情况，总领事乔治再度组织召开了一次选举委员会会议。会议上，选举委员向与会代表报告了准备工作的开展情况，表示虽然英侨选票已经达到了 2700 张（其中 146 张仍然处于准备的流程之中），但日侨方面也通过相似的方式将自身的选票增加到了 3150 张（200 张处于流程之中）。⑤ 同时，工部局方面传来的消息显示，日侨正将转让与细分的策略利用到极致——他们不仅对办公室采取这种策略，更对住房乃至仓库进行转让与细分，⑥ 在一些情况下，居住在一栋房子里的三名日本人甚至表示他们分别支付租金，从而要求获取三张选票。对于日侨的这一做法，英国总领事试图督促工部局方面采取措施来审核日籍投票人的选举资格，但工部局总裁费利溥（G. Godfrey Phillips）表示，这一做法会使得英侨的选票也相应减少，并且由于选举的日期将至，已经来不及再对选民进行资格审查。⑦ 因此，总领事也只能作罢。

---

① British Consulate-General to His Majesty's Ambassador, March 18, 1940, No. 165, FO371/24683, pp. 214 – 215（档案原件藏于 TNA，本文 FO 档案则均引自 AMD 数据库，下文所标注页码如未特殊说明，均为 AMD 数据库中档案的 pdf 格式文件页码）。

② British Consulate-General to His Majesty's Ambassador, March 18, 1940, No. 165, FO371/24683, p. 214.

③ British Consulate-General to His Majesty's Ambassador, March 18, 1940, No. 165, FO371/24683, p. 216.

④ Voting List, February 27, 1940, No. 165, FO371/24683, p. 231.

⑤ Minutes of a Meeting of British Election Committee, March 18, 1940, No. 165, FO371/24683, pp. 234 – 235.

⑥ British Consulate-General to His Majesty's Ambassador, March 18, 1940, No. 165, FO371/24683, pp. 222 – 223.

⑦ British Consulate-General to His Majesty's Ambassador, March 18, 1940, No. 165, FO371/24683, pp. 226 – 227.

　　此时，相较于日方的热情高涨，英侨方面却在增加选票的工作中遇到了不小的麻烦：其一，不少在沪的英国企业或是觉得转让与细分需要太多精力、过于麻烦，或是因为自身公司的土地大多是托管，并不能决定转让事宜，① 对于通过这些方法增加选票采取一种较为消极的态度；其二，许多英侨担心，英方所采取的过度利用《土地章程》规则的策略将会使得该章程成为闹剧，并且加剧英日冲突。很多英侨代表认为，考虑到工部局所正面临的财政危机，在席位问题上对日方寸步不让不是最佳的选择，在选举中失败也好过生活在由军事力量支持的 60000 多名日侨的反对中。② 种种顾虑使得英侨增加选票的工作进度渐缓。

　　4 月 1 日下午，日方公布了本次选举的日籍候选人名单，③ 推举田诚（M. Den）、高雄太郎（Y. Hnawa）、黑田（K. Kuroda）、冈本一策（Issaku Okamoto）、冈本乙一（Otoichi Okamoto）五人成为董事会董事的候选人。④ 对于日方推选五名候选人的行为，英侨群体由起初的惊愕⑤逐渐转为对其破坏原有协定的愤怒，并由此产生了对于日侨竞选活动的空前对抗情绪。在这种情绪的影响下，租界中以怡和洋行、渣打银行为首的英侨企业以一种更加积极的态度参与到转让的工作中来，使得超过 8000 份的转让证明在 4 月 6 日前被提交到了工部局方面。⑥ 由于时间紧迫，为了让这些申请在选举前能够及时通过并转化为选票，总领事采纳了皇家检察官的若干建议，⑦ 据估计，英侨在最后阶段的努力能够为他们进一步创造 4000 张选票。⑧

---

① British Consulate-General to His Majesty's Ambassador, March 18, 1940, No. 165, FO371/24683, pp. 220 – 221.

② British Consulate-General to His Majesty's Ambassador, March 18, 1940, No. 165, FO371/24683, pp. 224 – 226.

③ 《日违反君子协定擅增候选人名额》，《申报》1940 年 4 月 2 日，第 7 版。

④ 《第五二二六号（西历一九四〇年四月二日）：为选举本局董事及地产委员事》，《上海公共租界工部局公报》第 11 卷第 6 期，1940 年。

⑤ 一位英侨这样评论："吾等以为日侨候选人或将增至四人，今五人之数，实出于意外。"详见《日违反君子协定擅增候选人名额》，《申报》1940 年 4 月 2 日，第 7 版。

⑥ British Consulate-General to His Majesty's Ambassador, April 7, 1940, No. 213, FO371/24683, pp. 256 – 257.

⑦ 第一，为了减少工部局办公人员的工作量，英侨选举委员会在登记册上采用了综合证明的方式，从而使得这些工作能够在选举前被完成；第二，基于以往申请的失败经历，总领事在转让的证明上用"不少于"的字眼代替了"大概"，从而让工部局在审核时能够快速确定这些转让的份额具有足以获得选票的价值。详见 British Consulate-General to His Majesty's Ambassador, April 7, 1940, No. 213, FO371/24683, pp. 256 – 257.

⑧ British Consulate-General to His Majesty's Ambassador, April 7, 1940, No. 213, FO371/24683, p. 257.

　　选举前夕，英侨选举委员会对英日双方阵营所可能获得的票数进行了预估。据估计，日方阵营所可能拥有的票数是 4854 张，由 100% 的日侨选票、50% 的德侨选票、30% 的俄侨选票及 100% 的意侨选票组成；而英方阵营，去除掉最后时刻用策略增加的选票，所可能拥有的票数则是 3472 张，由 80% 的英侨选票、80% 的美侨选票、50% 的俄侨选票、20% 的德侨选票、100% 的法侨选票和其他一些小国家侨民的选票组成。① 在这种估算情况之下，由于拥有 1000 多张选票的优势，日侨无疑会在本次选举中打败英侨，实现其增加工部局席位的目标。然而，英侨在最后时刻增加的选票让本次选举的局势发生了根本性的扭转：据选举委员会统计，在最后时刻，英侨创造了 4433 张选票，② 这一数目的增加无疑使得日侨先前的领先优势荡然无存，也使得日侨在本次选举中的落败几乎成了一种必然结果。考虑到过大的得票差距会在心理层面对日侨产生影响，委员会同时决定，并不完全使用这 4000 多张选票，只用其中的 3433 张进行投票。③

　　4 月 10 日早上 10 时，1940 年公共租界工部局董事会选举正式开始，投票地点分设在福州路万国商团操练厅和虹口小菜场两个地方。④ 经广泛动员后的英日侨选民，在选举的第一天就呈现出踊跃参与的态势，将收票处挤得水泄不通，促使工部局当局不得不在 11 日增设了若干收票处。据投票点的工作人员统计，选举第一日所收集到的选票已经达到了 5000 余票（虹口小菜场 2500 票，万国商团操练场 3000 票）。在选民积极参与的背后，是英日选举委员会的配套工作：在选举开始后，林雄吉等日侨选举委员及时从事选票收集与大肆动员造势的工作，英侨选举委员会的选举活动也"至今日最甚"，⑤ 接送纳税人到场投票的汽车络绎不绝。4 月 11 日，为期两天的选举正式结束，⑥ 12 日凌晨 3 时多，工部局完成了计票工作，并将选举结果进行了公示。⑦ 本次选举工部局共收到有效选票 13098 张，无效选票 98 张，候选人得票排序见表 1。

①　British Consulate-General to His Majesty's Ambassador, April 14, 1940, No. 223, FO371/24683, pp. 276 – 277.

②　British Consulate-General to His Majesty's Ambassador, April 14, 1940, No. 223, FO371/24683, p. 277.

③　British Consulate-General to His Majesty's Ambassador, April 14, 1940, No. 223, FO371/24683, p. 278.

④　《中外瞩目之董事选举今晨开始》，《申报》1940 年 4 月 10 日，第 9 版。

⑤　《今日董事竞选结果觇租界未来命运》，《申报》1940 年 4 月 11 日，第 9 版。

⑥　《工部局董事选举英美阵线大胜利》，《申报》1940 年 4 月 12 日，第 7 版。

⑦　《热烈竞选已成过去新董事定期就职》，《申报》1940 年 4 月 13 日，第 9 版。

表 1　1940 年工部局董事会董事选举投票结果

单位：票

	1	2	3	4	5	6	7	8	9	10	11	12	13
姓名	阿乐满	卡奈	恺自威	赫兰	鲍威尔	罗德立·麦道南	米基尔	高雄太郎	田诚	冈本一策	黑田	冈本乙一	雷诺·麦道南
国籍	美国	美国	英国	英国	英国	英国	英国	日本	日本	日本	日本	日本	英国
得票数	8000	7998	7883	7869	7860	7831	7830	5211	5205	5203	5188	5187	325

资料来源：Shanghai Municipal Council Notification，No. 5231，April 12，1940，No. 223，FO371/24683，p. 284.

从结果来看，英侨在选举前的预测与举措大体上都是正确的：在减少1000 张选票的情况下，英美候选人的得票仍然对日方保持了 20000 余票的领先，如果事先使用全部选票拉大这种差距的话，无疑会使得日侨方面更为愤怒。很快，随着选举前英方不当行径的曝光，日侨的反英情绪逐渐发酵，从而使得大多数日侨将抨击的矛头直指英方控制下的工部局及现行的选举制度。4 月 14 日，日文报纸《上海每日新闻》就用很大篇幅来揭露英侨控制下的工部局的种种违法行为，如放任英侨生产"票箱填充物"，在投票结束后仍然在计入选票，协助英侨伪造选票证明等。[1]

至此，本次选举虽然以英侨的最终胜利告终，英方不正当的竞争手段反而加剧了日本侨民受英美压迫的心态，公共租界中英日侨民的宿怨由此进一步加深。而对于租界内的英侨而言，生活在由军事力量支持的 60000多名日侨的反对中[2]无疑是一件十分危险的事情，这便使得其在应对来自日方挑战时逐渐陷于进退失据的被动局面。因此，虽然在本次选举之中英方并未对日妥协，日侨不断发酵的反英情绪及最终可能导向的暴力冲突，还是为英方未来的强硬态度蒙上了一层不确定性的阴影。

三　"帝国利益"的权衡与驻沪英军的撤离

同一时间，将视野扩至整个中国的范围，日本正不断侵夺着英国的既得利益。在公共租界的英日冲突之外，诸如天津事件、鼓浪屿租界事件等

---

① British Consulate-General to His Majesty's Ambassador，April 14，1940，No. 223，FO371/24683，p. 280.

② British Consulate-General to His Majesty's Ambassador，March 18，1940，No. 165，FO371/24683，pp. 224 – 226.

英日在华冲突频发，这使得致力于欧战战备的英国应接不暇。对于公共租界中的英侨而言，在自身的强硬态度之外，来自母国的支持也是影响其对日竞争策略的重要因素；而对于母国而言，其所考虑的"帝国利益"[1] 显然不会与租界英侨的利益完全重合。因此，当"帝国利益"与租界英侨利益冲突之时，来自母国的支持便会趋于保守，英侨自 1940 年工部局选举以来的被动局面便会进一步加剧，1940 年驻沪英军的撤离，及对于公共租界政治生态的影响便是这两种利益冲突的实例。

太平洋战争前夕的驻沪英军诞生于北伐战争期间。1927 年，北伐军逼近上海，英国政府为了防止汉口、九江事件在上海重演，维护其公共租界的既得利益，于 1 月上旬增兵上海。虽然大部分的英国军队在 7 月局势趋于稳定后分批撤去，但在上海仍保留了一部分驻扎英军来保护其掠夺的利益，[2] 驻沪英军便由此形成。对于日方而言，驻沪英军的兵力虽不足以从军事层面抵抗日军，却在一定意义上成为日军染指公共租界的重要障碍，因此自 1939 年起，日方便不断尝试使用外交手段促使驻沪英军撤离中国。

1939 年，英军虽然以"欧洲战事发展"的借口将华北的大部分驻军撤离中国，[3] 却仍然保留了驻沪的军队，[4] 前往天津接防的东旭莱队一中队也由驻香港英军递补。[5] 而到 1940 年 6 月，随着欧洲战事的发展，意大利对英法两国宣战，公共租界内的英法意驻军也因此进入了敌对关系。在此背景下，6 月 11 日日本外务省次官在与英国驻日大使克莱琪（R. Craigie）谈话时，再度建议英国驻军与战舰自行撤离上海。日方认为，在意大利与英法交战的情况下，驻扎在上海的英法意军队有违日本的"不介入政策"，并有可能会产生冲突，从而导致不幸。[6] 6 月 13 日，南京"维新政府"也向英法意三国递交"声明"，要求三国自行撤出在华军队及战舰。[7] 对此，英国外交部建议陆军部至少在上海撤军问题上对日强硬，作为替代，英国可以在华北继续撤军。

---

① Sir John Wardlaw-Milne to R. A. Butler, July 5, 1940, No. 523, FO371/24655, p. 25.

② 吕芳上：《北伐时期英国增兵上海与对华外交的演变》，《中央研究院近代史研究所集刊》（台北）第 27 期，1997 年 6 月，第 221 ~ 222 页。

③ "Reduction of Troops in N. China," *The North-China Herald and Supreme Court & Consular Gazette* (1870 – 1941), Nov. 22, 1939, p. 319.

④ 《英官方否认撤退沪驻军》，《中国商报》1939 年 11 月 16 日，第 1 版。

⑤ 《英驻军东旭莱队调赴华北填防》，《申报》1939 年 12 月 3 日，第 9 版。

⑥ Sir R. Craigie to Foreign Office, June 11, 1940, No. 972, FO371/24655, p. 8.

⑦ Sir A. Noble to Foreign Office, June 14, 1940, No. 465, FO371/24655, p. 14.

　　眼见英方迟迟没有给出明确的答复，6月19日，不满于外务省软弱态度的日本军部向英国武官提出了三项要求，其内容除撤出上海英军外，还包括关闭中缅、粤港两地边境口岸。谈话中，陆军参谋本部情报部部长强硬地表示，只有满足这三项要求，英国才能避免陷入与日本开战的危险境地。① 虽然随后外务省大臣向英国大使表示不应当认真对待陆军部的这一观点，但其同时也表示，这一观点正在被日本政府考虑，最终可能只是在表达方式上与陆军部有所出入。② 6月24日，外务省正式向英国大使提出了这三项要求，并敦促英方尽快就上海撤军问题给日方答复。③ 此时，欧战不利的英国害怕对日本的抵抗态度会招致另一场战争，在政府内部出现了要求政府"部分接受日方条件"的声音。一些人认为，三项要求中最无关紧要的是撤离上海的驻军，因为在缺少美方军事支持的情况下，英军根本无法独立对抗日军，而如果答应这一撤军的要求，英方则可以在其他问题上有所回旋，或采取更为强硬的反对态度。④

　　对于此种在上海撤军问题上向日方妥协的想法，英国外交部表达了强烈的反对，认为这种退让的态度将会被日本视作软弱，并会促使日本变本加厉地侵害英方在上海的既得利益。⑤ 此时外交部认为，英国抵制日方需求的能力很大程度上取决于美国的态度，因此，了解美国方面的态度非常重要。⑥ 为此，外交部在6月18日发给驻美大使洛锡安侯爵（Marquess of Lothian）的电文中，再次强调了美方态度对于英方决策的重要性，并要求其将英国的态度告知美方，同时弄清楚美方在此事上的意见。⑦ 随后，洛锡安拜访了美国副国务卿，谈话中副国务卿暗示洛锡安大使，美国将会向英国提供全盘支持（general support）以维持目前英美意等国在上海公共租界内维持的状况，但正式的答复需要在与海军部商量后给出。⑧ 6月22日，美国副国务卿给出了美方的正式答复，表示美国可以向英国提供足够的外

①　"The Ambassador in Japan（Grew）to the Secretary of State," June 19, 1940, *FRUS*, *The Far East*, Volume IV, Document 39.

②　"The Ambassador in Japan（Grew）to the Secretary of State," June 19, 1940, *FRUS*, *The Far East*, Volume IV, Document 41.

③　"The Ambassador in Japan（Grew）to the Secretary of State," June 24, 1940, *FRUS*, *The Far East*, Volume IV, Document 51.

④　Sir John Wardlaw-Milne to R. A. Butler, July 5, 1940, FO371/24655, p. 25.

⑤　Ashley Clarke to War Office, June 15, 1940, FO371/24655, p. 16.

⑥　Ashley Clarke to C. D. Steel, June 14, 1940, FO371/24655, p. 30.

⑦　Foreign Office to the Marquess of Lothian, June 18, 1940, No. 1169, FO371/24655, p. 34.

⑧　The Marquess of Lothian to Foreign Office, June 20, 1940, No. 1056, FO371/24655, p. 40.

交支持，但不会在日本采取武力的情况下为英国提供军事层面的帮助。① 随后，经过国务院与海军部的磋商，② 国务院最终决定在英法撤军的情况下保留上海驻军，并授权亚洲舰队总司令哈特（Thomas C. Hart）在美国驻上海总领事同意的前提下，通过与日方达成协议的方式接管当时英国部队驻守的 B 区域。③

在得不到美国军事支持承诺的情况下，英国此时在中缅等问题谈判上也陷入了僵局。在 7 月 8 日克莱琪与日本外务大臣的对话中，日方表达了对英国政府在中缅与粤港问题上不作为的不满，并威胁英方，其对于蒋政权的继续帮助将会激起日方对其"日益增长的敌意"。④ 在对话的最后，外务大臣再次表示了其对于英国拒绝日本请求的严重失望，并暗示英方必须在 10 天内给出最终答复，否则将会面临日本国内反英情绪的集中爆发。随后，由于英方迟迟没有给出令日本政府满意的答案，上台的新内阁在对英问题上采取了更为激烈的态度，日本多地都发生了英侨被捕的事件，最早被捕的考克斯甚至惨死狱中。⑤ 在日本官方态度的主导下，日本民间群体的反英情绪也不断高涨，日本多地都举行了规模甚大的反英示威活动。⑥ 如东京反英大同盟一类的民间反英群体纷纷向日本政府递交决议，要求日本政府在外交上对英国采取强硬态度。⑦ 同一时间，此种对英方的不满情绪也很快从日本国内蔓延到了海外，极大地激起了在沪日侨的反英情绪。在上海日侨的组织与推动下，上海掀起了新一轮的反英浪潮，⑧ 以"中国驱逐英人会"为代表的反英组织将宣传传单贴遍了上海街头，传单内容包括但不限于对英国的警告，以及暗示英军将会被驱逐出上海的说辞。⑨

日侨的反英活动不仅冲击了英国势力对于公共租界主导的殖民统治，

① The Marquess of Lothian to Foreign Office, June 22, 1940, No. 1056, FO371/24655, p. 41.
② "Memorandum by the Adviser on Political Relations（Hornbeck），" June 25, 1940, *FRUS, The Far East*, Volume IV, Document 806.
③ "The Department of State to the Department of the Navy," June 27, 1940, *FRUS, The Far East*, Volume IV, Document 809.
④ "The Ambassador in Japan（Grew）to the Secretary of State," July 9, 1940, *FRUS, The Far East*, Volume IV, Document 59.
⑤ 《考克斯受讯后昨突堕楼殒命》，《申报》1940 年 7 月 30 日，第 4 版。
⑥ 《敌策划反英运动》，《时事新报》（重庆）1940 年 8 月 6 日，第 2 版；《日本反英情绪异常激烈》，《新崇明报》1940 年 8 月 15 日，第 2 版。
⑦ 《日乘欧局混乱进窥越南》，《申报》1940 年 6 月 22 日，第 7 版。
⑧ "Anti-British Movement in Shanghai," *The Shanghai Evening Post and Mercury*, Jul. 9, 1940, p. 12.
⑨ 《街市间发现"反英"传单》，《申报》1940 年 7 月 19 日，第 7 版。

其在英国政府内部也引发了一场广泛担忧。在这种高涨的反英情绪之下，英方愈发担心日本军方会在上海制造与驻沪英军冲突的事端，为他们武装干涉公共租界事务提供借口。① 在上述多种不利因素的影响下，撤军最终成为英国政府的唯一选择。在克莱琪大使与外交部的建议下，② 为尽可能地在撤军行动中维护英国的声誉，内阁决定于 8 月 9 日提前宣布撤军。③ 8 月 9 日，驻上海及华北英军全员撤退、改派他处的声明正式发布，并在同一天由英国通过外使馆通告了美日两国政府。④ 驻沪英军撤退后，其原先占领的 D 区很快交由日方接管，但在 B 区接管问题上，美日双方迟迟未达成一致：在 8 月 12 日的上海防卫委员会会议上，与会的各国军队代表表决通过了将 B 区转交美国接管的提议，但该次会议日方未有代表出席，⑤ 随后在 16 日的工部局董事会会议上，在场董事多数表决通过了对这一提议支持的议案，但这一议案同样没有得到到场日本董事的支持，⑥ 作为替代，日方建议由工部局下辖的万国商团接管 B 区。⑦ 工部局中的英美董事坚决反对日方的这一提议，他们认为万国商团并不适合长期维持一个区域，所以将 B 区交由万国商团接管的做法，实际意味着将公共租界中的这块重要区域移交给了日方。⑧ 在随后的谈判中，由于总体在公共租界问题上对日采取绥靖态度的美国不愿在撤军问题上惹怒日本，美日双方最终还是议定由万国商团接管这一地区，作为过渡时期的方案。⑨ 在美日达成临时协议之后，驻沪英军在英国炮舰的护卫下于 21 日、23 日、25 日、27 日分四批

① Foreign Office to Sir R. Craigie, August 2, 1940, No. 785, FO371/24655, p. 67.

② 外交部与克莱琪大使都认为尽早撤军有助于维护大英帝国的声誉，因为可以将其解释为一种为战争做准备的主动行为，而延缓撤军则可能在日本新内阁进一步施压的情形下，变得更像是一场"落荒而逃"的狼狈失败。详见 Foreign Office to Sir R. Craigie, August 2, 1940, No. 785, FO371/24655, p. 67; Sir R. Craigie to Foreign Office, August 5, 1940, No. 1474, FO371/24655, p. 71。

③ Foreign Office to the Marquess of Lothian, August 7, 1940, No. 1811, FO371/24655, p. 75.

④ 《英陆军部决定撤退上海华北驻军》，《申报》1940 年 8 月 10 日，第 3 版。

⑤ "The Ambassador in Japan (Grew) to the Secretary of State," August 20, 1940, FRUS, The Far East, Volume Ⅳ, Document 845.

⑥ 上海市档案馆编《工部局董事会会议录》第 28 册，上海古籍出版社，2001，第 105 ~ 106 页。

⑦ "The Consul at Shanghai (Butrick) to the Secretary of State," August 18, 1940, FRUS, The Far East, Volume Ⅳ, Document 835.

⑧ "The Consul at Shanghai (Butrick) to the Secretary of State," August 18, 1940, FRUS, The Far East, Volume Ⅳ, Document 835.

⑨ "The Consul at Shanghai (Butrick) to the Secretary of State," August 21, 1940, FRUS, The Far East, Volume Ⅳ, Document 847.

先后撤离上海，① 事实上宣告了英帝国在上海霸权的结束。②

英国撤军声明的发布对于公共租界中的英美侨民而言无疑是一次巨大的打击。英国报人伍德海德（H. G. W. Woodhead）指出，英国撤军的决策严重影响了上海租界内英国侨民的信心，驻沪英军的缺位将可能使得公共租界的治安和行政管理受到严重的影响。从日方媒体与民众对此事的反应来看，伍德海德的担忧并非无稽之谈，在日方媒体的大肆渲染下，驻沪英军的撤离成了"德国登陆前夕英国最后的权宜之计"，日本民众也普遍认为，英军驻扎在中国的日子将一去不复返了。③ 此种对英的认识，刺激了公共租界中日本侨民的对英斗争，使得他们又重新投入下一年度工部局选举的准备活动中。

由此，驻沪英军的撤离助长了在沪日侨的反英情绪，从而使得英侨自 1940 年工部局选举以来的被动局面进一步加剧。在缺少母国支持的情况下，人身安全受到威胁的英侨几乎丧失了对日强硬的客观条件，只能在自身安全与既得利益间权衡，竭力在对日斡旋中维持自身的现有地位。而在日侨日渐增长的反英情绪之下，这种无奈的斡旋无疑是难以持久的。

四　林雄吉事件的爆发与英国对日妥协

随着日侨反英情绪的不断发酵，公共租界内英日侨民的关系空前紧张，剑拔弩张的气氛之下，英日侨民间发生摩擦的可能性急剧增加。1941 年，工部局的增税提案成为引爆日侨情绪的导火索。面对着来自英方的不当因应，日侨领袖林雄吉以枪击英国总董恺自威的方式宣泄了日侨群体的愤怒情绪，使得租界内英日侨民的关系达到了一个极为危险的阈值。由此，英方陷入了前所未有的危机之中。

林雄吉事件的直接导火索是工部局在 1941 年特别纳税人会上提出的增税案。1940 年 12 月 30 日，工部局财政才堪堪达到收支平衡的状态，而到了 12 月 31 日，工部局财政就因为债券付息、员工生活补贴支付等开支，面临着 350 万美元的巨额透支。④ 据估计，如果工部局不在 1941 年初采取

---

① 《英军今日撤退完竣英舰护送南下》，《申报》1940 年 8 月 27 日，第 7 版。
② 高纲博文主编《战时上海（1937～1945）》，第 6 页。
③ "British Troops Withdrawing from China—Is It More Appeasement?," *The China Weekly Review*, Aug. 17, 1940, pp. 415 – 416.
④ "Ratepayers Faced with Necessity of Paying for Exchange Drop Effect on Shanghai Municipal Council Finances," *The China Weekly Review*, Jan. 11, 1941, p. 184.

应对措施，其将在年底面临 2000 万美元的赤字。[①] 为此，在 1940 年 12 月 27 日召开的工部局董事会会议上，与会代表决定在 1941 年 1 月 23 日召开纳税人特别会议来通过进一步增税的方案，其内容包括对地捐增收 40% 的附加税与提高各种执照税。[②]

1 月 18 日，工部局通过第 5380 号布告向各位纳税人告知了增税方案与纳税人特别会议的相关信息。[③] 这一消息的公布，引发了日侨方面的强烈不满：在 1940 年的纳税人年会上，工部局已经通过了一份增税 50% 的议案，如今仅仅过了半年的时间，工部局又要在原有税收的基础上加收 40% 的附加税，这让日侨觉得税收的增加似乎永无止境。[④] 此时，日侨已经在居留民团的基础上建立起了其代表团体"上海公共租界日本人纳税者会"，并选举了各路联合会会长林雄吉担任该会首任会长。[⑤] 为了反对增税案的通过，在林雄吉的召集下，日本人纳税者会在特别会议前夕召开了委员会会议，讨论并通过了针对市政总捐与地税增加议案的修正案，其内容为：工部局应当继续实行开支方面的减改，并在彻底审视现行征税制度的基础上，根据纳税人的支付能力来重新确定征税比例。在完成这一纳税制度的整改之前，工部局财政上的任何赤字都应当经贷款解决。[⑥]

1 月 23 日下午 2 时 30 分，日本人纳税者特别会议在静安寺路跑马厅内公众看台如期举行。本次会议共有三项议案，其中，第二项议案为地税、市政总捐增加案，第三项为执照费增加案。在第一项议案表决通过后，董事会主席恺自威起身介绍第二项议案的内容：自 1941 年 1 月 1 日至本年度纳税人年会期间，工部局将对租界内所有地产照其价值征收 1.35% 的地税和 40% 的附加税，对租界内所有房屋照其估值征收市政总捐 27% 和 40% 的附加税，以及对享有公共租界所设各项便利的房屋征收 24% 的市政特捐与 40% 的附加税。随后，为了使这一议案得以表决通过，恺自威向到场纳税人详细介绍了自 1940 年下半年以来工部局在财政方面所遇到的种种困难，以及通过该增税议案的必要性。[⑦]

---

① 《工部局董事会会议录》第 28 册，第 156 页。

② 《工部局董事会会议录》第 28 册，第 156～158 页。

③ 《布告：第五三八〇号（西历一九四一年一月十八日）：为纳税外侨特别会议之表决票事》，《上海公共租界工部局公报》第 12 卷第 2 期，1941 年。

④ "Japanese Criticise S. M. C. Tax Raise," *The Shanghai Time*, Jan. 10, 1941, p. 5.

⑤ 乐敏：《传统与现代的耦合——在沪日本居留民社团活动研究》，博士学位论文，复旦大学，2010，第 189～190 页。

⑥ 《英日侨民提修正案》，《申报》1941 年 1 月 22 日，第 9 版。

⑦ 《纳税外侨特别大会报告》，《上海公共租界工部局公报》第 12 卷第 6 期，1941 年。

恺自威发言结束后，林雄吉受会议主席邀请，起身介绍修正案内容。随着林雄吉开始发言，他的每一句话几乎都伴随着日本纳税人的鼓掌声与喝彩声。① 在发言中林雄吉表示，去年日侨同意纳税人年会上的增税议案，是希望借此换取经济委员会在人员及职权范围方面的扩大，从而使其能够彻底调查工部局现有的各机构，并就如何减少各项支出向董事会提交报告，供工部局当局作为体制改革的依据。然而，工部局在委员会没有完成报告的情况下，忽视日籍董事提出的合理建议，另行通过了增加 40% 附加税的议案，并将其提交特别纳税人会表决。对此，林雄吉要求，工部局当局应该通过改革机构的方式节省开支，并且修正目前所实行的税制。在发言的最后，林雄吉威胁道："如果修正案只是因为有权力的少数群体反对而遭到否决，如果增税议案在数百万具有影响力的华人与日侨的反对下仍然得到通过，这些行为最终所造成的后果，将由工部局和这一少数群体独自承担。"②

林雄吉发言结束后，总董恺自威起身向其做例行的回复，条陈了修正案所无法通过的诸项原因，并再次呼吁到场的纳税人表决通过增税议案。③当恺自威结束了他的演讲，在主席的组织下，到场纳税人对林雄吉所提出的修正案进行了举手表决。初次表决时，主席简单地将日籍与非日籍（是否为日本面孔）作为修正案同意与否的依据，④ 在仅仅进行了修正案赞成表决后，旋即宣布修正案不通过，这一行为引发了日籍纳税人和一部分非日籍纳税人的不满，他们大声呐喊以示抗议。⑤ 此时，林雄吉重新登上讲台，走到大会主席左侧日籍秘书的座位时，拔出左轮手枪向发言人的位置开枪，子弹命中了离他一码距离的总董恺自威，却也误伤了正要通过麦克风发言的日籍领事冈本一策。⑥

随着恺自威的倒下，整个会场陷入了混乱，台上的冈本一策及其他两位工部局日籍工作人员竭力从林雄吉的手上夺过手枪，警务处处长则站在

---

① British Consulate-General to H. M. Ambassador, January 24, 1941, No. 29, FO371/27633, pp. 156 – 158.

② Enclosure No. 2 in Shanghai Dispatch to H. M. Ambassador, January 24, 1941, No. 29, FO371/27633, p. 166.

③ 《纳税外侨特别大会报告》，《上海公共租界工部局公报》第 12 卷第 6 期，1941 年。

④ 在修正案支持者表决完毕后，由于大多数支持者都是坐在同一区域的日籍纳税人，主席自然而然地将坐在其他区域的非日籍纳税人视作反对者，没有统计他们的表决情况。

⑤ 《纳税外侨特别大会报告》，《上海公共租界工部局公报》第 12 卷第 6 期，1941 年。

⑥ JACAR（アジア歴史資料センター）Ref. C04122799700「陸支密大日記第 5 号 4/4 昭和16 年」（防衛省防衛研究所）。

讲台的台阶入口，阻挡着试图冲上讲台的其他日本人。① 台下情绪激动的日侨纳税人站在一起高喊"万岁"，并不断将椅子、砖头等他们所能及的物品扔向台上的工部局成员。在台上其他董事会成员的帮助下，受伤的恺自威被转移到了讲台后面的房间里，并随后由救护车送往医院接受治疗。② 幸运的是，由于当天十分寒冷，恺自威穿着的毛皮大衣部分减缓了子弹的冲击力，使其并无大碍——正如他在给母亲所写的信件里说的那样，"身中两枪却并未有大碍，这无疑是一个神迹"。③

在开枪之后，林雄吉站在原地静观事态的发展。④ 为了解救他，许多日侨冲向台前尝试将他抬出会场，⑤ 但林雄吉最终还是遭到了警务处巡捕的拘捕，并由日本领事馆警察带回。由于这起枪击案所造成的混乱，特别会议无法继续召开，最终于下午 3 时 45 分闭会。当天晚些时候，工部局中的英美董事与英美总领事商讨决定，只要日方当局能够保证会议秩序，他们将很快召开下一次特别会议来对修正案进行表决。⑥ 随后，工部局写信给领事团现任领袖领事，要求其从日本领事馆处得到这一保证。在领袖领事与三浦总领事的面谈中，三浦承诺会与海军陆军当局一同努力去避免这种惨剧的再次发生，但希望工部局能够将会议延迟一段时间，给日方处理社区内激进分子的时间。⑦ 最终，工部局决定在 2 月 5 日再次召开特别会议，⑧ 会议当天，由于日侨出于抵制而缺席本次会议，⑨ 增税案以 7055 票对 5 票的结果获得通过。⑩

---

① 魏斐德：《上海歹土：战时恐怖活动与城市犯罪 1937～1941》，芮传明译，人民出版社，2011，第 157 页。

② "Japanese Try to Kill Keswick When Their Tax Plan Fails," *The China Weekly Review*, Feb. 1, 1941, p. 293.

③ Alan Ogden, *Tigers Burning Bright*: *SOE Heroes in the Far East*（London：Bene Factum Publishing, 2013），Chapter Seven.

④ 华百纳：《上海秘密战——第二次世界大战期间的谍战、阴谋与背叛》，周书垚译，上海社会科学院出版社，2015，第 88 页。

⑤ British Consulate-General to H. M. Ambassador, January 24, 1941, No. 29, FO371/27633, p. 156.

⑥ "Japanese Try to Kill Keswick When Their Tax Plan Fails," *The China Weekly Review*, Feb. 1, 1941, p. 293.

⑦ Shanghai Consul-General to Foreign Office, January 25, 1941, No. 8, FO371/27631, p. 12.

⑧ Shanghai Consul-General to Foreign Office, January 29, 1941, No. 9, FO371/27631, p. 18.

⑨ 各路联合会的成员被林雄吉的精神感染，决定承接林雄吉的意志，以不参加二次大会的方式反对工部局当局。详见 JACAR（アジア歴史資料センター）Ref. C04122711100「陆支密大日記第 5 号　1/4　昭和 16 年」（防衛省防衛研究所）。

⑩ 魏斐德：《上海歹土：战时恐怖活动与城市犯罪 1937～1941》，第 157～158 页。

在英方持续的外交压力之下，1 月 25 日，林雄吉被日本领事馆警察署正式控以谋杀未遂的罪名，后续将被押往长崎接受正式审问。但在上海的日侨社区中，林雄吉成了英雄；1 月 30 日，日本纳税人会决定向司法当局申请对林雄吉从轻发落，并推举了各路联合会副会长等四人草拟申请书；[①] 2 月，被押回国内的林雄吉被允许返回家中取保候审；随后，在 5 月的判决中，林雄吉被判两年苦役，缓刑五年，但在后续的上诉中，他被改判仅仅一年监禁，并且缓期一年执行，[②] 这无疑显示了日本政府对其行为的一种姑息态度。因此，8 月 24 日，在仅仅距枪击案发生半年多的时间，林雄吉就在几未受到实质性惩罚的情况下，乘坐轮船再次回到了上海。[③]

林雄吉事件发生后，公共租界按例即将迎来一年一度的工部局选举。此时，由于不清楚日方的进一步动作，英方打算故技重施，采用土地转让的策略再度在选举中击败日侨。[④] 然而，眼见英方依然没有在选举中妥协的打算，日籍董事山本在与英国总领事的对话中进一步施压，暗示如果英方这次还计划通过土地转让的方式赢得选举，日方将会利用骚乱来夺取公共租界的权力。[⑤] 在这种情况之下，缺乏驻沪英军与美方支持[⑥]的英方，终于再难承受来自日方的压力，决心在《土地章程》与董事会选举方面向日方做进一步的让步，[⑦] 以避免选举活动所可能导致的骚乱与流血事件。[⑧] 在英国驻华大使的授意下，工部局中的英国董事与英国租地人代表于 2 月 21 日召开了一次会议，[⑨] 并在会议上讨论通过了在董事会席位与《土地章程》问题上对日妥协的具体方案。随后，在董事会席位分配问题上，美日等方也基于自身利益，提出了不同于英方的方案。最终，经过多轮磋商，一份折中多方意见的方案最终形成（见表 2）。

---

① 《林雄吉被逮后日方秘密审问》，《申报》1941 年 2 月 2 日，第 9 版。

② 《林雄吉判处两年苦役缓刑五年》，《申报》1941 年 5 月 10 日，第 6 版；Sir R. Craigie to Foreign Office, August 24, 1941, No. 1, FO371/27634, p. 148.

③ 《林雄吉重行来沪》，《申报》1941 年 8 月 26 日，第 7 版。

④ Shanghai Consul-General to Foreign Office, February 1, 1941, No. 11, FO371/27631, pp. 29 – 30.

⑤ Shanghai Consul-General to Foreign Office, February 7, 1941, No. 13, FO371/27631, p. 140.

⑥ Shanghai Consul-General to Foreign Office, February 7, 1941, No. 13, FO371/27631, p. 139.

⑦ Sir A. Clark Kerr to Shanghai Consul-General, February 11, 1941, No. 70, FO371/27631, p. 142.

⑧ "The Consul General at Shanghai (Lockhart) to the Secretary of State," February 13, 1941, *FRUS, The Far East*, Volume V, Document 887.

⑨ Shanghai Consul-General to Foreign Office, February 22, 1941, No. 21, FO371/27631, p. 164.

表 2　各方案下的董事会国籍配额（1941）

单位：人

	原协定	英方方案	日方方案	最终结果
英国人	5	4	3	3
日本人	2	4	3	3
美国人	2	3	2	3
华人	5	4	4	4
其他	0	3	2	3
总计	14	18	14	16

资料来源：Sir A. Clark Kerr to Shanghai Consul-General, February 11, 1941, No. 70, FO371/27631, p. 142; "The Consul General at Shanghai（Lockhart）to the Secretary of State," March 19, 1941, *FRUS*, *The Far East*, Volume V, Document 895; "The Ambassador in China（Johnson）to the Secretary of State," April 4, 1941, *FRUS*, *The Far East*, Volume V, Document 905. "The Ambassador in China（Johnson）to the Secretary of State," April 20, 1941, *FRUS*, *The Far East*, Volume V, Document 923.

按照《土地章程》规定，董事会国籍份额的变更应当得到中国政府的同意，但由于此时国民政府已经失去了对上海的实际控制，其默许了英美在公共租界问题上的对日让步。[1] 4 月 17 日的外侨纳税人大会上，与会代表通过了成立临时委员会的决议，该委员会将由 16 名成员组成，包含 4 名华人、3 名英国人、3 名美国人、3 名日本人、1 名德国人、1 名瑞士人和 1 名荷兰人。[2] 至此，工部局董事会选举中的"君子协定"被彻底打破，日方赢得了这场工部局选举竞争的最终胜利。

随着工部局席位变更的事宜尘埃落定，前任总董恺自威向总领事表达了要离开上海的想法。[3] 4 月 25 日，在工部局同僚的欢送下，他乘坐轮船"柯立芝"号取道旧金山返回英国。[4] 不久后的 8 月，在纳税人大会上袭击恺自威的凶手林雄吉上诉成功，重新乘船回到了上海。[5]

---

[1] "The Ambassador in China（Johnson）to the Secretary of State," April 4, 1941, *FRUS*, *The Far East*, Volume V, Document 905.

[2] "The Ambassador in China（Johnson）to the Secretary of State," April 20, 1941, *FRUS*, *The Far East*, Volume V, Document 923.

[3] Sir A. Clark Kerr to Foreign Office, March 14, 1941, No. 232, FO371/27631, p. 198.

[4] 《凯自威总董今晨离沪》，《申报》1941 年 4 月 25 日，第 7 版。

[5] 《林雄吉重行来沪》，《申报》1941 年 8 月 26 日，第 7 版。

余　论

从结果来看，太平洋战争前英日对于公共租界的权力争夺最终以英国的妥协告终。在这一转变上，当然不可否认英国的远东政策所产生的影响，但除此以外，英国上海总领事与工部局中的英国董事所采取的不当策略也加快了英方对日妥协的步伐。

以 1940 年工部局董事会选举为例。由于 1937 年后在沪日本居留民的人数不断增多，满足选民资格的纳税人人数也随之增加，这给英方在 1940 年工部局中赢得选举并维持自身席位带来了巨大的挑战。在这种情况下，英方选择了利用《土地章程》规定中的漏洞，采取土地转让的方式来大量获得选票。如果单从选举结果来看的话，这一策略可以说是成功的，英方维持了原有的工部局席位，再次挫败了日方增加董事席位的企图。然而，如果从长时段来看英方的这次决策，不难发现，这一策略的实行无异于饮鸩止渴，是一次弊大于利的不当决策。

在选举后，日本居留民的反英情绪已经达到了一个极其危险的阈值，并大有发展为暴力流血事件的趋势。如同各路联合会会长林雄吉在家中对《上海每日新闻》记者所言："英国人与美国人完全忽略了我们的诉求，500 万日侨正生活在危险之下。我们应当坚决反抗工部局的非人道行为，我们将被迫以暴制暴……"[1] 同时，日本总领事将日本居留民的反英情绪作为对工部局及英方社区的谈判筹码，向英方暗示如果日方的需求无法得到满足，"他将不再约束日本居留民对于本次选举结果的不满情绪……届时将会引发严重的后果"。[2] 在这种情况下，工部局中的英国势力只能选择在 1941 年选举前与日本匆忙达成协议，以避免在选举抑或纳税人大会上与日本发生更多的冲突。

除此以外，英美等国对于日本人的种族歧视也加剧了双方的冲突。如在特别纳税人会议上，当会议主席组织林雄吉修正案的表决时，他下意识将非日本的面孔视作修正案的反对者，简单将不同种族的侨民群体对立开来，从而仓促宣布了修正案的失败。这使得现场的日本居留民一片哗然，也为之后的林雄吉枪击恺自威，以及日本居留民在枪响后发生暴乱埋下了

---

[1] Enclosure No. 4 in Shanghai Dispatch to H. M. Ambassador, January 24, 1941, No. 29, FO371/27633, p. 171.

[2] British Consulate-General to His Majesty's Ambassador, April 23, 1940, No. 246, FO371/24683, pp. 299 – 301.

祸患。"不愿接受东方面孔在董事会席位中占多数"的种族歧视心理，也一定程度上成为英国对日关系中进退失据，最终陷入彻底被动的重要诱因。

英日在上海公共租界中的权力争夺，实质是两个帝国主义国家在中国的利益竞逐，从一个侧面反映了日本挑战华盛顿旧秩序背后那种"自下而上"的民众情绪。英方不正当的竞争手段，加剧了日本居留民的悲情心态，这种心态的另一面是对自己国家的侵略行径选择视而不见，由此构成了日本奴役他国却抱持"正义"的扭曲观念。

协力难成：长城抗战国民党军队协同作战研究[*]

马　瑞[**]

提　要　1933 年长城抗战是九一八事变后到全面抗战前，国民政府进行的最大规模的一次反抗日本侵略的战役，是役国民政府动员组织华北地方实力派军队参战，包括东北军、西北军诸旧部、晋绥军等军队，并派中央军北上。各方军队之间的协同作战是长城抗战中国民党军队所面临的重要问题，也是影响战争走向的重要因素。从实际情况来看，中央军各部之间进行了一定程度的协同作战，而中央军与华北地方军队以及华北地方各派系军队之间则未能有效进行协同作战，这也是长城抗战最终失利的重要原因。

关键词　长城抗战　国民党军队　协同作战

1933 年长城抗战是九一八事变后到全面抗战前，国民政府中央与地方军事力量配合进行的规模最大的一次反抗日本侵略的战役，是十四年抗战的重要组成部分。长城抗战中，除国民党中央军外，大量华北地方派系军队参与其中，国民政府先后动员东北军、西北军诸旧部、晋绥军等军队，可以说当时华北地区的主要军事力量都参与其中。除探析国民政府中央的应战举措及表现外，华北地方军事势力于此的态度与表现也尤为关键，各方势力抗日决心和目标有何不同？各方军队又如何协调一致，配合抗战？中央与地方派系军队的表现如何？这些问题的解决对于较完整地还原长城

---

　*　本文系 2023 年度湖北省教育厅哲学社会科学研究项目"长城抗战中国军队协同作战问题研究"（项目编号：23G055）的阶段性成果。

　**　马瑞，华中科技大学马克思主义学院讲师。

抗战的历史具有重要意义。目前关于长城抗战期间国民党军队协同作战问题尚未有专门系统的研究，[①] 本文试图通过长城抗战国民党中央军与地方派系军队、国民党中央军各部之间、国民党各地方派系军队之间三个层面对长城抗战中国民党军事力量协同作战问题进行探究。

一　国民党中央军与地方派系军队的协同作战

长城抗战中国民政府派中央军三个师北上参加作战，中央军主要参与古北口方面的对日作战。热河沦陷之后驻防古北口的东北军两个师，与北上之中央军第二十五师（师长关麟征）共同承担古北口方面的防御作战。

1933 年 3 月初，日本关东军在占领热河省府承德后进一步南侵，直驱古北口，此时驻守古北口的是东北军第六十七军（军长王以哲）之一〇七师（师长张政枋）和东北军第五十三军（军长万福麟）之一一二师（师长张廷枢），以上军队统归第六十七军军长王以哲指挥。此外中央军第二十五师及第二师此时也正在向古北口方向移动，"滦平既陷，古北口方面，战机日趋紧迫，我第六十七军军长王以哲，乃令原驻古北口之第一零七师占领青石梁一带阵地阻敌西进，同时令第一一二师向古北口推进，令第二十五师向密云集结"。[②] 东北军第一〇七师在接到命令后即向古北口外围阵地青石梁进发，"第一〇七师原控置于古北口方面，其师部及师属各连与

---

① 关于长城抗战战役过程的研究和叙述主要见于整体性的研究著作中，如余子道《长城风云录——从榆关事变到七七抗战》，上海书店出版社，1993；江绍贞《长城抗战》，河南人民出版社，1995；刘广志《血战长城——长城抗战纪实》，河南大学出版社，1995；王岳臣、韩树伟、张帆《榆关抗战——长城抗战的先声》，中央文献出版社，2002。相关研究论文有金以林《论长城抗战》，《抗日战争研究》1992 年第 1 期；郑建邦《长城抗战中的古北口战役》，《长城抗战学术研讨会论文集》，2005；葛培林《张学良与长城抗战》，《长城抗战学术研讨会论文集》，2005；齐福霖《宋哲元与长城抗战》，《长城抗战学术研讨会论文集》，2005；马瑞《徐图自保：阎锡山与长城抗战》，《抗日战争研究》2022 年第 2 期。关于抗战时期国民党军队协同作战的研究有孙学筱《抗战初期国共双方在军事上的协同作战》，《上海师范大学学报》（哲学社会科学版）1988 年第 2 期；刘贵福《抗战中期的国共配合作战问题——以百团大战、中条山战役为中心的讨论》，《抗日战争研究》2007 年第 2 期；李蓉《试论抗日战争时期新四军对正面战场的配合作战》，《纪念中国人民抗日战争暨世界反法西斯战争胜利 70 周年——新四军抗战与铁军精神传承学术研讨会论文集》，2015；郭明泉《同仇敌忾　阋墙御侮——谈台儿庄大战期间中共武装的配合作战》，《孙子研究》2015 年第 3 期；金之夏《中国军队在淞沪会战中暴露的若干问题——基于国军内部的观察与反思》，《抗日战争研究》2018 年第 3 期；鄢海亮《全面抗战时期国民党军步炮协同作战问题》，《抗日战争研究》2021 年第 3 期。

② 台北"国史馆"史料处编《第二次中日战争各重要战役史料汇编·长城战役》，台北："国史馆"，1980，第 275 页。

第六一九团驻密云县，第六二〇团驻石匣，第六二一团驻古北口，附属之山炮营驻朝都庄"。① 3 月 4 日第一〇七师师长张政枋在密云师部下达命令，令所部向古北口以北青石梁集结，"师为阻止敌之西进，并掩护军之集结，即在青石梁一带占领阵地"。②

不过还未等一〇七师到达，热河前线汤玉麟之军队已纷纷溃退，随即承德沦陷，日军即沿滦平南下，占领古北口前沿之青石梁，师长张政枋即命所部占领平热公路上之黄土梁阵地，进行抵抗，并于 3 月 5 日 6 时下达指令如下：

一、敌之大部刻由滦平沿平热公路向古北口前进中。

二、师为拒止该敌，即在黄土梁之线占领阵地。

三、第六二一团应即占领马圈子北端迄黄土梁之线构筑工事，并对通滦平大道及各要口讲求闭塞。

四、第六二零团即向三间房前进。

五、第六一九团在古北口停止待命，并派军官侦探两班，向曹家路北，汗儿岭口一带搜索敌情。

六、骑兵连即沿古热大道经二间房向栅子前进，以一部进驻石洞沟，对松树坑、三岔口、四座桥各方面严行警戒及搜索。③

到达目标阵地后，第一〇七师即与南下之日军遭遇，双方在黄土梁附近激战四昼夜，官兵伤亡过多，弹药将尽。至 3 月 9 日因日军增加兵力，并步炮空联合攻击，第一〇七师渐渐不支，加之此时北上之中央军第二十五师赶到，第一〇七师掩护后方部队集结之任务已完成，遂开始向古北口以南撤退休整，"增援之后续部队已集中完了，本师（第一〇七师——引者注）即于本九日二十二时与第二十五师换防"。④

在第一〇七师撤退之际，中央军第二十五师已到古北口布置第二道防线。3 月 11 日，因前线第二十五师须调集兵力，后方所遗防务请求第一〇七师派兵补防，"以该师（第二十五师——引者注）右翼受敌猛烈攻击，拟于十一日晚调南天门附近之第一五零团增援，请其（第一〇七师——引者注）派兵接替该团任务，（第一〇七师）遂令第六二一团接替南天门第

---

① 《长城抗日战纪》第 2 篇，中国第二历史档案馆编《长城抗战档案汇编》第 28 册，金城出版社，2019，第 4 页。

② 《第二次中日战争各重要战役史料汇编·长城战役》，第 275 页。

③ 《第二次中日战争各重要战役史料汇编·长城战役》，第 276～277 页。

④ 《第二次中日战争各重要战役史料汇编·长城战役》，第 279 页。

一五零团防务，并令第六二零团即在原地严行警戒，相机支援第一五零团"，同日晚22时，第一〇七师撤离阵地，遵令向顺义县、牛栏山一带转移，并令其第六一九团暂归东北军第一一〇师指挥。①

另一部在古北口参战的东北军是第一一二师，属第五十三军万福麟部，热河抗战时被北平军分会调往承德防卫，未等该师到达，即闻战事不利消息，遂后撤至古北口。② 到3月7日，第一一二师已全部后撤到古北口。3月10日3时，第六十七军军长王以哲命令第一一二师于当日拂晓前占领古北口外长城一线，自将军楼左至卧虎山间之既设阵地。由于一一二师隶属第五十三军，此时临时由王以哲指挥，师长张廷枢并不愿意听王调遣，将部队留在第一线防守，该师师长张廷枢遂与王以哲发生冲突。据参战的中央军将领回忆："王以哲和一一二师师长张廷枢正在王的司令部，大声争吵。张说：'你的队伍能走，我的队伍就不能走，是什么道理？'王说：'没有命令你就不能走。'张说：'听谁的命令？你能走，我也能走。'他们双方站在门口的卫兵都怒目相对，好像真要厮杀的样子。"③ 恰逢此时中央军第二十五师开到，王以哲遂有意让中央军担负古北口防御。

中央军第二十五师于3月5日在北通州集结完毕，未及整补，即于3月6日奉北平军分会命令，移驻密云待命。3月8日18时，第二十五师全部到达密云县城，后又奉命向古北口前进。第二十五师于3月10日4时到达古北口，此时第一一二师已在古北口布防，王以哲要求第二十五师接防，担任古北口第一线防守，但第二十五师师长关麟征要求第一一二师担任第一线防守，第二十五师守第二线，并要求王以哲留在前线、坐镇指挥，双方都想让对方在第一线为自己掩护。据参战的中央军将领回忆："此时王以哲要二十五师接替长城一带一一二师的阵地，关麟征则要一一二师在第一线担任防守，第二十五师在古北口南城占领第二线阵地，并说：'如果一一二师阵地被突破，二十五师一个反攻就把敌人打回去，恢复阵地。'显然关是说大话耍滑头，企图利用别人掩护自己。关并请王以哲坐镇古北口指挥。王则既不同意二十五师占领第二线阵地，又不欲在古北口指挥，而想急于交防撤退。双方争执，相持不下。"④

最后在关麟征的坚持下，王以哲被迫同意中央军不守第一线，"王见

---

① 《第二次中日战争各重要战役史料汇编·长城战役》，第 280～281 页。

② 《第二次中日战争各重要战役史料汇编·长城战役》，第 281 页。

③ 杜聿明、郑洞国、覃异之：《古北口抗战纪要》，《文史资料选辑》编辑部编《文史资料精选》第 8 册，中国文史出版社，1990，第 161 页。

④ 杜聿明、郑洞国、覃异之：《古北口抗战纪要》，《文史资料精选》第 8 册，第 162 页。

二十五师先头部队已到达古北口，遂令一一二师守长城第一线，令第二十五师占领古北口南城东西两侧高地，并向两侧高地延伸，布置第二道防线"。① 在此情形下，一一二师勉强应允，实际防守效果可想而知，接防第二日古北口即被日军占领。"三月十一日上午六时以来，敌对古北口阵地施行步炮空总攻击，第百十二师已将潮河迤东至将军楼一段阵地放弃，由第二十五师调驻南天门之百五十团增援堵击"，② 因第一一二师擅自放弃阵地，第二十五师只能分兵填补空缺，逐渐陷于被动当中，"迄十八时顷，第一一二师留置河西镇北方高地，担任收容之一团又复放弃该镇。（第二十五师）遂命第一五零团之第一营占领该阵地，以巩固师之左侧翼"。③

　　由于东北军第一一二师自行放弃阵地，中央军第二十五师孤身在前，难以支撑，被迫于 3 月 12 日撤出古北口阵地，向后撤退至南天门，沿潮河岸与日军隔河对峙，"三月十二日五时许，敌再兴攻击，以主力向我（二十五师——引者注）第一四五团正面猛攻，同时以大部兵力向右翼延伸包围，战况激烈，虽众寡悬殊，我官兵仍忠勇奋战，迄未稍却，激战至十五时许，第一四五团正面因受敌重炮火力之集中轰击，伤亡殆尽，空隙无法填补。同时第一四九团亦因敌之包围，损失重大，兼以第一一二师放弃第一线阵地后，该师全阵地处处受敌瞰制，且敌源源增加，我则援兵不继，愈战愈少，不得已乃决心变换阵地，遂令右地区守备队经北甸子向黄土梁互〔亘〕潮河右岸高地之线转移，令左地区守备队第七十三旅及师直属部队向南天门左右高地之线转移，各部奉命后，当于是日十七时许全部到达新线与敌隔河对峙"。④ 古北口阵地因第一一二师擅自撤退而失守，而撤到后方之东北军又未能及时与中央军前线部队取得联系，有序撤退建立纵深防御，在此情形下中央军第二十五师只能被迫后撤。据 3 月 13 日何应钦向蒋介石报告战局称："据徐军长由石匣报称，真（11 日）晚张廷枢师因稍有伤亡，自动撤回，致左翼城墙为敌占领。第二十五师反攻不成，两翼阵地同受包围，不得已退守口门内之街市，嗣又被敌之甲车冲破，复退南天门扼守。目下敌之攻击已稍缓，惟二十五师连日受敌机集中轰炸伤亡约达四、五千，亟待整理，拟于今日令到石匣第二师之一旅前往接替南天门阵地。又古北口退回之张廷枢师及原在石匣附近之张政枋、何立中两师，现

① 杜聿明、郑洞国、覃异之：《古北口抗战纪要》，《文史资料精选》第 8 册，第 162～163 页。

② 《第六十七军古北口滦西抗日作战阵中日记》（1933 年 3～5 月），《长城抗战档案汇编》第 17 册，第 298 页。

③ 《第二次中日战争各重要战役史料汇编·长城战役》，第 284 页。

④ 《第二次中日战争各重要战役史料汇编·长城战役》，第 285 页。

尚不知其位置云。"① 3 月 13 日，第十七军军长徐庭瑶令第二十五师将防务交第二师接替后撤出阵地，移驻密云整理待命。

古北口方面作战自 3 月 5 日至 12 日，中国参战军队为东北军第六十七军之一〇七师，东北军五十三军之一一二师及中央军第二十五师。第一〇七师首先赶到古北口与日军遭遇，完成掩护任务后于 3 月 10 日撤出，第二十五师即利用此段时间赶到古北口，与第一〇七师换防。第一〇七师撤退后，第一一二师与第二十五师协同负责古北口防务，但第一一二师擅自放弃古北口正面第一线阵地，导致第二十五师两翼被突破，难以坚守，被迫转移。据中央军参战将领回忆："当时守古北正面的一一二师部队，既不支援将军楼的战斗，亦不固守古北口正面，仅于河西镇留步兵一团收容该师退却。"② 综合古北口各方面军队作战情况来看，东北军两师中，第一〇七师进行了一定程度的协同作战，第一一二师则在战事中擅自撤退，造成古北口正面轻易被日军突破，中央军第二十五师虽作战较为积极，但未能有效协调和前线东北军的关系，致使阵线防御中未能形成合力。热河沦陷后，东北军与北上之中央军在古北口布置防线，不过双方却未能有效协同作战，致使古北口迅速失守。

二　国民党中央军各部之间的协同作战

古北口失守后，国民党军队被迫后撤至南天门防守，整个长城抗战中南天门阵地始终由中央军负责防御，中央军参战三个师组成第十七军，由徐庭瑶指挥，南天门战役中央军三个师先后投入作战。

南天门位于古北口西南约 4 公里之潮河右岸，是北平至古北口道路上的要冲，为关外通往北平最后的隘口，兵家所必争之要地。不过比起险要的古北口，位于河谷中的南天门在地势上并不居高临下，"其附近峰峦重叠，山地绵亘，虽有长城之固，潮河之险，然地形复杂，隐蔽死角尤多，使敌易于接近我阵地，乃防守时之一大缺憾"。此时古北口防守的军队有东北军第六十七军王以哲所部第一一〇师及第一〇七师之第六一九团，担任南天门阵地右翼由灼香起经头道沟、司马台至汤河东方高地之线守备；中央军第二师，担任南天门阵地左翼汤河、八道楼子亘黑龙潭之线阵地。③

---

① 《何应钦报告古北口战况致蒋介石电》（1933 年 3 月 13 日），中国社会科学院近代史研究所中华民国史研究室编《长城抗战资料选辑》，中华书局，1989，第 47～48 页。

② 杜聿明、郑洞国、覃异之：《古北口抗战纪要》，《文史资料精选》第 8 册，第 164 页。

③ 《第二次中日战争各重要战役史料汇编·长城战役》，第 286～287 页。

中央军第二师，师长黄杰，原驻陕西潼关，1933 年 2 月下旬奉中央命令集结洛阳，北上通州。3 月 11 日，古北口前线之中央军第二十五师退守南天门，第二师奉令向密云前进，准备接替第二十五师防务。第二师于 3 月 13 日 3 时开始接替第二十五师防务、负责南天门阵地正面防御，"当以其（第二师——引者注）第四旅第八团接替潮河右岸黄土梁亘南天门之线阵地，第七团接替南天门（不含）、牌楼沟亘八道楼子之线阵地，以第六旅集结摇亨〔亭〕、芹菜岭、西茶棚地区，以骑兵连进驻上下甸子附近担任两侧警戒，师部及师直属部队驻石匣镇"。①

3 月 18 日，因此时长城沿线战事已爆发，北平军分会重新划分了华北前线的军队序列，中央军第十七军与第二十六军萧之楚部、东北军第六十七军王以哲部被编为第八军团，总指挥为杨杰，主要负责古北口方面的作战。② 第八军团成立后，第十七军军长徐庭瑶于 3 月 23 日下达给第二师、第二十五师南天门防御命令：

> 一、古北口当面之敌继续增加，有向我南天门一带进攻模样。

> 二、第二师应于黄土梁，车道谷、南天门、八道楼子一带行疏散纵深配备而固守之，黄土梁以南经磨石山至下会间地区为该师右侧掩护阵地，应以有力之一部占领之，右翼须与第六十七军切取连络。

> 三、第二十五师为军预备队，应于南北省庄、南北碱场（均在石匣镇以南）一带构筑预备阵地，并准备协同第二师随时夹击当面之敌。③

中央军第八十三师（师长刘戡）于 3 月 26 日赶赴前线，旋即加入战斗。到 4 月 5 日滦东战况紧迫，北平军分会令王以哲的第六十七军增防滦西，其南天门一带防务，以新晋北上之中央军第八十三师接替："一、以第八十三师接替第一一零阵地，并缩短阵线为曹路口、新城、司马台之线。二、步兵第二师与骑兵第二师之守备阵线仍旧。"④ 到此时，南天门阵地即主要由中央军的三个师负责防卫。

中央军全面接防后，中日双方军队处于休整状态，南天门并未发生大

---

① 《第二次中日战争各重要战役史料汇编·长城战役》，第 287 页。
② 《第二次中日战争各重要战役史料汇编·长城战役》，第 287 页。
③ 《第二次中日战争各重要战役史料汇编·长城战役》，第 288 页。
④ 《第二次中日战争各重要战役史料汇编·长城战役》，第 287 页。

规模激战。4月中旬以后，古北口方面战事再起，此时日军相继攻破长城各口进入滦东，开始关内作战。在攻占昌黎及其以西地区后，为顾及国际影响，日军主动撤兵，在该方面停止进攻，同时抽调兵力集中进攻南天门，企图直趋密云，进窥北平，"故自十五日以来，古北口方面即陆续增兵约万余人，另炮兵两团，战车十余辆，装甲车数十辆，并以飞机十余驾不断在南天门、石匣镇及密云一带轰炸侦查，积极作进攻之准备。迨四月二十一日三时，古北口之敌驱伪蒙军组敢死队千余，在猛烈炮火掩护下，向我第十一团左翼八道楼子阵地进攻，同时另以一部千余名，由龙潭沟西北绕攻八道楼子左侧翼"。①

　　4月22日7时，第十七军军长徐庭瑶下令第二师与第八十三师协同防守南天门阵地，"查下会为我阵地之要点，有死守必要，兹为便于指挥作战起见，着第二师现驻下会潮河右岸部队及军直属之炮兵暂归第八十三师第二四七旅旅长李楚瀛指挥"，第二师师长黄杰基于上令，当即转令所部驻南天门阵地后方之放马峪、下会之补充团遵照。同时日军飞机大炮仍不断向南天门左翼八道楼子一带阵地猛烈轰击，日军步兵一部千余人，乘势向该地炮楼猛扑，第二师守兵伤亡过重，乃于当日11时退守八道楼子后方界牌峪、上堡子东北端一带高地。在此情况下，第二师师长黄杰因第六旅两日激战，伤亡重大，经请准将放马峪、下会之补充团收回，暂归所部第六旅指挥，遗防由第八十三师接替。②

　　4月23日5时许，日军3000余人，在飞机六驾及猛烈炮火掩护下，向南天门正面猛攻，第二师奋勇抗击，伤亡巨大。同时日军另部千余人，由左翼迂回进占小桃园及田庄子一带高地并续向笔架山急进，企图侵占大小新开岭，遮断中央军南天门后路。为保卫侧翼、建立纵深防御，第二师师长黄杰急电所部第四旅第八团将大小新开岭防务交第八十三师接替后，迅即移至南天门阵地两侧之下河庄、笔架山一带占领阵地，对东北及西北方面严加戒备。第八十三师及第二十五师也各有一团前去支援。24日15时，奉令拨归第二师指挥之第八十三师四九七团及第二十五师一四五团，均先后到达南天门阵地后方大新开岭及摇亭一带，将防务交接完毕。当日晚，日军除以炮火不时向阵地轰击外，并无进犯行动。③

　　第二师在南天门激战5个昼夜后，伤亡很大，第十七军安排第八十三

① 《第二次中日战争各重要战役史料汇编·长城战役》，第291～292页。
② 《第二次中日战争各重要战役史料汇编·长城战役》，第293～294页；《长城抗日战纪》第2篇，《长城抗战档案汇编》第28册，第88页。
③ 《第二次中日战争各重要战役史料汇编·长城战役》，第294、296页。

师与之换防，第二师到后方进行休整。4 月 25 日 14 时第十七军军长徐庭瑶下达命令，令第八十三师接替第二师之防务，遗防交第二十五师。换防后，第八十三师担任南天门正面防卫，第二十五师占领潮河东岸阵地，隔河与南天门阵地相望，骑兵第一旅负责警戒南天门阵地左翼，炮兵第四团分属第八十三师及第二十五师指挥。第二师、第二十五师、第八十三师、骑兵第一旅、炮兵第四团都隶属于中央军第十七军，军长徐庭瑶统筹布置，各部协同进行南天门的防御。①

第二师师长黄杰接命令后，即令第六旅将防务交由第八十三师接替，所部移驻后方九松岭附近整理。为加强第二十五师在后方所筑的预备阵地，第二师令第四旅之第八团附骑兵连进驻墙子路关扼要，对东北兴隆方向警戒，确保南天门阵地的侧背。为配合第八十三师及第二十五师的南天门阵地防御，黄杰将所部补充团归第二十五师指挥，令野炮兵第四团第二营、重迫击炮营及交通兵团电雷队等统归第八十三师指挥，师部及师直属部队各部移至后方整理；第二师各部于二十六日晚将阵地交由第八十三师接替后，均先后到达指定地区集结整理。②

自第八十三师接替第二师防线后，在日军压迫下，中央军阵地逐渐移至南天门后方之车头峪、大小新开岭、下河庄、笔架山之线。5 月 10 日，日军再次对南天门阵地发动攻击，正在后方整修之第二师即奉命前往支援，开驻第八十三师阵地后方，"十日奉军长徐电话，敌已新到援军大部，似日内有向我进犯之企图，该师应即进驻小槽村、城子村、摇亭、南香峪之线以便策应等因"。第二师为策应第八十三师作战起见，接到任务后即令全师推进至南天门阵地后方之摇亭及石匣附近集结待命。③

自 5 月 10 日黄昏起，日军即开始向南天门第八十三师阵地炮击，国民党军队工事多被毁坏，11 日清晨开始，日军大炮、飞机持续进行轮番轰炸，据日方记录："凌晨五点三十分我军炮兵队开始炮击，一大队对左翼队前面的敌方阵地进行炮击，三中队对八里梁附近的敌方阵地进行炮击，凭借极为准确的炮击逐渐压制敌方阵地。在清晨 6 点 5 分友军的三架飞行机出现在战场，对八里梁附近的敌军进行轰炸。接下来在早上 7 点 5 分，两架重轰炸机出现在战场，对右翼队前面的敌方阵地进行震慑性轰炸，使

---

① 《第二次中日战争各重要战役史料汇编·长城战役》，第 297 页。
② 《第二次中日战争各重要战役史料汇编·长城战役》，第 297～298 页。
③ 《陆军第二师在南天门抗日作战战斗详报》，中国第二历史档案馆藏国防部史政局和战史编纂委员会档案，档案号：七八七－7177。

得八里梁附近的敌军显现出极大动摇的迹象。"① 至 5 月 11 日上午 11 时，第八十三师正面防线被突破，第二师所部第四、第六两旅即前往支援。② 最终在日军陆空联合攻势下，阵地未能坚守，5 月 13 日石匣镇被攻陷，南天门阵地彻底失守。

古北口沦陷后，南天门成为国民党军队防守的前沿阵地，此处作战的主要是中央军第十七军的三个师：第二十五师、第二师、第八十三师。中央军的三个师先后投入战斗，战役期间，三个师进行有序的换防并建立纵深防御组织。虽然如此，在军队换防过程中，也有问题出现。在南天门战场，第二师接替第八十三师防务间隙，日军即趁机发动进攻，第八十三师急于后撤，导致阵线被突破，中央军炮兵第四团被包围，据炮兵团第二营营长刘世承回忆："奈第八十三师有欠沉着，缺乏全局观念，未等第二师部署完毕，即仓皇撤退，被敌突破，致我团陷敌包围。徐军长急令后撤，我第三营竟丢失火炮六门。"③ 同时，中央军正面防守虽然较为稳固，但对阵地侧翼保护不够，日军在总结南天门阵地后方新开岭作战时即指出："先对正面约二里地的地方进行突破，侧面则仅设置最小限度的兵力来对敌人的动向进行监视。除了正面突破遭遇的敌人以外，其余地方的敌人则与预期不同，并未采取积极的对抗行动，反而可能因为感到了危险而仓皇进行逃窜。"④ 总而言之，长城抗战中南天门阵地的中央军作战是参战国民党军队中各部协同作战有一定成效的，在此处延缓日军达一个半月，一定程度迟滞了日军进攻。

三　国民党各地方派系军队之间的协同作战

滦东地区是长城抗战中参战军队最为复杂、涉及各方军队之间协同作战最多的战场。滦东战事包含两部分：一是滦东一带长城各口战事，包括冷口、界岭口、义院口、桃林口等；二是长城各口失陷后，沿滦河一线的关内作战。负责该地区防卫的主要是东北军何柱国部第五十七军及晋军商

---

① 「新開嶺附近戦闘経過の概要」（1933 年 5 月 10 日～1933 年 5 月 13 日）、防衛省防衛研究所、JACAR（アジア歴史資料センター）、Ref. C13010111600。
② 《陆军第二师在南天门抗日作战战斗详报》，中国第二历史档案馆藏国防部史政局和战史编纂委员会档案，档案号：七八七 - 7177。
③ 刘世承：《第十七军古北口抗战》，中国人民政治协商会议全国委员会文史资料委员会编《文史资料存稿选编 6·抗日战争》（上），中国文史出版社，2002，第 337 页。
④ 「新開嶺附近戦闘経過の概要」（1933 年 5 月 10 日～1933 年 5 月 13 日）、防衛省防衛研究所、JACAR（アジア歴史資料センター）、Ref. C13010111600。

震部第三十二军，加上东北军万福麟部第五十三军一部。日军攻陷热河后，继而南下侵占滦东长城各口。为向滦河之线集结兵力，阻止日军进入滦东并在滦东各关口后方建立纵深防御，3 月 17 日北平军分会何应钦令商震第三十二军及万福麟第五十三军之孙德荃、缪征流两师负责坚守滦东长城各口，掩护正面作战部队，第五十三军杨正治（字安铭）师在后集结为其预备队，同时命商震部第三十二军伺机集结滦河后方，为滦河线作战的预备队：

> 我军拟集结优势兵力在滦河之线，与敌决战。何军长柱国以所部一骑兵师及轻装步兵一师，暂在原阵地掩护该军转进。其余两师于巧（18）日黄昏经由昌黎向滦城转进，限号（20 日）晚到达，即占领瓦龙山经滦县至任各庄之阵地。缪征流师仍在界岭口附近，担任掩护何军主力转进，俟何军主力到达滦河附近后，再候令主力撤退至卢龙附近。孙德荃师须固守桃林口附近，掩护滦河西岸主力之侧背。杨正治师则进至卢龙西方丘庄附近，为孙、缪两师之预备，均归杨代军长正治指挥。第二军团商部以一部扼守冷口及其附近各口，以骑兵师仍在乐亭附近警戒，俟何、杨两军到达滦河之线后，即在沙河驿附近集结，为滦河线作战军之预备队。[①]

4 月初，日军进攻滦东海阳镇，海阳镇位于山海关以西，拱卫秦皇岛侧背，是防止日军从山海关自陆路进攻和由秦皇岛登陆从海上进攻的交通要隘。4 月 4 日何柱国向北平军分会何应钦及第三十二军商震部请援，要求加强界岭口等滦东各口防务，以便己部集中兵力反攻海阳，"海阳镇顷又被敌突破，正图恢复。姚师张团及炮兵一营，已于本日晚 9 时由滦站开始火车输送，约于明日拂晓前可到达前方。界岭口及附近各口，是否另有新锐部队接防，巩固侧背，使职部邱、杨两团得归还建制，乞火速电示，俾职得确定尔后作战为叩"。[②] 何应钦得电后当即回复，指示要何部坚守秦皇岛防线，并表示如有需要冷口方面的第三十二军可调往支援，"我兄处置尚合机宜，查秦皇岛为华北经济要区，海防重镇，此后情况无论如何变化，如无他命，必须死守，不准后退。现冷口方面阵地已巩固，至必要时，可由滦河方面抽调若干，以固守海阳镇阵地，相机攘击

---

① 《何应钦致商震、何柱国筱电》（1933 年 3 月 17 日），《长城抗战资料选辑》，第 62 ~ 63 页。
② 《何柱国致何应钦、商震支电》（1933 年 4 月 4 日），《长城抗战资料选辑》，第 63 页。

敌军，以挽全般形势"。①

在此情形下，何柱国请求北平军分会将驻守冷口兵力调往界岭口支援，"现界岭口方面友军，经久战后已无一完全营，士气亦丧，其阵地之险要已失，薄弱殊甚，稍攻即破。敌步骑各一团并牵制职部。我军果欲确保滦东，现冷口方面既极巩固，似宜增加界岭口方面三团制生力军一师，则职全部仍可复归汤河之线，庶可以作有价值之决战"。② 界岭口位于冷口东侧，在地理位置上更接近秦皇岛守区，是防御秦皇岛一线侧翼的主要屏障，此时界岭口守军为东北军第五十三军缪征流的第一一六师及何柱国部两团，何柱国意在使军分会增援界岭口，以便收回己部驻兵，集中兵力守卫秦皇岛。在此请求下，何应钦一面令冷口商震部派一个师支援，一面令庞炳勋第四十军开进滦河一线，以为后援。③

4月6日，何应钦考虑到日军可能在滦东发起攻势，令何柱国部全部开赴前线，并允诺归还其驻界岭口的两个团，遗防由第三十二军商震及第五十三军杨正治所部接替。④ 可是命令发出后，第五十三军代军长杨正治借由所部改编，未有响应，何柱国只得请求商震所部支援，"准杨代军长声称，所部正在改编，不能接替邱、杨两团，并难推进。乞另设法，并命高师即日推进抚宁。职已命常师今夜推进昌黎，构成第二线，并策应前方，明日拂晓，前线以步骑兵各两团反攻海阳镇，与以打击，谨复"。⑤ 对于杨正治的推诿，何应钦表示出不满，"以该师整理兼旬，何尚不能前进？如云正在改编，岂一部亦尚未编组就绪？如因到任伊始，办事困难，应将不遵命者呈报办理"。⑥ 因滦东战事紧急，4月8日何柱国再次请求军分会派兵增援界岭口，并将所部在界岭口所驻两团收回：

> 项据缪师长虞辰电称，界岭口方面，敌人已有动作，若杨、缪、孙各师复此重责，实有不胜。查该师等自凌南战后即守长城，于今月余，未尝少息，姑无论士气已疲，而重火器之丧失殆尽，缪师长之伤亡半数，皆其致命伤。以蚊负山，绝难有济。半月以来，缪邱师长向职告危之函电，直如雪片般飞来。职以邻接关系，知之较详，确

① 《何应钦致商震、何柱国支电》（1933年4月4日），《长城抗战资料选辑》，第63页。
② 《何柱国复何应钦支电》（1933年4月4日），《长城抗战资料选辑》，第63～64页。
③ 《商震转发何应钦命令》（1933年4月6日），《长城抗战资料选辑》，第64页。
④ 《何应钦致商震、何柱国、杨正治鱼电》（1933年4月6日），《长城抗战资料选辑》，第64页。
⑤ 《何柱国复何应钦鱼电》（1933年4月6日），《长城抗战资料选辑》，第64页。
⑥ 《何应钦致何柱国虞电》（1933年4月7日），《长城抗战资料选辑》，第65页。

属实情，不敢讳隐，以误国家，并误钧座。该各师等非交代休养，补充改编，绝难再御强敌，惟钧座熟筹之。至职军正面目下情况，右翼有外交关系，士气亦振，并命工兵营前往加修副防御。常师两团，有八小时之急行军，即可进入烟筒山以南之本阵地，现有兵力，已尽量发挥，故果有真面目来攻，又何暇计及成败。唯乞将邱、杨两团换回作为预备，以求决战，兼顾两翼耳。职军兵力与正面之比例，已较任何军为薄弱，而两翼之危险又如此，实难再分兵力也。①

在界岭口防卫的东北军第五十三军之孙德荃、缪征流两师在日军侵热时就已参加作战，此时已伤兵满营且疲惫不堪，何柱国深知滦东能否固守，关键就在于侧翼界岭口等长城关口。对于此请求，何应钦颇感无奈，只得一面令商震一部由冷口开往滦东策应，一面从古北口调王以哲第六十七军到滦河前线，"商指挥已令高桂滋师主力推进卢龙，以资策应，如有必要，可请商总指挥饬高转进。现王以哲全部已陆续向滦河之线前进。其翁照垣师文（12）日可到达永平。俟该师到达后，当另有新任务之规定"。② 不过军分会的仓促调遣也是缓不济急，商震部仅有一个师在冷口守卫，难以调兵增援，王以哲所部滦东沦陷时仍在路上。

日军除自山海关从滦东正面进攻之外，又以一部分兵力攻击侧翼长城各口，由于长城战线绵延，侧翼之防军未能有效进行守卫，滦东腹背受敌很快沦陷，据第五十七军何柱国部记录："敌于受创后，知从滦东正面攻击不易奏功，于是变更其战略，将攻击重点转移于冷口、界岭口、桃林口方面，实施侧击之方略，以期突破长城各口，进而直接威胁汤河我军之侧背，并一面在榆关、石门寨一带集结兵力，专伺侧面攻击收效后，使我军陷于独立，然后再对我汤河正面乘机攻击，以收包围之效，期一举而占滦东。不幸冷口、迁安于 4 月 10 日及 11 日相继失守，迄 12、13 两日，友军毫无进展。敌则倾注兵力，逐渐扩张战果，致桃林口相继被敌由侧面击退。卢龙附近已发现敌情，而界岭口内之缪师已被敌击退，转进于天马山之线，致我滦东部队之侧背极感威胁"。③ 在日军攻势下，滦东侧翼的冷口、界岭口等长城各口很快失陷，滦东战局因此急转直下，中国军队只能退居滦河西岸。

在滦东长城各口作战中，商震的第三十二军首先放弃冷口，致使驻防

---

① 《何柱国复何应钦、商震电》（1933 年 4 月 8 日），《长城抗战资料选辑》，第 65 页。
② 《何应钦致何柱国青电》（1933 年 4 月 9 日），《长城抗战资料选辑》，第 65～66 页。
③ 《五十七军何柱国部滦东撤退概要》，《长城抗战资料选辑》，第 70 页。

界岭口的第五十三军防线左翼暴露，何应钦紧急调第五十三军一〇六师及第六十七军一一七师前往增援，据时任第五十三军代军长杨正治回忆："各口开火个把月（4月上旬），把守冷口的第三十二军部队抵抗不住，而放弃了冷口，越过建昌营退守在迁安附近。这一下子就使第五十三军左翼产生一大空隙，日寇钻入，异常活跃。我向北平何应钦告急，说明第五十三军三个残破师俱已摆在第一线，没有控置预备队可以堵塞左翼空隙。何乃派第一〇六师沈克所部和第一一七师翁照垣所部前来增援。但沈部行至沙河驿野鸡坨附近，说是因为某方情况紧急被追了回去，只一一七师开到滦河东岸。"商震声称反攻冷口，实际上未有行动。① 在此情况下，集结于滦东地区的中国军队侧翼暴露，第五十三军只得放弃冷口以东之界岭口、桃林口，以免被日军包抄，并向滦河以西撤退。滦东长城各口陷落，身处滦东正面防卫的何柱国第五十七军也被迫大部撤往滦西，自此滦东所有中国军队退守滦西。②

自此关东军突破滦东长城各口，进入关内作战，可以随时渡过滦河进逼平津。从滦东作战可以看出，晋军商震第三十二军与东北军第五十三军、第五十七军之间协同并不顺畅，即便是东北军两军之间也不无龃龉。滦东的防御属于纵深防御，既有关隘、据点，也有海岸防卫，受滦东地形所限，两翼之防守甚至比正面防御更加重要，需要各方面守军协同作战，一旦一方出现问题，整个防御体系就告崩溃。滦东各方面守军之行动多出于自身利益之考量，而缺乏大局考虑，在界岭口驻防的东北军第一一六师在总结作战经验时即指出："全局无统盘计划，无统一指挥之机关，互相观望，各保实力，实有甲师危急而乙师知而不援者，亦属失败之原因。"③ 在此情况下，即便北平军分会之指令也多难以执行，往往形同具文，其结果也就可想而知了。作为滦东战事总指挥的商震在滦河阵线溃败后即到北平向军分会抱怨："军事若不一致动作，对补充接济，又无办法，长此固守，终必被敌各个击破。"④

---

① 杨安铭：《我所经历的长城抗战》，《文史资料存稿选编6·抗日战争》（上），第277~278页。
② 《五十七军何柱国部滦东撤退概要》，《长城抗战资料选辑》，第70页。
③ 《第五十三军第一百一十六师喇嘛洞附近战斗详报》（1933年3月1~5日），《长城抗战档案汇编》第12册，第134页。
④ 《华觉明电何成濬商震回平据谈所部已损失三分之一强现沿滦西布防》（1933年4月20日），《各方民国22年4月往来电文原案》（四），阎锡山史料，台北"国史馆"藏，档案号：116-010108-0782-057。

四　协力难成：多派系下的联合作战

总体来看，长城抗战中国民党各方军事力量之协同并不顺畅，多方军事力量之作战未能形成合力，这也是长城抗战失利的重要原因。国民政府军事部门在总结古北口战役作战经验时就指出："一、平素指挥不统一者，战时必不能协同动作，于敌以各个击破之机会。……七、与战斗力薄弱之友军共同作战，往往遭遇意外之重大危害。"[①] 协同作战效果不佳，一方面与国民政府制定的战术有关。国民党军队在长城一线分兵把守，各处军队难以统一行动，战事一起，往往处于被动挨打的局面，其中一点被突破，整个防线即告失守，中央军第二师在总结作战经验时即指出："我军对于战略上不能总一指挥，常见此攻彼守，予敌人以集中兵力各个击破之机会。"[②] 另一方面则是由于各部队的战术素养及作战态度存在差异。大体而言，中央军无论是在战术素养还是在作战意志方面都优于地方军队，从华北地方军队来看，除宋哲元第二十九军之外，其余部队未能发挥应有作用。

在长城抗战中，东北军参战人数最多，分担作战任务也最多，但实际效果却很差。蒋介石也认为："前方东北军精神涣散不堪，作战应酌量调移较后之地，加以整理。"[③] 东北军各部在热河作战时就纷纷溃退，不仅战斗力较为低下，其军队作战编组也颇为混乱。据杨正治回忆，热河沦陷后，各处溃散的东北军甚至未能及时编组："热河沦陷，出口抗日的东北军退守长城线上。初时，只孙德荃所部第一一九师的步、骑兵各一个团（另一步兵团于两日后才跟踪而至）扼守长城界岭口及其以西三个无名小口。当天午时，缪征流率第一一六师由龙王庙、喇嘛洞等地也退进长城口内。我命缪师接守界岭口并占领其以东两个无名小口，以便与义院口的第五十七军部队衔接。由界岭口撤下来的孙师步兵团则向西伸展。如此部署就绪后，所属无线电台对于北平军委分会才得呼叫出来，当将这里的部署情形，电陈张副司令（学良）。旋得复电：指定'以第一〇八师、第一一六师、第一一九师三个师编为第五十三军，命杨正治代理第五十三军军长

---

① 《长城抗日战纪》第 2 篇，《长城抗战档案汇编》第 28 册，第 41～42 页。
② 《陆军第二师在南天门抗日作战战斗详报》，中国第二历史档案馆藏国防部史政局和战史编纂委员会档案，档案号：七八七 –7177。
③ 高明芳编注《蒋中正"总统"档案·事略稿本》第 19 册，台北："国史馆"，2005，第 129 页。

兼第一〇八师师长（丁喜春撤职）'。旬日以来，不仅在热河境内打的是糊涂仗，就是在作战军编组上，至今才明朗化。"① 到战事中后期，东北军作战更加困难，据杨正治回忆：4月中旬，日军突破滦东长城各口，进入关内作战，东北军各将领越发感到难以坚持，转而考虑如何保存现有力量，"用汽车将何柱国（五十七军）、王以哲（六十七军，军部驻沙河）两人接到。他俩都说打不下去了，如不下命令退却，任其溃散，谁来负责？只有听候军法裁判喽！"②

其余各军则出于自身利益，或者对抗日不抱希望、想保留实力，如商震的第三十二军，本配属有三个师，长城抗战时只派了一个师，担任正面100多里的防线。③ 在冷口失陷后，商本已表示要积极反攻，但其后并未付诸行动，一是其认为国民政府秉持"一面抵抗、一面交涉"的原则，并非真心抗日；二是出于保存自身实力的考虑。在商部决定反攻前，第三十二军指挥部总参议李培基向商进言道："军委分会命第三十二军反攻恢复冷口，您有把握吗？若果付出一些牺牲，得到成功倒还可以，如若被打垮了，伤了老本您以后还想在政治舞台上活动吗？蒋介石其所以给您当这军团总指挥，就因为还有这个军（三十二军），若是没有这个本钱，说话也不吃香啦！何况这回抗日真的能打好久吗？"④ 另一些地方势力参加长城抗战则出于保卫自身安全，对于战局整体甚少关心。如晋绥军在山海关事件后即响应中央积极出兵，但其目的更多是基于晋、绥两省的防务，着眼点为与晋绥相邻近的察哈尔，当5月初北平军分会调遣傅作义部由察哈尔东开至北平附近作战，傅本人就颇不情愿，其即向阎锡山抱怨并请阎拒绝军分会以后的调兵请求，"惟军分会此次对我任务配置有欠允当，……必欲使我不仅牺牲实力，并欲使我留社会以恶誉而后。快闻当局犹有续调我军意，窃思职部既已到此只好听其指使，任其牺牲，倘再续调我其他部队，伏乞钧座预为防止免蹈谲谋而供无代价之牺牲也"。⑤

南京国民政府自成立后，即处于一个地方实力派分立的局面，各地方

① 杨安铭：《我所经历的长城抗战》，《文史资料存稿选编6·抗日战争》（上），第274页。

② 杨安铭：《我所经历的长城抗战》，《文史资料存稿选编6·抗日战争》（上），第279页。

③ 石彦懋：《冷口的失陷》，中国人民政治协商会议全国委员会文史资料研究委员会《从九一八到七七事变》编审组编《从九一八到七七事变》，中国文史出版社，1987，第473页。

④ 杨安铭：《我所经历的长城抗战》，《文史资料存稿选编6·抗日战争》（上），第279页；尹丕杰、陈家珍编著《河北文史资料》第23辑《商震将军》，河北人民出版社，1987，第93页。

⑤ 《傅作义电阎锡山表示军分会任务配置欠允当并欲续调晋军》（1933年5月15日），《晋军抗日案》，阎锡山史料，台北"国史馆"藏，档案号：116-010101-0102-177。

势力表面上服从中央，实际上具有很强的独立性。长城抗战期间，华北各方军队仅是名义上隶属国民政府，各派系军事集团仍然保持半独立状态，各方皆有自身利益诉求，未必能完全服从整体作战，如商震任第二军团总指挥，按照作战序列，在滦东之国民党军队统归其指挥，实际上"总指挥"仅是虚名，"其指挥第四军直属之高贵滋师尚成问题，此外之军，自更难如意"。① 即便是作为名义上华北军队总指挥的何应钦也不得不屈就于地方派系将领，4 月底为保卫平津，北平军分会试图将察热边境的孙殿英部调到北平附近作战并允予以补给，孙则以行军困难予以拒绝。② 而国民政府持"攘外安内"的策略，不敢大规模调中央军北上，只得依靠华北地方军队，而华北地方军队之间又不能进行有效的协同作战，这也是长城抗战最终失利的一大原因。正如参加作战的中央军炮兵营长刘世承所说："1. 长城各口，均是各自为战，互不通气，如能加强联系，敌攻此口，则彼口出击，使敌不能集中兵力，运用自如，则各口可能会形成持久防御，滞敌前进。2. 第二十九军、第三十二军均无重武器，此次两个炮兵团，如能调入一起配合作战，定能起到应有作用。若不是搞'围剿'，将装备优良的部队把守各口，利用长城屏障，定能固我边疆。"③ 以上都表明随着日军侵华的步步深入，国民政府被迫放弃"攘外必先安内"的策略，国内各方势力团结御侮乃是大势所趋。

---

① 高明芳编注《蒋中正"总统"档案·事略稿本》第 19 册，第 602 页。
② 《蒋伯诚电孙殿英现日军积极图侵关内仍望克日移防共同抗战》（1933 年 4 月 29 日），《各方民国 22 年 4 月往来电文原案》（六），阎锡山史料，台北"国史馆"藏，档案号：116 - 010108 - 0784 - 037；《何应钦电孙殿英贵军参议已接见所述困难情形战时本所难免希速开动》（1933 年 4 月 29 日），《各方民国 22 年 4 月往来电文原案》（六），阎锡山史料，台北"国史馆"藏，档案号：116 - 010108 - 0784 - 046；《孙殿英电何应钦按地图所示靖安堡东地区村落稀少大部队恐难同时前进》（1933 年 4 月 30 日），《各方民国 22 年 4 月往来电文原案》（六），阎锡山史料，台北"国史馆"藏，档案号：116 - 010108 - 0784 - 050。
③ 刘世承：《第十七军古北口抗战》，《文史资料存稿选编 6·抗日战争》（上），第 339 页。

【民国经济】

政商博弈：20世纪30年代的
南昌开明新记电灯公司

万振凡　段谟发*

提　要　创办于清季的南昌开明新记电灯公司，前后经历了三个发展阶段。1933年9月，南昌市政府出于各种原因对其实行强制接管。政府的粗暴行政行为引起了电灯公司和电业联合会的反对与声讨。此后政商之间围绕着电灯公司经营权的争夺展开了数年的博弈，最终因地方政府挟南昌行营之威，在南京国民政府的默许下，强制将电灯公司解散。此案背后涉及南昌地方的特殊性致使其政治实力高于一般地方的事实，以及近代中国民营企业发展的困局，也突出了简单的案件背后是复杂的政治和经济逻辑。

关键词　江西地方政府　南昌开明新记电灯公司　近代民营企业

清季，商人眼见外企之效率与利益，纷纷投资效仿。但清政府囿于固有观念，对商人产业的发展持敌视态度。政商之间围绕着私企的建立与发展展开了长时间的博弈，此一时期政府的敌意甚强，[①]商人在博弈中处于被动和弱势地位。甲午战后，随着清政府财源枯竭以及观念的逐步开放，清政府开始不仅鼓励商人经商，而且在政策方面给予各种方便，这一时期

---

* 万振凡，江西师范大学历史文化与旅游学院教授；段谟发，江西师范大学历史文化与旅游学院博士研究生。

① "仅从苛捐杂税无以复加的盘剥即可看出，当时的政府并不能像商人所期待的那样真正鼓励和保护商业的发展。"参见朱英《近代中国商人与社会变革》，《天津社会科学》2001年第5期。

代表商人利益的商会组织也应运而生。不过商业的最终发展还是取决于政府的态度，这个以"官督商办"最为典型。① 民国以后，一方面新生政权为商业的发展创造了一定的有利条件，另一方面新生政权一直处于分崩离析的弱势地位。同时政府财政的恶化以及商业的巨额利润驱使政府往往截商人利益以自肥。② 因此这两个时期政商之间的关系呈现出既相互对抗同时又相互合作的特殊局面。1927 年南京国民政府成立以后，随着政权的逐步稳固，政府加大了对经济的控制，一时国家官僚资本发展迅速。③ 同时化私为公的要求也在不断强化，为此政府与商人之间展开了激烈的博弈，最后大多因政府势大商人不得不接受退步而告终。总之，近代以降，政府和商人在经济发展过程中各自扮演着非常重要的角色。但因其所处的位置以及代表的利益不尽相同，相互间时常爆发争论和博弈。

南京国民政府建立初期，为了发展经济，政府主张积极利用民营资本，制定政策鼓励民营资本投资水电事业等公用事业。然而随着政府逐步加大对公用事业中水电行业的控制，一时间不少电力公司或被政府接管解散，或被强制由商办改为官办。20 世纪 30 年代南昌开明新记电灯公司被强制接管解散就是一个代表案例。历来对于南昌开明新记电灯公司的研究大多集中在其前期创办历史和其与日本的外部关系，④ 而王树槐虽然对南昌开明新记电灯公司被政府接管解散最后转为官办的历史有简单的讨论，但是过于强调官方对民营企业不公平的压制，对个案背后的政治与经济逻辑也关注不够。⑤ 本文在前人研究的基础上，侧重考察电灯公司对政府接管的因应措施，探讨政府与电灯公司及全国民营电业

---

① "以振兴实业为己任的官督商办企业……经营依旧以政治逻辑为指导方针，导致'权操于上'的规则导向、企业经营管理的官僚化倾向以及护商与剥商的二重属性，商业伦理政治化特征尤为明显。"参见闫瑞峰《晚清政商关系的三维伦理透视》，《广西社会科学》2021 年第 12 期。

② "民国时期经济政策具备了发展近代实业的导向。一方面扶植和鼓励民间自由的资本主义的发展，为之创造有利的宏观经济环境和社会条件；另一方面，官办垄断和国家资本主义的思路一直影响着乃至支配了政策的趋向。"徐建生：《民国时期经济政策的沿袭与变异（1912～1937）》，福建人民出版社，2006，第 273 页。

③ "国民党统一了北洋军阀割据势力，建立了法西斯主义的集权政府，在政治上强化专制统治，在经济上发展垄断资本主义，在体现政府的现代化主导作用的同时，使中国的早期现代化呈现出畸形发展的态势，压抑了民间的现代化建设积极性。"虞和平主编《中国现代化历程》，江苏人民出版社，2001，第 691 页。

④ 杨隽：《内地电力照明企业的艰难起步——清末民初南昌开明电灯公司日债纠纷事件初探》，《东华大学学报》（社会科学版）2017 年第 4 期。

⑤ 王树槐：《国民政府接管民营电厂的政策与实践——以南昌开明电灯公司为例》，《中央研究院近代史研究所集刊》（台北）第 28 期，1997 年。

联合会之间的博弈，关注博弈背后的政治与经济逻辑，试图探究简单案例背后的复杂性。

一　政府接管前电灯公司的经营现状

南昌开明新记电灯公司创办于清末，至1933年被南昌市政府接管，前后经历了三个发展阶段。清末创建至1920年徐士修逝世为它的第一阶段。早在1905年邮传部主事江西籍人贺赞元在香港、上海等地见电灯的使用，便认为创办电灯公司是一项颇有前途的事业。于是回赣之后邀约龙钟浿、朱培真等召集商股创办电灯公司，并于1908年在邮传部登记立案，当时立案名称为江西省城电灯公司，经理为首倡者贺赞元，注册资本5万余元，[①]地址在紧邻繁华街区的钟鼓楼，同年冬正式发电营业，为取开放光明之意，而更名为"南昌开明电灯有限公司"，时有员工120余人。[②] 因实收股本太少，初创时期即欠日本机器设备费用。后来一方面因购置新设备，另一方面电毕竟是新事物，好奇的户多用电的户少，亏损严重。至1920年主办人徐士修逝世时，公司已难以为继，濒临破产。

是年江西省实业厅厅长和总商会会长邀请地方士绅出面维持，筹措新股，在南昌城南抚河沿岸司马庙处设一新厂，并将公司改组为"南昌开明新记电灯公司"。1926年北伐战争爆发，国民革命军进攻南昌，为避战祸，公司董事纷纷逃难，公司陷于停顿，由劳资组织维持会暂时维持。此为开明电灯公司的第二阶段。南昌历经国民革命军北伐战事、李烈钧与朱培德相争、南昌起义，直至1927年冬方才平静下来。为了使电力公司尽快运转，以利于军民的日常生活，公司董事遂与南昌市市长协商，清理前期债务并谋调整策略。鉴于公司资金不足，再招商股8万元，另向江西省建设厅借款10万元，购买设备发电。翌年在新旧股东的支持下，组织整理委员会经营公司。该会对公司的债务做出了四点处理意见：

（1）第一届股权，以二折计算，不计息。

（2）第二届股权，自民国十二年至二十一年，以周年六厘计息。

（3）所欠银行及各商号之债，概以二折计算，不付息。

---

① 王树槐指出公司股本有两种说法：一说原拟招股26万元，而实收仅22600元；一说原拟招股20万两，但只有朱大埔出资4万余两，徐士修认股1万余两，合计6万两。后说较为可信。《南昌市志》记载为5万元。因此5万余元比较合适。

② 南昌市地方志编纂委员会编《南昌市志》，方志出版社，1997，第87～88页。

（4）除第三届股权及债务付息外，余均暂行停付本息。①

经此整理，公司逐步有条不紊地运行。但是外部环境并没有多少好转，甚至有恶化之虞。由于赣南红军不断发展壮大，国民政府害怕其实力越来越强，于是开始调兵到南昌，准备对各红军根据地进行"围剿"。大批军队入驻南昌，给南昌的各项公共事务增加了诸多负担，电力公司就是其中之一。另外，政府公务人员挟政府之威不交电费或者拖欠电费已是司空见惯。该公司称"灯费收入极形短绌……揆厥原因是缘用电各户欠费过多，而尤以军政警各界公务人员高，最前列职公司稽查股查报军政警各界欠交灯费者有一百九十余户云，统计所欠灯费达一万七千三百六十余元"。② 除了公务机关享有优待价格外，公务人员还为自家私宅认缴优待资格，该公司在解释其近来灯光黑暗时讲道："窃商公司近来营业日见亏蚀，灯光无法整顿。究其原因，固由执力不足窃电不少，而党政军警机关之优待灯为数甚巨，且公务人员私宅用灯亦求优待。"③ 更严重的是公务人员还为普通居户认缴优待资格，"包庇同居各户私灯认缴优待价格，照章十六支光每盏二元，军警人员优待价格一元以致漏电过多"。④ 如此种种，致使电力公司损失甚巨。再加上原来的鄱阳湖煤矿区煤源紧张，煤价上涨。"煤一项为我公司主要燃料，每项原价十五六元者现在正涨至二十七八元。"⑤ 因而电灯公司亏损严重。为了弥补巨额亏损，电灯公司特将电价上调，将原来每度 0.3 元上调至 0.35 元，至此电灯公司方才摆脱年年亏损的状态，并略有结余。但是此时的电灯公司设备已至发电的最高限额，不可再新装。为此该公司曾专门呈文江西省政府："公司电厂电机二座容量本有限度，以现在灯数而论早有超越之虞，若再任意加装必致全部灯光渐趋暗淡，商公

① 王树槐：《国民政府接管民营电厂的政策与实践——以南昌开明电灯公司为例》，《中央研究院近代史研究所集刊》（台北）第 28 期，1997 年。

② 《江西省政府建设厅关于奉省政府令据南昌开明新记电灯公司呈为军政警各界公务人员拖欠灯费恳通令照章缴纳以恤商艰等情令仰等因除分行外的训令》，江西省档案馆藏，档案号：J023 - 1 - 00660 - 0001。

③ 《江西省政府建设厅关于奉省政府令据开明电灯公司呈为订定特别用户用电收费办法请鉴核备案并乞转令所属知照等情的训令 + 商办南昌开明新记电灯公司特别用户用电收费办法》，江西省档案馆藏，档案号：J023 - 1 - 00660 - 00019。

④ 《江西省政府建设厅关于奉省政府令据开明电灯公司刘钟仁等呈明困难情形恳请以维电光而令公用等情的训令》，江西省档案馆藏，档案号：J023 - 1 - 00660 - 0009。

⑤ 《江西省政府建设厅关于奉省政府令据南昌开明新记电灯公司呈为军政警各界公务人员拖欠灯费恳通令照章缴纳以恤商艰等情令仰等因除分行外的训令》，江西省档案馆藏，档案号：J023 - 1 - 00660 - 0001。

司业务机关及私人住宅一律知照格外谅解，在商公司目前情形委系现有电机容量已超限度不能再行加装。"① 鉴于电灯公司的长期亏损，现有设备的限制，以及建设厅拥有10万元的股份，南昌市政府决定对其进行整理和接管，② 此为开明电灯公司的第三阶段。由于这一决议电灯公司事先并不知晓，再加上电灯公司股东一直在艰难维持并且公司日见转好，为了保护自身对电灯公司的经营权力，电灯公司股东对南昌市委会进行了反击。

二　电灯公司与电业联合会对市政府接管的因应

早在1932年，江西地方政府就有将电灯公司收归官办的打算，只是在公司股东的抗争之下，遂改为限期整理。1933年9月初，南昌市政委员会再次提出，即将整理南昌市的公用事业，必要时还将收回公办。③ 这一消息让电灯公司倍感压力，果然不久即传出南昌市政府将对其进行整理和接管。对此公司股东极力反对，旋即向全国民营电业联合会发出求救。9月23日，电灯公司向全国民营电业联合会发出电文："案查上年八月间，江西省政府对于敝公司曾有收归官办之决议……又有旧事重提，不日将派员接管。查民营事业法律原有保障，贵会为同业所托命，必当力为维护，事出非常，容后当再详陈，务恳大力主持通电声援以保民营而免蹂躏。"④ 随后南昌市委会下令整理南昌开明新记电灯公司，于1933年9月27日开始接管，并要求将电灯公司"原用图记及会计簿册先行接收，所有各部应交手续除饬该公司负责人陆续造册移交"。⑤

接到南昌开明新记电灯公司的求援电文后，全国民营电业联合会立即做出回复："台函备悉，一是江西省政府拟将贵公司收归官办，殊与法令

① 《江西省政府建设厅关于奉省政府令据开明电灯公司呈为电机容量已超限度拟即停止新装灯户乞等情的训令》，江西省档案馆藏，档案号：J023－1－00660－00015。
② 由于南昌市为江西省省会，又是南昌行营所在地，人员配置和权力构建有许多重合之处。所以对电灯公司的整理与接管既有南昌市委会的意志，也有江西省政府的想法。这也导致了无法真正辨清究竟是何方实行整理与接管，因此才会出现时而是南昌市委会所要求，时而又是江西省政府所主张。
③ 江西《民国日报》，1933年9月8日，转引自王树槐《国民政府接管民营电厂的政策与实践——以南昌开明电灯公司为例》，《中央研究院近代史研究所集刊》（台北）第28期，1997年。
④ 《南昌开明新记电灯公司致本会函：为江西省政府对于敝公司有收归官办之决议闻不日将派员接管请主持通电声援由》，《电业季刊》第4卷第1期，1933年，第207～208页。
⑤ 《为呈报接收南昌新记开明电灯公司情形由》，南昌市档案馆藏，档案号：J0006－04－0655－022。

不合。"① 为了扩大事件的影响力和获得更多电业同会的支持，全国民营电业联合会将此事提到全国电业大会上进行讨论和声援，"当于十月十一日本会执监会议提出讨论援助办法，先此奉复"。② 全国电业大会召开过后回复南昌开明电灯公司称："上年八月间江西省政府对于贵公司曾有收归官办之决议，顷闻不日将派员接管请予通电声援等因。到会经提出本届第三次执监会议讨论，决议电请蒋委员长建委会江西省政府维持保障等因，除照案分电外，相应函复。"③ 为此他们专门向南昌行营蒋介石、南京中央建委会、江西省政府三方函请。他们以民营公用事业监督条例第十条和第十四条为依据，指出南昌市政府的接管不合法，为保护公司的利益，"电请钧长（会）鉴核俯赐转函饬江西省政府务将收归官办之议撤销，以维法令而保私权。钧府鉴核赐将收归官办之议撤销，限令切实整理，俾能公私兼顾"。④ 电灯公司为了能够更加具体地表明自己的立场，也请全国民营电业联合会转呈中央建设委员会请江西省政府对南昌市政委员会施压，"贵会转呈建设委员会函请江西省政府转饬市委会迅予发还以符法令"。⑤ 总之电灯公司一开始反对接管态度甚坚，其所持理由可以概括为以下几点：

（1）四中全会通过之决议案，认为没收民营电厂不当。

（2）公司早已注册，准予营业期限为 30 年。

（3）收回官办，应于期满前二年通知，并发还商本。

（4）行营命令系注意治安，增添路灯，并非接管。

（5）公司已尽力整理，已添机并整理线路，电力供不应求，系近年军队增多之故，局势好转，必可完成整理。⑥

由以上可知，南昌市政府下达接管电灯公司的命令后，电灯公司表示

---

① 《本会复开明新记电灯公司函：为据上由当于执监会议提出讨论援助办法先行函复查照由（十月二日）》，《电业季刊》第 4 卷第 1 期，1933 年，第 208 页。

② 《本会复开明新记电灯公司函：为据上由当于执监会议提出讨论援助办法先行函复查照由（十月二日）》，《电业季刊》第 4 卷第 1 期，1933 年，第 208 页。

③ 《本会复开明新记电灯公司函：为上由已照执监会议决议案分电请求维持保障函达查照由（十月二十三日）》，《电业季刊》第 4 卷第 1 期，1933 年，第 209 页。

④ 《本会致南昌蒋委员长建设委员会江西省政府代电》，《电业季刊》第 4 卷第 1 期，1933 年，第 209 页。

⑤ 《南昌开明新记电灯公司致本会函：为被南昌市政委员会接收代管请转呈发还或照声明四点办理由（十一月十二日）》，《电业季刊》第 4 卷第 1 期，1933 年，第 210 页。

⑥ 王树槐：《国民政府接管民营电厂的政策与实践——以南昌开明电灯公司为例》，《中央研究院近代史研究所集刊》（台北）第 28 期，1997 年。

强烈的反对，请求全国民营电业联合会给予支持和帮助，并希望南京中央建设委员会和江西省政府帮忙施压。电灯公司的请求也得到全国民营电业联合会的同情与大力支持。然而反对的成效甚微，南昌市政府不仅没有对电灯公司做出丝毫的让步，而且坚持贯彻接管的各项措施。

三　接管后政府与电灯公司及电业联合会的博弈

南昌市政府对电灯公司进行接管以后，立刻成立整理处。"省政府训令开：案查派员接收南昌开明新记电灯公司一案，业经本府第六零六次省务会议决议，整理委员会委员由市政委员会遴请省府委派，其代管期限暂定两年"，① 并且对整理委员会的业务范围做出了三点规定：一是整理公司债权债务；二是整理及维持公司设备；三是整理及维持公司业务。② 尔后为了弄清电灯公司的资产专门成立了估价委员会。"查本会整理开明新记电灯公司委员会，关于资产估价，组织估价委员会一案……兹该会定本月二十日上午十时，在电灯公司开成立会。"③

对于电灯公司的反对与外界的质疑，南昌市政府也做出了说明："查该公司办理垂三十年，以积弊遇深，致负债数十万。灯光黑暗，影响社会公安，妨害公共福利，政府督促再三，未见效果，不得已，始派员接收代管。目的纯为整理公用事业，增进公众福利起见。"④ 为了便于接管事宜的开展，时任江西省政府主席熊式辉给电灯公司股东代表肖岩仁致信。其内容如下："公司创办以来重二十余年，其负责主持人因环境关系递相更迭，而公司迄未依法正式组织，基础既不健全，管理自感困难，以致债务日益增加，电光日趋黑暗，积弊既深……如此重大公用事业，若不力图改革，长会黑暗沉沉关系治安，是深足虑！行营有鉴于此，月前训令省府速予整顿。"⑤

---

① 《为呈报接收南昌新记开明电灯公司情形由》，南昌市档案馆藏，档案号：J0006 - 04 - 0655 - 022。

② 《为整理南昌开明新记电灯公司委员会组织规程修改为整理处组织规程经省务会议通过除分行外仰即遵照由》，南昌市档案馆藏，档案号：J0006 - 04 - 0543 - 018。

③ 《为南昌开明新记电灯公司估价委员会定本月二十日上午十时开成立会请届时莅临指导由》，南昌市档案馆藏，档案号：J0006 - 04 - 0659 - 066。

④ 《准钧府秘书处函奉主席发下南昌开明新记电灯公司股东刘钟仁等呈一件交本会核议具复等因谨将核议意见五项呈复察核乞指令祗遵由》，南昌市档案馆藏，档案号：J0006 - 04 - 0546 - 031。

⑤ 转引自陈常妹《民国时期城市公用事业管理模式研究——以南昌水电管理为例》，硕士学位论文，南昌大学，2007，第22～23页。

熊氏的信反映了江西省政府的态度，说明政府接管电灯公司已是势在必行，没有任何回旋的余地。从上亦可知，政府接管所持之理由的确也是电灯公司当前存在的问题，因此其接管一定程度上既符合事实，也有因可循。

面对政府的强硬和不妥协的态度，电灯公司也稍改之前的强势态度，转趋缓和的请求。该公司在致全国民营电业联合会的电文中指出："敝公司早经呈准建委会注册给照……惟南昌当军事旁午之秋，行政长官对于中央保障电业之法令有一时之遗忘或未尽明了之处，以致市委会有接收代管敝公司之事实发生。"① 进而主动建议效仿南浔铁路的模式，"代管之意原系代人管理，其主权仍属在股东，主权既未变更则在代管期内所有股东代表团体当然继续存在。如江西南浔铁路自铁道部管理后，该路董事会迄今仍旧保存"。② 最后退一步请求如果不能立刻发还，也应缩短代管期限。"在赣省府纵不能立即发还，亦应缩短代管时期妥订代管协约，以昭双方之信守。"③ 电灯公司希望全国民营电业联合会可以将其退一步之请转呈南京中央建设委员会，并请建委会咨江西省政府撤销代管早日发还。电文主题虽然还是要求发还电灯公司，但已无往日的强硬话语。不仅替江西省政府南昌市委会找军事特殊时刻对保障法令遗忘或不甚了解的理由和借口，还主动退让提议效仿南浔铁路的管理模式，请求如若真不能立即发还，也应缩短代管时间。

全国民营电业联合会也继续为电灯公司呼吁，向建设委员会呈文："钧会注册领照在案，揆诸法令接收代管之举殊于法未合，然南昌当军事区域戎马倥偬之时，当道急于维持地方治安，忽于检查法令双方误会趋向极端，致造成现在之僵局。"④ 向军事委员会南昌行营江西省政府发文："呈为江西南昌电灯公司被南昌市政委员会接收代管，恳请俯赐救济以维法令而保民营电业……万一非由官厅接收代管不足以资整理，则为兼顾计，对于该公司所声明之四点予以容纳亦稍资补救。"⑤ 全国民营电业联合

---

① 《准建设委员会函请将全国民电联合会转呈南昌开明电灯公司请求救济各点转饬查照办理等由令仰查核拟复由》，南昌市档案馆藏，档案号：J0006 - 04 - 0658 - 005。

② 《准建设委员会函请将全国民电联合会转呈南昌开明电灯公司请求救济各点转饬查照办理等由令仰查核拟复由》，南昌市档案馆藏，档案号：J0006 - 04 - 0658 - 005。

③ 《准建设委员会函请将全国民电联合会转呈南昌开明电灯公司请求救济各点转饬查照办理等由令仰查核拟复由》，南昌市档案馆藏，档案号：J0006 - 04 - 0658 - 005。

④ 《准建设委员会函请将全国民电联合会转呈南昌开明电灯公司请求救济各点转饬查照办理等由令仰查核拟复由》，南昌市档案馆藏，档案号：J0006 - 04 - 0658 - 005。

⑤ 《本会呈军事委员会南昌行营委员蒋江西省政府文》，《电业季刊》第4卷第1期，1933年，第213~214页。

会一方面指出接管行为不合法不公平，另一方面提出希望南昌行营和江西省政府向南昌市委会施压归还电灯公司。竟然将此冲突称为误会，以及"万一非由官厅接收代管不足以资整理，则为兼顾计，对于该公司所声明之四点予以容纳亦稍资补救"的话不可不谓退让甚巨。

对于电灯公司的请求与全国民营电业联合会的呼吁，南昌市委会依然采取固有的强硬立场，对电灯公司效仿南浔铁路的请求予以回绝。"所请援照南浔铁路成例，保存原有新旧股东代表团体以明公司职权一节，未便照准。但可由股东全体另行组织代表团体，以备政府关于公司事务之咨询，其名称及组织规则，须呈经政府核准。"对电灯公司的人事和权责也做出了规定："该公司在政府代管期间，一切责任，完全由政府负责。新旧股东合组之整委会，自应停止行使职权。"① 对政府在电灯公司的代理人整理委员会也多加褒奖："查该电灯公司现在之整理委员会第一步工作为取缔窃电及欠费，因该会为委员制，故能认真取缔，无所顾虑。数月以来因窃电变少而电灯较前明亮，欠费变少而收入较前增加，该整委会办事认真可嘉。"② 以此来回应电灯公司对整理委员会的不合法等方面的质疑。对于电灯公司的请求政府方面也做出了批示。南京中央建设委员会批示："该公司所请求之第一点及第二点尚属妥洽。第三点由股东推举代表数人加入整理委员会殊与事权责任之专一有碍，应改为推举代表二人常川驻公司，以备咨询接洽。第四点代管年限改二年为一年亦于事实上窒碍难行。"③ 国民政府军事委员会委员长南昌行营也做出批示："查南昌电灯黑暗，久为社会诟病，江西省政府迭令主管机关督饬整理，乃该公司竟不遵照力求进步，本行营以值厉行清剿时期电灯一项关系地方治安，爰饬切实整顿，南昌市政委员会接收代管系依命令执行，原期改善公用事业，巩固地方治安，对于公司财产及股东利益毫无损失。据呈转该公司要求协议补救办法各点，足见该公司对于政府未能深切体谅，姑准令行江西省政府转饬该市政委员会查核酌办可也。"④ 由上可知，南昌市委会和南昌行营对接管不仅态度强硬，而且指责电灯公司不够体谅。而南京中央建设委员会则

① 《准钧府秘书处函奉主席发下南昌开明新记电灯公司股东刘钟仁等呈一件交本会核议具复等因谨将核议意见五项呈复察核乞指令祗遵由》，南昌市档案馆藏，档案号：J0006 - 04 - 0546 - 031。

② 《为整理南昌开明新记电灯公司委员会组织规程修改为整理处组织规程经省务会议通过除分行外仰即遵照由》，南昌市档案馆藏，档案号：J0006 - 04 - 0543 - 018。

③ 《建设委员会批示》，《电业季刊》第 4 卷第 1 期，1933 年，第 214 页。

④ 《国民政府军事委员会委员长南昌行营批示》，《电业季刊》第 4 卷第 1 期，1933 年，第 215 页。

稍有不同，一方面与南昌市委会和南昌行营一样，拒绝电灯公司和电业联合会的部分所请；另一方面认可其第一、第二点所请，并同意为其转发电文和做中间人。其中的差别是由所处的位置决定的。

在整理处对电灯公司进行整理估价以后，政府认为电灯公司处境艰难，无法维持，而且会影响市民的日常生活，以及影响南昌的社会治安，因此决定让电灯公司依法解散："令办理开明新记电灯公司依法解散，情形请予备案并请转函撤销该公司注册。"① 在经历争取政府归还公司失败之后，又突然接到解散的命令，电灯公司说："两次呈请咨催均置不理，至今且作进一步之摧残，由接收代管而又实行解散之令。"② 接到政府要求解散的通知后，电灯公司不服南昌地方政府的命令，并向南京中央建委会提出诉愿，其反对解散电灯公司的理由有二：一是解散依据的事实错误且没有法律根据；二是清算不合理不真实。对于第一个解散理由，电灯公司反驳说，公司从去年被接管以来没有增加一机一械，但南昌电灯如故且有数千元的盈利，并没有影响治安。至于亏损，公司自成立以来并无一人前来索赔控诉。而且 1932 年 2 月公司添设 250 匹马力油机一座，同年 8 月又向英商信昌洋行添购 1000 启罗瓦特透平机一座，并聘请美国电机学士陈宗汉君任总工程师，加意整顿一切。因此，"赣省府将敝公司接收解散所持之理由皆属事实错误也"。如果就法律各点而言，政府的解散行为也属于违法行为。"伏查民营公用事业监督条例第三条，民营公用事业以营业范围所属之省市为地方监督机关，以中央主管为最高级监督机关，中央建委会高级监督机关批准三项办法，省府不允照办显系违背高级监督机关之意旨。"为此电灯公司哀叹道："敝公司以合法民营之公司受此意外非法之摧残，且敝公司正在营业发展，每年可获余利之时一旦被其夺去，兹进一步又将血本消灭。商民何辜受此惨祸。"为了缓和政府与电灯公司双方的紧张关系，南京中央建委会批准救济办法三项：（1）订立代营协约；（2）董监会仍旧存在；（3）由股东推举代表两人参加以备咨询并派朱委员大经赴赣指导。但是朱委员在南昌呆了一个月，江西省地方政府对于这三项办法一直拖延，最后也未照办。这显然是江西省地方政府罔顾南京中央建委会

---

① 《奉省政府训令准建设委员会函复以撤销南昌开明新记电灯公司注册准予照办惟仍希转饬对于股权债务公平处理等由令仰遵照速办具复等因令仰遵办具复由》，南昌市档案馆藏，档案号：J0006 - 04 - 0552 - 047。

② 本段以下叙述及引文均出自《南昌开明新记电灯公司致本会函：为奉南昌市政府委员会令饬解散请转呈建委会依法救济咨请撤销代管及解散命令以维民电由（三月十八日）》，《电业季刊》第 4 卷第 3 期，1934 年，第 231～233 页。

的命令。由此亦可以看出，挟南昌行营之威的江西省地方政府并未理睬南京中央建委会的要求，建委会对此亦是无可奈何。

对于第二个解散理由，电灯公司完全不认可上海立信会计师的报告负债和资本总额。电灯公司指出由于市委会所组织的估价委员会不准公司派人参加，而立信会计师因为不明公司的内中曲折，多列了许多债务，导致资产减估为 63 万余元，实际负债并未超过资产且资产额有多余。"（一）民国十五年欠江西银行及各商号等计江钞洋三十万元……折扣现金实欠六万余元，立信会计师未悉赣省情形计多列二十三万余元。（二）前经理徐竹亭以开明公司经理名义向日本兴业会社息借日币三十一万余元……立信会计师未悉上项情形，又多列二十一万元。（三）徐经理于开明公司时代经手负债计旧股十一万余元暨旧债票十一万元……立信会计师未悉上项情形，又多列十八万余元。总计上三项之负债实多列现金六十一万余元。"①由此可以看出，由于没有电灯公司的人员进入估价委员会，或出于对电灯公司的复杂财务状况不甚明了，或出于政府的意愿，上海立信会计师所撰的财务报告的确不能反映电灯公司的实际，无形中增加了电灯公司的债务，从而不利于电灯公司，终致其被解散。

得知电灯公司被解散的消息后，全国民营电业联合会向建设委员会发文："据本会会员南昌开明新记电灯公司函，以奉南昌市政委员会训令，本公司停止营业实行解散，于事实为错误，于法律为违背，请转呈建设委员会依法救济。迅咨赣省府将接收代管实行解散之令撤销，早日发还商营等情……此例一开，各地民营电业不免人人自危，不惟妨碍公用事业之发展，亦实有背政府颁行各种法令保护民营电业之本意。"②并复南昌开明新记电灯公司函称："台函备悉一是南昌市政委员会对于代管协约延不商定，忽颁解散之令，诚如贵公司所云，于事实为错误，于法律为违背，已呈请建设委员会再咨江西省政府，务予依法救济。"③南昌市委会对电灯公司的解散命令，让电灯公司和全国民营电业联合会既感突然，又愤怒不已，斥责其违法且损害民营企业利益，并且指出其解散所持的理由与事实不符，强烈要求其撤销解散的不法命令。

但江西省政府对于电灯公司及全国民营电业联合会的驳斥与反对置之

① 《南昌开明电灯公司致本会函：为奉南昌市政府委员会令饬解散请转呈建委会依法救济咨请撤销代管及解散命令以维民电由（三月十八日）》，《电业季刊》第 4 卷第 3 期，1934 年，第 231 页。

② 《本会呈建设委员会文》，《电业季刊》第 4 卷第 3 期，1934 年，第 233 页。

③ 《本会复南昌开明新记电灯公司函》，《电业季刊》第 4 卷第 3 期，1934 年，第 234 页。

不理，只是口头说要对电灯公司的股权债务等予以公平处理。① 在明晰南昌行营及江西省政府方面的态度以后，南京中央建设委员会也默认了电灯公司的解散，只是在言语上安慰了一下电灯公司，说："电业执照一纸报送来会以便注销该公司之股东权债务仍请转饬于清算时予以充分之考量，分别公平处理以恤商艰。"② 鉴于电灯公司对南京中央建委会提出诉愿，1934 年年中，南昌市委会派遣电灯管理处处长季炳奎前往南京中央建委会与其接洽。经双方讨论，最后建委会态度更加倾向于南昌市委会，不仅在时间上有意为难电灯公司，对电灯公司的代理人也多方留难，使此事一拖再拖，最后无疾而终。为此王树槐指出："综观建委会之处理，专挑开明公司的毛病，诉愿手续不合，但未见只字批评江西省政府，违反监督条件的重大过失，官官相护，以至于斯。"③ 可谓一语中的，点出了事情的实质。电灯公司所持反对理由不外乎政府违法，违背政策，不公正维护民营事业发展等，对于自身经营管理的不善、巨额的债务与对城市管理和市民日常生活的不利影响，公用事业的特殊性④等问题极力回避，甚至只字不提。而政府也正是抓住这些问题大做文章，不仅使电灯公司处于被动状态，也使双方完全无沟通调和之可能，矛盾更加尖锐。最后以电灯公司的解散而收场。

在南昌市委会对电灯公司进行接管之后，电灯公司并未放弃争取，而是继续求援于全国民营电业联合会，求助于南京中央建委会和江西省政府。双方围绕着接管后的归还，资产的估价和清理，电灯公司的解散与诉愿展开了复杂的博弈。但是除了全国民营电业联合会努力为电灯公司争取，其他政府机构最后均站在南昌市委会一方。原本力量就不平衡的天平逐渐偏向南昌市委会，电灯公司非但没有被归还，反而难逃被强

---

① 《为拟具处理南昌开明新记电灯股份有限公司股权债务意见书呈请鉴核由》，南昌市档案馆藏，档案号：J0006 - 04 - 0551 - 043。
② 《奉省政府训令准建设委员会函复以撤销南昌开明新记电灯公司注册准予照办惟仍希转饬对于股权债务公平处理等由令仰遵照速办具复等因令仰遵办具复由》，南昌市档案馆藏，档案号：J0006 - 04 - 0552 - 042。
③ 王树槐：《国民政府接管民营电厂的政策与实践——以南昌开明电灯公司为例》，《中央研究院近代史研究所集刊》（台北）第 28 期，1997 年。
④ 朱英和夏巨富也指出，公用事业是比较特殊的行业，涉及广大民众日常生活，甚至在某种程度上对社会稳定也不无影响，而政与商之间经营公用事业的目的与动机存在差异，甚至中央与地方政府之间处理相关具体问题的出发点也有所不同，导致公用事业的经营与管理矛盾甚多，似乎找不到一个令相关各方都满意的解决方案。朱英、夏巨富：《官商纠葛：以 1930 年代广州市电力公司商办权争夺为中心》，《广东社会科学》2016 年第 5 期。

制解散的命运。政商之间围绕此案进行博弈，其实主要是对电灯公司经营权限的争夺。政府在博弈中步步进逼，电灯公司则逐步退让。虽然各界对电灯公司报以同情，对政府粗暴行政表示愤怒，但是江西地方政府依然进行了强制接管与解散，这反映出政府挟权力之威对民营企业进行打压。在这一案例中江西省当局借用南昌行营之威，对南京中央建委会至多只是形式上的隶属和语言上的顾虑罢了。这种态度必然使此案不可能按照商家的意愿得到合适的解决，最后定然是由政府所主导。

余　论

南昌开明新记电灯公司自被接管以后就向南京中央建委会、江西省政府、南昌行营以及全国民营电业联合会进行呼吁，对接管表示抗议，对后面的解散更是提出了诉愿，但终究避免不了被解散的命运。其原因非常复杂，首先是自身的问题。电灯公司自创建至最后被接管，前后近三十年。但在这期间，电灯公司一直处于亏损状态，债务负担沉重。据王树槐研究，电灯公司第一阶段内债 230547 元，其中以 120194 元作股，110353 元作债；欠日本外债 31 万元。[①] 第二阶段截至 1926 年，共负债 315056 元。1926～1928 年又新负债 207760 元，加上第一阶段的债务，总计 633169 元。[②] 后面受时局与市场等因素的影响，还常常出现亏损。而且时停时兴，完全不是一个健康发展的企业。如此企业不可能不对市民的日常生活产生影响，为此当时政府贯彻蒋介石的命令"本市电力不足，各街巷时有黑暗，倘有匪徒乘机扰乱，其影响宁堪设想？该省政府务即督饬主管机关，注意整顿"，[③] 也并非无中生有之举。如此经营状况，被政府接管整顿亦属合情合理。对此陈常妹认为，"经历二十余年，公司一直办理不良，各商人股东在经营过程中一味的以赚取利润为目标，基础不健全，管理困难，以致债务日益增加，而灯光黑暗、电费之高昂都给市民带来种种不便，电灯常感电力不足，各街巷经常陷入黑暗的境况，如有匪徒乘机扰乱，其影

---

① 杨隽指出，"日债问题是南昌开明电灯公司发展起步时的一个核心问题，正是日债问题拖垮了企业的经营，使之举步维艰。同时，当时方兴未艾的民族主义情绪也为政府借解决债务问题插手企业提供了合法性"。杨隽：《内地电力照明企业的艰难起步——清末民初南昌开明电灯公司日债纠纷事件初探》，《东华大学学报》（社会科学版）2017 年第 4 期。

② 王树槐：《国民政府接管民营电厂的政策与实践——以南昌开明电灯公司为例》，《中央研究院近代史研究所集刊》（台北）第 28 期，1997 年。

③ 王树槐：《国民政府接管民营电厂的政策与实践——以南昌开明电灯公司为例》，《中央研究院近代史研究所集刊》（台北）第 28 期，1997 年。

响不堪设想。所以，出于开明新记电灯公司自身已无整理能力、增进公共福利起见，1933 年 10 月政府决定用整理办法要求开明新记电灯公司限期完成解散的事宜"。① 其次，在接到政府接管和解散的命令之后，虽然电灯公司与全国民营电业联合会多有呼吁和抗议，但是力量终究还是太弱，政府完全没有任何动摇，没有做出丝毫让步。这既有电灯公司自身力量弱小之故，也与身处内陆南昌的企业缺少上海、广州等地企业强大的关系网络密切相关。同时期的广州市电力公司商办权的争夺，不仅得到国内各大电业公司的声援，还获得了海外商会的支持。② 另外，20 世纪 30 年代初期，南京国民政府的统治逐渐稳定，为了扩展国家资本的实力，政府逐步加强对经济的控制。作为公用事业的电力行业，自然属于被控制的主要行业之一。这是那个时代的环境使然，因此同一时期除了南昌有电力公司由商办改为官办，武汉、杭州、广州、九江和郑州等地都有类似的情况出现。这背后的逻辑是政府逐渐扩展国家资本以期达到控制经济的意图。

南昌开明新记电灯公司接管和解散案经过政商之间的数年博弈，最终以电灯公司被强制解散重组为政府控制的电力公司而告终。透过此个案我们可以看出，20 世纪 30 年代南昌行营所在地的江西省地方政府权力颇大，常常有挟天子以令诸侯之威。③ 所以江西省地方政府对于电灯公司及全国民营电业联合会的要求和呼吁置之不理，对于南京中央建委会也是很少理睬，没有让步。对此胡骁也指出："建设委员会在此次纠纷中，畏惧江西省政府主席熊式辉的权势，没有对开明电灯公司民营方进行合理的保护，视电气事业法规于不顾，任由江西省政府方将开明电灯公司接管并变为公营。"④ 而且此事发生在蒋介石在南昌推行新生活运动的大背景下，蒋氏欲在江西用行政命令推行新生活运动，其运动涉及一般市民日常生活的诸多领域。纪律、秩序、卫生、道德都是其重要内容，要对这些日常生活方面

---

① 陈常妹：《民国时期城市公用事业管理模式研究——以南昌水电管理为例》，硕士学位论文，南昌大学，2007，第 22 页。

② 朱英、夏巨富：《官商纠葛：以 1930 年代广州市电力公司商办权争夺为中心》，《广东社会科学》2016 年第 5 期。

③ 蒋介石在 1930 年 12 月第一次"围剿"前夕，专设南昌行营，由时任江西省主席鲁涤平担任主任。南昌行营的权力很大，对此胡汉民在 1934 年有一个说法："两年以来的南昌行营，变成了南京统治的党政军中枢，军阀个人变成了党政军中枢之核心。所谓南昌行营，尤变成了驾乎中央党部、国民政府的太上党部和太上政府；军事政策决于是，政治政策决于是，甚至外交政策也决于是，行营的通令和军阀的手令，其效力远居于中央党部的决议和国民政府的明令之上。"参见何友良《江西通史·民国卷》，江西人民出版社，2008，第 219 页。

④ 胡骁：《民国江西电力工业研究》，硕士学位论文，南昌大学，2016，第 32 页。

进行全方位的改善，诸多公用事业必须控制在政府手中，如此才能保证各公用事业按照政府的要求行事，政府推行的新生活运动才能有效展开。电灯公司被接管和解散，既是江西地方政府的想法也是南昌行营蒋介石之意旨，政府推力巨大。因此南京中央建委会一开始还对电灯公司持支持态度，随着背后的政治支持浮现，建委会一改前期支持的态度，转而偏向江西地方政府。对电灯公司极力寻找其问题与不足，而对江西地方政府却只字不提。至多为了面子在言语上做应付罢了。此案江西地方政府的全力推行真实反映了这段时期政治活动对经济领域的深刻影响，实际上影响了正常商业决策和运行。该案不仅仅是一桩商业个案，其间也夹杂着政治人物的布局与政治政策的设想。

从此案政商之间的博弈亦可以看出近代中国民营企业的困局。一方面，经济水平的低下以及国民意识的落后，致使现代型事业发展缓慢，经营困难，时常有资金匮乏之虞，而这也为官方进入企业内部创造了条件。电灯公司自诞生之日起就背起了巨额的债务，运行过程中债务逐步累加至最后积重难返被政府接管解散。另一方面，政府势强，往往截民营企业利益以自肥。前文所提的军警公务人员偷电欠费行为，电灯公司稍有起色而盈利即被接管的事实深刻反映了这一点。这两点也是近代中国民营经济难以获得发展的重要因素，是近代中国民营经济步履维艰的牢不可破之局，也由此制约了近代中国经济的发展。

战时云贵地区的手工业[*]

熊元彬[**]

提　要　战时手工业是抗战救国时期政治、经济等诸多因素综合作用的产物，有切实提倡的必要。其中，政治、经济以及军事等方面的需要是国民政府加强云贵战时手工业发展的重要原因，而云贵粮食产量自给有余等特殊性及战略位置则是其重要条件。随着全国抗战局势的不断变化，云贵战时大后方的战略位置日渐凸显。特别是 1938 年东中部城市相继沦陷，国民政府迁至西南之后，较直接地加强了对云贵的工业化建设，并在严禁鸦片的同时，禁止了云贵通过洋纱以易鸦片的双向贸易，云贵在机器生产的同时，手工业也在抗战中重新得以发展。

关键词　云贵地区　战时手工业　国民政府

近代以降，虽然手工业被机器工业排挤已属必然趋势，但是在贸易海口被封锁之时，为了抗战特殊的军事、经济等需要，"手工业将在抗战期中重新发展起来"，[①]"以适应此非常时期之需要"。[②] 特别是 1938 年上海、广州、武汉等区域外市场相继中断后，"手工纺织业始重获抬头机会，乡间无数弃置之纺车布机，复行取用，乃造成战时手工纺织业之畸形繁荣现象"。[③] 其中，地处西南大后方的云贵地区尤显重要，因而国民政府在加强

---

　*　本文系国家社会科学基金项目"中国近代学校手工教育流变研究（1867～1949）"（立项
　　　编号：23BZS120）阶段性成果。
　**　熊元彬，湘潭大学哲学与历史文化学院历史系教授。
　①　李华春：《怎样发展战时的手工业》，《广播周报》第 185 期，1940 年，第 13 页。
　②　唐伯球：《湖南纺织工业之回顾与前瞻》，《湖南省银行经济季刊》第 1 卷第 2 期，1943
　　　年，第 115 页。
　③　黄其慧：《湖南之花纱布》，湖南省银行经济研究室编印，1944。

大后方工业化建设的同时，也加强了手工业生产。虽然早在 1938 年，部分有识之士就强调"我们情愿把那提倡手工业的意义，留给抗战胜利建国成功以后的经济学者们去研究，把那手工业的存在期限交给整个的历史去裁判"，① 但直至今日，学界对战时云贵手工业仍缺乏专门的研究，② 特别是对"手工业在这抗战期间有辅助机械工业的作用"而复兴尚无专题论述。③ 实际上，由于云贵地处西南边陲，地理位置独特，民族成分众多，工业化等历史进程极为复杂，因而一直备受国内外高度关注。有鉴于此，本文对战时手工业"有切实提倡的必要"④、云贵战略大后方地位的凸显，以及国民政府政治经济建设进行专题论述，阐述战时云贵手工业兴起的原因，继而分析战时手工业的特殊性及其重要作用。

一　战时发展手工业的必要性

战时手工业是一种特殊手工业，是战时经济和政府统制政策的重要组成部分。平时"经济骨干"为自由竞争，而"（战时）非常时期之经济骨干为统制"。同时，平时经济以物价为工具，是产销的平衡器，在买卖双方无法解决之时，"物价可以解决之"。但是，处于战时的非常期，其物价和自由竞争"均不能普遍适用"。⑤ 其中，平时手工业可根据市场或自身需要而生产，但战时手工业不仅"应为平时工业之先驱"，而且在交通受阻之时，"应以充足抗战资源为主要之目的"，甚至"对工业之半机械化，亦应有相当之策动"。⑥ 若战时手工业与战争关系不大，"政府可以责令其停止进行，间接可以使社会之游资用于购买公债，以充军用"。此外，战时经济活动以筹措军费和增强军事实力为重心，即日常生活必需品应受政府统制，否则"任令大贾富豪之囤积垄断，则贫苦之人，即有成为饿殍之

① 吴藻溪：《战时手工业的实际改进问题》，《时事类编》第 28 期，1938 年，第 25 页。
② 笔者曾做过一定的研究：《试论近代云贵高原联动与整合中商路的变迁及其影响》，《天府新论》2015 年第 3 期；《人口变动与云贵高原近代手工业的关联度》，《重庆社会科学》2015 年第 12 期；《试论云贵高原近代社会风尚与手工业的变化》，《中央民族大学学报》（哲学社会科学版）2016 年第 2 期；《论传统向近代转型时期云贵高原民族手工业的变动及其影响》，《西北民族大学学报》2016 年第 5 期；《云贵近代手工业曲折发展》，《中国社会科学报》2016 年 9 月 19 日，第 4 版。
③ 吴藻溪：《战时手工业的实际改进问题》，《时事类编》第 28 期，1938 年，第 25 页。
④ 罗敦伟：《国民经济与手工业》，《实业部月刊》第 2 卷第 6 期，1937 年，第 1 页。
⑤ 孙大权、马大成编注《马寅初全集补编》，上海三联书店，2007，第 275 页。
⑥ 赵曾珏：《战时民众手工业指导》（1939 年 2 月 14 日为教育厅社会教育广播讲座演讲），《浙江工业》第 4 期，1939 年，第 4 页。

虞，而引起社会之纠纷与不安"。①

虽然现代化的机器生产排挤手工生产是历史发展的必然，但是两者有着并存的需要，特别是战时手工业更有其存在的必要性。诚如 1937 年经济学家罗敦伟所言，"现代化是我们重要的目标，而手工艺品我们在目下消费过程上也很值得重视，有切实提倡的必要"。② 在现代化过程中，人们一般听到"手工业"三个字，"脑子上立刻会显现出出品粗劣、效率缓慢的不通快影子"，但于战时建立新式机器，不仅无充足的时间，而且交通受阻，机器无进口途径，因而为增强后方生产与经济基础，"手工业就成了非常重要的原素"。③ 此外，据 1944 年《手工艺》转译英国作者 Wymer 所言，"虽在机器时代，手工仍有其地位。手工业者可于大量生产之物品，改进其品质。犹如机器工业之脑子，手工业可为机器工业制作模型"。④ 现代化助推了一系列机器的发明和运用，而"用机器来替代人工，把替出来的人工，制作机器所不能制作的物品，使得人的两手，人的智慧技巧，得以充分发展，创造出比机器所能生产更大更美他财富，换取机器的产物，供人类的享用"。⑤

战时手工业是抗战这一特殊背景下的产物，可弥补机器工业之不足。按照工业发展的趋势，在工业化时代自然会抛弃手工业而发展机器工业，但是 1938 年因中国海口"差不多全被封锁，交通工具所剩有限"，而一般国民生活困苦，"已有迫不及待之势"，因而振兴手工业和农村副业，"确是当前的急务"。⑥ 具体而言，表现在四大方面。第一，中国机器工业尚不发达，而"手工制品在工业生产中仍占统治的地位"。第二，长期以来，工艺品是中国工业生产的特点之一，全面抗战前诸多工艺品在国际"享过盛名"，若能在战时加以提倡、加紧发展，"必能内可裕民生，外可振国誉"。第三，抗战时期，中国农民生计日趋困难，加之"农闲时间极长"，因而复兴手工业"必可增补农家的收入"。第四，战时全球经济恐慌，欧美西方国家正提倡和推行工业分散化，因而应在原有经济基础上发展乡村手工业，"以免再蹈工业先进国之覆辙"。此外，相对机器工业而言，手工

① 孙问西编著《战时经济》，精益印刷所，1941，第 1 页。
② 罗敦伟：《国民经济与手工业》，《实业部月刊》第 2 卷第 6 期，1937 年，第 1 页。
③ 胡子婴：《抗战中的手工业》，《时事类编》第 25 期，1938 年，第 32 页。
④ 《手工业的复兴是战祸的一个收获》，《手工艺》第 1 期，1944 年，第 5 页。
⑤ 章元善：《农村副业政策（文摘）》，《手工艺》第 1 期，1944 年，第 7 页。
⑥ 任一：《发展战时手工业的商榷》，《抗战行动》第 3、4 期合刊，1938 年，第 14 页。

业生产颇为灵活，提倡手工业"事属轻而易举"。①

农村是手工业兴起和发展的源头。由于战时工业原料、人力等均在农村，因而以农村手工业为主体的战时手工业有其合理性。农村手工业是农村副业的重要组成部分，"是一个极重要的问题"，无论是中国还是其他国家都很重视，如"俄国的工业品，出产在农村的，比出产在城市的数量、价值、种类，样样还多出几倍来"。即使工业发达的英、美等国的产品，"许多是在乡村中做的"。又如日本，其儿童玩具"并非是由大工厂造出来的，而是由乡村农民利用农暇制造的"。② 据张子毅调查，1939 年，在人多地少的云南易村，因农田产量不足全村 54 户生活所需，村中仅有 11 户除自己食用以外有些许的剩余，其余 43 户"均有亏空"，若全村单纯以农为生，每年尚差 475 石谷，值 13300 元。因此，村民利用附近的竹子编篾制品和生产土纸，"以维持生活"，甚至每年阴历十月至次年二月，"农田上没有工做，他们的劳力，几于全部用在造土纸和编篾器的生产事业上"。除易村之外，"中国各地很多农村，均像易村一样有手工业。这些农村，也像易村一样的人多地少，不得不在农业外另谋生产，这是手工业在农村中发展的一个主要因子"。③

因此，东中部城市沦陷后，在城市手工业备受打击之时，在云贵等地发展农村手工业成为必然要求。第一，中国以农立国，"国命本在农村"。农村拥有最广大的民众，而手工业则是广大民众都能参与生产的工业，因而就战时生产而言，从近处看，"是为充实抗战资源"，从远处看，是"为发扬民众力量"。④ 第二，农村手工业是战时背景下的产物。诚如潘石澄在 1936 年撰文指出，工业化兴起后被忽视的农村手工业，"近年来已逐渐为人注意，受着我国学者及关心我国国民经济建设之外人加以研究和提倡了"。⑤ 战时沿江、沿海的都市要么被摧毁，要么趋于停滞，加之交通受阻，因此，战时经济生产不仅原料主要来自农村，而且手工生产地点和工作者均在农村，全国农村成了战时手工业生产的重要基地。第三，战时手工业生产可为战后经济的平稳发展创造一定的条件。战时生产可在传统手

---

① 吴半农：《战时手工业问题》，《事事类编》第 16 期，1938 年，第 40 页。

② 章元善：《农民怎样可以走上富裕之路——发展农村手工业》，《经济建设半月刊》第 7 期，1937 年，第 2 页。

③ 张子毅：《农村手工业在中国新经济建设中的地位》，《西南实业通讯》第 4 卷第 3 期，1941 年，第 65 页。

④ 赵曾珏：《抗战时期手工业之重要性及其推进方法——在第九区政治工作人员座谈会演讲》，《浙江工业》第 2 期，1939 年，第 2 页。

⑤ 潘石澄：《合作运动与我国乡村手工业》，《实业部月刊》第 1 卷第 7 期，1936 年，第 67 页。

工业基础上进行科学化整理，使手工制品的品质更加优良，以便战后与舶来品竞争之时，"有立脚的地位，不致劣败"。①

由此可见，加强战时手工业生产还是为持久抗战做准备和相对改善民众生活的重要举措。沿江、沿海城市相继沦陷，"一切工业，有向内地移动的必要，尤其是手工业，应在内地尽量的提倡，尽量的发展"。② 全面抗战爆发后，为动员全国民众参加抗战，"最有效的办法，是改善民众的生活，改善他们的生活，固然有许多方面"，如减轻民众负担，倡导手工业，使广大农民参加手工业生产，从而增加他们的经济收入。署名为胡子婴的作者不仅认为这"是最合理、最有效的办法"，而且呼吁建立经济基础与动员广大农民参战，"提倡手工业，是我们当前的急务"。③

此外，倡导战时手工业几乎成了国人共同的呼声。他们从抗战对经济生活、军事影响等着眼，主张发展战时手工业。众所周知，近代以来的战争不单纯是军事斗争，也是国家之间综合实力的竞争，因而在 1938 年内迁之时，"提倡一国生存所必需之手工业，务使易遭敌弹摧陷之大量集中"。④更重要的是早在 1936 年 10 月 17 日，蒋介石就发表通电，宣称"各该地方之工业及农村副业，皆为国民经济之基础"，尤应特别注重粗纱、酿造等与"日常生活最有关系之基本工业"，以及皮革、纸张、麻布等"地方上之特殊工业"，甚至织布、织袜等；"一切农产品加工工作，及一切手工艺品等农村副业，皆须随地方情形，尽力提倡办理"。⑤ 因此，1937 年，国民经济建设运动委员会总会在南京召开了首届全国手工艺展览会，旨"在提倡各地农村副业之发展，与特殊产物之推行"，范围遍及全国，在各地分别征集手工艺品，"先后就地分别举行预展会"。⑥

同年，八一三事变之后，战时手工业更为时势发展所趋。在创设若干必要工厂，以补军需之外，还必须根据"有钱的人不肯冒险对重工业投资"，而普通民众则更无较多积蓄的现实，发展轻工业，"甚至奖励手工业是目前刺激国民经济切要的企图"。⑦ 其中，手工纺织业是农村手工业的重

① 赵曾珏：《抗战时期手工业之重要性及其推进方法——在第九区政治工作人员座谈会演讲》，《浙江工业》第 2 期，1939 年，第 2 页。

② 潘仰荛：《抗战中内地的手工业》，《汗血战时特刊》第 14 期，1937 年，第 105 页。

③ 胡子婴：《抗战中的手工业》，《时事类编》第 25 期，1938 年，第 32 页。

④ 李荔：《救济难民之手工业运动》，《战时童子军》第 24 期，1938 年。

⑤ 国民经济建设运动委员会总会编印《会务丛刊》，《国民经济建设运动委员会总会甲种丛刊》第 1 册，1937，第 39~40 页。

⑥ 《筹备中的全国手工展览会》，《大公报》（天津）1937 年 3 月 31 日，第 2 版。

⑦ 任一：《发展战时手工业的商榷》，《抗战行动》第 3、4 期合刊，1938 年，第 13 页。

要细胞，在战时更具有重要地位。手工业是农村主要的副业，而纺织业又是农村手工业的重要组成部分，若能使更多的农村妇女从事纺织，"其成效一定可观"。特别是战时，妇女增加手工纺织生产更是具有重要作用，既可增加全国军民衣服供应，也"有利抗战，抑且裨益建国"。①

发展战时手工业主要有三方面原因。第一，中国新式工业集中于上海、广州、武汉等少数中心城市，但 1938 年之后这些城市相继沦陷，使近代中国有限的工业"横遭摧残，而大部陷于停顿"。第二，多数海口先后失陷，或被敌人封锁，洋货输入受到限制。第三，战时军事运输繁忙，而交通工具缺乏，使云贵等后方民众颇感工业制造品供给困难，继而给内陆手工业生产"以极大刺激和复苏的机会"。② 因此，自 1938 年开始洋货几乎断绝，且国内大都市工厂停工时，"国民之日常用品势非仰赖于国内手工业不为功，亟宜运用丰富之原料与人力，指导其发展，以谋日常品之自足自给"。③ 如 1939 年国民党五中全会重要议案第五案明确指出，"以提倡并奖助手工业生产以裕战时国民生计案为标题"。可见，倡导战时手工业生产，"全国人士，莫不共鉴，成为全国推行之一大运动"。④

虽然国民政府对手工业生产并无一贯的政策，但是基于战时所需和中国长期以农业为主的现实，有论者还提出了中国要工业化，"就必须先使农村能'工业化'"，而要农村工业化，就"必须能充分发展"诸如湖南夏布等手工业品的理论。同时，为在战时筹集军需物资，1939 年 1 月 19 日蒋介石还向地方士绅做出特别说明，宣称各种小规模手工业"更应由地方士绅，利用原有规模，加以扶持，或接济其资本，或扩充其产量，或改良其方法，或推广其用途，凡属可资实用，足以适应战时需要之物品，应集各方才能资力以赴"。⑤ 特别是纺织业，上海沦陷后全国纺织业 80% 以上"不能再开工"，⑥ 而海外输入则因交通不畅等受限，棉布、棉纱成为战时军需急要、管控物资，"一概供给军事机关，部队备制军装之用"。⑦

① 曹典瑞：《妇女应从事手工纺织以增强抗战力量》，《湖南妇女》第 1 卷第 4 期，1940 年，第 5 页。
② 李华春：《怎样发展战时的手工业》，《广播周报》第 185 期，1940 年，第 13 页。
③ 张包增元：《发展合作组织与推进手工业问题》，《合作前锋：战时版》第 2 期，1938 年，第 13 页。
④ 赵曾珏：《战时民众手工业指导》（1939 年 2 月 14 日为教育厅社会教育广播讲座演讲），《浙江工业》第 4 期，1939 年，第 2 页。
⑤ 吴大琨：《经济建设论》，国民出版社，1944，第 95 页。
⑥ 任一：《发展战时手工业的商榷》，《抗战行动》第 3、4 期合刊，1938 年，第 14 页。
⑦ 《汇款支付利息购运棉花》（1942 年），云南省档案馆藏，档案号：47-1-188-26。

综上，有论者通过综合分析，得出如下结论。第一，手工业在抗战时期"正是一个很好发展的机会"。第二，为集中人力、物力抗战救国，战时手工业发展的核心目的是供给军需和民间必需品，"不必要的生产，应予停止"。第三，手工业与机器工业应并行发展。战时手工业"应力求进步，而使其与机器工业相行不背共同发展"。第四，手工业发展应注重海外市场，换取外汇。第五，改良技术，应注意科学化、现代化、标准化，并具有创造性。第六，欲求手工业发展，组织工业合作社"是最有效的办法"。[①]

二 云贵战略大后方重要位置的凸显

战时云贵手工业的兴起除因战时手工业"有切实提倡的必要"之外，还与其战略大后方的重要性密切相关。云贵是中国的西南门户，是中国自然和人文环境极为复杂的区域。不仅区域研究"仍将是地理学的核心领域"，[②] 而且云贵具有重要的战略位置。自1932年东北沦陷后，"华北问题日趋严重以来，边疆问题已逐渐引起国人之注意"。[③] 因此，中国加强了"大西南""新西南"等地的经济文化建设。其中，贵州虽然经济和地理条件远不及云南优越，但位于滇、川、湘、桂四省之间，"为四省交通联系之枢纽，故黔省之治乱安危及其一切利弊得失，与四省息息相关"。[④]

此外，1935年日军入侵华北之后继续南下，国民政府加快了战略转移计划。诚如1935年《新亚细亚》所载，"现阶段帝国主义列强将自己本国的经济恐慌，转嫁于半殖民地及殖民地的阶段上，对于云南——具有从现代到将来之文明的云南的地文地理之研究，是具有重大的意义的"。[⑤] 基于此，为抗战救国，国民政府加强了对云贵等西南大后方的经济建设，而"安定后方，就要活泼农村经济；充实资源，就要推动农村生产"。云贵等大后方的农村经济除了农业之外，自然是手工业，"因为手工业活动的背景是农村"。[⑥] 其中，鸦片原是云贵地区影响较大的特殊经济，1935年国民

① 李华春：《怎样发展战时的手工业》，《广播周报》第185期，1940年，第14页。
② 郑度：《关于地理学的区域性和地域分异研究》，《地理研究》1998年第1期。
③ 古左松：《介绍一种研究边民文化的刊物——〈民族学研究集刊〉第1期》，《边疆半月刊》第1卷第6期，1936年，第63页。
④ 亚明：《民国史中之滇黔地位》，《滇黔月刊》第2卷第1期，1937年，第33页。
⑤ 原胜：《从自然诸条件所观察到的云南经济》，一人译，《新亚细亚》第9卷第6期，1935年，第67页。
⑥ 赵曾珏：《抗战时期手工业制重要性及其推进方法——在第九区政治工作人员座谈会演讲》，《浙江工业》第2期，1939年，第2页。

政府结束西南军阀割据局面，蒋介石莅临贵州，是"贵州禁烟运动的切实开始"。[①]

　　然而，这并未结束云贵近代前期两广客商"改贩洋纱入黔以易鸦片"的双向贸易。实际上，至1938年上海、广州等区域外市场相继沦陷，洋纱的来源受阻，以及同年国民政府迁都重庆，坐镇西南之后，这种双向贸易才在全面施行严种、严吸和严运鸦片等政策之下中断了，"手工业将在抗战期中重新发展起来"。[②] 即兴起了"所谓改进战时手工业，便是使手工业能够在战时辅助机械工业"，[③] 一切棉料及布匹等手工生产均围绕战时军事、政治、社会生活所需的战时手工业，使云贵及整个中国近代手工业均发生了不同程度的变动。

　　云贵的战略位置是国民政府加强对云贵统治的重要原因之一。从理论上而言，农林矿产和水力等资源是工业化发展的基础，无论国家还是区域经济的发展都与其密切相关。经济地理"是晚近始有的一种新的命题"，反映了"时间与空间的关系越来越密切"。从欧美各国工业发展长时段历程可知，"一国一省地上资源与地下资源的蕴藏及其利用实为其发展程度的契机。经济发展能至何程度，均待其天然资源——林产、农产、矿产以及水力的等蕴藏量来决定"。[④] 其中，云南地上资源主要有茶、丝、烟草等。即使在战时，云南每年茶产量也有约50万担，"蚕丝与烟草亦在试办中"。云南地下则富含铜、锡等各种矿产。诚如翁文灏先生所言，虽然我国各省矿藏"种类之多，前途之远，则云南一省，可堪首选"。经济建设必须以经济环境为根据，"就地取材，就地制造，参照国防民生的需要，以求发展"。其中，"水力在近代有白煤之称"，世界各强国所用动力"仰给于水力者颇多"。[⑤]

　　从云贵蕴藏丰富的资源来看，云贵是一个亟待开发的重要区域，而不能简单地视为落后的代名词。其中，云南"物产宏多，洵属天府之国，惜工拙器窳制造不兴"。[⑥] 同时，贵州不仅有工业必需的各种矿产，而且还有"作为制造头等降落伞之用"的遵义柞蚕特种丝。[⑦] 此外，云贵高山峻岭，

①　《贵州禁烟运动》，《新运导报》第25期，1940年，第26页。

②　李华春：《怎样发展战时的手工业》，《广播周报》第185期，1940年，第13页。

③　吴藻溪：《战时手工业的实际改进问题》，《时事类编》第28期，1938年，第26页。

④　丁道谦：《贵州经济地理发凡》，《贵州企业季刊》第1卷第2期，1943年，第31页。

⑤　厉德寅：《云南经济建设》，《经济评论》第1卷第5期，1947年，第18～19页。

⑥　《云南全省实业之规划》，《实业杂志》第1卷第8号，1913年，第93页。

⑦　《可制降落伞之贵州丝》，《染织纺周刊》第7卷第1期，1941年，第2836页。

山河瀑布颇多，在水力发电方面"便利甚大"。[①] 因此，近代云贵经济落后的原因有"战前实业投资大率注重沿海沿江交通发达之区，鲜有投资于交通梗阻之内地"和主政者"因人力物力之欠缺，未能积极建设，加以交通不便，运输困难，人口稀少，消费有限"等。[②] 其中，"最主要而直接的原因，却是内外交通的特别困难"。[③] 简言之，"实因地未尽力，物未尽用，人未尽才；对外交通阻塞之不除"。[④] 基于此，从重商主义而言，云贵经济的确较为贫穷落后，但是从云贵富含农林矿和水力资源等方面而言，则有着较大的发展前景，"以进步的正确的正统派经济学说的主张看来，那却大谬不然了！"[⑤]

　　除了云贵具有战略地位之外，国民政府的重视还与云贵能容纳大量的移民有一定的关系。虽然云贵地处偏僻，经济基础较差，交通不便，但是并不存在"原始工业化"所具有的"人口压力"问题。相反，"他们在食粮方面却是自给的"。[⑥] 据 1934 年《商业月报》所载，云贵不仅能容纳大量的移民，而且"对于所需食料足以自给"，[⑦] 是当时中国粮食"自给有余"的少有地区。[⑧] 虽然军阀混战之后，"经济状况渐不如前"，"厥为其人口之膨胀，其增进率甚速"，但是基本上仍可自给。[⑨] 据 1936 年中央农业实验所调查，"西南川滇黔三省粮食产量自给有余"，如夏秋的水稻、玉米分别占全国产量的 19%、27%，而冬季的小麦、大麦、豌豆、油菜、蚕豆又分别占全国产量的 11%、24%、32%、38%、44%。[⑩]

　　即使抗战时期，云贵食粮亦基本可自给，不存在原始工业化中无法维持生计的人口压力问题。[⑪] 据统计，1937 年贵州尚余 5895723 担粮食，"故不特足以自给，且有剩余。除米谷外，民间食用其他杂粮之数量亦至

① 厉德寅：《云南经济建设》，《经济评论》第 1 卷第 5 期，1947 年，第 18 页。
② 朱耀初：《贵州之新兴工业》，《经济汇报》第 9 卷第 6 期，1944 年，第 88 页。
③ 梁期：《贵州交通与贵州经济》，《人生与服务》第 2 期，1944 年，第 6 页。
④ 张肖梅编著《贵州经济》，中国国民经济研究所，1939，"吴序"，第 1 页。
⑤ 王百吉：《待开发的贵州矿藏》，《贵州建设月刊》第 1 卷第 4 期，1946 年，第 36~37 页。
⑥ 赵简子：《云南和贵州的经济概况》，《南方杂志》第 2 卷第 1 期，1933 年，第 131 页。
⑦ 叶抱寰：《述云贵二省之经济状况》，《商业月报》第 14 卷第 5 号，1934 年，第 1 页。
⑧ 张守广：《抗战大后方工业研究》，重庆出版社，2012，第 67 页。
⑨ 叶抱寰：《述云贵二省之经济状况》，《商业月报》第 14 卷第 5 号，1934 年，第 1 页。
⑩ 张守广：《抗战大后方工业研究》，第 67 页。
⑪ 土地无法满足人口增长，使农民无法通过农业生产维持生计，继而"他们就会把劳动力转移到更多的生产领域，乡村工业正好提供了这样一个机会"。P. Kriedte, *Industrialization Before Industrialization*, Cambridge University Press, 1981, p. 16。

大"。① 全面抗战之时，云南稻田面积约为 1600 万亩，"只有贵州产米县份较少，约有 40 多县食米可以自给"。② 甚至国共内战时期，云南"米粮尚可自给"，其中 16 县米粮不足，但 38 县可以"自给"，16 县米粮"有余，以有余抵不足，相差甚微"。③

全面抗战爆发后，在国民政府抗战救国的倡导下，社会知名人士对云贵等大后方高度重视。1938 年，任一倡导奖励和扶持手工业，主张在初期应由中央政府加大调查力度，饬令经济部会同各省建设厅，以及各专家迅速组织调查组，将各地人工、土产，以及特殊的生产方法、销售市场等做详细的考核，甚至中央应督促实行，并指导工作。④ 同年 10 月 10 日，经济部部长翁文灏发文强调，"中国工业之最要希望，即为增加友邦之帮助"，包括经济和技术两方面，"而使西南各省得以重新建设"，⑤ 如使铁路、电气、矿业、炼油等产业得以发展。同时，费孝通、张子毅又对云南进行了调查。其中，费孝通于 1938 年 11 月 15 日至 1939 年 10 月 15 日，先后两次对禄村进行了实地调查，然后经整理于 1943 年由商务印书馆出版了《禄村农田》，并在此基础上发表了《中国乡村工业》《乡土重建》。

此外，民国时期著名经济学家张肖梅也加强了云贵经济调查。1938 年张肖梅前往四川，途经贵阳时对贵阳留下了深刻的印象，因此"从事于黔省经济调查之兴趣倍增"，⑥ 编著《贵州经济》，在 1939 年 7 月由国民经济研究所正式出版。1938 年春，张肖梅又开始对云南进行调查，耗时 3 年，对"吾滇资源、庶物，了若指掌"的《云南经济》于 1942 年得以出版。⑦ 总之，云贵是一个具有发展潜力的区域，只因近代交通不便、技术落后才限制了资源的充分开发和利用。甚至 1944 年时论还认为，"贵州未来的地位，不难一跃而居国防工业与重工业的首要中心"。⑧

此外，贵州不仅是战时西南的重镇，而且也是湘、桂、川、滇的交通中心，"尤其为中央统治下的一个领土完整的省份"。铁路方面，贵州铁路以贵阳为中心，分筑通川、滇、湘、桂四省，虽然因经费和材料来源受阻，"暂不能实现，但是柳州至宜山，已经通车"。公路方面，时至 1941

---

① 张肖梅编著《贵州经济》，第 L1 页。
② 张守广：《抗战大后方工业研究》，第 67 页。
③ 厉德寅：《云南经济建设》，《经济评论》第 1 卷第 5 期，1947 年，第 18 页。
④ 任一：《发展战时手工业的商榷》，《抗战行动》第 3、4 期合刊，1938 年，第 13 页。
⑤ 《翁文灏论"中国工业化"》，《申报》（香港）1938 年 10 月 11 日，第 2 版。
⑥ 张肖梅编著《贵州经济》，"弁言"，第 1 页。
⑦ 张肖梅编纂《云南经济》，中国国民经济研究所，1942，"龙主席序"，第 1 页。
⑧ 梁期：《贵州交通与贵州经济》，《人生与服务》第 2 期，1944 年，第 9 页。

年，贵州除了已经完成黔川、黔湘、黔滇、筑毕等各公路外，尚有十大干路计划，"皆在次第建设，成功之后，贵州中心及四边，水陆都可联络贯通"。水路方面，有清水江、乌江、榕江、红水河等。交通方式方面，有汽车、人力、畜力等。①

三　战时经济保障的需要

战时，经济的重要性尤为突出。为抗战救国，增加生产力量，国民经济建设运动委员会总会章程第三条第四项规定"研究发展全国农工副业及地方特殊产品"，第五项为"倡导节约推行国货"。建总会决议三项办法。第一，为举行全国手工艺品展览会，研究发展地方特殊产品，定于 1937 年 5 月 1 日在首都开幕，会期暂定一个月，必要时在上海继续举行一次会议，"现筹备委员会已向各省市征集产品"。第二，为推动全国手工业和农村副业，改进工作，其步骤系先从调查各地土产品入手，在宣传、技术指导、贷款资金、改良运输、货品销售等方面，"亦均将分头研究切实办法"。第三，为创办中国国货联合营业公司，以在实业部监督下联络关系各方面推行国货，谋土产品、机制品、手工艺品之发展为宗旨，暂由中央和地方政府以及国货工厂、国货公司（包括国货介绍所和国货商场等）联合集资，组织成立。其股本暂定 200 万元，中央政府和地方政府合认三分之一，现已成立的国货公司合认三分之一，按公司法分期缴股。②

相对东部地区而言，1935 年云贵地区的国防地位和丰富资源开始受到高度重视。1935 年蒋介石在"为建设新云南与复兴民族"的讲话中强调，工业基础是一个国家竞争的重要前提，"所以开发富源，振兴工业，当然也是我们挽救危亡复兴民族急不容缓的要图"。③同时，蒋介石还表示，"希望大家努力建设工业化的云南，以作建设工业化的新中国之基础"，强调国家之间的竞争，"第一重要的条件，就是工业发达"，从农业国进而发展为工业国。在推动工业化起点方面，蒋介石认为最合适的地方"就是云南"，无论地下丰富的矿产，还是地上丰富的物产，甚至气候条件，"可以说那一省都赶不上，一切工业化的条件都已具备，所以我们要建设工业，就要从云南做起，有云南为基础，逐渐发达各种工业，然后才能使中国由

---

①　吴鹏高：《建设中之贵州工业》，《国货与实业》第 1 卷第 3 号，1941 年，第 29 页。

②　章元善：《经建总会计划发展农村手工业》，《经济建设半月刊》第 7 期，1937 年，第 5 页。

③　叶在和：《云南需要工业化与农村复兴的关系》，《天南》第 6 卷，1936 年，第 14 页。

农业国进为工业国"。① 的确，云南自然环境"最适于重工业的建设"，"地下各种金属富源之多，他省少有可相比的"，而地上瀑布之多，水力之巨大，"纵虽千万匹马力的发动机也能轻轻推动"。②

全面抗战爆发后，云贵等西南地区成为中国的大后方。其中，无论是政治还是经济地位，"云南的形势最为特殊"，"是中国经济建设的主要基础"；③ 也是"远东与近东的重要点，而为欧洲与亚洲之交通中枢"。④ 同样，贵州的地位也极为重要，不仅是决战的重心之一，而且还有着渐次发达的交通。据 1935 年 5 月 6 日中央社致贵阳电，"贵州交通事业渐次发达，各汽油公司均在筑设有分行"，甚至"夏巴汽车公司亦派人来筑谋设分公司"。⑤ 贵州省党部委员杨治全也提出，"贵州已形成将来决战时重心之一地位"。⑥

商路不便影响了云贵等地区工商业的发展。基于此，为建设西南大后方，解决战时衣食等基本问题，国民政府加强了对工商业的调查。其中，贵州省建设厅鉴于各地工业原料和各项工人"素无精密统计，特制定各项调查表格，令行各县查报，以便统筹整理"。同时，建设厅在贵阳设立模范工厂，先从织染、玻璃、肥皂等工人入手，然后次第扩充其他工业，"以树全省之模范"。商业方面，建设厅首先从健全各种商业团体着手，"举办商业注册，均经先后通饬各县分别办理"。⑦ 此外，交通部鉴于云贵等西南各省新路建设"极为重要"，特别是云南在沟通国际交通线方面"尤为逼切"，计划兴建滇缅铁路，以便使云南与缅甸交通直接通达。据1938 年《西南导报》所载，"现测量队已组织就绪"，⑧ 定期 4 个月完成。

1938 年国民政府迁都重庆后，进一步加强了云贵"经济建设"，而交通成为其重要问题。向来受交通影响的贵州，战时"交通地位一跃而居显要。公路的修筑除东西南北大干线外，支线亦大有增加，造成黔省交通史上一大革命"。据 1943 年 5 月贵州公路局统计，贵州已建成 323 条公路，

① 止戈：《"建设工业化的新云南"之剖视与展望——对于蒋委员长在滇省扩大纪念周之训词的感想》，《天南》第 6 卷，1936 年，第 8 页。
② 叶在和：《云南需要工业化与农村复兴的关系》，《天南》第 6 卷，1936 年，第 14 页。
③ 《云南工业发展的情形》，张公景译，《世界文化》第 2 卷第 1 辑，1941 年，第 35 页。
④ 原胜：《从自然诸条件所观察到的云南经济》，一人译，《新亚细亚》第 9 卷第 6 期，1935 年，第 67 页。
⑤ 《贵州交通逐渐发达》，《申报》1935 年 5 月 8 日，第 8 版。
⑥ 杨治全：《抗战中贵州所负之使命与吾人应有之努力》，《贵州晨报》1939 年 11 月 27 日。
⑦ 胡嘉诏：《贵州省之经济建设》，《实业部月刊》第 2 卷第 2 期，1937 年，第 157 页。
⑧ 《滇缅铁路测量队已起程》，《西南导报》第 1 卷第 3 期，1938 年，第 40 页。

"可说已具公路交通的雏形"。① 此外，据 1940 年《贵州》所载，"自抗战军兴，西南乃一跃而为复兴民族之根据地"，无论军事、政治、经济还是交通，"莫不以西南为中心"。② 其中，贵州成为"西南公路交通运输之中心，工业资源极为丰富，大有用之不尽取之不竭之势"。③ 上海、广州等地沦陷后，中国东路、南路受阻，只能靠西北、西南两路，其中西南的滇越铁路、滇缅公路都经云南，因而云南不仅"在抗战中是个十分重要的地方"，而且在平时"也是很要紧的"。④

一方面，全面抗战爆发后，上海、广州等大都市的工厂、银行不断迁入云贵等后方，这一地区成为商业的集中地之一，贵州"遂成为工商业及经济的抗战后方根据地"。另一方面，华东、华北等地交通被日军控制后，随着西南公路的竣工通车，贵州不仅成为西南国际交通路线的枢纽，而且还成为连接西南各省的交通中心。⑤ 因此，为战时需要，"非积极开发西南各省以裕经济资源，不足以支持长期抗战，争取最后胜利"，⑥ 从而使"全国的注意力，即转向于这个古老的'后门'图谋发展，找一个国际交通的路线"。据中央银行英文季刊报道，"现在的情势，云南或其附近各地方，发生任何事件，都足以影响于中国抗战与建设"。⑦ 全面抗战之前，贵州交通不便，被称为"山国"，但时至全面抗战时期，随着经济重心的南移，贵州逐步发展成为大后方的重心。诚如张肖梅所言，在云贵川等大后方之中，"黔省居西南之中枢"，在长江、粤江的上游，"为往来之捷径，应援之要区，形势若此，冲要可知"。⑧

国民政府对云贵地区的重视，继而推动了工商界人士的参与。吴鼎昌主政贵州后，在开发贵州经济方面"尤具决心"。如农业方面与经济部合作，1938 年成立农业改进所。此外，在政府的倡导下，诸如韦以黻、王延松等工商各界人士随即组织了西南实业建设协会，以联合工商金融界开发西南为目的，"加入者甚为踊跃"。据 1938 年《西南导报》所载，吴鼎昌主席，以及何辑五、谭克敏、叶纪元"均已联名致函参加"。⑨

---

① 梁期：《贵州交通与贵州经济》，《人生与服务》第 2 期，1944 年，第 7 页。
② 谢文钊：《贵州之经济建设问题》，《贵州》第 1 期，1940 年，第 6 页。
③ 朱耀初：《贵州之新兴工业》，《经济汇报》第 9 卷第 6 期，1944 年，第 88 页。
④ 鲁得：《云南——一个西南的省份》，《一条心》第 2 卷第 10 期，1940 年，第 19 页。
⑤ 欧阳华倩：《保卫西南！巩固贵州！》，《抗敌》第 39 期，1939 年，第 230 页。
⑥ 《西南实业协会贵州分会一览》，第 1 页。
⑦ 《云南工业发展的情形》，张公景译，《世界文化》第 2 卷第 1 辑，1941 年，第 35 页。
⑧ 张肖梅编纂《云南经济》，"自序"，第 2 页。
⑨ 《策动中之贵州新政设施》，《西南导报》第 1 卷第 3 期，1938 年，第 39 页。

在国民政府的重视下，贵州政府加强了棉纺织业等的发展。在1938年贵州农业改进所成立前，副所长沈宗瀚已于1937年12月奉军委之命前往贵州视察农业，"并谋改进之方"，继而拟定农业改进方案。然后，贵州省政府根据此方案，不仅制定了工作计划，而且将原有的农林机关合并，改组为贵州省农业改进所，由省政府与经济部合办，行政由建设厅管辖，技术则由改进所负责。调查发现，贵州棉产"极度贫乏"，如黔西农民用稻秧编成"秧被""以代棉絮者"，也有"衣不蔽体者"。[①] 1935年，永昌祥和复协和在中缅边境的芒市合资兴办了一个栽种木棉的农场，但至1938年，芒市木棉农场便失败了。[②] 因此，永昌祥又在宾川投资了第二个农场，仍种植棉花。

此外，国民政府迁都重庆后，蒋介石多次强调集中全部力量建设云贵经济的重要性。1939年初，中国国民党第五届中央执行委员会第五次全体会议在重庆召开，蒋强调，"我们现在进入了第二期抗战以后，深信战时经济决无问题。我们在抗战根据地的西南西北诸省，积极的开发国防工业，中小工业，和矿产林木，全国的技术人才资本，集中力量来做，必可供国家经济建设确立永久的基础，就是军需民生，也可不虞匮乏"。在同年2月第三次参政会议上，蒋介石做了关于四条"经济建设"的决议，即"积极的推进西南经济建设案""有关经济建设之机关统一合并案""民生经济案""战地经济政策案"。此外，蒋介石在"勉各地士绅及教育界同胞尽力推行兵役及开发地方经济"电文中再次强调开发云贵等地的重要性，认为"矫正过去专力都市建设之错误，以有计划的，有组织的开发内地经济之资源"。甚至在全国生产会议上，极力主张"集中资本、扩张生产"；"军事时期，生产的国防化"；"奖励固有生产，保持全国的经济自给"；"厉行节约，蓄积建国资材"。[③]

为全国抗战需要，国民政府对农村、城市手工业都做了相应的指示。第一，进行技术改良，以增加生产，"适应抗战期间农村需要"。第二，在各县城镇设立小型铁木厂，以供应各项生产工具。第三，尽力施放贷款，促进农村手工业。国民政府规定，农村手工业由农本局"尽量施放贷款，以利发货"。第四，扶持和指导、组织农村手工业合作社，调查产销。第五，农村手工业生产简易，"决动员广大农村村民，一致参加生产，以加

---

① 《贵州工作站》，《中农所简讯》第1期，1938年，第7页。

② 中国民主建国会云南省委员会、云南省工商业联合会编《云南工商史料选辑》第1辑，云南新华印刷三厂，1988，第139～140页。

③ 孙问西编著《战时经济》，第4页。

强抗战建国之经济基础"。①

四　国民政府加强对西南地区的控制

基于抗战时期为政治军事服务的需要，国民政府加强了对云贵大后方的开发。1931 年，日军发动九一八事变，侵占了东北三省。1934 年，国民党四届四中全会确定将国民经济转移至西部。1 月 23 日，国民政府通过了《确立今后物质建设根本方针案》，明确在"富有自然蓄积并不受外国商业金融支配之内地"进行"经济建设"，并要求"于经济中心区附近不受外国兵力威胁之区域，确立国防军事中心地"，以备军事建设，同时还提出，"全国大厂矿、铁路及电线等项之建设，均应以国防军事计划及国民经济计划为纲领，由政府审定其地点及设备方法"。② 从而为战时经济及战时手工业做了初步部署，加快国民政府向西南转移的步伐。日军侵占东北三省之后，继续南下。1935 年，日军侵入华北，而此时云贵则处于军阀割据时期。

有鉴于此，为加强对云贵的控制和结束西南地方割据，蒋介石不仅投资云贵等省公路建设，而且还调动了大批中央军进入云贵川，结束了贵州军阀割据。蒋介石认为"云南蕴藏之丰……真是一个最好发展工业的省区，我们不谈工业建设则已，如果要谈工业建设，就要先从云南建设起来"。③ 同时，蒋介石还认为，以长江以南和平汉线以西为抗战的主要阵地，以"川黔陕三省为核心，甘滇为后方"。④ 1936 年 6 月，杨森率领的国民革命军第二〇军受蒋介石指派，抵达安顺后，又受蒋介石嫡系薛岳之命，实施"清剿"。长期在贵阳工作的薛岳向杨森说明了贵州的复杂情况，指出"贵州是我国一个多民族的省份，民情复杂"，"各少数民族聚居地区，各自拥有武器"，在结束西南军阀割据前，周西成、王家烈统治的贵州，"政令都不能执行，难于治理"，因而建议杨森"只要从组织保甲入手，到把所有散落在私人手里的枪支搜缴起来，掌握在乡保长手中，才能改变过去的情况，使政令得以贯彻"。⑤

① 《政府促进农村手工业》，《银行周报》第 23 卷第 2 期，1939 年，第 1 页。
② 李学通主编《抗日战争》第 5 卷《国民政府与大后方经济》，四川大学出版社，1997，第 4～5 页。
③ 《建设工业化的云南——蒋在滇之训话》，《大公报》1935 年 5 月 15 日，第 3 版。
④ 四川省档案馆编《川魂——四川抗战档案史料选编》，西南交通大学出版社，2005，第 385 页。
⑤ 贵州省政协文史与学习委员会编《贵州省政协文史资料存稿选编》第 2 卷，贵州人民出版社，2006，第 189～190 页。

同时，国民政府加强了云贵交通建设。同年9月21日，兼任行政院院长的蒋介石电饬行政院秘书长，要求"开发边疆实业，及发展交通"。[①] 据统计，在"清剿"行动中，为筑路、整理开支，行营先后向贵州境内的黔湘、黔滇、黔川干线拨款多次。其中，贵阳甘耙硝至点鱼堡路段，由"剿匪军第二路军指挥部设立湘黔路贵东段工程及督察两处负责修筑"。该路段从1935年3月开工至8月竣工，向委员长行营领用55万元工款，"其工程进展不可谓不速"。同年春，行营参谋团派员主持监修"历久未完"的桐梓至崇溪河段，陆续拨工款106504元。同年11月，行营公路处主办的贵州黄果树至盘县路段开工，至1936年"全部完成，黄果树附近急坡亦同时修筑完善"，仅盘县至胜境关一段，行营就拨款10万元。1937年，国民政府加强了公路建设和管理，成立了西南公路运输总管理处。管理处成立之初，接管了贵州境内四大公路干线，委托西南各省对危险路段进行初步整理、改线，向贵州省政府拨付175115.81元。[②] 由此可见，出于抗战局势的考虑，国民政府对云贵战略地位给予了高度重视。

此外，国民政府还试图在西南地区推行"统一化"政策，为战时经济服务。然而，"统一化"的推行，又急需解决云贵等后方最为关键的交通问题。有鉴于此，政府督促相关部门和军队，于1937年3月打通了南京至昆明长达2974公里的京滇公路。该公路将苏、皖、赣、湘与云贵贯通起来，成为当时东部与西南唯一的公路干线，在近代中国军事、国防、交通、经济、文化等方面均有重要的作用，成为"意义与价值之重大，亦较其他干线为深"的公路干线。[③] 同年4月5日，国民政府行政院组成京滇公路周览团，对西南边陲进行了专门调查。[④]

南京国民政府周览团团长褚民谊也强调："蒋介石先生两次到过云贵，亲身体会西南的重要性，所以要我们去看一下。"[⑤] 此外，《大公报》记者木公在参与京滇公路周览团对云南的考察之后，也称云南"在工业化及经济建设上，足称一大原料金库"，"在京滇公路所经各省，为比较最有前途之一省"。[⑥] 同样，贵州虽"不及沿江海各省，但内藩楚蜀，外控蛮荒，在地

---

① 《京滇公路周览》，《申报》1937年3月10日，第4版。

② 贵州省公路管理局编印《抗战四年来之贵州公路》，1941，"工程"第1~6页。

③ 袁著：《公路建设与京滇公路展览会之意义》，《地理教育》第2卷第4期，1937年。

④ 《龙主席盼中央竭力实现云南工业区》，《云南日报》1937年5月1日，第6版。

⑤ 赵君豪：《京滇周览记——褚民谊先生讲述》，《旅行杂志》第11卷第9期，1937年，第23页。

⑥ 木公：《京滇周览印象记·得天独厚之云南》，《大公报》（天津）1937年6月9日，第4版。

理上也有相当地位。然而大多数不明了贵州情形的常以为贵州是极荒僻而又狭小的地方"。①

由此可知，国民政府对云贵地区的高度重视，除了与云贵特殊的经济地理和重要的战略位置有关之外，还与抗战形势以及结束西南军阀割据、"围剿"计划等军事需要相关，是错综复杂的因素共同作用的结果。据 1937 年《滇黔月刊》所载，"直到近一二年，政府因为赤匪注意了滇黔，要到滇黔；又因为东北的被侵略，西北的隐患也很大，才引起了很大的注意，牺牲了很多的财力和人力；同时滇黔的人民也受了空前未有、不可补偿、抱痛终天的伤亡损失；这才把地方上原有恶势力改变了一部份；这是注意到滇黔地方了"。②

总之，随着全国抗战局势的不断紧张，云贵等地战时手工业生产"有切实提倡的必要"，特别是 1938 年上海、广州、武汉等城市相继沦陷，国民政府坐镇西南，厉行禁绝鸦片之后，不仅洋纱来源受阻，而且云贵近代手工业前期以洋纱易鸦片的双向贸易被禁止。而在战时建立新式机器工业的过程中，由于没有充足的时间，加之交通受阻，无进口途径，为增强后方生产基础，"手工业就成了非常重要的原素"。在国民政府加强工业化建设的同时，云贵近代手工业则步入第二阶段，转变成了一切产销、管制等均围绕抗战所需的战时手工业。

---

① 中国旅行社编《黔行纪略》，中国旅行社，1934，第 23 页。
② 亚明：《民国史中之滇黔地位》，《滇黔月刊》第 2 卷第 1 期，1937 年，第 33 页。

1938~1947 年皖北的筑堤疏河工程

冯静静　陆发春[*]

提　要　1938 年 6 月黄河溃决，黄水以建瓴之势侵颍夺淮，淮不能容，潢溢横决，泛滥千里。皖北地势平坦，支流错综，湖泊星布，黄河南泛携带大量泥沙淤塞河道，致使各河河床逐渐宽而浅，河身宣泄不畅，两岸堤防坍塌，毁坏殆尽，田庐陆沉，各县灾祸连年，百姓苦不堪言。至1947 年，九年的黄泛使皖北形成了黄泛区、积水区，原有的生态系统和地理环境遭到严重的破坏，治黄与治淮工程早已合为一体。安徽省政府采取以工代赈的办法，协调灾民强筑堤防、疏浚河道实行自救，尽可能发挥社会组织的作用筑堤防洪，以改变皖北灾区人地失衡的问题。但因军事、政权、财力、人力、技术设备等各种因素的限制，淮河干支流筑堤疏河工程多未达到预期目的，灾民生存境况仍然艰难。

关键词　皖北　黄泛区　积水区　筑堤疏河工程

1938 年 6 月黄河决口，横流南泛注淮，至 1947 年，九年的黄泛肆虐使淮河流域承受着超负荷的生态环境压力，生态系统表现出低效、脆弱与衰退的现象。"一个健康的生态系统比一个退化的更有价值，它具有较高的生产力，能满足人类物质的需求，还给人类提供生存的优良环境。"[①]"淮域上下游被灾县份，有太和、阜阳等十八县，被淹田地约二千三百七十八万余亩，灾民达三百万人，财产损失在二万万五千余万元以上。"[②] 生态系统是在一定地域内生物和物理环境相互作用的统一体。黄泛期间安徽

---

[*] 冯静静，淮阴师范学院历史文化旅游学院讲师；陆发春，安徽大学历史学院教授。

① 蔡晓明：《生态系统生态学》，科学出版社，2000，第 3 页。

② 盛德纯：《省政史料：安徽省淮域工赈（附表）》，《安徽政治》第 5 卷第 2~3 期，1942 年，第 123 页。

省政府采取以工代赈的办法动员受灾群众筑堤浚河，构筑淮河干支流线性堤防体系，试图缓和当时皖北人地关系紧张的态势，对于当时来说这是生态系统整体性修复，减少人员伤亡、田庐牲畜损失的民生必由之路。学界对 1938 年黄河决堤后豫皖苏黄泛区的灾害、生态环境、民生、政府救灾、社会救助等方面研究成果颇丰。胡惠芳考察了黄河泛淮的生态影响，探讨了社会各级政府与民间团体如何改善淮河中下游地区的恶劣环境；① 马俊亚从国家政策的角度提出淮北地区是因国家发展需要而被牺牲或被边缘化的区域；② 穆盛博以时间为线索，探讨了花园口决堤的前因后果，论述了整个花园口事件中环境、军事和民众之间的种种联系；③ 曾磊磊分析了1938 年黄河决堤后，黄泛区生态环境遭到破坏，灾民积极对环境进行改造和利用；④ 鲍梦隐探讨了抗战时期国民政府为阻敌而决花园口，对黄灾难民进行一定程度的救济，但过于强调军事至上的原则，黄泛阻敌与地方民生呈负关联性。⑤ 学界对国民政府时期的"导淮""复淮"等各种治淮水利建设的研究成果也较为丰硕。如戴维·艾伦·佩兹探讨了民国时期的淮河治理，把研究的重心放在 1929 年建立的导淮委员会上，将其置于国民政府经济建设的背景之下，剖析围绕淮河治理所引起的国民党内部的政治纷争以及中央与地方政府的矛盾等。⑥ 但就研究视角而言，现有的成果对 1938 年黄泛入皖后，皖北为防洪实施的筑堤疏河工程探析稍显薄弱。笔者在安徽省档案馆搜集和翻阅有关民国时期治黄、治淮的档案资料时，发现 1938 年黄河决堤后皖北各县集中力量筑堤疏河工程等档案资料相当丰富，本文试图在前人研究成果的基础上，以 1938 年黄河决堤后皖北黄泛区、积水区、特别区水灾肆虐，堤溃河塞为线索，试图动态地叙述皖北各县筑堤浚河防洪工赈工程的过程以及存在的问题。不当之处，望方家正之。

---

① 胡惠芳：《淮河中下游地区环境变动与社会控制（1912～1949）》，安徽人民出版社，2008。

② 马俊亚：《被牺牲的"局部"：淮北社会生态变迁研究（1680～1949）》，北京大学出版社，2011。

③ 穆盛博：《洪水与饥荒：1938 至 1950 年河南黄泛区的战争与生态》，亓民帅、林炫羽译，九州出版社，2021。

④ 曾磊磊：《试论 1938～1947 年黄泛区灾民的生产活动》，《兰州学刊》2018 年第 12 期。

⑤ 鲍梦隐：《阻敌与救灾：黄河掘堤之后国民政府的应对》，《抗日战争研究》2021 年第 4 期。

⑥ 戴维·艾伦·佩兹：《工程国家：民国时期（1927～1937）的淮河治理及国家建设》，姜智芹译，江苏人民出版社，2011。

一　皖北水灾与堤溃河塞之状况

1938 年 6 月，黄河在赵口、花园口和杨桥三处溃决南流，7 月 22 日之前赵口溃水流量大于花园口，之后花园口流量超过赵口，杨桥溃水于 9 月上旬以后逐渐干涸。[①] 花园口与赵口两股主流大溜南趋泛滥于贾鲁河、颍河、涡河等河道之间，漫注于淮河流域。"安徽泛区包括一八县市，计：（一）颍河流域四县——太和、阜阳、颍上、临泉；（二）涡河流域四县——亳县、涡阳、蒙城、怀远；（三）淮河流域及其湖区十县市——凤台、寿县、霍邱、凤阳、灵璧、泗县、五河、盱眙、天长、蚌埠市。"[②] 其中霍邱、寿县、蚌埠、凤阳在淮河南岸，盱眙位于洪泽湖岸边，天长位于高邮湖岸边，其他各县位于淮河北岸，黄水所及之皖北各县尽成泽国。"黄泛 9年，黄河水把大约 100 亿吨泥沙带到淮北平原，形成 5.4 万平方公里的黄泛区，造成淮河干、支流及湖泊的严重淤积。"[③] 黄泛使皖北原有的生态系统和地理环境遭到严重的破坏，两岸堤防坍塌毁坏殆尽，田庐陆沉，各县灾祸连年，人员伤亡和财产损失严重，百姓苦不堪言。如 1939 年汛后测量队于 8 月在皖北各县勘测溃决堤段情形，在颍上县发现阜颍交界之颍左干堤在江口集老龙窝处溃决，颍右干堤在二龙岗沈台子处溃决，唐垛湖淮堤在垛子湖窑湾处溃决等，于 8 月 29 日统计此次该县受灾 12 乡 45 保，被灾面积 137000 余亩；在阜阳县勘测时发现，泉河堤于 8 月 16 日在谢公闸处溃决，刘公祠预防堤因水势过猛被冲毁，泉河北堤在韩寨溃决，乌江口上防黄干堤溃决等，该县 8 月底统计此次被灾区域计 5 乡 90 保。[④] 1943 年汛期黄淮水位并涨，颍淮各河堵防溃决有 27 处之多。1944 年汛期淮域各县各河堤防溃决情形经调查主要有：阜阳县颍河左岸茨河铺处于 7 月 24 日溃决，口子集于 8 月 23 日溃决，此二处溃口长度 790 米，均因私堤溃决突破所致；太和县宋唐河西岸斤沟咀于 7 月 17 日溃决，响沟东岸康洼西于 7 月19 日溃决，茨河北岸响沟口于 7 月 24 日溃决，此三处溃口长度 444 米；颍上县济河北岸支堤殷桥处溃决，唐垛湖堤陶咀孜溃决，秋稼湖堤新闸口

① 史行洋：《1938 年黄河南岸大堤决口新探》，《中国历史地理论丛》2021 年第 2 期。
② 韩启桐、南钟万：《黄泛区的损害与善后救济》，行政院善后救济总署，1948，第 4 页。
③ 水利部淮河水利委员会《淮河志》编纂委员会编《淮河大事记》，科学出版社，1997，第103 页。
④ 《安徽省水利局淮域工程查勘报告书》（1940 年 7 月 28 日），安徽省档案馆藏安徽省政府档案，档案号：L001 - 000005 - 00096，第 1～16 页。

溃决，三处溃口长度 3620 米，均因 1943 年溃决，淤淀至深，内水无法宣泄而筑堤未成，致溃口进一步扩大；寿县三合堤曹台孜处溃决，孟湾淮堤响水沟、小台前、拐角楼、老鳖潭等处溃决，寿西淮堤黑泥沟溃决，孟正新堤清河口溃决，三处溃口长度 1960 米。① 黄泛入皖，经颍河、沙河、涡河等河道，漫溢于两岸，黄水所携泥沙到处淤淀以致各河河身宣泄不畅，两岸堤防残破不堪，再遇每年夏秋之间淫雨连绵，淮河水涨，内水浩大，不仅冲破各河各沟堤防涵闸，并且加上黄河汛期洪水暴发，1939 年每秒为7700 立方米、1940 年每秒为 11000 立方米、1941 年每秒为 4000 立方米之流量注入淮河，淮不能容，皖北堤防随处漫决。② "1943 年 8 月洪水最大，这一年颍河上游频降暴雨，颍河洪水已大，8 月 4 日黄河峡县洪峰流量25000 立方米每秒下泄，与颍河洪水会合后，阜阳 8 月 9 日出现最高水位达 31.83 米。为保颍右，在茨河母猪港、颍河乌江口分泛水入西淝河，受淹耕地……达 427.4 万亩，凤台全县一片汪洋，安徽淮域受灾 1892.4 万亩，倒塌房屋 44.4 万间。"③ 从 1938 年黄水南泛起，淮河流域降水偏多，黄淮并涨，中下游水道不畅，洪水连年泛滥，皖北无年不灾。④ 如 1946 年入夏以后阴雨连绵，沿淮各堤内水积潴，外水高涨，各堤段先后漫溃，该年各县水灾损失相当严重。据不完全统计，临泉县受灾耕地面积约为31600 亩，太和县受灾耕地面积约为 36300 亩，阜阳县受灾耕地面积约为1050000 亩，颍上县受灾耕地面积约为 256000 亩，霍邱县受灾耕地面积约为 6500 亩，寿县受灾耕地面积约为 17000 亩，凤台县受灾耕地面积约为211000 亩，亳县受灾耕地面积约为 90100 亩，涡阳县受灾耕地面积约为149000 亩，蒙城县受灾耕地面积约为 187000 亩，怀远县受灾耕地面积约为 138400 亩，凤阳县受灾耕地面积约为 141000 亩，均因雨水过多，外河水高于内地，内水无法宣泄或者旧堤溃决等所致。灵璧县受灾耕地面积约为 200000 亩，五河县受灾耕地面积约为 74900 亩，泗县受灾耕地面积约为 150000 亩，盱眙县受灾耕地面积约为 83600 亩，天长县受灾耕地面积约为 25600 亩，均因政权问题或受奸匪扰乱或内水无法宣泄等无

① 《安徽省水利工程处编制的安徽省淮域工赈工程计划书》（1945 年），安徽省档案馆藏安徽省政府档案，档案号：L001 - 000005 - 00100，第 6 ~ 7 页。
② 《安徽省水利局淮域工程会议议事日程》（1942 年），安徽省档案馆藏安徽省政府档案，档案号：L001 - 000005 - 00675，第 7 页。
③ 安徽省水利志编纂委员会编《淮北大堤志》，黄山书社，1997，第 99 页。
④ 安徽省地方志编纂委员会编《安徽省志·水利志》，方志出版社，1999，第 14 页。

法兴工培修。① 1946年淮河流域皖北各县水灾黄泛区、积水区、特别区受灾与堤溃情况，如图1所示。

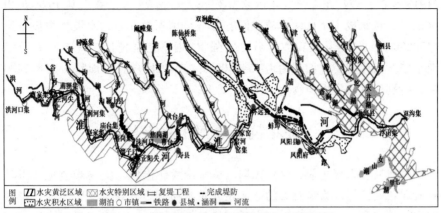

图例 ▨水灾黄泛区域　▧水灾特别区域　◫复堤工程　━完成堤防
水灾积水区域　湖泊　○市镇　━━铁路　■县城　·涵洞　━河流

图1　1946年淮河流域皖北各县水灾区域示意

资料来源：底图采自安徽省档案馆藏安徽省政府档案（L001）淮河流域各县水利档案文图，并参酌民国《安徽省境淮河全图》等资料，利用ArcGIS综合绘制而成。

由图1可知，黄泛入皖，沿淮各地一片泽国，沿淮内陆沟渠连年失修，而各支流出口因黄水沉淀多淤塞，外河水位既高，内水无法宣泄，浸没区域甚广，且自临淮关以下数县因情形特殊或者政治问题，所有干支堤防溃决无法兴工培修，受灾面积亦广，因此皖北水灾区域形成了黄泛区、积水区、特别区。

图1反映了1946年调查堤溃情况，从洪河口至赵家集河长约103公里，两岸现有堤长连支流史河共约193公里多坍废；从赵家集至曹台子河长约79公里，两岸现有堤长连淠河支堤在内约196公里多坍废不堪；从回流集至沫河口系颍河支堤，受黄水影响损坏特甚，河长约87公里，两岸堤长约175公里多坍废；从曹台子至王家窑受黄水影响损坏特甚，河长约72公里，两岸堤防连西淝河、窑河、东淝河等支堤在内约176公里多坍废；从王家窑至临淮关受黄水影响损坏特甚，河长约为85公里，两岸堤防连涡河支堤在内约182公里多坍废不堪；从临淮关至双沟镇受黄水影响损坏特甚，河长约74公里，两岸堤防连浍河、天井湖等支堤在内约162公里多坍废。②

① 《安徽省水利局有关淮河流域安徽各县、皖东北各县三十五年水灾调查报告书、水灾区域平面图及天河疏浚工程、霍邱东安湖、淮河干支流堤工查勘报告等资料》（1946～1947年），安徽省档案馆藏安徽省政府档案，档案号：L001－000005－00743，第3～9页。

② 《安徽省水利局有关淮河流域安徽各县、皖东北各县三十五年水灾调查报告书、水灾区域平面图及天河疏浚工程、霍邱东安湖、淮河干支流堤工查勘报告等资料》（1946～1947年），安徽省档案馆藏安徽省政府档案，档案号：L001－000005－00743，第9页。

安徽省水利局统计，1946 年阜阳县堤防溃决黄泛成灾共 26 个乡镇、堤防溃决淮水成灾共 8 个乡镇、堤内积水成灾共 56 个乡镇，水灾损失田亩达 2191878 亩，该县龙王镇该年因水灾死伤人口达 77 人。颍上县 1946 年积水成灾、黄水成灾午秋两季减收间有部分乡镇颗粒无收，水灾损失田亩达 1430250 亩，占全县田亩数十分之六强。[①] 据不完全统计，1946 年皖北汛期水灾黄泛区域受灾面积约为 1540500 亩，积水区域受灾面积约为 873400 亩，特别区域受灾面积约为 464100 亩。[②]

二　皖北筑堤疏河工程之建设

黄河决口未堵之前，每年汛期，黄水南泛，淮域水灾终难避免，当时政府和相关部门认为最有效的办法是在黄水所到之处修筑堤防圈垛，培修旧有干支堤防，加以范束，或在适当之处疏浚河道，分泄流量，使黄水不致泛滥横溢，以免灾区持续扩大。

（一）河道堤防勘测工作

皖北淮域各县因黄泛水灾严重，必须派员赴实地调查，实行河道勘察、水准测量等勘测工作，并根据报告拟定疏河筑堤工赈工程计划，方能妥善电示中央拨款施工。1939 年汛后，淮域各县水势退却时，淮河工赈委员会派测量队两队赴淮域颍上、霍邱、阜阳、太和、临泉、涡阳、蒙城、亳县、寿县、凤台等县分段实测堤防实况，以备汛后施工符合标准。[③] "两队测量内容：各重要河流的堤防，选择围筑圩堤的位置，必要疏浚和开通河道。"[④] 第一队于 1939 年 10 月 24 日开始测量，自颍堤之新河口至沫河口两岸测起，后因敌犯寿县处于险境而停止，随后情势好转，遂仍持续勘测，第一队分为六个班，分别勘测支堤围垛。第一班前往凤台县硖山口支堤勘测，承担凤台以下淮堤勘测之任务；第二班负责寿县淠堤及孟家湾淮堤之勘测；第三班负责三河尖至洪河口一段淮堤之测量；第四班负责淮河

① 《安徽省水利局关于阜阳、颍上两县三十五年水灾表》（1946 年），安徽省档案馆藏安徽省政府档案，档案号：L001 - 000005 - 00927，第 2～7 页。

② 《安徽省水利局有关淮河流域安徽各县、皖东北各县三十五年水灾调查报告书、水灾区域平面图及天河疏浚工程、霍邱东安湖、淮河干支流堤工查勘报告等资料》（1946～1947 年），安徽省档案馆藏安徽省政府档案，档案号：L001 - 000005 - 00743，第 3～9 页。

③ 蔡灏：《廖主席一年来治皖政绩——建设方面》，《安徽政治》第 2 卷第 26 期，1939 年，第 27 页。

④ 安徽省地方志编纂委员会编《安徽省志·测绘志》，方志出版社，1998，第 151 页。

上游三叉沟至地理城之勘测工作；第五班负责洪河口以上阜临洪堤之勘估；第六班负责三河尖河套圩堤、润河支堤、王截流横坝、任家沟横坝等堤之勘测。11 月底已分别测竣。第二队于 1939 年 10 月 26 日开始测量，由阜阳城起，沿沙河西南岸测至颍上城，复沿沙河东北岸测回阜阳，1939 年 11 月底阜阳境内之河堤测量完竣。[①] 因自然环境、地形、地貌、地质等条件复杂，河道堤防的勘测多采取分段勘查以便于工作的顺利进行，勘测出来的河道情况、黄泛后堤防现状、溃口情况、堤线情况、堤基问题、施工情况等形成的资料，为筑堤疏河工程的设计与施工提供了基本的参数和可靠的依据。比如第二队勘测出沿沙河两岸旧堤断续不全，可利用者甚少，尤以堤内湖汉分歧，堤线回旋环绕，耗时费工；河道弯曲，遇有陡转 60 度只能裁弯取直，须于新定堤线外另筑堤圈垛，以资补救；茨河口以上埝堤不可利用，因逼近河边，间有不足 5 米之处，经今冬冻裂明春必致崩塌。故茨河口以上之堤，其堤脚不足 20 米即要重新退建；茨河口以下之堤线，自茨河口至江口集止，除少数堤线可以利用外，其余失效堤线一律退建至两堤相距 2000 米左右。

另外，淮域汛后工赈不敷，为了详细考察各堤线、横断面、共需土方等实况以满足疏河筑堤工程的设计和施工，以凭实请求中央拨款，1939 年淮域工赈会派员前往淮域各县勘测各河道与堤防情况时，有的工程人员于 8 月 6 日由立煌出发，首经霍邱，次及颍上、阜阳、太和，依次细致勘测，至寿县、凤台、临泉、涡阳、蒙城等县因时间关系未克前往，9 月 4 日回抵立煌，就四县所勘测之淮域各堤线共长 1500 余公里，共需土 5400 余万立方米，经详细考察确均为防黄之重要工程。比如颍上县勘测结果为淮左干堤、润河右堤、灵台湖堤、颍河干堤、颍凤交界堤、战沟支堤、二龙岗格堤、济河南堤、张家大坝格堤、龙王庙格堤、穆岗子格堤、高河沿格堤、赛涧铺格堤、济河北堤、阜颍交界堤、唐垛湖堤等堤长 340779 米，需土方 2303324 立方米。据调查，颍上县防洪队为指导便利起见，将全县应修筑的堤防分为颍左、颍右、淮北三大段，每段派督导员一人常驻负专责，派监工员若干人分节负责，又分六大队，由督导员及具有水利经验之乡镇长兼任队长，每大队下又分四分队至五分队，每分队各编抢险班（4 个）、勤务班（1 个），每班队丁 50 人，抢险班专门负责抢堵工作，勤务班以 10 人为固定岗位，以 10 人为巡逻岗位，以 30 人为运输材料岗位，各岗

---

① 安徽省域二赈委员会：《报告：淮域工赈工程进行情形（续）（二十八年十二月十五日）（附表）》，《安徽政治》第 3 卷第 2～3 期，1940 年，第 105 页。

位自备铜锣一面，一遇出险立即鸣锣告警等。该县计划于 1939 年 11 月 15 日至 1940 年 4 月 30 日开始施工。[①] "地形及河道测量之图表，为研究计划水利工程之主要依据。""淮域范围以内，所有各机团举行河道及地形测量区域，均会施以水准测量。"[②] 如 1939 年 10 月，"阜阳境内堤线业已勘定……太和境内水准断面只测至茨河经母猪港入河止"。[③] "1940 年 12 月安徽省组织淮域各河水准标高测量队，实测淮北颍河、泉河、茨河、谷河、涡河、西淝河等，设立水位站 15 处，永久水准标点 42 个，临时水准标点 55 个。次年 2 月完成，共测 625 公里"，[④] "此次测量队为防洪、疏浚工程测量服务，从立煌出发，分两组进行。第一组测量颍河从八里垛至界首集、泉河从阜阳至临泉、茨河从茨河埠至秋渠集，第二组测量谷河从关集至八丈河、西淝河从西陈集至上淠河口、涡河自临湖铺经涡阳至蒙城"。[⑤] 1946 年 4 月淮域复堤工程局成立，一方面组织工务所筑堤复堤，另一方面成立黄汛区测量队，专办汛区勘测工作。"勘测内容主要有：辖段堤防损坏情形、辖段堤防溃决缺口情形、辖段涵闸现状及内水宣泄情形、辖段险工及拟办石工护坡情形、辖段堤线概况、辖段沿岸洪水位之调查、辖段河床淤积及变迁情形、辖段堤工土质情形、辖段原有水准标点现状、辖段水灾损失之估计十项内容。"[⑥] 如 1946 年 11 月 8 日，导淮委员会淮河流域复堤工程局第三工务所派驻寿县监工处副工程师士林前往寿县下游各堤详细勘察实际情况以便筹划施工。[⑦] 为勘察 1947 年汛后五河涟潼支堤情形，导淮委员会淮河流域复堤工程局第五工务所于 9 月派监工员魏网、副监工员王竹樵前往勘察。据 9 月 28 日报告勘察结果为：从衡台孜起经过方家庵孜中间已筑之堤，经 1947 年洪水暴涨遭损毁，缺口甚多，亟待修理；再由杨庵孜至张家嘴孜对面堤防约长 10 公里，残破尤甚，堤基上面之桩号

① 《安徽省水利局淮域工程查勘报告书》（1940 年），安徽省档案馆藏安徽省政府档案，档案号：L001 - 000005 - 00096，第 4、15 页。

② 沈百先：《淮河水利事业》，《三十年来中国之水利事业（民国三十年十月）》，中央水工试验所，1947，第 27、29 页。

③ 安徽省域二赈委员会：《报告：淮域工赈工程进行情形（续）（二十八年十二月十五日）（附表）》，《安徽政治》第 3 卷第 2 ~ 3 期，1940 年，第 105 页。

④ 《淮河大事记》，第 104 页。

⑤ 《安徽省志·测绘志》，第 152 页。

⑥ 佚名：《实施工程：淮河复堤第一期工程之进展》，《导淮半年刊》第 19 期，1947 年，第 59 ~ 72 页。

⑦ 《安徽省水利工程处关于三十五、三十六年度工赈工程计划与寿县防黄处来往文书》（1945 ~ 1947 年），安徽省档案馆藏安徽省政府档案，档案号：L001 - 000005 - 00777，第 43 ~ 44 页。

遍寻无着；由张家嘴孜至潼河口（靠浮山左边）积水尚未全部泄退，泥泞不堪，暂难兴工。[①] 河道堤防的勘测工作为筑堤浚河工程的设计与施工提供了重要的参考依据，其勘测的精确度直接影响到工程施工的精度。

（二）拟定筑堤疏河工程之计划

筑堤疏河防洪工程实施之前必须拟定详细的工程计划，"工程计划的周详与否事关工程可行的程度，盖此计划通常包括施工之范围、路线、类型、技术与经费之估计、筹款之方法，以及完工后效益的预估；一则可以争取当局的支持与民众的信服，二则可以作为工程进行的依据"。[②] 如1943年大汛期间颍堤多处溃决，据考察多因堤距狭窄和民众私筑圩堤，阻碍水流与河道弯曲迎溜顶冲。汛后派遣测量队前往勘测，并经本省三区专属组织查勘图参照测量结果，就各县实地情形查勘拟定1945年整理颍堤工程计划：阜阳县颍河左右岸堤段长21700米，估计施工土方1113600立方米，估计需要工费44544000元，计划分两期完成，第一期1～3月完成土方数278400立方米，第二期4～6月完成土方数835200立方米；太和县沙河左右岸堤段长42653米，估计施工土方394554立方米，估计需要工费15783160元，计划分两期完成，第一期1～3月完成土方数98638立方米，第二期4～6月完成土方数295916立方米；颍上县颍河左右岸堤段长33300米，估计施工土方1864800立方米，估计需要工费74592000元，分两期完成，第一期1～3月完成土方数467200立方米，第二期4～6月完成土方数1397600立方米。[③]

筑堤疏河工程计划是根据实地勘测的综合结果拟定，利用工程测量图，以及在保障行洪安全和利用往年已有成果的前提下，较为合理地做出设计和规划，预备筑堤疏河工程所需材料，以最大限度节约工程费和人力。例如1944年疏导正阳关淮淤工程费计划预算：疏导工程费估计299930元；估计每日需要用船110只，每名船夫发给伙食津贴50元，以30名船夫计，预计共需165000元；预计所需木括板100块，每块500元，总计需50000元；估计所需轮轴5架，每架2000元，共需10000元；估计

---

① 《安徽省水利局有关淮河流域安徽各县、皖东北各县三十五年水灾调查报告书、水灾区域平面图及天河疏浚工程、霍邱东安湖、淮河干支流堤工查勘报告等资料》（1946～1947年），安徽省档案馆藏安徽省政府档案，档案号：L001－000005－00743，第80～81页。

② 黄丽生：《淮河流域的水利事业（1912～1937）——从公共工程看民初社会变迁之个案研究》，台湾师范大学历史研究所，1986，第273页。

③ 《安徽省水利工程处编制的安徽省淮域工赈工程计划书》（1945年），安徽省档案馆藏安徽省政府档案，档案号：L001－000005－00100，第21页。

需要麻绳 400 斤，每斤 100 元，共计 40000 元；管理费预算 34630 元。[①]
1947 年寿县堤工计划：寿西淮堤从余家圩至牛尾岗，长 25000 米，计划施工土方 1363375 立方米，保障田亩约为 6 万亩；寿西复堤从黑泥沟至三十里铺长 11000 米，计划施工土方 259885 立方米，保障田亩约为 28000 亩；孟家湾堤为淠河圈堤，长 16800 米，计划施工土方 1435308 立方米，保障田亩约为 12000 亩；迎隐干堤从迎河集至隐贤集长 24850 米，计划施工土方 475504 立方米，保障田亩约为 6 万亩；萧严淠堤从洪家油坊至曹台子附近，长 54090 米，计划施工土方 998216 立方米，保障田亩约为 25000 亩；三合堤圈堤，长 18600 米，计划施工土方 1014351 立方米，保障田亩约为 12000 亩。[②]

（三）筑堤工程的开展

黄河溃决进入皖北泛滥千里，各县每苦黄泛为灾，五谷淹没，生产减少，因此当时普遍认为修筑防洪堤防迫在眉睫，关系到各县人民生命财产，至重且巨，而政府采取"以工代赈"的办法筑堤防洪试图缓解这一严重问题。"淮河干支堤防大都为黄泛摧毁，溃水横流，亟须防范，遍地哀鸿，亦待救济。唯有举办工赈筑堤，防黄与救灾，兼筹并顾。并遵奉委座'沿溃水所到之处，修筑堤防，多圈围埝，免使灾区扩大'之电示为施工之准则。"[③] 1939 年 8 月，安徽省成立了淮域工赈委员会，凤台以上沿淮、沿颍各县设立工赈工程总队，采取以工代赈的办法办理堵口复堤、筑堤、防汛等事宜，1943 年各县工赈工程总队又改组为防黄工程处。1939 年汛后测量队在霍邱、阜阳、太和等县勘察河道、堤防溃决与堤防修筑工赈工程进度情况时，所定之工程均系沿黄河溃水所经之处培修干支堤防圈、筑围埝格堤、疏导沟渠以免灾区扩大。淮颍各堤连贯，各县自应培修完固，而皖北地势平坦，各县支流错综，湖泊星布，不独黄河为患，淫雨亦可成灾，如不圈筑支堤围埝，内水无法范束，干堤无以捍卫，若能干支围堤同时兴修，干堤方有保障，即使有一部分溃决，也只是局部受损不会危及全部，实为黄

---

① 《安徽省水利工程处关于疏导淮淤工程计划书》（1944 年），安徽省档案馆藏安徽省政府档案，档案号：L001 - 000005 - 00389，第 5 页。

② 《安徽省水利工程处关于三十五、三十六年度工赈工程计划与寿县防黄处来往文书》（1945～1947 年），安徽省档案馆藏安徽省政府档案，档案号：L001 - 000005 - 00777，第 48～55 页。

③ 盛德纯：《省政史料：安徽省淮域工振（附表）》，《安徽政治》第 5 卷第 2～3 期，1942 年，第 123 页。

河溃口未堵前最善之治标办法。例如霍邱县淮右干堤、三河尖圈堤、三河尖格堤、王截沟格堤、任家沟格堤、溧堤等堤防共长153786米，共需土方6923996立方米，除三河尖格堤尚未动工外，其余各堤段均于1939年12月1日至1940年3月5日先后动工，截至1940年7月至9月底，共计完成土方3539153立方米。该县1939年完成各堤段受益田亩计16万余亩，1940年完成各堤段受益田亩计80万余亩，各堤段的修筑在一定程度上保障了田亩的生产，增加人民直接受益，受益群众颂扬政府办理工赈之德意。该县在防汛堤防修建过程中，县长兼任防汛队总队长，总队长以下分为五中队，由堤委会委员长兼中队长，每中队以下分为五队，以保长及堤工段长兼队长，每队又分五班，每班队丁五十名分段施工守护，组织尚称严密。① 据不完全统计，1939年、1940年、1941年汛后共修筑堤段长度4609公里，完成土方65182438立方米，保障农田65562609亩，估计受益价值811975961元。②

皖北各县堤防工程从黄河溃决南泛以来不断赓续培修，同时为减少颍河汛期危险，皖北淮域上游将黄泛分流涡河、淝河等河，各河道堤防工程赓续培修。如1944年阜阳县的颍河、柳河、茨河、泉河、淝河、洪河、母猪港、淮河等河流堤段，太和县的茨河、沙河、万福沟、谷河、南北八丈河、母猪港、茨河、淝河、宋唐河等河堤段，颍上县的颍河、淮河、润河、济河、战沟、二龙岗、灵台湖、赛涧铺、唐垛湖等河堤段，霍邱县的淮河、溧河、上下格堤、汲河口等河堤段，凤台县的淮河、永安堤坝、淝河、永丰堤、展湖围垛、颍凤交界等堤段，涡阳县的涡河、淝河、干溪沟、梭沟等堤段，蒙城县的涡河、乙沟、上下格堤等堤段，亳县的淝河、洺河、干溪沟、油河、蒲沟等堤段，寿县的淮河、萧严溧堤、朱家湖堤、倪炭湖堤、竹丝门三合堤等堤段，临泉县的洪河、沙河、托边沟等堤段，怀远县的涡河右堤等各河堤段都在赓续修筑或补筑，计1944年完成堤段长度2252049米，完成土方27123459立方米。③ 由于技术、资金、人力等各方面的限制以及每年黄泛期间水灾惨重，皖北淮河部分干支流堤防屡筑屡毁，再因人地环境的变迁，河道淤塞严重，内外坡脚不合堤式等，1945年阜阳县、太和县、颍上县、霍邱县、凤台县、蒙城县、涡阳县、寿县、临

① 《安徽省水利局淮域工程查勘报告书》（1940年），安徽省档案馆藏安徽省政府档案，档案号：L001－000005－00096，第5～6页。

② 盛德纯：《省政史料：安徽省淮域工振（附表）》，《安徽政治》第5卷第2～3期，1942年，第124页。

③ 《安徽省水利工程处编制的安徽省淮域工赈工程计划书》（1945年），安徽省档案馆藏安徽省政府档案，档案号：L001－000005－00100，第3～4页。

泉县、怀远县等县在加强培修堤防、疏浚河道、修建涵闸时，均将堤防原顶宽、高度、外坡、内坡进行不同程度的增筑或者改建。

由堤防培修队统计可知，安徽淮域上游各县于 1945 年干支流堤防修筑情况为：阜阳县的颍河右岸第一段从东寨门迄回流集长 19674 米、颍河右岸第二段从回流集迄新集长 15626 米、颍河左岸第三段从韩台孜迄阁楼长 12000 米、颍河左岸第四段从阁楼迄上渡口长 23400 米，均将原顶宽 4.0 米、高 3.8 米、外坡 1∶2、内坡 1∶1.5 施工改为顶宽 5.0 米、高 4.3 米、外坡 1∶3、内坡 1∶2；颍河右岸第五段从洋桥迄柳河口长 17500 米，将原顶宽 4.0 米、高 3.7 米、外坡 1∶2、内坡 1∶1 施工改为顶宽 5.0 米、高 4.0 米、外坡 1∶3、内坡 1∶2；颍河左岸第六段从上渡口迄茨河铺长 10360 米、颍河右岸第七段从柳河口迄两河口长 7500 米，均将原顶宽 4.0 米、高 3.8 米、外坡 1∶2、内坡 1∶1 施工改为顶宽 5.0 米、高 4.3 米、外坡 1∶3、内坡 1∶2；颍河右岸第八段从黎营迄宋湾长 11600 米、茨河左岸第八段从宋湾迄黄沟长 14000 米、茨河左岸第九段从茨河铺迄板桥长 16500 米、泉河右岸第十段从谢公闸迄余桥长 30000 米、泉河左岸第十一段从梅前庄迄白庙长 19000 米、淝河右岸第十二段从龙德寺迄四庙长 28000 米、淝河右岸第十三段从四庙迄王桥口长 23500 米、淝河右岸第十四段从王桥口迄徐沟口长 27000 米、淮河左岸第十五段从曹台子迄曹集长 38000 米，淮河左岸第十六段从曹集迄五沟口长 43000 米、淮河左岸第十七段从五沟口迄地里城长 32000 米、洪河左岸第十八段从地里城迄方集长 38500 米，母猪港左、右岸第十九、二十段从草桥迄王桥口，环城堤从文峰塔迄老龙头等，各堤段总计长 477080 米，均将原堤防内外坡、顶宽、高度做了不同程度的修筑增筑，阜阳县 1945 年计划修筑堤防完成土方数有 9435979 立方米。其他各县 1945 年修筑的堤防情况与阜阳县类似，太和县万福沟右岸从三里沟至宋大桥、万福沟左岸从三里沟至董庙、谷河右岸从红丝沟至齐桥、南八丈河右岸从齐桥至董庙、谷茨新堤从彭庙至萧井、谷河左岸从彭庙至唐河南口、茨河左岸从斤沟店至清泥浅北、母猪港两岸从龙头桥至贾桥、宋唐河左岸从斤沟店至义河口、宋唐河右岸从斤沟店至王河口、洺河右岸从王河口至清泥浅、茨河左岸从彭庙至唐河北、唐河左岸从唐河南口至唐河北口、茨河右岸从黄沟口至红丝沟、茨河左岸从武桥至斤沟店、淝河右岸从义河口至龙台寺、高界支堤从高沟口至界牌集等堤段，各堤段长度总计为 367591 米，完成修筑土方数 6894985 立方米；颍上县颍河左岸干堤从江口集至沫河口、颍河右岸干堤从永兴集至王岗铺、颍河右岸干堤从陡岗寺至沫河口对岸、济河南支堤从江口集至汤海孜、战沟支堤从董家庙至公路、二龙岗

格堤从二龙岗至杨店孜、赛涧铺格堤从赛涧铺至岳墩孜、淮堤从曹台子至
鲁口孜、润河支堤从王庄至润河口、灵台湖堤从陶坝子至刘庄、齐北堤从
韩庄子至宋井子等堤段，各堤段长度总计为 259870 米，完成修筑土方数
2985262 立方米；霍邱县淮堤从四有丈至临水集、三河尖圈堤、淠河堤下
段从小店岗经孟堤至韦家岗、淠河堤上段从冯集至张家坞、民生堤从郝庙
集至小民生闸、隐贤堤从隐贤集至圈堤、上格堤从王截溜至叶桥、下格堤
从任家沟至临淮岗、三河尖格堤从潘大台子至西闸、汲河口堤从赵郢子至寿
县孟堤等堤段，各堤段长度计为 184730 米，完成修筑土方数 4920426 立方
米；凤台县淮堤临颍段从洪家坞至贺家塘、淮堤永安坝从刘岗至史集、永安
东支堤从刘岗至贺家塘、永安西支堤从史集至毛集、淮堤六坊圈堤、淮堤永
丰坝从王庄至马庄、颍凤交错堤从李白孜至赵台孜、展湖围垛从胡集至柳
庄、淝河南岸堤从徐沟至毛集、淝河北岸堤从界沟至孤山、顾淝支堤从顾桥
至淝河等各堤段，总堤长为 290810 米，完成修筑土方数 3743763 立方米；涡
阳县涡河右岸堤自姚子沟口至田桥、淝河左岸堤从豆板桥至红砖寺、梭沟
右堤自十字沟口至姚子沟等堤段，统计各堤段总长度为 108596 米，完成修
筑土方数 3251327 立方米；蒙城县涡河右岸上堤段从田沟东至西城墓、涡
河右岸下堤段从东城墓至营庄、上格堤北接涡河右堤南抵茨河堤、下格堤
北接涡河右堤南抵枣木桥、乙沟格堤从张大桥至茨堤、茨河南堤从三孔桥
至砖桥子等堤段，统计各堤段总长度为 299612 米，完成修筑土方数
2944147 立方米；亳县洺河右堤从王河口至干溪沟口、干溪沟右堤从干溪
沟口至涡阳界、洺河左堤从王河口至直堤、油河右堤从直堤北至六里桥、
蒲沟右堤从六里桥至小十字口、淝河左堤从小十字口至豆板桥等格堤，总
堤长为 137237 米，完成修筑土方数 1968092 立方米；寿县萧严淠堤从碾盘
桥至鲍宋东台孜、朱家湖堤从仓房台至大店岗、倪炭湖堤从刘店至八丈
坟、竹丝门三合堤从三义至刘台、寿西复堤从洪家巷至州铺北、萧严支堤
从李台至孙家塘、孟湾淮堤、寿西湖堤从黑泥沟至朱家场老龙头、孟正新
堤从孟湾支堤至正阳关等堤段，统计各堤段总长度为 132100 米，完成修筑
土方数 3163616 立方米；临泉县洪河左堤从马桥至方集、洪河右堤从小楼
至柳河、托边沟堤从邢桥至窑桥等各格堤，统计各堤段总长度为 92801 米，
完成修筑土方数 537086 立方米；怀远县涡河右岸堤段从孙小庄至蒙城境等
堤段，统计各堤长总计为 44800 米，完成修筑土方数 587200 立方米。①

---

① 《安徽省水利工程处编制的安徽省淮域工赈工程计划书》（1945 年），安徽省档案馆藏安
徽省政府档案，档案号：L001 - 000005 - 00100，第 5～14 页。

"1946 年 4 月由导淮委员会主办的淮河干支流堵口复堤工程开工，为了修复黄泛对淮堤的破坏，计划本次两岸复堤工程，上自洪河口，下至双沟镇，堤防施工长度约 1000 公里。至 1947 年 12 月底告一段落，共完成土方 1500 多万立方米。淮河左岸堤防筑至 1931 年洪水位以上 1 米，右岸堤防暂定与洪水位同高。由于工粮配额核减，经费不足，完成主要淮堤修复任务 80%。"①

皖北筑堤工程是防黄工程体系中最重要的组成部分，在防洪抢险过程中根据险情对堤防采取除险和加固等不同技术措施保护堤防相当重要，以提升堤防安全，提高防洪的能力。1938~1947 年因特殊的社会环境，堤防修建实属不易，安徽省政府颁布一系列修守堤防的通则，并指示在防汛抢险时应根据需求采取不同工程技术来提高堤防的防洪效能。例如，"若堤顶低矮，遇汛期为防止洪水漫溢，应于堤上速筑子堰，加筑子堰应离外边一尺至三尺为宜，但里边应留余地以便往来奔走抢险。其法是在临河一面用麻袋或者蒲草装工，或者草坏土块叠层堆置，高二层以上者应密钉短桩或签打劈竹以防外卸，并用土浇筑裹戗以防漏水；或者如有木板门扇可签钉木桩将板固牢再填土石"。② 其他如堤身渗漏窨潮抢护、堤身崩卸相机抢护、风浪袭击保护堤防、水势已漫顶抢护、堤身被决但溃口不大抢堵等各种险情，都颁布了较为细致的通则条例来应对，以应急防洪抢险，提高堤防防御洪水的能力。虽然当时修筑堤防的木桩、柳条、蒲草、高粱秆、麻料等物资极其短缺，个别县根本无法提供大量所需的材料，除了政府从其他地区购买外，皖北各县不断呼吁周边县相互帮忙筹措物资，尽可能加强堤防的修筑与抢险工程。这些应急抢险措施在一定程度上于汛期提高了堤防的防洪能力，防止洪水带来更大的人员伤亡和财产损失，保护了部分田亩免受水灾的破坏。如"涡阳县沵河于 1946 年、1947 年汛期水位已上沵左干堤堤身约四公尺，水势汹涌为之前所未有，母猪港口一带及各沟口小段堤溃和部分涵闸冲破，受内外水浸袭告险，幸经抢护得力，此段方免溃灾。始见堤顶一部分浸水，立即用土袋堵筑，在堤顶内边一二尺处掘槽取土以便应急，土槽内因抢险时被践踏，雨水浸漏，俟险势一过立即填土将槽填复。水流漫顶湍急已有一部分冲缺，在决口……用土袋或抛置铁丝石笼保持两端堤土，并用木桩扎住挂柳竭力阻止溃口扩大。有的施工时用巨

① 《淮河大事记》，第 110~111 页。
② 《安徽省水利局关于紧急防止水患施工办法》（1939~1947 年），安徽省档案馆藏安徽省政府档案，档案号：L001-000005-01087，第 1 页。

索若干条盘住一船放置缺口上游，适当在船上打桩架，将桩逐根打下并铺桩木使相互连结，另用大缆若干条，一端扎在船上的木桩架，一端扎在对河之木桩上并绑上巨石或土袋放在河里使其下沉，填以泥土防止漏水，俟堤形成后在内坡又加筑土戗以期稳固"。[①] 据不完全统计，"涡阳县为防黄泛自1938年黄河溃决至1946年先后兴筑堤防与堤防抢险工程计有淝河、涡河等堤段长达三百余华里，以保田亩历年收获良多。1941年涡阳县筑堤受益田亩价值有79460000元；1942年受益田亩价值有351000000元；1943年受益田亩价值有1438000000元；1944年受益田亩价值有983230000元"。[②]

（四）浚河工程的开展

黄河南溃以后，携大量泥沙侵入淮河北岸各支流，致淮河干支流淤淀颇深，河床日高，两岸堤防逐渐失去防洪效用，因此除加强修筑堤防外，必须疏浚河道以利宣泄。此外，皖北有些地区由于地势太低，经过水淹以后，积水不退，农田无法耕作，例如在皖北淮堤两岸，农民为防止河水泛及农田，即在岸边筑堤防止，由此得以继续耕种。但当淫雨之季，亦即河水高涨之时，所筑之堤固可防止河水溢出，但同时堤内农田积水亦因此不能排出。堤外堤内一片汪洋，所造成的灾害，状亦甚惨。疏浚河道，排出积水刻不容缓。[③] 黄河自花园口溃决沿贾鲁河、洛河、茨河窜入涡阳县境已八载，为防黄汛，该县先后兴筑堤防长300余华里，保护田亩历年收获良多，惟各堤虽经连年施工修筑，大部业已完成，但以河床累积淤淀，河身容量减少，若不加高培修堤防疏浚河道，则后果不堪设想。其中茨河横贯本县南部，河长50500米，东流入淮，虽经每年都稍事疏浚，但河身仍宣泄不畅，需要加强疏导以排内水，计1945年疏浚茨河工程完成1.95万米。1946年将该河原面宽16.0米、底宽15.0米、深度1.0米、内外坡为1∶0.5，疏浚成底宽14.0米，1～6月共疏浚土方736250立方米。1947年又进一步加强疏浚，浚成面宽15.0米、底宽13.0米、深度2.0米、内外坡为1∶1，约需完成土方数1414000立方米。[④] 淮河正身淤塞排水不畅，上

① 《安徽省水利工程处关于三十五、三十六年度工赈工程计划与涡阳县来往文书》（1945～1947年），安徽省档案馆藏安徽省政府档案，档案号：L001－000005－00767，第6页。

② 《安徽省水利工程处关于三十五、三十六年度工赈工程计划与涡阳县来往文书》（1945～1947年），安徽省档案馆藏安徽省政府档案，档案号：L001－000005－00767，第2页。

③ 韩启桐、南钟万：《黄泛区的损害与善后救济》，第45页。

④ 《安徽省水利工程处关于三十五、三十六年度工赈工程计划与涡阳县来往文书》（1945～1947年），安徽省档案馆藏安徽省政府档案，档案号：L001－000005－00767，第1～33页。

游积水线道下泄不易，霍邱县、寿县、阜阳县、涡阳县、临泉县等各县河
道、湖地等积水严重，不但妨碍耕种，而且阻碍交通影响航运，经工程队
一再查勘建议疏浚河渠，用束水攻沙的办法冲刷各段淤沙。安徽省淮域施
工队于 1945 年计划分三期施工疏浚河渠，即 1 ~ 3 月、4 ~ 6 月、10 ~ 12
月，主要完成疏浚河渠有：阜阳县泉河口长 8000 米，将原面宽 108 米、底
宽 100 米、深度 4.0 米、内外坡为 1:1，疏浚成面宽 36 米、底宽 30 米、深
度 2.0 米、内外坡为 1:1.5，疏浚完成土方数 528000 立方米。霍邱县的淮
堤第一闸沟、淮堤奶奶庙沟、溮河堤汤李湖沟共长 22000 米，疏浚完成土
方数 245000 立方米。霍寿凤三县正阳关挡水坝长 7000 米，疏浚完成土方
数 668080 立方米。据不完全统计，1945 年计划完成疏浚河渠土方数
2486080 立方米。[①] 据不完全统计，1946 年 3 月至 1947 年 6 月疏浚工程，
疏浚窑河口水道 2.2 公里，完成土方数 28543.5 立方米；疏浚正阳关至沫
河口 1.0 公里，完成土方数 138492.5 立方米；龙潭湖口至浍河口 5.0 公
里，疏浚排水道，完成土方数 508138.5 立方米；等等。[②]

　　其中淤淀影响最大者为淮河正阳关至沫河口一带，黄汛入沙自沫河口
注淮，淮水反漾十余公里，连带溮河来水亦无出路，甚至迫使淮溮两水越
溮河右岸经正阳关以南之东湖以达鲁台子下游，由冯家渡口归入淮河正
槽。若淮水水位较低时，一部分黄水倒灌至正阳关以上迄溮河口，同时流
速与淮水相抵消，则黄水所携带大量泥沙淤淀至此，通常淮河汛期较早，
在黄汛以后多山洪积淤沉淀无法冲刷，下一年淮汛高涨时又因正阳关附近
各湖湾堤防经年溃决，水面宽广，故淮溮水流至此流速锐减，其力不足以
冲刷积淤，加以淮溮所含泥沙亦固，流速太慢，河槽淤塞，亦复淤淀于
此，年年淤淀，层层相积，沫河口迄溮河口一段甚至会断流。正阳关因上
寿县、霍邱县、颍上县三县沿淮溮之河道、湖地积水无法宣泄会影响农
耕，且洪河、史河、淮河、溮河、颍河各河之航运几将断绝，对交通运输
造成很大的困扰。据 1945 ~ 1946 年相关部门勘测正阳关至沫河口一段淮
淤，调查结果是该段淮河正身业已断流，水分两股，一股由正阳关东北绕
迎水寺顺寿正公路之取土坑至五里铺折东沿岗而入淮河，一股由正阳关南
大场通过寿正公路之公路桥而与前股汇合，淮淤实长一公里，上游高出水

---

①　《安徽省水利工程处编制的安徽省淮域工赈工程计划书》（1945 年），安徽省档案馆藏安
　　徽省政府档案，档案号：L001 - 000005 - 00100，第 19 ~ 20 页。

②　佚名：《实施工程：淮河复堤第一期工程之进展》，《导淮半年刊》第 19 期，1947 年，第
　　34 ~ 35 页。

面 1 米，下游高出水面 2 米。[①] 1946 年"汛水特大，黄淮并涨，复于正阳关北门外之迎水寺，沿正寿公路取土坑，冲成深槽长一公里许，至公路桥处并入东湖，因此自迎水寺以迄沫河口一段，竟淤成平地，长达一公里，高出常水位平均约一公尺六七公寸，水运断绝，农田受灾，此项疏浚工程，自应积极办理，此段淤积范围甚广"。[②]

针对淮河正阳关至沫河口一带淤淀疏浚工程，1944 年汛后安徽省政府特电饬颍霍寿凤四县派员于正阳关勘测和筹议疏浚工程。正阳关附近之淤淀疏浚因战时人力物力艰窘，施工困难，但淤淀又甚广，长约 5 公里、宽约 5 米、平均深约 5 米，而稀淤未固人伕不能立足，船只通行不灵，全挑挖几不可能，故疏导之办法唯有积水力以攻淤。（1）疏导河槽不使断流。每日用民船百只，每船除水手外，用民伕 2 名、木括板一块，施工时将船与水流平行，分甲、乙两行船，甲行船上民伕 1 人手压括板，则乙行船上民伕 1 人以绳牵动括板，反之亦然，如此交互牵动括板括动稀淤连续不断，使河床沟槽以泄上淤积水而攻下游淤淀。（2）搅动稀淤不使凝固。每日由船长制轮轴，5 个轮轴装置数排括板，形同水车轮轴，施工时将轮轴沉于稀淀中并加以相当重力不时上浮，在船上以绞车绞动轮轴使之旋转，则括板搅动稀淤不得沉淀，如此经常工作，一部分淤淀泥沙不至凝固而被水冲走。（3）塞支强干束水攻沙。淮河自正阳关淤淀后，淮淠上游流至此则改道经东湖注淮，以致积淤无法冲刷，为加强水力冲刷作用，唯有塞支强干令自正阳关南堤起沿东折沿淠河接萧严淠堤之孟台孜修筑堤防一道，将新淠河口以及所有分流沟汊完全堵塞，逼水流入故道，诸水力冲刷淤淀。[③] 这三项施工措施是当时疏导正阳关淮淤临时工程处根据颍霍寿凤四县疏导正阳关淮淤会议集体的议决案，是在战时人力、物力困窘的情况下，勉就可能范围内最合理的疏浚办法，但是三项施工办法在黄汛退落前以及颍河水位高于淮淠水位时是无法着手施工的。当水位低落拦水坝基地完全显露，同时颍河水位低于淮河水位，则三项施工措施可以同时进行；当颍河水位低于淮河水位，但拦水坝基地尚未显露，则前两项措施可以施工；当

---

① 《安徽省水利工程处关于三十五、三十六年度工赈工程计划与寿县防黄处来往文书》（1945～1947 年），安徽省档案馆藏安徽省政府档案，档案号：L001 - 000005 - 00777，第 48 页。

② 佚名：《实施工程：淮河复堤第一期工程之进展》，《导淮半年刊》第 19 期，1947 年，第 31 页。

③ 《安徽省水利工程处关于疏导淮淤工程计划书》（1944 年），安徽省档案馆藏安徽省政府档案，档案号：L001 - 000005 - 00389，第 1～2 页。

拦水坝基地显露而颍河水位高于淮河水位或相平，则第三项措施可以施工。因此各项疏浚施工办法应视具体情况而定。1946～1947 年，为进一步疏浚正阳关至沫河口淤淀，"先以人工挖一沟槽与下游水面等高；再堵塞公路桥及迎水寺傍之新河，束水归槽，抬高水位，利用上下水位之差当可攻开一面；电请导淮会速备挖泥机"。①

其他河道的疏浚工程，工程队亦积极着手开展。例如，天河系淮河右岸支流之一，"发源于凤阳县南部最高处狼窝山附近，自南向西北，至宫集乡附近入怀远县注入淮河，全长 60 多公里"。② 天河两岸土地肥沃，但自 1938 年黄泛入淮连年淤积，"尤以河口至沈家岗一段长约 3.5 公里，原有河渠淤塞几与两岸地平相齐，致以内积水不畅，下泄泛淹良田计有马头乡、仁和集乡之大部，上洪乡、十二门乡、考城乡之一部，五乡合计竟有 90 顷之多，沿岸农户颗粒未收，壮者大多逃荒糊口，老弱啼饥号寒，灾情之严重无以复加，故该河之疏治实刻不容缓。"③ 1947 年天河疏浚工程如图 2 所示。

由图 2 和疏浚工程队勘测结果可知，沈家岗泥沼难挖，自河口至沈家岗一段长约 3.5 公里，原有河渠已淤塞殆尽，且沈家岗附近泥沼难挖。河口至沈家岗一片汪洋，水深达 5 米，原有的渠道淹没在水下，查勘时工程队建议自天河桥向西另开一渠道，总长至多 2.5 公里较为经济，但当地人异议为原渠道是历来古道，若改线势必引起纠纷，诸多不便，因此天河口至沈家岗一段必须进行疏浚。据统计，A－A 横断面面积为 38.284 平方米，B－B 横断面面积为 43.875 平方米，C－C 横断面面积为 49.834 平方米，共挖土方数 153886 立方米。④

---

① 《安徽省水利工程处关于三十五、三十六年度工赈工程计划与寿县防黄处来往文书》（1945～1947 年），安徽省档案馆藏安徽省政府档案，档案号：L001－000005－00777，第 48 页。

② 凤阳县地方志编纂委员会编《凤阳县志》，方志出版社，1999，第 69 页。

③ 《安徽省水利局有关淮河流域安徽各县、皖东北各县三十五年水灾调查报告书、水灾区域平面图及天河疏浚工程、霍邱东安湖、淮河干支流堤工查勘报告等资料》（1946～1947 年），安徽省档案馆藏安徽省政府档案，档案号：L001－000005－00743，第 25 页。

④ 《安徽省水利局有关淮河流域安徽各县、皖东北各县三十五年水灾调查报告书、水灾区域平面图及天河疏浚工程、霍邱东安湖、淮河干支流堤工查勘报告等资料》（1946～1947 年），安徽省档案馆藏安徽省政府档案，档案号：L001－000005－00743，第 27 页。

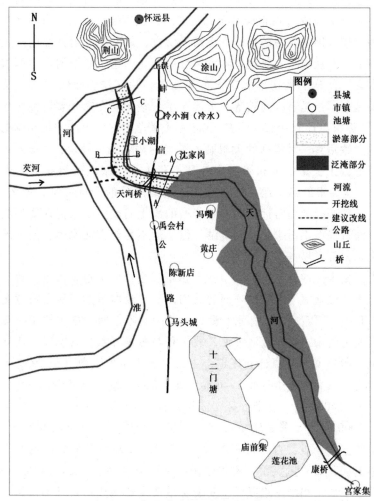

图 2　1947 年天河疏浚工程平面示意

资料来源：底图采自安徽省档案馆藏安徽省政府档案（L001）淮河流域各县水利档案文图，并参酌民国《安徽省境淮河全图》等资料，利用 ArcGIS 综合绘制而成。

三　存在的问题

1938 年黄河决堤后，皖北水患灾害主要因黄河决口南泛和汛期集中降雨，而政府采取"以工代赈"的办法，筑堤疏河防洪试图减轻水患灾害带来的损失，但堤防屡筑屡毁，皖北洪灾破坏—修复的工作在黄河堵口之前反复进行，受军事、政权、财力、人力、技术设备等各方面的因素限制，筑堤疏河工程始终无法大兴，只能局部勘测、拟定计划、修筑疏浚等，且多未能达到预期效果，灾民生存境况仍然艰难。如《现实：新闻周报》刊登了一篇时事报道《皖北水灾惨况》："对日战事爆发以后，世居在这淮河两岸的人们，因为黄河的决口，无情的水灾，就开始随着残酷的战火而向他们袭击了。从二十七年到今年黄河合龙为止，这十年淮河泛溢所酿成的惨重水灾，使他们的房屋和田土，都变成一片汪洋。即使'家'是残存的，最多也不过是有一间破落的土墙茅屋，整天的在遭受着饥饿与疾病的磨折。'你家里还有什么人吗？'我在一个破落的村头上问一位年满七岁的小女孩，她瞪着一对瘦削的大眼睛，无光的望着我，她说：'爹死了，爷到堤圈上做工去了，娘和奶奶到外县逃荒去了，家里就留我一个人看房子。'"① 这篇报道如实地反映了水灾给皖北造成的严重灾难，灾区民饥、缺食、逃荒等成为当时社会上一个普遍的民生问题，灾区群众要到堤坝圈上去疏河筑堤做工谋求生计和抗洪，但工款不足等方面原因，使灾区百姓义务出工，苦不堪言。

工巨款少。1938～1947 年，连年遭罹灾患，国家财政困难，疏河筑堤工程巨大，民众对于工赈款项期望甚切，对于政府举办工赈之德意尤为感仰，但是工款严重缺乏，杯水车薪，发放少且不及时，拖欠严重。淮域工赈工程原为防御灾患，救济灾民，故工程与赈灾并重，其筑堤工伕即为沿淮灾民，1938 年汛后原计划规定土方每立方米给价 1 角（依 1939 年淮域生活程度，每立方米给价非 5～6 角不足维持），按 1939 年和 1940 年两年完成土方 4240 余万立方米计算，需给方价 4240757.70 元，但是两年仅发工款 635000 元，欠发工款 3605757.70 元，沿淮灾民忍饥耐寒辛苦工作，但是工款拖欠严重，百姓苦不堪言。② 并且出于战争等各方面的原因，物价逐年上涨，如狂风疾雨，不可遏阻。1938 年春季，芜湖、蚌埠、安庆、合肥等重要城市相继沦陷以后，安徽各重要交通路线均被日本占领，全境遂沦处敌人后方，内地物资被敌掠夺或破坏，外来物资被敌封锁或控制，致物价上涨，全省皆然。各地因历年战区有变迁，人口有异动，市场有转移，年成有丰歉，故各年物价上涨趋势不一，各地物价上涨速度亦有不同，1939 年该省境内战争中心转移于皖北，皖北一带物价上涨渐烈。1939年修堤时，规定每立方米土给报酬 1 角，其时米价每斤 3～4 分，盐价每斤

① 郑笑枫：《皖北水灾惨况：皖北人口九百多万，六百万人亟待赈济》，《现实：新闻周报》第 10 期，1947 年，第 12～13 页。

② 《安徽省淮域工赈委员会电请补发二十八、二十九两年欠发各县工款事与行政院水利委员会的来往文书》（1941 年），安徽省档案馆藏安徽省政府档案，档案号：L001－000005－00261，第 6 页。

1 角，每人每日最低生活费需 2 角。其后物价上涨，1940 年每人每日最低生活费需 9 角，1941 年需 2 元 2 角，1942 年需 6 元，1943 年后需 10 元、数百元。据查勘报告，当局实发 1939 年、1940 年工款，多者每立方米 5 分，少者仅及 8 厘，1941 年则 1 厘未发。这无疑给黄泛区居民带来了沉重的经济负担。① 另外，战区省或地方银行发行一元券或辅币券，但是辅币券不仅缺乏而且流弊甚多，有的民间商号也自行印制小额券。"查皖省幅员辽阔，前经钧部核准发行之辅币券额，与需要相差，固属悬殊；而印刷困难，交通阻滞，致市面辅券不敷，到处感觉缺乏。……亦系事实。甚至工赈、急赈之款，无处可换零票，亦难如期发放。"② "皖北茶肆、酒店、澡堂、商铺等均自发钱条或者印兑换券，加盖戳记，流通市面，流弊滋多，阜阳所行之五角及一角工赈券早经明令禁止，而市面上仍在流通。"③

工程问题较多。皖淮黄泛区域，共有 18 县，自 1938 年黄河决口，皖省受灾严重，因而拟具筑堤计划，以工代赈，试图将淮域干支堤防合成立体空间，由量变逐步过渡到质变达到保护两岸农田的目的，但是由于工伕不足、工款缺乏、技术受限等各方面条件的限制，筑堤工程土方多未按照驻工人员所放之堤样，且原有部分之堤段放样的桩志已多遗失不全，有的被民众私自移动，而施工时也未曾重测。如存在有的堆积、取土坑凌乱交错且有逼近堤脚不满 10 米，有的包边及随地抛土，有的堤段培修工程迟迟不动工等各种问题。工伕十有八九为农民，遇农忙时则工伕锐减，汛期和收割季节复堤兴工大多数无法正常开展。如江工程师视察颍河下游筑堤疏河工程，"沿堤巡视查左岸县方负责之堤段尚未开工者尚多，已开工者有刘家园之缺口退建、甘罗墓新建、朱泗湾之一缺口及沈台孜退建，而各处虽已动工，但值此农忙时候，工伕甚少，成绩不佳，何时完工更难意料。又查刘家园一处取工塘之位置在堤外，河边距离坡脚甚近，河水涨时将有下坍危险，当经通知不得在该处取土，据说工地负责人指定取土塘，但工伕不听"。④ 陡岗寺之退建堤中有两小段约 200 米长，坡度、高度均不达标等。因工粮工费不足、技术设备、自然条件限制等，在筑堤疏河工程的施

---

① 《淮北大堤志》，第 124 页。

② 中国人民银行总行参事室编《中华民国货币史资料（1924～1949）》第 2 辑，上海人民出版社，1991，第 315～316 页。

③ 《安徽省水利局淮域工程查勘报告书》（1940 年 7 月 28 日），安徽省档案馆藏安徽省政府档案，档案号：L001 - 000005 - 00096，第 17 页。

④ 《安徽省水利局等关于对颍河工程视察报告的备份节录》，安徽省档案馆藏安徽省政府档案，档案号：L001 - 000005 - 00734，第 8 页。

工过程中，完成的土方数多未达到预期。如 1946 年涡阳县计划兴筑堤段有涡右干堤完成土方数 771747 立方米、泚左干堤 1442000 立方米、梭沟右堤 311153 立方米、梭沟左堤 588000 立方米、涡右上段干堤 560000 立方米。但 1946 年涡阳县实际完成的堤段土方只有涡右干堤完成土方数 265000 立方米、泚左干堤 1135000 立方米，梭沟右堤 300000 立方米，仅完成原计划的 46.3%。[①] 另外，相关部门在拟定筑堤疏河工程计划时，对部分堤防原形状和计划筑堤形状之长度、顶宽、高度、内外坡等不清楚，没有经过实地勘测而随意填写或者只列出大概范围，错误百出。例如 1945 年 12 月制定寿县关于 1946 年圩堤工程实施计划时，原表内现在形状及计划标准各栏所列数字均属弹性（如顶宽 3 ~ 4 米、高 3 ~ 4.5 米等），究竟该段堤防长度若干、顶宽为 3 米若干或 4 米若干无从推测，高度亦复如此，致土方数无法核算。此外，寿县在制定 1946 年萧严洰堤工程计划时，原计划书内所列需土方数与原计划表内所列计划土方数不符，各堤段计划土方数按照规定堤式计算均有错误，并且所需要的抽水机、煤油价款等均不符合规定等。[②]

结　语

1938 年黄水决堤南泛入皖，潆溢横决，泛滥千里，皖北区域社会环境和生态环境受到严重的影响，灾区群众的基本生存和发展受到破坏和阻遏，农田淹没、房屋倒塌、财产损失、社会秩序混乱等，群众的日常生活失去了往日的平衡，社会呈出恶性运行的状态，人地关系也表现出失衡的状态。安徽省政府为谋求皖北经济之复苏，救济灾民，1939 年 8 月成立淮域工赈委员会，1946 年 4 月成立淮河流域复堤工程局，经年赓续采取"以工代赈"的办法，协调灾民强筑堤防、疏浚河道实行自救，试图重建灾区，让灾民尽快回归正常生活。筑堤疏河工程是政策和决策在面对黄泛、淮域治理整体布局上与干支河道堤防的勘测、计划及施工之间的整体时空的掌控，需要人地关系和谐平衡的推进，但是，由于战事、资金、人员、技术设备等各方面因素的限制，1938 ~ 1947 年皖北的筑堤疏河工赈工

---

① 《安徽省水利工程处关于三十五、三十六年度工赈工程计划与涡阳县来往文书》（1945 ~ 1947 年），安徽省档案馆藏安徽省政府档案，档案号：L001 - 000005 - 00767，第 4 页。

② 《安徽省水利工程处关于三十五、三十六年度工赈工程计划与寿县防黄处来往文书》（1945 ~ 1947 年），安徽省档案馆藏安徽省政府档案，档案号：L001 - 000005 - 00777，第 1 ~ 4、26 ~ 27 页。

程多未达到预期目标，命途多舛。虽然这一时期构筑淮河干支流线性堤防体系多未达到预期效果，但其作为抗御皖北洪涝灾害的主体与皖北群众赖以生存的淮河水系的自然环境密切相关，勘测、计划、施工、构思等一系列的努力为此后淮河的治理与建设奠定了一定的基础。

【民国教育】

战后青年军公费留学的波折与流产*

张卫杰**

提　要　抗日战争胜利后，青年军面临着复员问题。其中公费留学是为奖励、优待从军青年而设，但在考选中出现了报名资格和录取标准过严、榜单发放迟缓等一系列问题，最终录取的 25 人并未公费留学，导致青年军公费留学的优待政策落空。背后原因是国防部、教育部在青年军公费留学问题上分责不明，互相推诿，这也折射出国民政府存在的内部问题。公费留学的流产也打击了青年军对国民政府的信心，"口惠而实不至"的国民政府难逃失败的命运。

关键词　青年军　公费留学　国防部　教育部

抗日战争后期，国民政府为提高军队素质，特征集知识青年编组远征军，即"知识青年远征军（青年军）"。知识青年从军运动主要的征集对象是大学生、中学生以及青年公教人员，尤数学生最多。1943 年至 1944 年12 月，从军人数达 122572 人。① 学界主要关注青年军战时从军活动及战后复员问题，② 对青年军公费留学鲜有研究。李喜所主编的《中国留学通史》

---

　　*　本文系国家社科基金重大项目"民国时期留学史料整理与研究"（项目编号 11&ZD101）
　　　　阶段性成果。
　**　张卫杰，南京大学历史学院博士研究生。
　　①　韩信夫、姜克夫主编《中华民国大事记》，中国文史出版社，1997，第 185 页。
　　②　孙玉芹、刘敬忠：《抗战末期的"十万知识青年从军"运动述评》，《抗日战争研究》
　　　　2010 年第 3 期；江沛、张丹：《战时知识青年从军运动述评》，《抗日战争研究》2004 年
　　　　第 1 期；赵秀昆：《青年军的组建和消亡》，《军事历史研究》1994 年第 3 期；周倩倩：
　　　　《抗战胜利后的青年军复员：以江苏为例》，《民国档案》2013 年第 4 期；孙玉芹：《抗战
　　　　胜利后青年军复员问题研究》，《党史博采》（理论）2007 年第 14 期。

谈及"青年军留学考试有 165 人参加，共录取 25 人，均赴美留学"，[①] 其中报名人数和"均赴美留学"说法与史实不符。黄伟在论及从军知识青年复员就学时谈到青年军留学考试，但仅有数语并未展开。[②] 在国民政府颁布的一系列青年军优待条例中，留学考试之优先录取、优先选送尤为醒目，且参加考试的皆是青年军中学历最高之人。本文以复员青年军参加公费留学考试为中心，通过爬梳国民政府相关档案，发现青年军在留学考试中历经波折，且终未派出，留学计划流产。青年军公费留学未果的背后是国防部、教育部二部的相互推诿，暴露出国民政府相关部门的管理问题。

一 报考资格过严，未达标者居多

《青年军参加公费生留学考试实施办法》规定了以下三种人员具有参加留学考试的资格。其一，曾在青年军服役之志愿兵。须满足服役期满，经结业考试成绩优良，授以陆军兵科少尉预备军官，具备专科以上学历且证件齐全。其二，现役青年军之军政干部，服役成绩优良，具备专科以上学历或具同等学力，证件齐全。其三，曾在青年军服役之军政干部，中途奉令离职（如原机关奉令撤销），得与第二项同。[③] 如青年军于人俊，曾在二〇一师政治部服役，并担任中校教官，受训成绩 90 分，且毕业于上海法学院，满足了青年军参加公费留学考试报名资格的所有条件。唯缺失学历毕业证书，特此开具了证明，见表 1。

表 1 青年军于人俊参加留学考试服务成绩证明书（1946）

青年军军政干部志愿兵参加留学考试服务成绩证明书										
姓名	性别	年龄	籍贯	学历	原服役部队番号	在营时担任工作	入伍到差年月日	离职年月日	离职离营原因	受训服务成绩	备考
于人俊	男	37	江苏武进	上海法学院政治系毕业	201 师政治部	中校教官	1945.03.10			90	

[①] 李喜所主编《中国留学通史·民国卷》，广东教育出版社，2010，第 303 页。

[②] 黄伟：《抗战胜利后国民政府对从军知识青年复员就学的应对》，《安徽史学》2022 年第 1 期，第 77 页。

[③] 《青年军参加公费生留学考试实施办法》（1946 年 6 月 17 日），中国第二历史档案馆藏国民政府教育部档案，全宗号五，案卷号 1413（2）。

青年军军政干部志愿兵参加留学考试服务成绩证明书

照片粘贴处

中华民国三十五年六月

于人俊于民国十六年在上海法学院政经专门部毕业，顾达当时任该学院政治学系主任，知之最悉。兹因其毕业证书遗失，特立证明书证明之。

证明人：陈顾达

被证明人：于人俊

中华民国三十五年六月二十六日

资料来源：《青年军军政干部志愿兵参加留学考试服务成绩证明书》（1946 年 6 月 26 日），中国第二历史档案馆藏国民政府教育部档案，全宗号五，案卷号 15319。

在复员青年军中，志愿留学者众多，但学历和于人俊一般的却是少数。在应考资格中，专科以上毕业的学历要求成为多数青年军应考的"拦路虎"。

1946 年 4 月，青年军第二〇三师六〇四团志愿兵田子文、古光宇、李永福、原绍权、赵恒民、高学廉、赵荣琅等七人，就应考资格上呈青年军复员管理处处长陈诚："青年军复员官兵留学考试，原为奖励进修及优待从军青年而设，用意至嘉。唯其关于应考资格方面，限制过严。"[1] 呈文指出从军大学生的现状，即肄业者居多，毕业者为数甚少。如此，非已在大学毕业者，不得参加留学考试，故应考者寥寥，而向隅者必多，殊失奖掖从军青年、作育人才、培植干部之本旨。

从田子文等人的呈文可知，毕业学历成为多数青年军参加公费留学考试的"拦路虎"，在他们看来这个要求是可以放宽的：（1）青年军留学考试就是为奖励、优待从军青年而设，若多数人因不符合报名条件而失去考试资格，则与优待本意相悖。（2）多数青年军人未能准时毕业，皆因投笔从戎所致，此种损失应由军事当局设法补救。（3）要求与译员兵享受同等待遇。同为志愿兵，译员退役不论学历均可报名投考，而青年军则处处受

---

[1] 《教育部留学生考选委员会关于办理留学事务与各方往来函件》（1946 年 4 月 25 日），中国第二历史档案馆藏国民政府教育部档案，全宗号五，案卷号 15281（3）。

限，甚为不公。

无论从现实状况来看，还是与同期译员相较，以田子文等为代表的一批青年军人呈请放宽应考资格合情合理。对此，陈诚亦认为合乎情理，遂致电教育部，表示田子文等人所请"似与从军知识分子退伍后参加考试优待办法第四、五条之规定相近"，且教育部对从军译员退役后参加留学考试另有优待办法，"自可援例办理"。6月，教育部仅以"代电敬悉"回复，① 只字未提放宽青年军应考资格。又据《青年军公费留学考试章程》《青年军公费留学考试实施办法》，均要求报名者具有毕业学历，可知田子文等人请求放宽应考资格未果。

关键是青年军留学考试为奖励、优待从军青年而设，若多数人因不符合报名条件而失去考试资格，有悖于"奖励进修及优待从军青年"的留学考试主旨。又青年军学业未完成多因从军而致，此种损失应由军事当局设法补救，而非将其作为门槛限制青年军。

从青年军报名人数和实际通过审核获得应考资格的人数可探知，青年军公费留学考试资格过严。1946年6月，青年军复员管理处向教育部检送各部志愿出国留学深造者名册，并请其核办。报名者凡375人，分别为第六军陈元等13名，二〇一师史纪钧等54名，二〇二师翟因寿等44名，二〇三师庄子纯等51名，二〇四师王栋等74名，二〇五师张大贻等35名，二〇六师袁望雷等31名，政工指导委员会王士铎等13名，暨干部学校从军董褆等59名，宪兵教导第四团成鸿学等1名。② 这一名册与《青年军政工干部及专科大学毕业志愿出国留学名册》一致③。但从《教育部三十五年留学考试青年军报考学门姓名统计表》来看，参加公费生留学考试的只有274人④，其中101人都未通过教育部审查而无法参加考试。可知，前文所提及的青年军参加考试165人的说法并不准确。⑤

据统计，截至1946年11月，青年军复员就学者中复学者6280人，转

① 《教育部复代电》（1946年6月11日），中国第二历史档案馆藏国民政府教育部档案，全宗号五，案卷号15281（3）。

② 《军事复员委员会检送各单位留学名册》（1946年6月26日），中国第二历史档案馆藏国民政府教育部档案，全宗号五，案卷号15300。

③ 《青年军政工干部及专科大学毕业志愿出国留学名册》，中国第二历史档案馆藏国民政府教育部档案，全宗号五，案卷号15300。

④ 《教育部三十五年留学考试青年军报考学门姓名统计表》，中国第二历史档案馆藏国民政府教育部档案，全宗号五，案卷号15300。

⑤ 李喜所主编《中国留学通史·民国卷》，第303页。

学者 10673 人，升学者 6201 人。① 与以上任一数据相比，375 人属实寥寥，且经过教育部的审查，有且只有 274 人取得考试资格，一定程度上反映了报名资格之严。

青年军复员管理处与教育部关于青年军应考资格是有异议的。由青年军复员管理处检送的 375 名具有应考资格的青年军，最终经教育部审查剔除 101 人，可知在青年军公费留学应考资格一事上，管理处与教育部认定的报名条件不一。前者直接掌管复员青年军，相较于教育部更为了解青年军的现状，设定的报名条件也具有弹性，却无实际话语权。这是缘于青年军留学考试事宜皆由教育部代为办理，考试政策亦由教育部制定。青年军与普通公费、自费留学生情况不同，却被教育部视作一体，毫无优待可言，甚至更加严格，这也是青年军公费留学考试遭遇波折的一个原因。

二　榜单一再推迟，录取标准难定

青年军与普通公费生均于 1946 年 7 月考试。教育部于 10 月发放了普通公费、自费生取录榜单，并指出青年军公费生另行榜示。② 同是特殊留学群体的译员，于 1947 年 4 月考试，虽晚于青年军，但亦于 7 月放榜。③ 而青年军考试榜单却迟迟未公布。

1946 年 10 月，青年军考生张恩庆致电教育部，询问录取结果。④ 11 月教育部回复："青年军留学考试成绩应由国防部预备干部受训处评阅，届时揭晓。"⑤ 有署名"乃光"的考生于报端发文，称公费考生录取者正准备出国，而青年军考试榜单却无从探听，使众多青年军考生甚是焦灼。⑥

当时隔一年，榜单还未发放，青年军开始怀疑"这是一个大骗局"。此前教育部于报端言及青年军留学试卷已评阅，送至国防部检核。然而毕业于中央大学之青年军考生写信请人去国防部询问，得知"根本试卷没有移过来"，"报纸消息不可靠"，且因是"青年军留学试卷，教育当局根本

---

①　《青年军复员统计》，《新闻报》1946 年 11 月 20 日，第 10 版。

②　《教育部通告》，《申报》1946 年 10 月 31 日，第 10 版。

③　《译员留学考试放榜》，《外交部周报》1947 年 7 月 19 日，第 4 版。

④　《张恩庆请示青年军留考录取与否电》（1936 年 10 月 14 日），中国第二历史档案馆藏国民政府教育部档案，全宗号五，案卷号 15281（2）。

⑤　《教育部复张恩庆请示青年军留考录取与否电》（1946 年 11 月 26 日），中国第二历史档案馆藏国民政府教育部档案，全宗号五，案卷号 15281（2）。

⑥　乃光：《青年军留学考生等着发榜》，《新闻报》1946 年 11 月 27 日，第 5 版。

不给评，因为不是他们选送的"。① 该考生本可参加普通公费生考试，但因从军荒废两年，不得已参加了青年军留学考试，"希望能得点优待"。极具讽刺的是，原应享受优先取录、优先派送的青年军考生，却被逼无奈指摘教育部之行政效率，国家态度，"经办留学衮衮诸公，你们用推、说、挨的方法，葬送了多少青年前途，你们一直在拿国家法令开玩笑"。② 榜单迟迟未发，青年军考生频频咨询，屡屡未果，这使他们疑虑重重，甚至"因是青年军"而懊恼。

青年军公费留学榜单缘何一推再推，迟迟未放？实则报端所载"推、说、挨"中的一个"推"字直指问题症结，即教育部、国防部关于青年军留学考试相互推诿。教育部以青年军留学考试试卷应由国防部评阅推脱，而经青年军查证试卷又不在国防部，因此想要探知榜单迟迟未放的缘由，首先必须厘清青年军留学试卷的评阅者和放榜者。

早在1946年5月，青年军复员管理处处长陈诚及副处长蒋经国、彭位仁、邓文仪就与教育部部长朱家骅议定，青年军公费留学"一切出题、制卷、发卷、监场等手续"，与公费留学考试一并办理。③ 报端亦称，一切考试事宜均由教育部统一办理，试卷亦与非青年军者同，由教育部留学考试委员会评阅。④ 可知，青年军公费留学考试包括出题、制卷、阅卷等在内的一切事宜，皆由教育部负责。又据10月教育部通告，1946年公费生留学考试全部试卷业经评阅完竣，公布了公费生录取名单，并指出青年军公费生另行榜示及出国手续另行通知办理。⑤ 因青年军公费留学考试一切事宜均交由教育部负责，并与普通公费生一起考试，由此"三十五年公费生留学考试全部试卷业经评阅竣"，其中"公费生"包括普通公费生和青年军公费生，如此青年军留学考试试卷亦包括在内，即由教育部评阅完竣。无论是青年军留学考试办法规定还是实际操作，青年军考试试卷都由教育部评阅。

耐人寻味的是，青年军留学考试试卷由教育部评阅，考试成绩理应也由教育部进行榜示。《青年军公费留学考试章程》关于考试及格后的手续，

① 《青年军留学考试为何迄今不揭晓》，《时事新报晚刊》1947年7月26日，第3版。

② 《青年军留学考试为何迄今不揭晓》，《时事新报晚刊》1947年7月26日，第3版。

③ 《军事委员会青年军复员管理处办理从军青年公费留学手续致教育部代电》（1946年5月31日），中国第二历史档案馆藏国民政府教育部档案，全宗号五，案卷号1413（2）。

④ 《复员青年军公费留学考试与一般留学考试同时举行》，《益世报》（天津）1946年9月30日，第2版。

⑤ 《教育部通告》，《申报》1946年10月31日，第10版。

规定：（1）考试及格学生除榜示外，并由教育部留学生考选委员会根据报名书所填住址，分别通知。（2）考试及格学生由教育部发给及格证书。（3）考试及格学生呈缴留学考试及格证书、正式毕业证书、保证书，以及相片两张、印花税费五元，领取留学证书。① 可见，青年军留学考试成绩"榜示"和及格证书、录取通知书以及留学证书皆由教育部发放。1948 年6 月，青年军公费留学考取者孙可宗在呈请领取公费留学考生保证书时言及："鄙人曾参加三十五年度公费留学考试（青年军），经国防部预备干部局通知录取，现正办理手续中……"② 这也佐证了青年军留学考生的录取结果并非由教育部通知，实则由国防部预备干部局发放。由此可以断定，青年军留学考试试卷的评阅由教育部负责，而录取通知则由国防部发放，发放迟缓的原因主要有二。

其一，主管青年军留学考生的国防部内部机构的变动。1946 年 4 月，军事委员会为办理青年军复员事宜，特成立青年军复员管理处。青年军复员管理处和教育部共同商讨青年军公费留学考试的一切事宜，并制定了《青年军公费留学考试章程》《青年军公费留学考试实施办法》。8 月 27日，国防部预备干部管训处奉令成立，由陈诚兼任处长，邓文仪、蒋经国、彭位仁兼任副处长；③ 11 月 1 日，陈诚辞去预备干部管训处处长的兼职，由蒋经国继任，1 日已视事；④ 1947 年 4 月 1 日，国防部预备干部管训处改为国防部预备干部局。⑤ 青年军复员事宜先后由青年军复员管理处、国防部预备干部管训处、国防部预备干部局负责，组织的变换和改动贯穿了青年军留学考选的整个过程，一定程度上影响了考选进度。

其二，青年军留学考生的"复杂性"。纵有青年军复员管理处和国防部预备干部管训处、预备干部局等组织的变动，但多缘于青年军考生本身的复杂性，即双重身份。他们既是青年军，受管于国防部预备干部管训处，又参加公费留学考试，在考选事宜上受制于教育部，这使青年军考生处于国防部和教育部的"中间位置"。又对于教育部来讲，其主要任务是考选普通公费、自费生，青年军考生只是代管且不占据普通公费生名额；

---

① 《青年军公费留学考试章程》，《教育通讯》（汉口）复刊第 1 卷第 11 期，1946 年，第24 页。

② 《孙可宗致国际文教处》（1948 年 6 月 30 日），中国第二历史档案馆藏国民政府教育部档案，全宗号五，案卷号 15300。

③ 《国防部管训处陈诚兼任处长》，《申报》1946 年 8 月 28 日，第 2 版。

④ 《预备干部管训处蒋经国继任处长》，《申报》1946 年 11 月 2 日，第 1 版。

⑤ 孔庆泰：《国民党政府政治制度史词典》，安徽教育出版社，2000，第 137 页。

对于国防部预备干部管训处来说，青年军应考生只是复员志愿兵中就学人员中的少数。表面上看，青年军考生皆受国防部和教育部管辖，实则其所处的"中间位置"又是二部的"边缘位置"。这不仅造成青年军留学考选效率低下，亦造成国防部和教育部责任不明、互相推诿。普通公费、自费生一切事宜皆由教育部负责，故事权统一，青年军考生在考试事宜方面虽由教育部全权负责，实则仍受制于国防部预备干部管训处，易分责不明。在教育部评阅试卷后，须交至国防部预备干部管训处，并由处长蒋经国审核。由此青年军考生所处的"中间位置""边缘位置"，对考选进度产生了一定影响。

　　除此之外，青年军留学考试榜单发放迟缓的另一个关键原因是录取标准难议。青年军公费留学名额"系由最高当局另行核定，并不包括于教育部主持之全国性公费留学生名额之内"，也就是说，青年军公费留学并非由教育部出资派遣。如此其录取标准就与教育部关联不大，且最终取决于国防部预备干部局。这也是教育部负责青年军留学考试一切事宜，而国防部仅负责录取通知发放的原因。然而，录取标准直接关乎青年军考生的最终录取结果和录取人数，又青年军考生有"优待政策"的加持，使国防部踟蹰于录取标准，难以议定。

三　录取标准严苛，落榜者众多

　　国民政府为激励更多知识青年响应从军号召，制定一系列从军优待条例和青年军复员优待办法。如 1944 年 10 月，军事委员会公布施行《全国知识青年志愿从军征集办法》，除征召宗旨、数额、入伍条件、服役年限等外，特别规定入伍期间家属享有优待以及退伍后享有就学就业之奖励。[①] 11 月，国防最高委员会颁布的《知识青年志愿从军优待办法》对志愿出国深造之青年军规定："凡参加留学考试及各种考试，应予以优先录取之机会。"[②] 在青年军复员之际，国民政府又相继颁布了《从军知识青年退伍后参加考试优待办法》《军事委员会青年军复员办法》。[③] 前者除对青年军复员参加公职候选人考试以及专门职业及技术人员考试具

---

① 《全国知识青年志愿从军征集办法》，《法令周报》（重庆）第 2 卷第 17 期，1944 年，第 4 页。

② 《知识青年志愿从军优待办法》，《贵州高等法院公报》第 99 期，1945 年，第 2184 页。

③ 《从军知识青年退伍后参加考试优待办法》，《四川省政府公报》第 311 期，1945 年，第 6 页；《军事委员会青年军复员办法》，《陕西省政府公报》第 1014 期，1946 年，第 3 页。

有相应规定外，其他各种考试应具资格所定经历年资，将入伍时间并入
计算；参加检定考试时，准予免笔试，及格者发给资格证书；因作战致
残，除不能胜任之工作外，不得因体格检验限定不令与考；除医事人员
考试之外，其他考试准以平均分数满 55 分为及格，残疾者以 50 分为及
格；各种考试有录取名额者，青年军与其他应考人同达标准时，应优先
录取。由是观之，"优先录取""优先选送"是此次青年军公费留学考试
的方向和指导原则。

　　根据以上优待办法，国防部预备干部管训处就青年军公费留学考试录
取标准，特组织复员青年军公费留学生成绩审核委员会，并制定审查评定
办法。① 其中涉及青年军各复员单位录取名额，不做比额之规定，依据教
育部评定之考试成绩及青年军公费留学考试成绩审查委员会审核之结果决
定。成绩审查办法，即依教育部成绩之评定，与在营受训成绩综合评定。
录取标准以录取程序为限，名额以第一项为最具优先权，其他依此类推。
第一条"凡在青年军各师服役之志愿兵，原为国立专科以上学校正式毕业
学生，曾受预备军官教育，经结业考试复员及在营受训成绩优良、学历证
件齐全者"。② 其他几条或是学历上低些，或是欠一星期毕业学生，或是未
经预备军官教育但曾服务于行政教育界三年以上等。简括地说，青年军公
费留学考试录取标准，由教育部评定之笔试成绩和在营受训成绩综合评
定。国民政府如此举措主要出于对青年军的优待，旨在放宽录取标准。然
而其在笔试成绩方面的优待实则"毫无优势"，对受训服役资历的评定发
挥的优待作用亦很有限。

　　其一，教育部评定之笔试成绩。

　　在笔试成绩计算方面，《青年军公费留学考试章程》规定：三民主义
及本国史地与国文共占 15%，外国语文占 20%，专门科目占 40%，外国
语文口试占 5%，受训期间成绩占 20%。③ 也就是说，青年军留学考试成
绩 80% 取决于教育部，20% 由国防部预备干部管训处评定。同期普通公费
生成绩计算方法为：三民主义及本国史地与国文共占 15%，外国语文占

① 《复员青年军公费留学考试与一般留学考试同时举行》，《益世报》（天津）1946 年 9 月 30
　日，第 2 版。
② 《复员青年军公费留学考试与一般留学考试同时举行》，《益世报》（天津）1946 年 9 月 30
　日，第 2 版。
③ 《青年军公费留学考试章程》，《教育通讯》（汉口）复刊第 1 卷第 11 期，1946 年，第
　24 页。

25%，专门科目占 55%，外国语言口试占 5%。① 其录取标准有四项，即总平均分在 50 分以上者，外国语在 40 分以上者，国文、三民主义及本国史地总和在 99 分以上者，专门科目三种总和 165 分以上者。值得一提的是，报考公费不取而成绩合于自费标准者，教育部亦准其出国。② 据《从军知识青年退伍后参加考试优待办法》第八条可知，从军知识青年参加各种考试时，"除医事人员考试外，准以总平均分数满五十五分为及格，其残疾者，并准以五十分为及格"。③ 国民政府出于对从军知识青年的优待，方允诺平均成绩满 55 分为及格，然而相比普通公费生规定之平均分 50 分即为及格标准，前者谓之"优待"则毫无优势可言。况且，普通公费生落第者，若满足自费录取标准，仍可通过教育部审核，以官价结购外汇自费出国，这无疑是对普通公费生留学的一个保障。

其二，国防部注重在营服务资历。

11 月，经国防部干部管训处商讨结束，青年军留学考试录取标准较教育部公费留学考试录取标准稍宽，除考试成绩及格外，注重在营服役资历。包括：自入伍至复员时止，均在青年军服役者，得优先录取；服役 10 个月，经上级批准转入其他军事单位服务者，得予录取；在青年军服役不满 3 个月，而专业或不合法退伍者，不予录取；士兵与官佐成绩相同，士兵得最先录取。④ 国民政府出于对青年军的优待，提出注重在营服务资历。然而，这与青年军参加公费留学考试资格相差无几，即无论曾在青年军服役之志愿兵、军政干部还是现役军政干部，除要求专科以上学历外，一再强调均需"服役期满，经结业考试成绩优良"。从青年军考生本身而言，国民政府在报名和录取时，皆强调"服役成绩""服役资历"，优待意义不大。相对普通公费生而言，青年军考生受训成绩占 20%，无疑是对青年军的优待。

根据优待办法和青年军公费留学成绩评定及录取标准，青年军留学考试最终录取陈万涛等 25 人。⑤ 国民政府原计划以及最终决定均将公费派出

---

① 《教育部三十五年公费生留学考试章程》，《教育公报》第 18 卷第 5 期，1946 年，第 6 页。
② 《公费留学考试四项录取标准》，《大公报》（天津）1946 年 12 月 13 日，第 3 版。
③ 《从军知识青年退伍后参加考试优待办法》，《四川省政府公报》第 311 期，1945 年，第 6 页。
④ 《青年军留学试注重服役资历》，《申报》1946 年 11 月 15 日，第 8 版。
⑤ 《青年军留学考试及请款经过》，中国第二历史档案馆藏国民政府教育部档案，全宗号五，案卷号 15300。

300 名青年军，① 又该年退伍青年军留学考试报名者 375 人，② 实际应考的有 274 人。无论与留学计划派遣名额相比，抑或与考试报名人数、实际应考者相较，此录取之 25 人，实属寥寥。青年军既有"优先录取""优先选送"的优待政策指导，又有比普通公费生宽松的录取标准，缘何最终录取结果不尽如人意。主要缘于优待政策未发挥实际作用，录取标准的"放宽"实则意义不大。青年军公费留学考试的录取依据笔试成绩和在营受训成绩，而优待政策只在在营服务资历一项。实际上，青年军考生由教育部评定的占据 80% 的笔试成绩是其最大短板，直接关乎最终录取名额。

青年军考生马肇选为青年军留学考试一事呈文蒋经国。③ 他在呈文中指出青年军考生考试成绩"实不能强跻于一般水准之上"，并做了特别说明。概括地说，青年军考生于从军时所接受的一年多近两年的军营教育，虽不一定全是战斗生活，但每日谨小慎微，须时存戒心接受战斗训练，毫无闲暇时间可供支配，更不必说进习或补习学业，实不能与同期考试的公自费生相比，其成绩也难以达到一般水准。此外，呈文也从侧面反映了蒋经国因青年军考生考试成绩不理想，而一直踌躇于录取标准，"笔试成绩较差，迄今你为'这一件大事'而烦心"，况且"这是一批可以造就的人才，尤其这是一批不应该辜负的可造之才"。另有报刊评论青年军在考生中的地位，"是最不上算的一席，因为他们不能够像研究生、助教、教员等那实有充分的时间准备一切，平时戎马仓皇，整日流汗，现在以临时抱佛脚的姿态来竞争，惨矣"！④ 这佐证了青年军留学笔试成绩与普通公费生相差过大，其中多缘于从军。

笔试成绩低是众多应考青年军落选的主要原因。然而在青年军笔试成绩不理想的情况下，国防部预备干部管训处提出的占据总成绩 20% 的"在营服务资历"的优待政策，发挥的作用着实有限，难以扭转众多青年军落选的局面。极具讽刺意味的是，此前《从军知识青年退伍后参加考试优待办法》中设定的平均及格线标准，甚至高于普通公费生，完全脱离青年军实际情况，对青年军留学考生毫无优待可言。

青年军留学应考资格过严、榜单迟迟未发、录取标准难议以及录取结

---

① 《青年军退役就学完全公费待遇选送出国留学》，《申报》1946 年 3 月 28 日，第 4 版；《青年军留学名额三百名》，《益世报》（上海）1946 年 10 月 23 日，第 6 版。

② 《军事复员委员会检送各单位留学名册》（1946 年 6 月 26 日），中国第二历史档案馆藏国民政府教育部档案，全宗号五，案卷号 15300。

③ 《为青年军留学事上经国先生书》，《中央日报》1946 年 12 月 26 日，第 7 版。

④ 成原：《留学考试二三事》，《曙光》1946 年 7 月 28 日，第 2 版。

果不理想，究其原因，一方面，青年军复员管理处及国防部预备干部管训处相对于教育部，对青年军留学考试的参与度和话语权都很有限。田子文等请求放宽考试资格失败，青年军笔试成绩未达一般标准，这在一定程度上皆因从军而致，而国防部仅能给予占据总成绩 20% 的 "在营服务资历" 之优待，对于决定青年军留学命运的 80% 的 "笔试成绩" 则毫无办法。另一方面，国防部对青年军优待政策未从青年军实际出发，亦未与教育部妥当协商，致使所定优待办法不能从根本上和在关键问题上协助青年军考生，作用有限，甚至沦为空谈。

四　留学计划流产，优待政策落空

（一）经费难议，派遣未果

青年军公费留学考试录取 25 人[1]，但并未成行。在 25 名录取者中，有据可查的有：查良铮自购外汇，自费出国；姜景贤、楚崧秋、翟因寿、靳铁铮虽有留学经历，但均不是以青年军公费生身份出国；王伯惠、孙可宗不具留学经历。其中王伯惠于 1944 年进入中国驻印军新三十八师，任翻译，退伍后先于鞍山创办私立东北清华中学，后从事公路工程工作直至离休，并无留学经历。[2] 孙可宗于 1943 年 7 月由昆明飞赴印度参加远征军，1946 年于北平参加青年军留学考试，成绩合格，取为公费留学生，但 "因不赞成打内战，参加民主运动"，放弃留学深造。[3] 值得一提的是，楚崧秋是蒋经国的秘书，与蒋关系密切，甚至参加留学考试时由蒋经国亲自驾车送赴考场。据他回忆，青年军公费派遣一事，"因国共战争如火如荼，政府未能如期拨款，至三十七年更不堪闻问了"。[4] 1948 年 9 月，外交部提

---

[1]　据刘真主编《留学教育：中国留学教育史料》第 4 册，台北："国立"编译馆，1980，第 2176 页，此 25 人分别为：查良铮（英文）、王伯惠（水利）、孙可宗（纺织）、邓善章（经济）、周启咸（英文）、彭灿（英文）、姜景贤（兽医）、史纪钧（西洋史）、刘儒林（经济）、李毅仁（西洋史）、桂世初（细菌）、王传炎（临床麻醉）、朱敬则（经济）、楚崧秋（地方行政）、翟因寿（法律）、朱天覆（机械）、陈万涛（经济）、朱士奎（工商管理）、綦确义（保险）、汤护民（工商管理）、靳铁铮（法律）、王庆芳（工商管理）、熊大植（土木工程）、于人俊（地方行政）、李锡杰（经济）。

[2]　胡小宣主编《中国当代著名编辑记者传集》第 1 部，成都科技大学出版社，1994，第 49 页。

[3]　中国人民政治协商会议江苏省灌云县委员会文史资料研究委员会编印《灌云县科教文名人录》第 1 集，1987，第 8 页。

[4]　吕芳上、黄克武访问，王景玲纪录《览尽沧桑——八十年楚崧秋先生访问纪录》，台北："中研院"近代史研究所，2001，第 47 页。

议、行政院讨论通过《派驻国外人员节约外汇办法》，规定"译员及青年
军留学暂停一年出国"。① 次年，国民党败亡，青年军公费留学流产。由
此，无论对青年军录取者的履历查核，抑或国民政府决议，此 25 名考取者
均未以青年军公费生身份派出留学。《中国留学通史》一书言及青年军公
费留学录取 25 人"均赴美留学"，② 这一说法显然与史实不符。

青年军公费留学的流产，究其缘由，主要是国防部、教育部以及行政
院互相推诿。于试前未落实留学经费，仍一意孤行举办考试；于试后对请
求以官价结购外汇自费出国之青年军不予通融。

青年军公费留学的预算（包括出国往返旅费、治装费、生活费、学费
等）由教育部编列，青年军复员管理处审查，两部门相互商议而定。③ 但经
费的拨付方还存在争议。早在 1946 年 5 月，教育部透露，青年军留学需款
至巨，派遣仍多困难，"曾会同青年军退伍管理处呈请行政院拨款遣送"。
但能否获得行政院会议通过，尚未可知。④ 后据《青年军公费留学考试章
程》《青年军公费留学考试实施办法》，一切费用"由青年军复员管理处拨
付，教育部转发"。然而教育部以青年军留学费用无法垫付，致电青年军
复员管理处，催促拨款。⑤ 可知青年军留学经费在考试前仍未议定，且关于
经费担负者多有推诿。教育部和青年军复员管理处想让行政院拨付，未果，
遂决定由管理处拨付，教育部转拨。但从二者关于经费往来电文可知，管理
处并未拨付，教育部亦未能垫付。最终青年军留学经费仍处于搁置状态。

在留学经费搁置状态下，青年军留学考取者查良铮和陈万涛等人放弃
公费，欲同普通自费生一样以官价结购外汇自费出国。然而此二人一再请
求并未获得允准。

1948 年 2 月 14 日，查良铮致函教育部：呈请准予官价结购外汇，自费出
国。⑥ 24 日，行政院令行教育部："呈悉。所请未便照准，仰令知照。"⑦ 3 月

---

① 《派驻国外人员节约外汇办法》，《申报》1948 年 9 月 17 日，第 2 版。
② 李喜所主编《中国留学通史·民国卷》，第 303 页。
③ 《军事委员会青年军复员管理处请供编预算致教育部代电》（1946 年 6 月 17 日），中国第
二历史档案馆藏国民政府教育部档案，全宗号五，案卷号 1413。
④ 《青年军及译员留学考试暂缓办理》，《中央日报》1946 年 5 月 21 日，第 2 版。
⑤ 《军委会青年军复员管理处为请拨付留学生考试预算费用与教育部往来代电》（1946 年 7
月 18 日），中国第二历史档案馆藏国民政府教育部档案，全宗号五，案卷号 1413（2）。
⑥ 《青年军公费留学生查良铮请先自费结购外汇案》（1948 年 2 月 14 日），中国第二历史档
案馆藏国民政府教育部档案，全宗号五，案卷号 15300。
⑦ 《行政院指令青年军留学生查良铮请先自费结购外汇案未便照准》（1948 年 2 月 24 日），
中国第二历史档案馆藏国民政府教育部档案，全宗号五，案卷号 15300。

10 日，查良铮经教育部部长陈雪屏转呈行政院秘书长甘乃光，再次呈请。15 日，甘乃光复函称已将此案转交教育部核复。① 后教育部仍以行政院"未便照准"② 指令予以回应。

与查良铮两次呈请教育部不同，陈万涛于 1948 年 3 月直接上呈国防部预备干部局，大略谓录取名单放榜以来，"惟因外汇关系，行政院迄未拨发经费，以致等候多时，尚未开始办理出国手续"，又"视出国留学不啻第二生命"，请求"准予依照第二届自费留学生待遇及办法，暂许以一万二千元官价购买外汇，自费出国。一俟公费核拨，再以公费留学"。③ 27 日，国防部预备干部局致电教育部，表示陈之所请"似可照准"，请教育部查照"惠予办理"。④ 4 月，教育部函复，称所请与查生情形相同，"未便照准"，且表示如愿自备外汇出国，"可照自购外汇出国留学办法，办理出国手续"。⑤ 至此查良铮、陈万涛二人提出自费官价结购外汇一事未果。

对于查、陈二人之合理请求，教育部推至行政院，行政院又交至教育部核复。国防部预备干部局表示"似可照准""惠予办理"，似有理解共情之处，却无话语权。正是这种"踢皮球"式的互相推诿，使青年军公费留学一事，从开始就遭遇波折，直至流产。而纵然有经费困难、外汇紧张等原因，但对比同期普通公费派送留学生 148 人，自费生 1216 人，此青年军 25 人微乎其微。更何况查良铮、陈万涛等人愿自降身份，以官价购买外汇自费出国。然而青年军考生的一再退让换来的是国防部、教育部、行政院的推三阻四，着实讽刺了前期国民政府对青年军"优先录取""优先选送"的承诺。值得一提的是，同年 7 月，查良铮、陈万涛联合京、沪、杭一带的青年军留学考生代表十余人，依据国民政府之前公布的《知识青年志愿从军优待办法》第九项，即复员青年军得优先出国，直接具函国防部、教育部与行政院"即拨给外汇，咨送出国"。⑥ 查良铮等青年军考生代表看似

---

① 《查良铮呈请准以官价结购外汇》（1948 年 3 月 20 日），中国第二历史档案馆藏国民政府教育部档案，全宗号五，案卷号 15300。

② 《教育部留学生考选委员会复函青年军考生陈万涛》（1948 年 4 月 3 日），中国第二历史档案馆藏国民政府教育部档案，全宗号五，案卷号 1413（2）。

③ 《青年军考生陈万涛为请按第二届自费学办法照官价购买外汇自费出国与教育部留学生考选委员会往来呈函》（1948 年 3 月 15 日），中国第二历史档案馆藏国民政府教育部档案，全宗号五，案卷号 1413（2）。

④ 《国防部预备干部局代请将陈万涛准予自费先行出国留学并祈见复由》（1948 年 3 月 27 日），中国第二历史档案馆藏国民政府教育部档案，全宗号五，案卷号 15300。

⑤ 《教育部留学生考选委员会复函青年军考生陈万涛》（1948 年 4 月 3 日），中国第二历史档案馆藏国民政府教育部档案，全宗号五，案卷号 1413（2）。

⑥ 《青年军留学　请当局早日资送出国》，《大公报》（上海）1948 年 7 月 27 日，第 2 版。

具函呈请，实则被逼无奈，不得不以此前政府承诺的优待政策，指摘国防部、教育部和行政院。

复员青年军参加公费留学考试，缘于国民政府对从军知识青年之优待政策，即优先录取、优先派送。与 1946 年度普通公费生相比，青年军放榜极其缓慢，且录取后亦未优先派送，甚至查良铮、陈万涛等代表的青年军考生请求以官价结购外汇自费出国都未能成行。青年军公费留学考生于考选中所经历的波折和最终结果，与国民政府前期之优待政策相比，极具讽刺意味。青年军留学计划的流产预示着优待政策的落空，而优待政策落空背后更深层次的原因是国防部、教育部的推诿。

（二）国防、教育二部推诿，优待落空

国防部和教育部关于青年军留学名额的推诿。1946 年 4 月，青年军复员管理处处长陈诚就青年军公费留学名额一事，先后三次致函教育部部长朱家骅。在前两则电文中，提出由教育部本年留学考试拨出 300 人于青年军中考选，① 又于教育部保送公费出国留学生 100 人中，准以其中 30 人于青年军中考选，以示优待，② 并指出此提议经由蒋介石核准。第三则电文更是凭借蒋介石指令催促教育部"迅赐办理"。③ 值得一提的是，在教育部复函之前，青年军复员管理处于 5 月制定了《军事委员会青年军复员办法》，规定符合应考资格之青年军"由教育部按需要考选若干名，出国深造"。④ 此时教育部就是否接受青年军留学生由其派送还未回复，而管理处却已将青年军留学名额推至教育部。可知，管理处竭力想把青年军公费留学一事推至教育部，并一再以蒋介石"批可""核准""特准"，甚至直接转蒋之电文向教育部施压。

6 月，教育部复电青年军复员管理处，告知陈诚此前代电及公函"均敬悉"。教育部仅以"均敬悉"三个字复函青年军复员管理处，而对是否接受青年军公费留学名额一事却只字未提。教育部不接受亦不拒绝的模棱两可的答复，实则恰好说明其不愿接受，但迫于蒋介石的压力无法明确表

---

① 《军委会青年军复员管理处代电》（1946 年 4 月 8 日），中国第二历史档案馆藏国民政府教育部档案，全宗号五，案卷号 15281（3）。

② 《军委会青年军复员管理处代电》（1946 年 4 月 19 日），中国第二历史档案馆藏国民政府教育部档案，全宗号五，案卷号 15281（3）。

③ 《军委会青年军复员管理处代电》（1946 年 4 月 27 日），中国第二历史档案馆藏国民政府教育部档案，全宗号五，案卷号 15281（3）。

④ 《军事委员会青年军复员办法》，《山东省政府公报》复刊第 16 期，1946 年，第 8 页。

示拒绝。最终青年军公费留学生之名额，经由国民政府另行核定，"并不包括于教部主持之全国性公费留学生名额之内"。①

经过青年军复员管理处和教育部商定，最终青年军公费留学生由青年军复员管理处派送，而留学考试事宜则交给教育部，这就使青年军公费留学考生极具复杂性：既是青年军，受管于国防部预备干部管训处，又参加公费留学考试，在考选事宜上受制于教育部，使青年军考生处于国防部和教育部的"边缘位置"。在复员的 62731 名青年军中，就学者占 39%。② 根据该占比，复员就学人数多达 24000 人，而公费留学考试的报名者仅有 375 人，微乎其微。如此，国防部自会将更多的精力放在除青年军留学之外的其他复员事宜上。对教育部来说，其主要任务是考核普通公自费生，仅代为考核青年军。青年军留学归国后仍受派于青年军复员管理处。③ 因而，教育部在青年军留学事宜上亦不会付出过多心力。表面上看，青年军留学考生皆受国防部和教育部管辖，实则处于此二部的"边缘位置"。反过来，青年军留学考生处于"边缘位置"，又加剧了国防、教育二部的推诿，以致青年军留学考选效率低下，优待政策难以落实。

与青年军留学考生相同，译员兵退伍后也参加了留学考试。然而不同的是，译员兵报考资格要求高中毕业及以上，其考试、阅卷、放榜等皆从速进行。这主要缘于译员兵从征召入伍到留学考试皆由教育部负责，事权统一。如据兵役署陈凤绍所说，大学四年级学生征调担任翻译，"系教育部负责办理，与学生志愿从军完全不同"。④ 又据译员考试章程规定，"出国及返国旅费、治装费及研究期间之生活费概由（教育）部供给"，"留学期满归国后应向本部报到，本部认为必要时得分发服务"。⑤ 与之相比，青年军公费留学考生处于国防、教育二部的"边缘位置"，而二部关于应考资格、录取标准和榜单发放，权责难以统一，以致效率低下，波折繁多。

概言之，国防部、教育部关于青年军公费留学考生名额的相互推诿，使青年军考生极具复杂性，而这种复杂性又反过来加剧了国防、教育二部在青年军留学考试各个环节的继续推诿。在此情况下，国民政府原有之优待政策能够发挥的作用有限，甚至沦为空谈。

---

① 《复员青年军公费留学考试》，《益世报》（天津）1946 年 9 月 30 日，第 2 版。

② 《青年军复员统计》，《新闻报》1946 年 11 月 20 日，第 10 版。

③ 《青年军公费留学考试章程》，《教育通讯》（汉口）复刊第 1 卷第 11 期，1946 年，第 24 页。

④ 《大学生征任译员与学生从军迥异》，《中央日报》（重庆）1944 年 2 月 6 日，第 3 版。

⑤ 《教育部翻译官留学考试章程》，《教育通讯》（汉口）复刊第 2 卷第 12 期，1947 年，第 27～28 页。

结　语

　　战后青年军在公费留学考选中遭遇一系列波折，终未派出，留学计划流产。纵然经费紧张、外汇困难，但对比同期普通公自费留学人数，25 名青年军微乎其微，这多缘于国民政府相关部门关于青年军公费留学事宜分责不明，互相推诿，以致报名、录取、放榜等各个环节充满争议。背后更深层的原因是青年军公费留学生身份的双重性，且处于各部门之间的边缘地带。若国防、教育二部相互协调，积极配合，则无论青年军是否处于边缘，其留学事宜都能完满解决。但国民政府各部门之间的相互推诿，加剧了青年军的边缘化，最终沦落为各部门相互推诿的牺牲品。这无疑讽刺了前期征召知识青年入伍时当局承诺的福利待遇以及复员时颁布的各种优待政策。

　　国民政府连 25 名青年军公费留学一事都无法妥善处理，更何况于同期复员青年军的大多数，这更加打击了青年军对国民政府的信心。失掉人心的国民政府在内战中难逃失败的命运。

民国时期教授参与治校研究

——以陈裕光执掌金陵大学为例

齐　琦*

提　要　中国近代高等教育是伴随着西学东渐和西方高等教育制度的输入而逐步形成的。民国时期，民主管理之风进入大学校园，多样态的校园管理模式出现。教会大学金陵大学在校长陈裕光掌校期间，在校园制度本土化与世俗化过程中坚持民主治校、教授参与治校的管理模式。金陵大学制度、文化等软性环境建设激发了教授群体参与内部治理的热情，使金陵大学权力场域中的矛盾较小，保障了金陵大学各项事务的平稳运行。

关键词　校长治校　教授参与治校　金陵大学　陈裕光

民国时期，在西学东渐的影响下，民主管理之风涌入大学校园，多样态的校园治理模式相继出现。在国立大学中有以北京大学蔡元培为主导的"教授共治"模式、中央大学罗家伦领导的"科层介入"模式。[①] 在私立大学中实行董事会领导下的校长负责制，[②] 教授享有参与学校治理的权利。这些治理模式为民国时期的大学发展奠定了制度基础。

中国近代大学治理模式最早始于蔡元培的实践。[③] 他早年曾留学德国，推崇德国大学的"教授治校"模式。蔡元培在任北大校长时期主持成立了

---

　*　齐琦，南京大学政府管理学院博士研究生。

①　李良立、陈廷柱：《民国时期大学院系治理的典型模式及其启示》，《高教探索》2021 年第 9 期。

②　刘根东、何洪艳：《民国时期私立大学内部治理结构的主要特征及其借鉴》，《国家教育行政学院学报》2014 年第 10 期。

③　陈平原：《大学何为》，北京大学出版社，2006，第 54 页。

评议会，评议员由教授担任，是学校最高立法机构和权力机构。而中央大学"科层介入"管理模式，则更强调校长及以其为首的科层系统的权力。在校务会议中教授群体处于相对弱势地位，权力受到限制。私立大学主要有在华教会学校以及由国人创办的私立学校。民国政府通过颁布《私立学校规程》《私立学校董事会条例》《私立学校校董会条例》等，对私立专科以上学校董事会的设立做出相关规定。董事会、校长在学校内部治理中处于主导地位。很多私立大学通过设立评议会或教授会、专门委员会等机构以调动教授群体参与学校管理的积极性，以期做到民主管理、科学决策。①

由于教会大学的特殊背景，其权力架构和校园治理体现出了与同时期国立大学、本土私立大学的不同。民国初期，在华教会大学游离于中国教育体系之外，形成了在西方教会控制下的"西方托事部－在华董事会"的管理模式。② 20 世纪 20 年代民族主义思潮在国内蓬勃兴起，教会大学顺应形势发展进行自我变革，特别是在管理机构方面做了较大的改变。以金陵大学为例，其通过建立新的董事会和选任中国人为校长顺利立案。这也改变了学校以外国人为治理主体的治理结构。学校在外国教会和中国政府的双重权力下生存和发展。

在教会大学中，金陵大学是第一个积极接受国民政府立案申请的大学，也是第一个任命华人为校长的大学。1927 年 11 月，陈裕光当选金陵大学校长，成为中国第一任教会大学华人校长。金陵大学在陈裕光治理下实行"董事会－校长负责－教授参与治校"的管理方式。陈裕光掌校期间坚持民主治校、教授参与治校原则，在处理校务时与董事会进行合作，共同行使权力。陈裕光治校举措相对温和，保障了学校各项事务的平稳运行，也为教授参与校政打开方便之门。在校常务委员会等组织机制下，金大教授群体积极参与校政管理，推动学校发展。

一　陈裕光治理下的金陵大学

金陵大学创办初期，校长以及决策层由学校董事会选举产生。1927 年的南京事件后，严峻的形势迫使金陵大学的管理层不得不考虑大学的

---

① 刘根东、何洪艳：《民国时期私立大学内部治理结构的主要特征及其借鉴》，《国家教育行政学院学报》2014 年第 10 期。
② 任小燕：《晚清和民国时期教会大学"双层董事会"的制度转向》，《高等教育研究》2016 年第 10 期。

可持续发展。1927 年 11 月，金陵大学理事会在上海召开会议，推选陈裕光为金陵大学校长。陈裕光早年就读于金陵大学，后来获得哥伦比亚大学博士学位，他与金陵大学有历史渊源，而且他曾担任北京大学的行政领导，他被推举为金陵大学校长可谓众望所归、顺理成章。陈裕光上任后着手对金陵大学进行改革，使金陵大学成为引领中国教会大学转型的先行者。

陈裕光在就任金陵大学校长后的第一项举措就是向政府呈请立案。该时期中国总计有 13 所基督教大学，金陵大学首先向政府呈请立案并获得正式批准。陈裕光这一远见之举，对推动其他教会大学收归国有起到了积极的作用。金陵大学在正式立案后，在治理架构中，有维护创始人利益的董事会（和之前的模式相比，董事会已进行"中国化"改革）。董事会对校长仍有明显的制约作用。陈裕光作为金陵大学首任中国籍校长，虽然有管理学校的权力，但其权力是有限的，且受到外国教会制约，与国立大学的校长拥有的权力有所区别。陈裕光曾表示，尽管担任校长一职，但管理大学的实际权力特别是经济大权，依旧由美国教会所掌控，虽然身为校长，但是对这些事务鲜少过问。[①] 教会大学中国籍校长所要面对的首要问题是西方教会在经济上的控制权。这几乎是当时中国所有教会大学面临的共同问题。其中最典型的例子就是燕京大学。燕京大学立案后由中国人吴雷川任校长，原校长司徒雷登改任教务长，但是学校的实际权力仍在司徒雷登手中。陈裕光在金陵大学的境遇好于吴雷川。实际上陈裕光担任金陵大学校长后，其职权范围有所扩大。例如，1931 年董事会将《金陵大学组织大纲》中第五条"校内各下属各单位行政主管由校长推荐，并由董事会确认"，修改成"由校长决定，并由董事会确认"。[②]

在陈裕光掌校时期，收回教育权运动蓬勃开展。收回金陵大学的教育权需要对学校各种规章制度进行实质性的改革。为此，陈裕光排除各种干扰和阻挠，对学校的行政体制进行了改革，例如，将学校理事会调整为董事会，增加中国校董的人数，又将各学院院长、系主任逐步调整为由中国教授担任，将教会大学宗教色彩逐渐减淡等。尽管陈裕光的一些改革措施遭到教会和传教士的反对，但陈裕光还是在大多数中国教职工和学生的拥

①　陈裕光:《回忆金陵大学》，金陵大学南京校友会编《金陵大学建校一百周年纪念册》，南京大学出版社，1988，第 14 页。

②　Ninth Meeting of the Board of Directors of the University of Nanking, March 13, 1931, UB-CHEA Archives, Microfilm, Reel 58. Box 193. Folder 3347.

护和支持下，引领金陵大学快速发展。在陈裕光的领导下，学校内部组织机构不断完善，逐渐形成了"董事会－校长负责－教授参与治校"的管理模式。

董事会、校长、教授这三个权力主体之间要相互配合保证学校正常运转，但彼此之间也会存在矛盾和斗争，如何处理好三者之间的关系对于校长来说是一个考验。陈裕光作为校长充分发挥协调能力，使金陵大学的发展保持稳定、和谐和顺畅，为学校的发展奠定了良好的基础。

陈裕光并不专权，他治校相对平和，充分关注多方的意见，协调不同主体的利益，对校长权力的行使较为谨慎。"立案后，我本着革新的精神对学校的行政管理及教学，进行了一些调整与改革，以适合我国国情。……重视发扬'共和'精神，如成立校务会常务委员会，10 多位常委几乎每周有一二次集会，讨论、研究校务，并对各项重大措施制定决策。这种共和精神，体现在学校的各个方面。"① 具体而言，陈裕光的民主管理核心是民主决策机制，在学校宏观事务层面利用校务会常务委员会行使民主决策，在下属的具体事务层面利用学校专门委员会进行分类别的民主决策，院系的委员会进行部门和下属单位不同层次和类别的民主决策。这种分层分类的民主决策机制充分调动了师生参与学校管理的积极性。

在实践中，陈裕光觉得校委会成员太多，效率低下，一些成员无法就专业的问题提出建设性意见。因此，他根据业务和专业服务工作需求设立专门委员会以提高工作效率，如友好委员会、财政委员会、图书馆管理委员会、博物馆管理委员会、出版委员会、体育委员会、图书登记委员会等。专门委员会有权决定与其有关的特别事项，如招生委员会决定录取日期、地点、方式、入学考试费用、缴费日期、录取标准等。各专门委员会应严格按照会议日程安排，会议时间须提前一周下达，以便专门委员会进行调查并获取相关的信息。学校的骨干教师大多加入了专门委员会，专门委员会的民意代表性还是比较突出的。上述管理策略充分体现了陈裕光依靠骨干教师的智慧，汇聚全体教职工的智慧与力量、民主团结的决策理念。图 1 为 1934 年金陵大学组织系统示意。

---

① 陈裕光：《回忆金陵大学》，《金陵大学建校一百周年纪念册》，第 14 页。

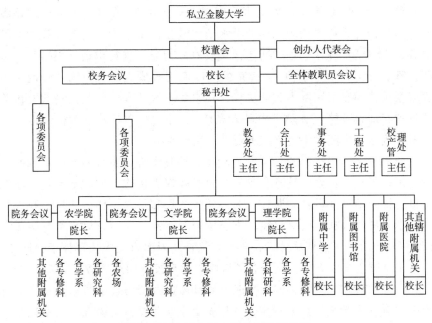

图1　1934年金陵大学组织系统示意

资料来源：教育部编《第一次中国教育年鉴》丙编《教育概况》，1934。

二　金陵大学教授参与治校的组织形式和实践活动

金陵大学教授参与治校的主要组织包括校务委员会、校务委员会的常务委员会，还有各种专门委员会等。此外，教授群体也通过他们自身的影响来推动系科建设发展、提高人事行政效能等，为学校对内对外建立学术交流，获得研究支持，增加学校经费，从而进一步促进学校发展，扩大影响力等。

金陵大学日常行政决策机构是校务会议。在20世纪20年代非基督教运动和收回教育权的大规模爱国民族主义运动中，金陵大学校长包文和西籍人员管理层开始考虑逐步放权给中国籍教员，加速这一进程的是1927年北伐的推进和南京事件的发生。为维持金陵大学的正常运行和教学，在西籍教员全部撤离学校的情况下，校长包文委派陈裕光、过探先、刘国钧、刘靖夫组成"四人委员会"，负责学校运行，随后增补为"九人委员会"，后在1927年4月19~20日的第23次理事会上正式选举组织了一个七人的校务委员会，成员包括农林科科长过探先，文理科科长陈裕光，图书馆馆长刘国钧，森林系教授陈嵘、李汉生、李德毅和国文系主任陈中凡，他们在与董事会的协商下，代表董事会管理金陵大学。① 在此时期，中国籍教授，包括担任系科主任和纯粹的学术型的教授，得以参与管理金陵大学的事务，当时就负责在过渡时期与国民政府的沟通、进行申请立案事宜、编制预算、维持教学等事项。② 南京国民政府正式成立后，为统一管理全国教育系统，颁布了一系列教育法规，其中要求教会大学必须接受政府机关监督和管理，且校长必须由中国人充任，③ 并对私立学校管理体制做出了一系列规定。金陵大学为立案进行了一系列改组。

如前所述，1927 年金陵大学改组后，原托事部对由理事会改组成的董事会进行了权力让渡。校董会成为校内最高权力机构，拥有批准建立新的系科、批准学校开设新的课程、选举任命校长和司库、任命学校行政人员和教学人员，根据学校财政预算决定学费的金额等权力，每年举行两次会议。④ 校长由校董会依法选举，各学院院长及附属机关主任得校董会同意，由校长延聘，各学系主任则由各学院院长商请校长同意延聘。

在此种行政组织下，校长处理校务具体通过校务会委员来实现。当时国民政府《大学组织法》规定，"大学设校务会议，全体教授、副教授所选出之代表若干人及校长、各学院院长、各学系主任组织，校长为主席"，主要负责大学预算、学院和学系设立及废止、大学课程、内部各种规则、学生试验事项、学生训育事项、校长交议事项，此外，要求校务会议得设各种委员会。⑤ 据此，金陵大学参酌本校实情，组织成立校务会议，由校长，各学院院长、各学系主任，各处主任，各学院教授、副教授所选出代表三人，直辖之各附属机关主任，以校长为主席，具体讨论负责各学院系设立废止及变更建议事项，建筑及设备建议事项，学校纪律事项，本校规则制定废止及变更，校长交议事项及各院务会议提议或请求审议事项，校内其他重要事项。⑥ 与国民政府《大学组织法》规定相比，金陵大学的校

---

① 南京大学高教研究所校史编写组编《金陵大学史料集》，南京大学出版社，1989，第 33 ~ 34 页。

② 《1927 年的历次校务会议记录》，中国第二历史档案馆藏金陵大学档案，档案号：649 - 00225。

③ 《私立大学及专门学校立案条例》（1927 年 12 月 20 日公布），《大学院公报》第 1 卷第 1 期，1928 年；《私立学校条例》（1928 年 2 月 6 日公布），《大学院公报》第 1 卷第 3 期，1928 年。

④ 《金陵大学史料集》，第 104 ~ 105 页。

⑤ 《大学组织法》（1929 年 7 月 26 日），中国第二历史档案馆藏金陵大学档案，档案号：649 - 00061。

⑥ 《私立金陵大学组织大纲》，中国第二历史档案馆藏金陵大学档案，档案号：649 - 00076。

务会议成员规模更大一点，讨论负责的内容涉及校务的方方面面，并且每次开会如此多的人员要同时出席，议决事项，并不容易。所以，真正发挥校务会议作用的是校务会议常务委员会。常务委员会由校长、各学院院长、图书馆馆长、各处主任及附属中学校长、附属医院院长和校务会议公推三名代表组成。

从金陵大学的实际运作情况看，校务委员会并不经常开会，代替其行使职权的是校务委员会常务委员会（简称"常务委员会"）。对比校务会议和常务委员会的出席人员，校务会议通常有 35～40 人，常务委员会通常有 10 余人。常务委员会由校长、院长、图书馆馆长、会计室主任和知名教授组成。比如 1931 年的常务委员会委员是陈裕光、刘廼敬、刘崇本、毕律斯、魏学仁、吴山、谢家声、齐兆昌、刘国钧、吴景超、谭和敦、贝德士、张坊、陈宗一，1936 年的常务委员会委员是陈裕光、刘国钧、魏学仁、谢家声、章之汶、张坊、齐兆昌、粟宗章、柯象峰、毕律斯、徐养秋、谭和敦、李方训、陈宗一、马博厂。从以上名单可以看出，常务委员会中不仅中国人占绝大多数，而且人员稳定。一般想来，常务委员会应该处于核心地位，事实上，大概由于校长、院长、会计室主任等均列于校务委员会和常务委员会中，两委员会决策的内容并无层次上的分别。比如，1933 年 4 月，金陵大学职员捐款 850 元，原本想捐给东北义勇军，但款未汇出，而义勇军已经失败，请示如何处置。常务委员会决议以 400 元寄天津大公报社，请其转交英勇抗日的第 29 军宋哲元部，余款放会计室，用途再议。常务委员会的这一决议就是比较普通的。又如 1936 年 1 月 8 日，校务委员会会议讨论国民党便衣侦探随时到金大及学生安全应如何处置的问题，决议是"与当局交涉，制止宪警及便探随时来校，以免再发生严重问题"，并通告学生行动须慎重。[①] 校务委员会这一决议又是非常重要的。

此外，校务委员会常设有各种委员会，作为处理具体校务的机构，主要包括教务委员会、校产管理委员会、事务委员会、风纪委员会、出版委员会、学生生活指导委员会、军事教育委员会、体育委员会、宗教委员会、学生消费合作社指导委员会。[②] 此外，不同时期、不同情势下，金陵大学也会根据需要设置相应的委员会，比如 20 世纪 30 年代中期青年学生失业情况严重，学校特设职业介绍委员会，委员有陈裕光、戴安邦、马文

---

① 转引自张宪文主编《金陵大学史》，南京大学出版社，2002，第 64 页。
② 金陵大学秘书处编《私立金陵大学一览》，金陵大学秘书处，1933，第 15 页。

焕、谢家声、章元玮、余光烺、陈宗一、杨家峰、刘国钧，① 以解决学生的就业问题。比如，1944 年金陵大学在成都办校过程中，由于学校财政困窘，欲通过经济复兴委员会为学校筹募资金，该委员会主要人员有孙文郁、郝钦铭、魏景超、王绳祖、芳卫廉、戴安邦、倪青原、李小缘、柯象峰等教授，② 他们通过校友等人脉，为金陵大学筹募了一定的经费。再如，入学考试命题委员会确定每年招生考试命题、招考流程等内容，委员会主要成员裘家奎、徐益棠、刘继宣、吴汝麟、张济华、田浩然等均为各个系科的教授，③ 试题数量、难易程度、考试内容、负责人员以及各科命题人员名单等都由他们讨论决定。正是校务会议和常务委员会中的教授成员发挥自身影响，尤其是各种专业委员会中，教授们的积极参与，他们对校务的声音和观点得以体现，陈裕光校长的"共和"治校精神得以呈现。

教授参与治校也体现在与决策者的往来信札中。刘国钧先后担任金大文理科科长、图书馆馆长、金大秘书长、金大文学院院长等职。金陵大学档案中保留了较多刘国钧与陈裕光关于行政事务的往来通信。1942 年 8 月 5 日，时任金大文学院院长的刘国钧就金大文学院历史、国文两系师资发展情况致函陈裕光，表示在本校传统上，对国文系有例外看待之惯习。有此决定则现在所发生之请人困难、升格困难等均可一扫而空。至此决定之发表可有两种方式："（一）由校长在常务会上作一声明，表示此系本校决定之政策，当照此方针去做。或（二）由校董会作一如上之决定，以为校长后盾。"④ 刘国钧此信反映了金陵大学文学院长时间的困境，在聘请教职员时，金陵大学基本上优先考虑具有留学背景的人才，研究中国传统文史的人很多因为没有留学经历，很难获得金大聘任。刘国钧在信中所提"上信"及陈裕光后续处理情况，有待进一步查考。

三　金陵大学教授参与治校与校长治校之间的柔性博弈

陈裕光在金陵大学执教 20 多年，在谈到管理学校的经验时曾表示，学

---

① 《职业介绍委员会第一次会议记录》（1933 年），中国第二历史档案馆藏金陵大学档案，档案号：649 – 00061。

② 《经济复兴委员会》，中国第二历史档案馆藏金陵大学档案，档案号：649 – 225。

③ 《入学考试命题委员会议纪录》，中国第二历史档案馆藏金陵大学档案，档案号：649 – 240。

④ 《陈裕光关于金陵大学教职员的任免、借调、请假、铨叙、待遇等问题与校内外的来往文书》（1930～1949），中国第二历史档案馆藏金陵大学档案，档案号：649 – 368。

校事务，尤其是重要和困难的事情，由校董会或其常务委员会决定。在做出正式决定之前，必须进行充分的讨论，认真听取每一个委员会成员的意见。当有分歧的时候，不利用校长的权力做不成熟的决定。这次会议没有形成决议的，推迟到下次会议甚至再下次会议来做决定。陈裕光认为，有统一的思想，就有战胜困难的更高热情。否则，当一些有权有势的人认为某件事行不通时，他们就会找人来研究和协商，这不仅是被动的，而且可能欲速不达。

在校务委员会的基础上，校长陈裕光主持成立了一个 10 人的常务委员会，从教授中选出了 6 人，其余成员为行政代表，负责学校主要事务。这主要是出于议事效率方面的考虑，防止久议不决、相互扯皮。常务委员会是一个创新的行政机构，每个星期或每半个月召开一次会议，对校务进行讨论研究，就重要问题做出决定。陈裕光称之为"发扬共和精神"。① 常务委员会讨论的问题，无论大小，都是全局性的问题。《金陵大学校刊》有这样一篇文章《常务委员会是"学校的声音"》。② 常务委员会在做出决定前，参考委员的意见。当委员的意见不一致时，陈裕光并不会利用校长的权力做出决定，他会建议在会议进程中多发言。如果没有达成一致意见，则延期到下次会议做出决定。如果下一次会议仍然没有决议，则再次延期到下一次，直到决议形成。陈裕光认为，这样做出的决议是大家充分表决后形成的决议，则每个人都将有高度的热情去参与执行，如果大家齐心解决问题、克服困难，会提高办事效率，也会增强委员会的凝聚力。1936 年初夏，陈裕光赴美参加会议及考察。在这个阶段，金陵大学并未设置代理校长，而是创立行政委员会，主要有院长、教务主任、会计主任、附中校长和秘书等成员，主席由三个学院的院长轮流担任。③ 1936 年 6 月 12 日的校务会议记录如下："本人拟即出国考察，为期半年，在出国期内，校务由文理农三院院长、毕律斯、柯象峰、张坊、袁观贤诸先生组织行政委员会，并推三院院长分期担任该会主席，主持学校行政外，并请毕律斯女士担任总务主任。"④

1948 年底至 1949 年初，辽沈、平津、淮海三大战役取得决定性的胜利，国民党军队撤退据守江南。随着南京政府机关撤离，部分大专院校奉命筹备南迁。金陵大学同样面临要不要搬迁的选择。其时，一些教授或出

① 陈裕光：《回忆金陵大学》，《金陵大学建校一百周年纪念册》，第 14 页。
② 《金陵大学校刊》，金陵大学校刊编辑部，1930，第 101 页。
③ 《陈校长出国考察校务由行政会议负责》，《金陵大学校刊》第 198 号，1936 年 9 月 7 日，第 1 版。
④ 《金陵大学董事会会议记录》，中国第二历史档案馆藏金陵大学档案，档案号：649 - 223。

于不了解政治及中国共产党的政策，或出于简单的避免校产损毁的考虑等，尤其农学院，设备繁多、试验广布、标本量大，樊庆生、周蓄源、靳自重等教职员联名向陈裕光陈述迁校理由，表示"为爱护本院数十年之事业，未雨绸缪，固不得不早作必要之准备"，"迩来时局演变，明弛暗紧，京市威胁仍未能解除，凡我同仁自应本我校长既定方针，力持镇静，精诚团结，以期群策群力……"① 陈裕光就此回复："惟此事牵涉颇多，尚应慎重考虑，容与章院长详细研讨，方能酌夺，至于目前凡有关同人福利及安全办法，诸先生如有高见，亦请随时提出，以便提交校务会全体会议讨论。"② 经过彼此信函往来，最终明确通过校务会议讨论此事。

当时学校内主迁台湾意见的并不鲜见，但是很多教师，如戈福鼎、王绳祖、余光烺、高觉敷等反对迁校。陈裕光在这一部分教授的支持下，召开校务会议讨论此事。在陈裕光主持下，经过几次全体教职员会议及校务委员会讨论，学校最终做出了"决不移居台湾"的决定。陈裕光于 1949 年 1 月正式复函在台校友，告以"经费无法筹措，新旧校址亦不易有妥善办法，决定不迁，仍举行招收新生"。③ 做出"拒绝迁台"决定之后，为了应对变局和避免国民党军队败退给学校造成影响，1949 年 1 月 8 日学校正式成立校"安全委员会"，以教授为首，承担起护校的使命，设有住处分配、交际、消防、医药、联系、保护、膳食等七个小组，小组组长分别为：房屋分配组组长袁伯樵、交际组组长倪青原、消防组组长陈长松、医药组组长徐绍武、联络组组长孙明经、防护组组长徐绍武（兼）、膳食组组长戈福鼎。1949 年春天，金陵大学如期开学，虽有学生因家庭召归或迁徙而离校，但是到校学生仍然超过三分之二。

如上所述，在自上而下成体系的校务会议、常务委员会、各专门委员会的制度建设下，金陵大学教授参与治校精神得以贯彻。在一些重大事件中，不曾爆发激烈冲突。在种种柔性博弈中，校长民主治校、教授参与治校精神和理念得以彰显，校务得以顺利推进和发展。

结　语

大学场域中治理权力生成于内部不同权力主体之间的相互斗争，有一个

---

① 南京第二历史档案馆藏金陵大学档案，档案号：649 - 70。
② 南京第二历史档案馆藏金陵大学档案，档案号：649 - 70。
③ 《陈裕光致胡昌炽函》（1949 年 1 月 18 日），中国第二历史档案馆藏金陵大学档案，档案号：649 - 70。

此消彼长的过程。在金陵大学这一场域中，有着学术、行政权力的区分，受到不同文化的指导、指引，其中涉及以学术自由作为主要导向的学术文化，也涉及以行政效率为基本导向的"管理文化"。[①] 这两种权力价值观的差异，导致其权力的运行过程的不同，以及教授群体和管理者群体的工作方式、思维方式、社会惯习等方面有所区别。行政权力与学术权力的交叉、叠加和对峙是其权力结构的特有表现。以校长为代表的行政权力和以教师群体为代表的学术权力之间既对立又统一，对立表现为彼此相互斗争，统一体现为两者相互合作。校长与教授之间关于治校的方式，并不是截然对立的，而是可以并存和互通。校长治校也是一个与教授分享行政管理权力的过程，其目的在于形成一个学校治理的共同体，借助共同体的智慧和力量推动学校发展。校长治校除了拥有行政权力外，还要拥有人格魅力和精神感召力，如蔡元培之于北大，罗家伦之于中大，陈裕光之于金陵大学。

陈裕光掌校期间推行教授参与治校，即管理者运用行政权力做出决策之前，通过对话协商机制与教授群体进行充分的沟通和交流，激发了教授群体参与学校内部治理的热情，使金陵大学校园政治权力场域中的矛盾较小，校园政治得以相对平稳地变迁。

民国时期，政治、经济、军事、外交充满了不确定性，教育则是国家社会急剧变迁不可或缺的推动力。民国大学治理在近代文化及历史背景下有其独特性及局限性。大学是具有历史继承性的，今天的大学是从过去的大学发展而来，尽管经历了变迁和改革，但一些基本的要素依然被保留，如校长、教授、学生依然是当今大学的基本构成要素。大学作为学术场域与政治场域的叠加，不仅有教学、科研、社会服务的基本任务，同时也存在如何处理大学的行政与学术系统内部以及二者之间各类权力主体的合作及斗争。具体到 20 世纪二三十年代中国的历史语境，这种互动当然有着复杂的历史面相。其中诸多问题具有深切的历史意涵，至今仍值得探索。

---

① 欧小军、卢晓中：《大学文化场域下学术与行政之关系——一种关系思维方法论的视角》，《教育发展研究》2010 年第 23 期。

抗战大后方红十字会公共卫生事业
研究述论*

丁泽丽**

提　要　抗战大后方红十字会公共卫生事业研究自抗战胜利后以红十字会工作者的回忆记述为嚆矢，至 20 世纪 70 年代以林可胜的研究再度兴起，至 90 年代以林可胜及其领导的抗战救护总队及战时卫生人员训练所研究日渐受关注。21 世纪以来，资料建设成体系化，红十字会人物研究日趋丰富，抗战救护总队研究持续深入，国际援助力量研究进一步深化，战时卫生人员训练所研究次第推进，红十字总、分会公共卫生工作研究逐渐扩展。然而，档案文献挖掘整理不充分、研究方法单一、研究视野固化、研究内容失衡等问题重重。因此，有必要深化档案文献的挖掘解读、转化融合多学科研究方法、拓展研究视野的多重维度、强化研究内容的整体协调。

关键词　抗战大后方　红十字会　公共卫生事业

全面抗战爆发后，中国红十字会相继成立抗战救护总队、组建战时卫生人员训练所、将总会由上海转移至重庆，在大后方继续人道主义事业。公共卫生事业是其中心工作之一。近年来，大后方红十字会公共卫生事业研究渐入佳境。学界已粗略整理了抗战救护总队的医药卫生工作、战时卫生人员训练所的人才培养教育及国际红十字组织的人员物资援助等研究成

　＊　本文系国家社会科学基金青年项目"抗战大后方红十字会的公共卫生事业研究"（批准号：20CZS051）阶段性成果，受"河南省高等学校哲学社会科学创新人才支持计划"资助。
＊＊　丁泽丽，南京大学历史学院博士后，郑州轻工业大学讲师。

果。但研究成果的梳理多为战事救护的专题研究，于公共卫生方面研究不足。且研究成果的搜集集中于中国大陆同人，疏忽台湾地区及西方学人的研究，以致将新中国成立后红十字会运动研究的开始时间推迟了近 20载。① 此外，近年来医疗卫生史研究已成为学术热点，大后方红十字会公共卫生事业的研究成果不断涌现。鉴于此，本文拟梳理中外学界对该问题研究的进程与特点，检视其优点与不足，展望其深入探讨路径，以资学界把握其研究动态，进一步深化大后方红十字会公共卫生事业研究。

一　研究的兴起与发展

抗战大后方红十字会公共卫生事业研究始于抗战胜利后，国内外学人立足记忆史视角，陈述或总结其工作概况与地位。国际援华医疗队医生富华德（W. Freudmann）、严斐德（F. Jensen），分别撰写了《起来！——一个医生于 1939～1945 年在中国的经历》《中国胜利了》，② 记述了自己参与抗战救护总队，开展医疗援助的亲身经历。中国红十字会领导人胡兰生先后撰写《红十字会的性质与任务》《中华民国红十字会历史与工作概述》两篇文章，前者将大后方红十字会公共卫生事业概括为俘虏、被拘禁平民及一般平民的救护服务，涉及医疗救济、物资救济、文化救济和精神救济；③ 后者记述了中国红十字会开展的战时空袭救护及民众医疗事业，认为此项工作的开始时间为 1940 年。④ 汤蠡舟《抗战中之中国红十字会护士》一文，阐述了红十字会护士于大后方开展空袭救护、医药救济、环境卫生整饬、妇婴卫生指导的工作情况。⑤ 杨宝煌《社会安全中红十字会业务之价值》一文，指出保健服务是红十字会社会安全的两大业务之一，在医疗护理事业

---

① 代表性研究成果有：杨红星、池子华《近年来中国红十字运动研究综述》，《河北大学学报》（哲学社会科学版）2009 年第 4 期；池子华、崔龙健《抗战时期中国红十字会战事救护研究述评》，《民国档案》2014 年第 2 期；崔龙健、池子华《抗战时期中国红十字运动研究述评》，《民国档案》2015 年第 2 期；丁泽丽《近 20 年来近代中国红十字会公共卫生事业研究述评》，《信阳师范学院学报》（哲学社会科学版）2017 年第 6 期；王笛《近代中国红十字会史研究的范式困境与未来突破》，《河北学刊》2023 年第 1 期。普遍认为自八九十年代方开始研究，中国台湾及西方学者的研究表明自 70 年代已开始。

② 张至善编《起来！中国胜利了》，张至善等译，北京师范大学出版社，1994。该书为富华德《起来！——一个医生于 1939～1945 年在中国的经历》（奥地利：新时代出版社，1947）与严斐德《中国胜利了》（柏林：迪茨出版社，1950）合订本。

③ 胡兰生：《红十字会的性质与任务》，《红十字月刊》第 7 期，1946 年。

④ 胡兰生：《中华民国红十字会历史与工作概述》，《红十字月刊》第 18 期，1947 年。

⑤ 汤蠡舟：《抗战中之中国红十字会护士》，《红十字月刊》第 8 期，1946 年。

落后的中国，"红十字会对于公共卫生多处于先导地位，奠定了公医制度的基石"。① 此后 20 年内，大后方红十字会公共卫生事业近乎无人问津。

20 世纪 70 年代，因林可胜②先生逝世，以其个人传记为研究嚆矢，大后方红十字会公共卫生事业再度受到关注。国外及我国台湾学人关注较早，作传者均为林可胜好友。安德鲁·C. 艾维（A. C. Ivy）《林可胜：医学士、化学士、哲学博士、科学博士（1897～1969）》一文，记述了林可胜的人生经历，简要述及全面抗战爆发后，他担任中国红十字会救护总队队长，组建战时卫生人员训练所，指导毕业生从事军队救护、民众医疗的情况。作者认为他是一个以礼貌、友好、谦虚、智慧、坚毅适应各种生活环境的人。③ 贺拉斯·W. 达文波特（Horace W. Davenport）《林可胜：1987年 10 月 15 日～1969 年 7 月 8 日》一文，以林可胜生理学者的身份为切入点叙述其一生，简述他作为救护总队队长的贡献，认为他是中国现代医学领域发展的重量级人物。④ 刘永楙《抗战八年追随林可胜先生的回忆》一文，追忆了与林可胜在救护总队开展公共卫生工作的情形，包括设立灭虱沐浴治疥站，制定水与污物管理计划、防疟防蚊计划等。⑤ 陈韬《近五十年来几位军医先进》一文，回忆了与林可胜在卫生人员训练所的工作经历，叙述了他任职期间制定的相关政策、设立的组织机构、规划的人事工作及其个人经济状况等。⑥ 相较西方，我国台湾学人因与林可胜此时段的共事经历，研究内容明显丰富。

随后，中国大陆学人借助地域优势，开始资料整理工作。1987 年，政协贵阳市委员会文史资料研究委员会编辑出版《贵阳文史资料选辑》第 22辑，汇集救护总队部分队员的回忆小文，涉及救护总队组织机构、医药工作、人事任免等方方面面，⑦ 内容生动，实为宝贵的口述史料。但对这些资料的运用应注意基于人物角色，综合多方史料，判断其客观性。

---

① 杨宝煌：《社会安全中红十字会业务之价值》，《社会建设》第 8 期，1948 年，第 15 页。
② 卢沟桥事变后，林可胜担任中国红十字会抗战救护总队队长，组建战时卫生人员训练所。
③ Andrew C. Ivy, "Robert Kho-Seng Lim, M. B., Ch. B., Ph. D., D. Sc., 1897–1969," *Gastroenterology*, Vol. 58, No. 4 (1970).
④ Horace W. Davenport, "Robert Kho-Seng Lim, October 15, 1897–July 8, 1969," *Biographical Memoirs*, *National Academy of Sciences*, Vol. 51 (1980).
⑤ 刘永楙：《抗战八年追随林可胜先生的回忆》，《传记文学》（台北）第 16 卷第 1 期，1970 年。
⑥ 陈韬：《近五十年来几位军医先进》，张朋园访问，罗久蓉纪录《周美玉先生访问纪录》，台北："中研院"近代史研究所，1993。
⑦ 中国人民政治协商会议贵州省贵阳市委员会文史资料研究委员会编印《贵阳文史资料选辑》第 22 辑《红会救护总队》，1987。

　　20 世纪 90 年代，国内外研究日趋兴盛。国外开始关注援华医药团体对大后方红十字会的医药援助。华璋（J. R. Watt）《患难之交：美国医药援华会与中华民国（1937～1987）》一书，记录了二战期间美国医药援华会对大后方红十字会医疗事业的承诺与贡献。① 国内研究随学人的跟进，成果明显丰硕，研究内容继续以林可胜为中心的同时，其人物网络关系内的重要成员、抗战救护总队及战时卫生人员训练所等研究亦相继推出。台湾方面，熊秉真的《林可胜传》，相比七八十年代国外的人物传记及台湾的回忆小文，较为详细地记述了林可胜领导救护总队及卫生人员训练所的事迹，并对其医疗卫生实践给予了中肯的评价，认为"成败难论"。② 张朋园的《周美玉先生访问纪录》③、熊秉真的《杨文达先生访问记录》④，分别记录了周美玉、杨文达加入救护总队，在卫生人员训练所的教学工作，并记述了与其共事的红十字会医护人员的生活状态。大陆方面，于资料建设上，贵阳市档案馆编《抗战时期的中国红十字总会救护总队》整理了贵阳市档案馆藏部分救护总队档案，包括救护总队工作报告、援华医疗队名单、战时卫生人员训练所主要医务工作者情况等，具有较高的史料价值。⑤中国红十字总会编《中国红十字会历史资料选编（1904～1949）》，收录了战时昆明市红十字分会医药活动、红十字总会对延安山洞医院的医药技术援助、红十字会战时工作概要等。⑥ 于学术论文发表上，陈民的《抗日战争中救死扶伤的华侨生理学家林可胜》⑦、曹育的《中国现代生理学奠基人林可胜博士》⑧ 及李筑宁、李丽的《战火中飘扬的中国"红十字"——林可胜与救护总队》⑨，简要叙述了七七事变后，林可胜回归祖国，动员协和医护力量，组织救护总队、创办卫生人员训练所；凭借自身人际关系，争

①　John R. Watt, *A Friend in Deed: ABMAC and the Republic of China, 1937－1987*（New York: American Bureau for Medical Advancement in China, 1992）.

②　熊秉真：《林可胜传》，《国史拟传》1996 年第 6 辑，第 145 页。

③　张朋园访问，罗久蓉纪录《周美玉先生访问纪录》，台北："中研院"近代史研究所，1993。

④　熊秉真访问，郑丽榕纪录《杨文达先生访问记录》，台北："中研院"近代史研究所，1994。

⑤　贵阳市档案馆编印《抗战时期的中国红十字总会救护总队》，1995。

⑥　中国红十字会总会编《中国红十字会历史资料选编（1904～1949）》，南京大学出版社，1993。

⑦　陈民：《抗日战争中救死扶伤的华侨生理学家林可胜》，《抗日战争研究》1992 年第 2 期。

⑧　曹育：《中国现代生理学奠基人林可胜博士》，《中国科技史料》1998 年第 1 期。

⑨　李筑宁、李丽：《战火中飘扬的中国"红十字"——林可胜与救护总队》，《党史纵横》1996 年第 9 期。

取国际医药物资援助；进行战场救护的同时，协助地方空袭救护，开展平民诊治，改善大后方乡村环境卫生等；指出他的国际声望是战时国际进步团体、爱国华侨广泛支持中国医疗卫生事业的原因。这三篇文章将林可胜研究持续推进，粗略勾勒了战时林可胜主持公共卫生工作的概貌。此外，薛庆煜的《记中国红十字会救护总队与战时卫生人员训练所》一文，基于其卫生人员训练所的教学经历，详细梳理了救护总队的创建历程、组织结构及卫生人员训练所组建的社会背景、开展的人员培训，记述了两机构的灭虱、防疫等活动。作者亦指出因意识形态问题，林可胜对八路军及新四军的医药援助，引起国民党对救护总队的怀疑，林可胜被迫离职，救护总队被接收。① 这不仅是一篇学术文章，其本身亦具有较高的史料价值。李筑宁的《图云关的"红会"支部——抗战时期我党在救护总队的工作》，简述救护总队在中国共产党红十字会支部的指导下，为解放区输送医药物资、开展军队卫生工作的情况，② 为学界研究提供了新视角。

因此，大后方红十字会公共卫生事业研究自抗战胜利至新中国成立开始兴起，20世纪70～90年代再度兴起并逐渐发展，中西学人的关注时间基本同步。从研究内容看，新中国成立前为工作经历介绍，70年代后，以林可胜研究为中心，向其人际关系网络内的重要成员、组设机构辐射；从研究视角看，多立足记忆史视角，研究群体以战时红十字会工作者，抑或与研究对象关系密切者的身份，追忆工作开展情况；从研究方法看，无论是人物传记还是学术文章，基本为叙述性描述，未进行学理性分析。简言之，此阶段大后方红十字会公共卫生事业研究虽已兴起且渐次推进，但就研究成果来看，多为基础性史料，严格意义上尚不能称为学术研究。故周秋光先生称："百年来学术界对于中国红十字会的研究尚未起步。"③

二　研究的进展与特点

21世纪以来，特别是以中国红十字会百年建会为契机，2005年，全国首家以红十字运动为专门研究对象的学术机构——红十字运动研究中心在苏州大学社会学院挂牌成立。2009年，红十字国际委员会东亚地区代表

---

① 薛庆煜：《记中国红十字会救护总队与战时卫生人员训练所》，《中国科技史料》1999年第2期。

② 李筑宁：《图云关的"红会"支部——抗战时期我党在救护总队的工作》，《党史纵横》1997年第9期。

③ 周秋光：《晚清时期的中国红十字会述论》，《近代史研究》2000年第3期，第134页。

处、中国红十字总会报刊社、苏州大学社会学院等联合主办"红十字运动与慈善文化"国际学术研讨会。2019 年，中国红十字会、中国红十字基金会与苏州大学联合创办全球首个红十字专门学院——红十字国际学院，原红十字运动研究中心成为其子中心之一。学术机构的建立完善、学术活动的推广宣传，进一步推动了红十字运动研究，大后方红十字会公共卫生事业研究借此于数量、质量均得以增加、精进。

　　资料建设成体系化，以贵阳市相关机构及红十字运动研究中心为主推出了系列成果。贵阳市档案馆编《战地红十字——中国红十字会救护总队抗战实录》，进一步分类整理了该馆藏救护总队档案，包括 1941 年常德鼠疫的鉴定与防治、空袭救护、战俘救治、平民诊治、环境卫生整饬等。① 贵阳市政府新闻办公室编《国际援华医疗队在贵阳》，根据档案中国际援华医疗队队员办理护照名单、任命书和工资档册等，推断该队应有 26 人，继而基于档案、图片、报刊，勾勒了他们转赴贵阳的经历、在贵阳的医疗卫生活动、参与常德鼠疫救治历程、奔赴解放区进行医药援助及抗战胜利后的人生轨迹。② 红十字运动研究中心首先摘录近代中国发行时间长、影响力大的《申报》《大公报》《新闻报》所载红十字运动资料，先后出版《〈申报〉上的红十字》《〈大公报〉上的红十字》《〈新闻报〉上的红十字》，收录了报刊内大后方红十字会公共卫生资料。③ 继而，基于近代中国红十字会编印的期刊《中国红十字会月刊》《红十字月刊》《会务通讯》《救护通讯》等，整理出版大型资料汇编《中国红十字运动史料选编》，至今已出版 21 辑，其中第 3 辑系统梳理国际红十字运动资料，包括战时国际红十字组织对大后方的医药物资援助；第 8 辑、第 9 辑、第 12 辑、第 14 辑呈现了 1936～1945 年中国红十字会的运动轨迹，包含大后方红十字总分会医药卫生机构的筹划与建立、卫生工作的部署与开展、活动开展的困境与化解等资料，④ 弥

① 贵阳市档案馆编《战地红十字——中国红十字会救护总队抗战实录》，贵州人民出版社，2009。

② 贵阳市政府新闻办公室编《国际援华医疗队在贵阳》，五洲传播出版社，2015。

③ 池子华、严晓凤、郝如一主编《〈申报〉上的红十字》第 4 卷，安徽人民出版社，2011；池子华、傅亮、张丽萍、汪丽萍主编《〈大公报〉上的红十字》，合肥工业大学出版社，2012；池子华、丁泽丽、傅亮主编《〈新闻报〉上的红十字》，合肥工业大学出版社，2014。

④ 池子华、欧贺然主编《中国红十字运动史料选编》第 3 辑，合肥工业大学出版社，2016；池子华、李欣栩主编《中国红十字运动史料选编》第 8 辑，合肥工业大学出版社，2017；池子华、刘思瀚主编《中国红十字运动史料选编》第 9 辑，合肥工业大学出版社，2018；池子华、刘思瀚主编《中国红十字运动史料选编》第 12 辑，合肥工业大学出版社，2019；池子华、刘思瀚主编《中国红十字运动史料选编》第 14 辑，合肥工业大学出版社，2020。

补了贵阳市相关机构仅展现红十字运动在贵阳的遗憾，为大后方红十字会公共卫生事业研究奠定了更为坚实可靠的史料基础。

同时，中外相关学术论著陆续推出。据不完全统计，共有研究著作 20余部，学术论文 50 余篇，根据其研究对象分专题择要评述如下。

第一，红十字会人物研究日趋丰富。林可胜备受中外学人关注。池子华系统全面地论述了林可胜任职期间，对救护总队的筹建与领导、卫生人员训练所的创建与管理及各分所的筹划与设立等，认为他任队长期间是救护总队最辉煌的时期，在他的领导下，救护总队不仅开展前线救护，亦注重后方医疗卫生事业，实为"图云关的'战地传奇'"。[①] 作者认为林可胜的离职并非出于本意，而是一系列因素的综合迫使其不得不做出的选择，根本原因则在于他的"左"倾嫌疑引起了国民党当局注意，无奈辞职避嫌。[②] 刘士永、郭世清详细论述了林可胜投身军医事业，作为救护总队队长，建立军民卫生设施体系，主张以大后方军队驻地卫生推广至乡村卫生，认为林可胜的战时卫生勤务教育及规划与红十字会的救援目标一致，是战争状态下民间救护于卫生活动之变形。作者从卫生人员训练所与陆军军医学校的纠纷、林可胜对中国共产党的医药援助及其个人性格等方面，详细分析了林可胜离职的原因，认为他惹来"左"倾嫌疑的原因在于其教育背景与外援压力。[③] 华璋基于美国医药援华会档案，从医疗改革者视角论述了林可胜如何在战乱与疫情中建立救护总队和卫生人员训练所，深入探讨了这些机构的运转、成效及所遇挫折，重点分析了科学主义者、爱国主义者林可胜与国民政府上层之间尔虞我诈的政治斗争等重重矛盾。作者肯定了其领导才能，认为其政治失意的原因在于"政治斗争压倒医疗卫生"。[④] 孙世伦（Wayne Soon）从华人华侨史视角论述林可胜作为血库和救护总队的领导人，因营养科学方面的研究特长，在救护总队医疗队特别强调疫病预防和饮食健康。而他组建卫生人员训练所则体现了"适应"是其战时工作的主题，作者认为这理应是后来为中国民众提供紧急预防和保健项目的前身。至于海外华侨援助大后方医药事业的重要原因则为他的华人

---

① 池子华：《林可胜：图云关的"战地传奇"》，《中国红十字报》2018 年 3 月 30 日，第 3 版。

② 池子华：《中国红十字会救护总队部的"林可胜时期"（上）》，《南通工学院学报》（社会科学版）2004 年第 2 期；《中国红十字会救护总队部的"林可胜时期"（下）》，《南通工学院学报》（社会科学版）2004 年第 3 期。

③ 刘士永、郭世清：《林可胜（1897～1969）：暗声晦影的中研院院士与国防医学院院长》，《台湾史研究》（台北）第 4 期，2012 年。

④ John R. Watt, *Saving Lives in Wartime China: How Medical Reformers Built Modern Healthcare Systems Amid War and Epidemics, 1928 – 1945* (Leiden: Brill, 2014).

华侨身份，他的离职则在于其与美国筹资人在资金使用上的分歧。[①] 鲁大伟（D. Luesink）称，该书的出版丰富了华璋等学者在医学发展史方面的研究。[②] 上述研究基于不同视角呈现了林可胜对大后方红十字会公共卫生事业贡献的多重面向，分析了其离职的多重因素。此外，中外学人亦关注其他红十字人或群体。巴内斯（N. E. Barnes）从性别史视角论述女性加入救护总队和卫生人员训练所，成为战时重要的医护力量，为大后方军民提供了耐心的医疗卫生服务，解答了女性的职业化和公共形象的建构等问题，肯定了她们对民族国家建立的作用。[③] 陈玉琴记述了红十字会护士协助创建卫生人员训练所的概况，特别肯定了护理专家周美玉在人员培训方面的重要贡献。[④] 唐涤尘叙述了中国红十字总会副会长杜月笙在香港转运援助物资，在重庆创办重庆医院等。[⑤]

第二，抗战救护总队研究持续深入。卡罗琳·里夫斯（C. Reeves）认为战乱规模、难民数量及外科治疗的迫切需求改变了红十字会 1937～1942 年的工作性质，救护总队不仅从事紧急救助，还在中国广大农村地区普及预防医疗和卫生服务的基本原则。[⑥] 池子华提出救护总队给予了敌后战场应有的重视，特别是国共合作期间，为西北大后方及南方新四军提供了人员物资援助。[⑦] 任中义系统论述了中共红十字会总支委员会在救护总队内的成立过程、组织运作及思想动员活动，深入探讨了救护总队向陕甘宁边

---

① Wayne Soon, *Global Medicine in China*（Stanford：Stanford University Press，2020）. 基于其博士学位论文 Coming Form Afar：The Overseas Chinese and the Institutionalization of Western Medicine and Science in China，1910 – 1970（Princeton University，2014）修订出版。除此之外，其他学者亦有关注，如 George E. Armstrong，"Robert Kho-seng Lim／Lin KeSheng：Doctor，Soldier，Patriot," in John R. Watt（ed.），*Health Care and National Development in Taiwan 1950 – 2000：How Medical Leaders in Taiwan*，with the Aid of American Medical Advisors，Built a Modern，Health-oriented Society in Post-war Taiwan（New York：ABMAC，2008）；郭清：《抗战时期林可胜对中国红十字会的贡献》，《南京理工大学学报》（社会科学版）2018 年第 5 期。

② David Luesink，"Global Medicine in China：A Diasporic History by Wayne Soon（review），" *Technology and Culture*，Vol. 62，No. 4（2021），pp. 1229 – 1230.

③ Nicole Elizabeth Barnes，*Intimate Communities：Wartime Healthcare and the Birth of Modern China，1937 – 1945*（Berkeley：University of California Press，2018）.

④ 陈玉琴：《活跃在抗战中的中国红十字会护士》，《当代护士》1995 年第 10 期。

⑤ 唐涤尘：《抗战中的杜月笙与中国红十字会》，《海内与海外》2005 年第 7 期。

⑥ Caroline Reeves，"The Red Cross Society of China Past，Present，and Future," in Jennifer Ryan，Lincoln C. Chen，and Tony Saich，*Philanthropy for Health in China*（Bloomington：Indiana University Press，2014）.

⑦ 池子华：《中国红十字会救护总队抗战救护的几个断面》，《苏州大学学报》（哲学社会科学版）2004 年第 4 期。

区和新四军部队派遣医疗队、援助医药物资的情况等。① 袁灿兴补充论述
了救护总队在大后方医药卫生工作中面临的路矿、自然环境及日军不断袭
击等危险。② 戴斌武详细探讨了救护总队的组建、体系及应对疟疾、天花、
斑疹伤寒、回归热、霍乱、鼠疫等疫病的防治行动，③ 但防治工作的论证
重点为军队，较少涉及民众，且将环境卫生整饬、饮食卫生管理一概纳入
防疫举措。

第三，国际援助力量研究进一步深化。国际力量对大后方红十字会公
共卫生事业的援助主要包括医药物资与医护人员两个层面。于医药物资方
面，主要研究国际红十字组织或其他救援团体。池子华、阎智海系统论述
了国际红十字会援助资金、药械，设立难民收容所和伤兵医院的情况，将
援助特点概括为援华内容丰富、形式多样、对象特定；援华国际红十字会
众多，时间持续至抗战结束，其中英美两国参与最多；援华态度由消极被
动转为积极主动；援华分为抗战初期、抗战相持阶段至太平洋战争爆发
前、太平洋战争爆发后三个阶段。作者认为国际红十字组织的援助保障和
改善了中国难民的生活，推动了国际交流合作。④ 海伦娜·F.S. 洛普斯
（H. F. S. Lopes）论述了二战期间因葡萄牙的中立国身份，其属地马普托成
为国际红十字会援助中国的物资中转站，澳门在人道主义救济方面发挥了
重要作用。作者肯定了葡萄牙红十字会澳门代表团联结被占领地与中立
国、交战国之间的协调作用，认为它是国际和帝国内部联系、全球的交会
点。⑤ 巴内斯论述了国际红十字委员会及美国红十字会对四川省卫生处的
资金及医疗物资援助，肯定了其于陈志潜建设四川公共卫生及 20 世纪中国
公共卫生管理进程的作用。⑥ 刘士永从宗教信仰视角分析美国医药援华会

① 任中义：《抗战时期中国红十字会救护总队对中共的医疗援助》，《湖北大学学报》（哲学
社会科学版）2016 年第 3 期。
② 袁灿兴：《抗战时期的中国红十字会总会救护总队》，《文史天地》2012 年第 8 期。
③ 戴斌武：《抗战时期中国红十字会救护总队研究》，天津古籍出版社，2012；戴斌武：《中
国红十字会救护总队与抗战救护研究》，合肥工业大学出版社，2012。
④ 池子华、阎智海：《全面抗战时期国际红十字组织对华人道援助述论》，《史学月刊》2016
年第 1 期。类似研究有：董晓航、高翔宇《全面抗战时期国际红十字会对华援助述论——
以〈申报〉为中心的考察》，《黑龙江史志》2011 年第 13 期。
⑤ Helena F. S. Lopes, "Inter-imperial Humanitarianism: The Macau Delegation of the Portuguese
Red Cross during the Second World War," *The Journal of Imperial and Commonwealth History*
(Published online), April 1, 2018.
⑥ Nicole Elizabeth Barnes, "Serving the People: Chen Zhiqian and the Sichuan Provincial Health
Administration, 1939 - 1945," in David Luesink, *China and the Globalization of Biomedicine*
(Rochester: University of Rochester Press, 2019).

援助林可胜的原因在于共同的基督教信仰，为学界探究林可胜人际网络提供了另一面向。① 于医护人员层面，主要探讨救护总队外籍医护人员、国际援华医疗队。张建俅认为，截至 1941 年，救护总队共有外籍医护人员 32 名。他从医护人员国籍及其西班牙内战经历分析，不赞成将他们统称为西班牙医生或国际援华医疗队，提出应从人道主义角度来考察他们的行为，并指出外籍医护人员来源多元的原因在于林可胜与英美医界的深厚渊源。② 傅宏考证国际援华医疗队应为 26 人，强调他们是参加过西班牙内战、由英国"国际医药援华会"组织和资助来华的外籍医生，并简要述及在大后方艰苦的医疗卫生条件下他们如何创造太阳淋浴器、建立灭虱站、开展疫病防治等。③ 罗伯特·孟乐克（R. Mamlok）的专著基于国际援华医疗队队员日记、回忆录及胡佛研究所、哥伦比亚大学、国际联盟等藏档案，考证医疗队应为 27 人，记述了他们于 1938～1945 年踏上国际医疗援助道路，加入救护总队的历程，及面对国共两党冲突如何为大后方公共卫生建设提供医疗救助。④ 这是学界目前较为全面系统地研究国际援华医疗队的著作。

第四，战时卫生人员训练所研究次第推进。刘士永认为卫生人员训练所在周美玉的指导下培养了大批医护人员，向当地传播了现代医学知识，服务了大后方军民，在战后疫病防治中发挥了重要作用。⑤ 杨善尧重点论述了卫生人员训练所的创办、发展及演变历程，简要阐述了学员的招收原则与培训工作，肯定了训练所在战时军医系统中的重要地位。⑥ 施彦基于林可胜、美国医药援华会档案，认为卫生人员训练所的设立不仅有效服务了战地救护，同时帮助学员实现了就业有"出路"、升学有"门路"，"推进了医护职业教育在近代中国的发展"。⑦ 姬凌辉利用中国第二历史档案馆、贵阳市档案馆等所藏档案，将卫生人员训练工作置于全面抗战爆发前后，探

① 刘士永：《美国医药援华局（AMBAC）的战时工作初探》，黄文江、张云开、陈智衡编《变局下的西潮：基督教与中国的现代性》，香港：建道神学院，2015。
② 张建俅：《抗战时期救护总队外籍医护人员名单考证》，《近代中国史研究通讯》2001 年第 32 期。
③ 傅宏：《国际援华医疗队新探》，《贵州社会科学》2005 年第 6 期。
④ 罗伯特·孟乐克：《国际援华医疗队在战时中国（1937～1945）》，王蕊译，贵州人民出版社，2020。
⑤ Michael Shiyung Liu, "Epidemic Control and Wars in Republican China (1935–1955)," Extrême-Orient, Extrême-Occident, Vol. 36, No. 37 (2014).
⑥ 杨善尧：《抗战时期的中国军医》，台北："国史馆"，2015。
⑦ 施彦：《抗战时期战地医护职业教育的发展——以战时卫生人员训练所（1938～1943 年）为例》，《职业技术教育》第 24 期，2015 年，第 27 页。

讨了战时医疗体系的构建，详细分析了林可胜离职与卫训所的发展态势。①

第五，总分会公共卫生工作研究逐渐扩展。这方面研究多散见于红十字运动整体及区域研究著作。整体研究方面，大陆学人以池子华为代表。孙柏秋主编《百年红十字》，是"首部系统研究中国红十字会百年史的著作"，② 主要由池子华执笔，论述了中国红十字总会在大后方开展空袭救护、兴建重庆医院、救治平民、医助教授等公共卫生活动。③ 台湾学人以张建俅为代表，张玉法编《"中华民国"红十字会百年会史，1904 ~ 2003》，抗战部分由张建俅援笔，相较池著，该书论述内容相对薄弱且侧重点不同，其提出 1939 年总会在重庆开办临时疫医院，改变了一切工作集中战时救护的状态，是恢复平民医疗的开端。④ 区域研究方面，以云贵川等省红十字运动研究为核心。⑤ 吴宝璋概述了昆明市红十字会扩充医院、培养医护人员、组织空袭救护、接种疫苗、整饬环境卫生等活动，论述了国际红十字组织对云南的医药援助，包括美英等国的药械支援及国际医疗队的医疗救济等。⑥ 郑光路以成都为中心论述战时四川各级红十字会开展的空袭救护、战俘救助及四川民众的"献金运动"。⑦ 此外，其他研究视角亦有呈现，如孙语圣从外交层面论述战时中国红十字会通过昭告日军侵华的野蛮行径、发起对外募捐运动、向国际红十字会求援等多种方式，获得了各国政府、红十字会组织、海外侨胞的支援，认为中国红十字会的战时外交与政府相辅相成，弥补了政府外交的不足和缺点。⑧

承上所论，21 世纪以来，大后方红十字会公共卫生事业研究硕果累

① 姬凌辉：《全面抗战爆发前后国民政府卫生人员训练工作述略》，《民国档案》2020 年第 4 期。

② 茅家琦：《〈百年红十字〉简评》，《历史教学》2004 年第 3 期，第 79 页。

③ 孙柏秋主编《百年红十字》，安徽人民出版社，2003。另池子华《红十字与近代中国》（安徽人民出版社，2004）及《近代的红十字运动历史变迁》（下）（合肥工业大学出版社，2018），相关论述，与前基本无异。

④ 张玉法编《"中华民国"红十字会百年会史，1904 ~ 2003》，台北：中华民国红十字会总会，2004。另张建俅基于其博士学位论文出版《中国红十字会初期发展之研究》（中华书局，2007），相关论述，与前基本无异。

⑤ 罗治雄、戴斌武：《贵州红十字运动研究（1916 ~ 2013）》，合肥工业大学出版社，2015。战时部分论述与上文所述戴斌武出版的两部专著基本无异。

⑥ 吴宝璋编著《云南红十字会史》，云南人民出版社，2004。

⑦ 郑光路：《百年红十字运动在成都》，四川文艺出版社，2011。类似研究亦有：张玲、李健《抗战时期多种主体参与公共卫生事业考略——以四川省为例》，《医学与哲学》（人文社会医学版）2012 年第 10 期。

⑧ 孙语圣：《抗战时期中国红十字会外交述评》，《合肥工业大学学报》（社会科学版）2012 年第 3 期。

累，展现了红十字会在大后方开展公共卫生事业的概貌。其研究态势表现为：研究主题由以林可胜及其领导的抗战救护总队、战时卫生人员训练所为主转为多主体研究，包括红十字会内其他领导人、国际力量的医药援助、红十字总分会的医疗卫生工作等；解释模式由泛泛叙述转为深入论证，由表及里专题式探讨大后方红十字会的人际网络构建、国际力量的医药援助特点、医药机构的组织运行机制等，问题意识明显增强；研究视角由记忆史视角为主的解释范式转为记忆史、性别史、华人华侨史、报刊史、外交史等多视角的阐释模式，呈现了研究对象的多重面向。

三　研究的检视与展望

抗战大后方红十字会公共卫生事业研究虽取得了一定成绩，但总体而言，尚未就其公共卫生事业的具体内容，如疫病防治、环境卫生整饬、卫生宣传教育、饮食管理等展开专题研究，亦未提炼其于战时的情况和深层内涵，成为近代中国红十字会公共卫生事业研究的突出短板。这种研究困境缘于这方面研究的档案文献挖掘整理不充分，研究方法略显单一，研究视野有待拓展，研究内容有失均衡且重点问题论证不够深入，部分问题考证存在争议等。故还有深入探讨的广阔空间。

第一，深化档案文献的挖掘解读。已利用的大后方红十字会公共卫生事业相关研究资料，于内容、类别上均存在不平衡性。就资料内容看，救护总队的资料较为丰富，但明显集中于战场救护，公共卫生活动相对零散；且主要呈现贵阳一地，大后方其他重点城市包括成都、昆明等地明显不足，重庆、西安等地更是罕见。就资料类别看，报刊资料居多，主要为中国红十字会发行的期刊及《申报》《大公报》《新闻报》等民国各大时报，而档案资料明显匮乏。已利用的档案主要为哥伦比亚大学图书馆藏美国医药援华会档案及中国台北"中研院"近代史研究所藏林可胜档案、贵州省与贵阳市档案馆藏救护总队及国际援华医疗队档案。档案的发掘整理无疑是大后方红十字会公共卫生事业研究深入的基础性工作。笔者搜集整理中外档案馆、图书馆所藏本课题档案发现，上述馆藏相关档案利用并不充分。如哥伦比亚大学图书馆藏有完整的美国医药援华会资金募集活动、捐赠记录、审计流程等档案，及与救护总队、卫训所重要领导人林可胜、周美玉等有关公共卫生理念、医护人员训练等事宜的往来函件，均未挖掘解读。再如贵州省、贵阳市档案馆藏红十字会洗浴灭虱活动于民众的推广，包括活动流程设计、多样式灭虱器的制造与改造等相关档案，仍待梳理。此外，瑞士国际红十字委员会、纽约大学图书馆及四川省档案馆、重庆市档案馆、云南省档案馆、陕西省档案馆等均藏有大量相关档案，尚未挖掘利用，包括战时中国红十字总会与国际红十字委员会、国际红十字联合会的往来函电，中国红十字总会为解决战时海外医药资源运输问题与海关等各部门的来往文件，中国红十字会各级组织为卫生工作便利与当地政府部门的洽商文牍，中国红十字会医疗机构在大后方的筹建与管理，重庆、昆明等办事处医药资源的筹划与分配，国际红十字组织援华医疗物资贩卖黑市的不良现象与调查处理，等等。这些档案或成箱排布于国外图书馆，或夹杂于国内各省份档案馆社会部、民政部、内政部等各机构的档案卷宗内。其中国内相关档案馆除中国第二历史档案馆"红十字档案"卷宗、贵州省档案馆"抗战救护总队"卷宗仍在数字化处理外，其他均已完成数字化处理且依部门按时间分条罗列，检索整理十分便利。对它们的挖掘解读可促进中外档案的进一步对话交流，将大后方红十字会公共卫生事业置于战时中国政治、经济、社会各网络机制深入研究，呈现战时公共卫生事业的复杂面向，对于深化此研究大有裨益。

第二，转化融合多学科研究方法。大后方红十字会公共卫生事业研究本为交叉学科选题，涉及历史学、社会学、卫生学、军事学、政治学、心理学、符号学等多门学科。因此，需要融合交叉学科的理论与方法。但学界的研究成果基本停留于利用历史学文献分析法，还原大后方红十字会公共卫生事业基本史实的实证研究，包括红十字会领导人或医护群体的医药卫生贡献、救护总队的医药卫生工作、国际红十字组织或慈善团体的人员物资援助、卫生人员训练所的医护人员培训及中国红十字总分会的卫生工作规划等。而深入大后方红十字会公共卫生事业研究可通过社会学的方法探究战时中国红十字会如何调适并组织开展民众医疗；通过卫生学的方法探讨中国红十字会如何结合大后方地理环境特点推行公共卫生；通过军事学、政治学的方法分析林可胜如何结合大后方军事环境移植英国式的战地医护训练制度，进而转化绘制战时卫生勤务之"军民卫生关系图"，具体措施的推行又如何由军及民；通过心理学、符号学的方法探析中国红十字会如何调整大后方民众求医问佛、祈福去病的迷信心理，传播科学卫生观念，进而阐释红"十"字符号的卫生象征意义在大后方的构建及在"后抗战时代"①

---

① 1945 年抗战结束至 1949 年中华人民共和国成立前，在某种程度上，也可称为"后抗战时代"。参见朱英《努力推进抗战史暨抗战大后方研究》，《西南大学学报》（社会科学版）2021 年第 6 期，第 245 页。

的影响。故多学科理论方法的转化融入有助于拓宽研究视角，拓展大后方红十字会公共卫生事业研究的广度与深度。

第三，拓展研究视野的多重维度。学界关于大后方红十字会公共卫生事业研究视野的时间维度为 1937～1945 年，而大后方虽随抗战结束终结了历史使命，但它作为一个特定的地理空间，抗战作为划时代的历史事件，对其影响并未消失。①"后抗战时代"总会重庆医院、重庆及昆明红十字分会医院等如何继续为大后方民众健康服务，及经战时红十字会对公共卫生理念的普及，大后方民众日常卫生习惯的改变情况，均尚未探究。故研究视野的时间维度应注重历史研究的延续性。已有研究的空间维度则为云贵川等大后方重点区域，而红十字会为国际慈善团体，大后方活跃的红十字会并非局限于中国红十字会，且大后方既未与外界割裂，其内部各区域亦非不相往来。故其空间维度的拓展可将其置于全球史视野下，注重联系与比较。②也就是说，大后方红十字会公共卫生事业不仅是中国红十字会运动，亦是国际红十字运动。尽管不乏国际力量对大后方公共卫生事业援助的探讨，但仅停留于外部支援层面，活动空间依然在大后方，其募捐活动在欧美国家的组织动员、医药物资的转运接收等研究明显不足，且中国红十字会如何根据国际红十字联合会公共卫生规划的调整，调适大后方公共卫生事业，及大后方各级红十字会组织的卫生工作往来互动鲜少被关注。此外，大后方红十字会公共卫生事业与政治、经济、社会、文化关系密切，对其研究不能就"事"论"事"，可将其置于战时社会网络机制中，探讨互动关系的同时，注意比较研究。与同时期其他国家相比，探究其"中国特色"，与大后方其他慈善团体相较，窥探其"组织特色"，以动态呈现红十字会公共卫生事业的复杂面向。这种研究空间的转向不仅"扩大了研究领域的地理空间，更代表了新的研究视野与方法"。③

第四，强化研究内容的整体协调。大后方红十字会公共卫生事业研究失衡现象严重。从重点研究内容看，林可胜及其领导的救护总队、卫生人员训练所最先受到关注，且成果最为丰富。它们主要分析战时医疗体系的构建、运行、成效及人际关系的张力冲突，对于医疗体系的服务对象虽均

---

① 张生：《现代物理学概念的借用：历史研究的新可能——以抗战大后方研究为例》，《西南大学学报》（社会科学版）2021 年第 6 期，第 255 页。

② Patrick O'Brien, "Historiographical Traditions and Modern Imperatives for the Restoration of Global History," *Journal of Global History*, Vol. 1, No. 1 (2006), p. 4.

③ 蒋竹山：《超越民族国家的历史书写：晚近欧美史学研究中的"全球转向"》，蒋竹山主编《当代历史学新趋势》，台北：联经出版事业股份有限公司，2019，第 314 页。

指出不仅服务军队，亦一定程度服务民众，特别是 1942 年后民众医疗成为中心工作，但多数研究仍聚焦战地救护，关于 1942 年后的研究多分析林可胜的离职原因，未将研究视角真正"往下看"，探讨其训练所工作如何惠及民众。国际力量的援助亦是学界的关注重点，但美国医药援华会与国际红十字会的研究较多，与二者并称为战时中国三大医疗外援机构的洛克菲勒基金会（Rockefeller Foundation）所属中华医药董事会，却未得到应有的关注。对于国际援华医疗队的研究，虽重点考证队员人数，但至今仍未达成共识。至于他们如何克服大后方地理环境、气候难关，建立太阳淋浴器、灭虱站，及如何动员中国医务者积极加入、有效推行防疫设施的研究近乎空白。这些专题研究的推进有助于纵横深化抗战救护总队研究，既不再仅局限于林可胜时期，亦不再集中于战地救护研究；有益于弥补洛克菲勒基金会医药援助研究的空白，及进一步精确考证国际援华医疗队人数，展现国际援华医疗队的工作状态，推敲学界有关其"没有大作为"[1] 的定论是否恰当。从研究成果空间分布看，因抗战救护总队与战时卫生人员训练所均位于贵阳，故学界的研究目光基本聚焦于此，研究成果几乎占现有研究的三分之二。而大后方其他重点区域如国民党所辖四川、云南等地研究明显不足；中国共产党所辖陕甘宁边区仅从救护总队、国际援华医疗队等外部援助层面论述，本土红十字分会组织的医药活动研究尚未涉猎。至于大后方一般区域红十字会公共卫生活动研究更是一片空白。这些区域研究的拓展既有助于展现战时大后方不同政治力量、文化氛围下各地红十字会公共卫生事业的人道弹性，呈现大后方红十字会公共卫生事业的整体面貌，亦有益于调整大后方西南、西北研究不均衡，甚至割裂状态，[2] 既深化了红十字会运动研究，又推进了大后方研究。

　　综上所述，抗战大后方红十字会公共卫生事业研究虽存在些许问题，但未来可期。近年来，红十字运动研究颇具规模，公共卫生事业研究显然已成为红十字运动理论研究的一个重要学术增长点。如今如何应对突发性公共卫生事件，仍备受社会各界关注，而大后方红十字会公共卫生事业研究具有重要的历史启示。相信在学界同人的共同努力下，未来大后方红十字会公共卫生事业研究会在更多方面有所突破与建树。

---

① 罗伯特·孟乐克：《国际援华医疗队在战时中国（1937～1945）》，第 134 页。
② 张生：《现代物理学概念的借用：历史研究的新可能——以抗战大后方研究为例》，《西南大学学报》（社会科学版）2021 年第 6 期，第 255 页。

稿　约

　　《民国研究》系教育部哲学社会科学重点研究基地南京大学中华民国史研究中心主办的学术集刊。创办 20 余年来，在国内外民国史研究专家学者的关注与支持下，产生了良好的社会影响与学术效应，现为 CSSCI 来源集刊。

　　为适应民国史研究学科发展的需要，本集刊现改由社会科学文献出版社每半年出版一辑。本集刊主要刊载关于 1949 年前之中华民国时期相关史实与理论的研究文章，注重实证，提倡探索。热诚欢迎海内外专家、学者赐稿。

　　来稿要求文风朴实、论从史出、观点新颖、逻辑严密、引文准确、注释规范。本集刊采用社会科学文献出版社的投稿格式和注释体例，请各位作者投稿前务必参照改妥，并校订无讹，否则恕不受理。

　　由于人力所限，对于来稿不能一一回复。作者自投稿之日起一个月未接到本集刊备用通知者，请自行处理。本集刊对决定采用的稿件，有权进行修改、删节。

　　根据著作权法规定，凡向本集刊投稿者皆被认定遵守上述约定。

　　本集刊专用电子邮箱：minguoyanjiu2018@163.com

　　电话（兼传真）：025-83594638

南京大学中华民国史研究中心

《民国研究》编辑部

图书在版编目（CIP）数据

民国研究.2022年.春季号：总第41辑／朱庆葆主
编.--北京：社会科学文献出版社，2024.10
　ISBN 978-7-5228-3225-8

Ⅰ.①民…　Ⅱ.①朱…　Ⅲ.①中国历史-现代史-研
究-民国　Ⅳ.①K258.07

中国国家版本馆 CIP 数据核字（2023）第 254139 号

民国研究（2022 年春季号　总第 41 辑）

主　　编／朱庆葆

出 版 人／冀祥德
责任编辑／李丽丽
文稿编辑／李蓉蓉　梅怡萍　徐　花
责任印制／王京美

出　　版／社会科学文献出版社·历史学分社（010）59367256
　　　　　　地址：北京市北三环中路甲 29 号院华龙大厦　邮编：100029
　　　　　　网址：www.ssap.com.cn
发　　行／社会科学文献出版社（010）59367028
印　　装／唐山玺诚印务有限公司

规　　格／开　本：787mm×1092mm　1/16
　　　　　　印　张：18.25　字　数：329 千字
版　　次／2024 年 10 月第 1 版　2024 年 10 月第 1 次印刷
书　　号／ISBN 978-7-5228-3225-8
定　　价／98.00 元

读者服务电话：4008918866